Pollack **Im Körper der Göttin**

Rachel Pollack

IM KÖRPER DER GÖTTIN

Weibliche Weisheit in Mythos, Landschaft und Kultur

Aus dem Amerikanischen von
Marita Böhm

Die Originalausgabe erschien unter dem Titel
The Body of the Goddess
bei Element Books Ltd., Shaftesbury/Dorset
© Rachel Pollack 1997

Die Deutsche Bibliothek – CIP-Einheitsaufnahme
Pollack, Rachel:
Der Körper der Göttin : weibliche Weisheit in Mythos, Landschaft
und Kultur / Rachel Pollack. Aus dem Amerikan. von Marita
Böhm. – München : Hugendubel, 1999
(Sphinx)
ISBN 3-89631-224-3

© der deutschen Ausgabe Heinrich Hugendubel Verlag,
München 1999
Alle Rechte vorbehalten

Lektorat: Claudia Göbel, München
Redaktion: Barbara Imgrund, München
Umschlaggestaltung: Zembsch' Werkstatt, München, unter
Verwendung einer Skulptur von Bärbel Hefter, Rohrdorf
Produktion: Tillmann Roeder, München
Satz: Design-Typo-Print, Ismaning
Druck und Bindung: Franz Spiegel Buch, Ulm-Jungingen
Printed in Germany

ISBN 3-89631-224-3

Inhalt

Im Körper der Göttin ist all jenen gewidmet,
die mit mir die heiligen Orte aufgesucht haben:
Edith Katz, Maryanne-Renee Vrijdaghs,
Helle Agathe Beierholm, Witta Jensen, K. Frank Jensen,
Sol Pollack, Tana Dineen, Ann Ogborn,
Susan Coker, Alma Routsong, Leslie Hunt, Fiona Green,
Margaret McWilliams, Marian Green, Eva M.,
Donna Hutchinson, Fara Shaw Kelsey,
Paul Shaw Malboeuf ...

und besonders Maria Fernandez, die mir Freundschaft,
einen sicheren Hafen und einen Granatapfelkern bot,
und das alles im richtigen Augenblick.

Danksagung

Ein Experte wurde einmal als ein Mensch definiert, der immer mehr über immer weniger weiß. Als ich dieses Buch schrieb, hatte ich oft das Gefühl, immer weniger über immer mehr zu wissen. In dem Versuch, dem Thema des Göttinnenkörpers auf die Spur zu kommen, habe ich auf das Werk sehr vieler Menschen auf sehr vielen Gebieten des wissenschaftlichen Studiums und der Ausdrucksformen zurückgegriffen – auf das Werk von Historikern, Archäologen, Künstlern, Priesterinnen, Naturwissenschaftlern, Psychologen, Wahrsagern, Schriftstellern, Theologen, Altphilologen und einfach Freunden, die auf Reisen ihre eigenen Forschungen angestellt hatten. Wenn ich Ideen oder Entdeckungen anderer falsch dargestellt habe – und das mag trotz meiner besten Absichten geschehen sein –, ist der Fehler ganz allein bei mir zu suchen, und dafür möchte ich mich an dieser Stelle entschuldigen. Wo ich, von der Forschung anderer ausgehend, einen Sprung in meine eigene Richtung machte, habe ich versucht, das klar hervorzuheben. Sollte ich die Arbeit eines anderen mit meinen eigenen Spekulationen durcheinandergeworfen haben, bitte ich auch hier um Entschuldigung.

Dieses Buch versucht nicht, ein geschichtliches oder wissenschaftliches, geschweige denn ein theologisches (oder thealogisches) Werk zu sein. Die Göttinnenreligion ist nicht nur ein historisches Thema: Sie ist *heute* lebendig, nicht nur in der umfassenden Forschungsarbeit von Wissenschaftlern wie Marija Gimbutas, sondern auch in der Poesie, der Kunst und den Ritualen, die Menschen allein oder in Gruppen, in Tempeln und Höhlen oder auch in ihren Hinterhöfen und Küchen vollziehen. Ich habe versucht, alle diese Ebenen der wiedererwachenden Göttinnenreligion zu ehren und meine Dankbarkeit für alle Beiträge zum Ausdruck zu bringen, die sowohl Wissenschaftler als auch Anbeter geleistet haben, besonders diejenigen, deren Wunsch nach mehr Wissen sie zu exakter Forschung veranlaßt haben, und diejenigen, die festgestellt haben, daß die wissenschaftliche Forschung sie zu Glauben und leidenschaftlichem Engagement geführt hat. Drei Wissenschaftler verdienen besondere Erwähnung. Als erste sei Marija Gimbutas genannt, die Archäologin, die ihre unermeßliche Forschungsarbeit mit dem Mut vereinte, sich außerhalb der offiziellen akademischen Ideologie zu stellen und eine weitreichende, komplexe Religion überall in der Kunst und in den ausgegrabenen Ruinen des prähistorischen Europa als existent anzuerkennen. Die zweite, heutzutage weniger bekannte Autorin ist Gertrude Rachel Levy. Als ich anfing, die modernen Göttinnen-Autorinnen zu lesen, fiel mir ein Werk auf, das immer wieder erwähnt wurde, und zwar Levys *The Gate of Horn*. Levy, die dieses Buch vor mehr als einem halben Jahrhundert schrieb, hatte nicht nur die Gabe, eine überwältigende Menge an Informationen zu sammeln und darzustellen, sondern sie vermochte auch die einzelnen Informationen miteinander in Zusammenhang zu bringen und in klaren, originellen Konzepten zu denken. Es war Gertrude Rachel Levy, die als erste bemerkte, daß die Form der prähistorischen Tempel auf Malta dem Umriß eines Frauenkörpers entspricht. Schließlich sei Vincent Scully erwähnt, der Autor von *The Earth, the Temple, and the Gods*. Scully, der kürzlich in den Ruhestand getreten ist, war ein hochverehrter Professor für Architekturgeschichte an der Yale University. Als er sich den griechischen Tempeln und den alten Palästen auf Kreta widmete, tat er das mit einem Auge für die Wahrheit der Landschaft und einer Leidenschaft für die heiligen Formen, die in der Schönheit der Erde lebendig sind.

Die spiralförmige Reise von Bildern

Am Ende des 20. Jahrhunderts sind wir Zeugen eines bemerkenswerten Phänomens – des Wiederauftauchens einer Religion, die so viele Jahre lang tot zu sein schien, daß die Welt fast vergessen hatte, daß sie überhaupt existierte. Im Mittelpunkt dieser Religion steht die Anbetung einer Großen Göttin, die viele Namen und Gesichter haben kann, aber die Gottheit stets als weibliche Präsenz darstellt: lebenspendend, nährend, manchmal schrecklich, aber immer mit der Natur und der Wahrheit unseres Körpers verbunden. Und nicht nur des Körpers von Frauen. Auch Männer haben die spirituelle Wirklichkeit im Bild einer lebendigen, allumfassenden Göttin entdeckt, die die Welt und alles Leben aus ihrem Körper erschafft, nicht nur einmal vor langer Zeit, sondern fortwährend in den sich entfaltenden Lebensprozessen.

Die Auferstehung dieser Religion ist zum Teil auf archäologische Entdeckungen zurückzuführen. Die Ausgrabungen brachten nicht nur immer mehr von der menschlichen Vergangenheit ans Tageslicht, sondern ebenfalls eine Fülle von weiblichen Bildnissen: Steinzeichnungen an Höhlenwänden; in Grabstätten eingeritzte Vulvasymbole, die den Eindruck erwecken, die Wiedergeburt aus dem göttlichen Körper zu verheißen; Fresken von Göttinnen, denen Anbeter in einem Paradiesgarten Luft zufächeln; Statuen von wilden, barbusigen Frauen mit Schlangen in den Händen; 30 000 Jahre alte Statuetten von Frauen mit gewaltigen Brüsten und Hüften; Göttinnen, die, flankiert von Löwen, gelassen auf Thronen sitzen und gebären; Tempel, die den idealisierten Umrissen einer Frau nachgeformt sind. Als diese Bildnisse mit dem bestehenden Wissen um Göttinnen in Indien, im alten Ägypten, in Mexiko vor der Eroberung durch die Spanier, in Afrika und anderswo in Verbindung gebracht wurden, begriff man wie in einer blitzartigen heiligen Einsicht, daß Menschen einst auf der ganzen Welt die Gottheit in Gestalt einer Frau angebetet hatten, und das über Tausende, sogar Zehntausende von Jahren hinweg. Durch die Entdeckung, daß einst etwas vorhanden war, wird diesem Etwas eine erneute Existenz ermöglicht. Wenn die Menschen in der Vergangenheit Göttinnen angebetet haben, warum sollten sie es jetzt nicht auch tun? Wie aber würde sich eine solche Anbetung von der Religion einer von der Welt losgelösten, allmännlichen Gottheit unterscheiden? Einige begannen Bücher zu schreiben, in denen sie alle archäologischen Erkenntnisse zusammenfügten. Andere fertigten neue Statuen an, errichteten Tempel oder reisten zu Höhlen oder Ruinen, um uralte Rituale wiederzubeleben. Wieder andere schlossen sich in ihren Gemeinden zu Kreisen von Anbetern zusammen, um die Jahreszeiten und die besonderen Augenblicke in ihrem Leben feierlich zu begehen. Aus all dem ist etwas Neues und völlig Modernes hervorgegangen, das das Wissen um die Vergangenheit mit dem Verständnis dessen, wer wir jetzt sind, harmonisch verbindet.

Bestenfalls ersetzt dieses Etwas nicht einfach den Gott durch die Göttin. Statt dessen ergründet es die Möglichkeiten einer Religion, die auf dem Körper beruht: Denn während ein Gott die Welt aus reinem Denken heraus erschaffen muß, bringt eine Göttin sie so hervor, wie Frauen es schon immer getan haben, nämlich indem sie sie aus ihrem reichen Schoß gebiert. Diese einfache Tatsache läßt eine Religion zum Vorschein kommen, die die Natur und unseren Körper, so wie sie wirklich sind, akzeptiert, nicht als Feinde oder Gefängnisse der Seele oder Versuchungen des Bösen, sondern als wunderbare Schöpfungen mit all ihren Stärken und Schwächen.

Zeitgenössische Göttinnenanbeter werden manchmal kritisiert, Forschung und Phantasie, Archäologie und Wunschdenken durcheinanderzuwerfen. Mir scheint, daß eine solche Kritik das Wesentliche nicht erfaßt. Die moderne Göttinnenreligion versucht nicht, genau die gleichen Bedingungen wiederherzustellen, die in der Steinzeit oder im alten Kreta oder zu irgendeiner anderen Zeit oder an irgendeinem anderen Ort geherrscht haben. Vielmehr streben wir danach, von diesen Menschen zu lernen, während wir die Göttin auf eine Weise lebendig werden lassen, die unserer Erfahrung entspricht. Für mich ist gerade die »hausgemachte« Qualität der modernen Göttinnenanbetung, besonders was die Rituale betrifft, schon immer einer ihrer Hauptreize gewesen.

In ihrem Buch *The Laughter of Aphrodite* schildert Carol Christ ein Ritual, das sie und Alexis Masters Aphrodite zu Ehren auf der Insel Lesbos vollzogen haben, der Heimat von Sappho, Aphrodites großer Dichterin. Auf dem Weg zum Tempel wählten sie die Objekte und Kleider, die sie für das Ritual verwenden wollten, unter Dingen aus, auf die sie unterwegs und in Geschäften stießen – darunter waren eine Ansichtskarte mit einer webenden Frau, ein Flaschenöffner in der Form des Gottes Priapos mit einer ungeheuren Erektion und ein weißes Kleid mit Goldfäden. In dem Augenblick wurde den beiden Frauen klar, daß sie in Weiß und Gold gekleidet sein mußten, um die Göttin um Initiation in ihre Mysterien zu bitten. Dann gingen sie weiter und kauften in einem Lebensmittelgeschäft Rotwein, goldgelben Retsina, goldfarbene Kekse, Milch und Honig und Yoghurt, allesamt Speisen und Getränke, die den Körper der Göttin symbolisieren.

Indem wir auf Objekte, die wir zufällig finden, und Aspekte unseres täglichen Lebens zurückgreifen, ermöglichen wir es unserem religiösen Instinkt, sich mit unserer unmittelbaren Realität zu verbinden. Als Maria Fernandez und ich nach Eleusis fuhren, um den ersten Tag der Mysterien (2 000 Jahre lang das wichtigste religiöse Ereignis in der Alten Welt) zu feiern, sahen wir in verschiedenen Büchern nach, was die Griechen und Römer dorthin mitgebracht hatten. Aber wir nahmen außerdem Speisen, Steine, die wir am Wegesrand fanden, Wildblumen und Gegenstände aus unserem persönlichen Besitz mit. Auf diese Weise wurde Eleusis, dieser geschichtsträchtige Ort, für uns in unserem Leben real.

Für dieses Buch habe ich wissenschaftliche Forschungsergebnisse, Kunst, Spekulationen und meine persönlichen Erfahrungen mit dem Heiligen herangezogen, persönliche Erfahrungen, die ich nicht nur an anerkannten Stätten gemacht habe, sondern auch an anderen Orten, zum Beispiel im Wald dicht bei meinem Haus. Beim Schreiben habe ich mein Bestes getan, zwischen all diesen Quellen, besonders zwischen historischen Informationen und meinen eigenen Ideen klar zu unterscheiden. Dennoch weben sich all diese Fäden beim Erzählen zusammen, so wie sie es meiner Meinung nach auch in der Göttinnenreligion selbst zu tun scheinen.

Ursprünglich stellte ich mir dieses Buch als eine Reihe von Reisen zu heiligen Plätzen vor. Ich wollte griechische Tempel und die prähistorischen Höhlen in Frankreich besuchen und die Stätten und ihre Bedeutung beschreiben. Als ich anfing, Recherchen über die Hintergründe und die Archäologie dieser Orte anzustellen, wurde das Buch auf eine andere Weise lebendig. Die Welt der Göttin wurde eine Welt des Wissens und der Ideen, der Geschichte und der Kunst, eine Welt von Bildern, die mit all ihren Bedeutungen und ihrem Geheimnis vor uns leuchtet. Auf meiner Reise durch diese Welt blieben die tatsächlichen Reisen wichtig, denn es gibt Dinge, die wir in der Forschung nicht finden werden, sondern nur mit unseren Augen entdecken können. Aber zur gleichen Zeit können das kollektive Wissen und die Vermutungen all jener, die vor uns gegangen sind, uns für unerwartete Wunder öffnen. Und auch das einfache Denken wird wichtig. Das religiöse Bewußtsein wächst, während wir über die Bedeutung eines Bildes, die Zusammenhänge zwischen religiösem Glauben und Alltagsleben oder darüber nachdenken, was es für einen Menschen bedeuten kann, sein Verständnis der heiligen Wahrheit auf die unmittelbare Wirklichkeit des Körpers zu gründen.

Kein Buch über das Heilige vermag auf jeden einzelnen Aspekt einzugehen, wie wir uns dieser Erfahrung nähern können. Das gilt besonders für ein Buch, das zum Teil auf persönlichen Reisen basiert. Zu Beginn dieser Arbeit hatte ich vor, mich in erster Linie auf die Plätze zu konzentrieren, die ich auch wirklich besuchen wollte. Weil ich zu der Zeit in Europa lebte, habe ich mich hauptsächlich auf die alten Überlieferungen der europäischen Göttinnen (und in geringerem Maße der nordamerikanischen Göttinnen) bezogen und solche wichtigen Quellen wie Indien, China, Japan, Mittel- und Südamerika und die vielen Traditionen Afrikas und der afrikanischen Diaspora außer acht gelassen. Obgleich ich Erkenntnisse, Ideen und Sichtweisen aus meinen Recherchen über andere Traditionen zusammengetragen und zitiert habe, wo immer es angemessen zu sein schien, habe ich mich vor allem an meine Entscheidung gehalten, die Nachforschungen mit den Reisen im Gleichgewicht zu halten.

Diese Konzentration auf die direkte Erfahrung bedeutet, daß ich nicht versucht habe, alle Göttinnen innerhalb der europäischen Traditionen aufzunehmen. So erzählen die Kapitel über Griechenland beispielsweise kaum etwas über Athene und noch weniger über Hera. Ich habe mich auf meine Intuition verlassen, die mich zu jenen Göttinnen führte, die am meisten über den Körper sprechen.

Das Buch selbst ist eine Reise von der Steinzeit bis hin zur modernen Wissenschaft. Aber auch wenn es sich durch die Zeit bewegt, verläuft die Reise nicht linear. Ich würde sie lieber als eine Spirale bezeichnen, die sich fortwährend um sich selbst windet, so daß zuvor gesehene Bilder von einer anderen Seite betrachtet werden können. In seinem großartigen Werk *The Earth, the Temple, and the Gods* geht Professor Vincent Scully ausführlich auf die Prozession der Eingeweihten ein, die sich von Athen nach Eleusis begaben, um die Großen Mysterien der Göttinnen Demeter und Persephone zu begehen. Scully schildert, wie Landschaftsbilder, die von der Kraft der Göttin zeugen (ein kegelförmiger Berg, ein Doppelgipfel), auftauchten, verschwanden und in verschiedenen Etappen der Reise aufs neue erschienen. Auf etwa die gleiche Weise zeigen sich in diesem Buch verschiedene Bilder, Themen, Ideen, sogar Figuren, erzählen uns ihre Botschaften und verschwinden dann – wieder nur um später wieder in Erscheinung zu treten und ausführlicher oder in einem anderen Zusammenhang dargestellt zu werden. Die Göttinnenreligion selbst ist nicht linear. Aber sie ist auch nicht einfach ein Kreis, nicht im Sinne von etwas Statischem, das sich unaufhörlich und unverändert wiederholt. Ihre Zyklen sind die eines spiralförmigen Umzugs, sich immer wieder fort- und zurückbewegend. Denn Zehntausende von Jahren beherrschte die schöpferische Kraft des göttlichen Weiblichen das spirituelle Bewußtsein. Mit dem Aufstieg von Kriegergöttern und einer überweltlichen, von Natur und Körper abgetrennten Religion schien die Göttin spurlos verschwunden zu sein. An vielen Orten blieb nicht einmal eine Erinnerung an sie erhalten. Und trotzdem ist sie auf einmal in dieser unwahrscheinlichsten aller Zeiten zu uns zurückgekehrt. Auch wenn diese Rückkehr zum Teil auf die archäologischen Entdeckungen und die Entschlüsselung uralter Texte und Bilder zurückzuführen ist: Es ist nicht mehr dieselbe Göttin wie die vor Jahrtausenden. Eine auf dem göttlichen Körper beruhende Religion ist eine Religion des Wandels, dieser spiralförmigen Bewegung, die sich in neue Erfahrungen hinein dreht und öffnet. Einem individuellen Körper gleich verändert sich die Erde selbst, nicht nur zyklisch mit den Jahreszeiten, sondern anhaltender über lange Zeiträume hinweg, während Berge durch Eruption entstehen oder durch Erosion abgetragen werden, Gletscher aufsteigen und untergehen und selbst die Atmosphäre ihre chemische Zusammensetzung ändert.

Auch wenn das Buch der Göttin von der Steinzeit zur modernen Wissenschaft folgt, beginnt es mit einer Vorbereitung auf die Reise. Die ersten zwei Kapitel bilden eine Meditation über die eigentliche Vorstellung vom Körper der Göttin. Hier wird untersucht, was es für uns bedeutet, als Körper zu existieren oder unser Gewahrsein des Heiligen aus der Verbindung von Natur und Imagination hervortreten zu lassen. Diese beiden Kapitel durchlaufen die gesam-

14

te Welt der Bilder und Vorstellungen in Hinblick auf den göttlichen Körper.

Die eigentliche Reise beginnt mit dem dritten Kapitel, wenn wir in die altsteinzeitlichen Höhlen Europas hinabsteigen. Dort begegnen wir den großartigen, 20 000 Jahre alten Malereien und den vielen Schnitzwerken, die den weiblichen Körper darstellen, einige mit riesigen Brüsten und Hüften, andere gesichtslos oder gar kopflos, einige sogar mit langen phallischen Hälsen, die uns dazu verleiten, über die Vereinigung des Männlichen und Weiblichen im göttlichen Körper nachzudenken.

Im vierten und fünften Kapitel befassen wir uns mit der Jungsteinzeit und den enormen Veränderungen, die mit der Entwicklung des Ackerbaus einhergingen. Das vierte Kapitel bewegt sich zwischen den Steinkreisen, riesigen Ganggräbern und anderen Monumenten, die auf geheimnisvolle Weise überall in der europäischen Landschaft und anderswo erhalten geblieben sind. Im fünften Kapitel werden die kulturellen Muster jener Zeit durchleuchtet, vornehmlich die Zeugnisse von Gesellschaften, die jahrtausendelang ohne Gewalt existiert haben. Das Kapitel schließt mit der Frage, wie und warum die Zivilisation der Göttin von der Bildfläche verschwand, nicht nur in Europa und im Nahen Osten, sondern auch in so isolierten Gegenden wie Japan und Feuerland.

Das sechste Kapitel führt uns nach Kreta, wo die europäische Göttinnenreligion in ihre letzte und größte Blütezeit eintrat. Wir lernen die in der Landschaft lebendigen Körperformen eingehend zu betrachten. Vom minoischen Kreta wenden wir uns der späteren Kultur der Griechen zu, in der es den archaischen Göttinnen trotz ihrer Umwandlung in die unbedeutenderen Figuren der klassischen Mythologie gelang, zu überleben und neue Bedeutungen anzunehmen.

Im siebten Kapitel begegnen wir der ganzen Kraft dieses Überlebens, wenn wir uns den Eleusinischen Mysterien zuwenden. Ich habe mich bemüht, diese Riten eingehend zu untersuchen, die Göttin Persephone suchend, deren

Name »Die in der Dunkelheit leuchtet« bedeutet. Sie strahlt hell in den dunklen Ängsten und im Wunder unseres Lebens. Als ich den ersten Entwurf für dieses Buch nochmal durchlas und korrigierte, entdeckte ich, daß sich eine Hauptfigur abzeichnete, der Heldin in einem Roman gleich. Diese Figur ist Persephone, die in den frühen Kapiteln immer wieder blitzartig auftaucht, sich kurz zeigt und dann wieder zurückzieht, bis die Zeit für ihr endgültiges Erscheinen reif ist.

Im Mythos tritt die namenlose Göttin zuerst als unschuldige Kore (»Mädchen« oder »Tochter«) auf, die Blumen pflückt, als plötzlich der Tod aus der Erde hervorkommt und sie in die Unterwelt entführt. Anstatt zu akzeptieren, was die Götter als unwiderruflich, sogar richtig bezeichnen, stellt Persephones Mutter, die Göttin des Ackerbaus Demeter, das Wachstum des ganzen Pflanzenlebens ein, bis Zeus sich bereit erklärt, dem Tod zu befehlen, Persephone zurückkehren zu lassen. Aber als Persephone zurückkommt, ist sie nicht mehr dieselbe: Sie hat ihre wahre Macht als Königin der Toten gefunden und verbringt alljährlich eine Zeitlang in der Unterwelt, um in der Dunkelheit zu leuchten. Je länger wir über diese Geschichte nachdenken, um so mehr entdecken wir so viele unserer eigenen Fragen: die Zyklen des Jahres, unsere Angst vor dem Tod, die Trennung und Versöhnung mit unseren Müttern, den Kampf gegen die Brutalität von Vergewaltigung und Inzest, den Mut, der institutionalisierten Obrigkeit entgegenzutreten, und noch weitreichendere Fragen. Der Mythos symbolisiert gerade diese Rückkehr der Göttinnenreligion aus einem 5000 Jahre währenden Scheintod, während dem ein von der Welt abgespaltener, überweltlicher Gott geherrscht hat. Schließlich können wir in dieser Geschichte von der Mutter und der Tochter, die von einem eindringenden Mann getrennt werden, den verschlüsselten Ursprung von Sexualität und Tod entdecken.

Die Entdeckung der biologischen Wirklichkeit in der Geschichte von Persephone führt zum letzten Kapitel und zur »Gaia-Theorie« der modernen Wissenschaft. Bei dieser

Vorstellung von der Erde als einem einzelnen lebendigen Organismus stellen wir fest, daß sich die Spirale wirklich herumgedreht und geöffnet hat, um die prähistorische Göttin auf eine neue und wichtige Weise zurückzubringen. Sowohl die Eleusinischen Mysterien als auch die Gaia-Theorie sprechen unseren tiefen Sinn für die Welt an, eine Welt, die sich aus isolierten Bruchstücken zusammensetzt, von denen jedes einzelne scheinbar allein ist und die zugleich alle, jeder von uns, auf einer grundlegenden Ebene miteinander verbunden sind. Die moderne Biologie führt uns zu derselben Idee zurück, wie sie auch durch die Göttin Persephone, die sich vom Land der Toten erhebt, dargestellt wurde: nämlich daß wir alle lebendig, alle miteinander verbunden sind, mit den Tieren und den Pflanzen, den Sternen und dem Staub, gemeinsam verbunden im Körper der Göttin.

1
Wie kann die Göttin einen Körper haben?

Wie wir uns erinnerten. Wie ihre Erinnerung mir meine
Erinnerung brachte. Wie ich wußte, was sie wußte,
wie sich dann ihre Brüste anfühlten, ihr Körper,
wie wir mit Erinnerung überflutet wurden.

Susan Griffin

Wir treten in den Körper der Göttin ein, als wäre er ein fremdes Land – unsicher, aufgeregt, aber verwirrt, über unbekannte Bräuche und eine fremde Sprache staunend. Wie sprechen wir über diese Dinge? Wie betrachteten die Alten den göttlichen Körper und seine physische Wirklichkeit? Und was werden wir über uns selbst und unsere Körper herausfinden, wenn wir unser Bewußtsein und unser Leben der Göttin öffnen?

Artemis' Geburtstag

Was bedeutet es, ein Buch über den Körper der Göttin zu schreiben? Uns mit dem Körper zu befassen, über die Idee nachzudenken, uns Gott oder die Göttin mit einem Körper vorzustellen? Für viele Menschen ist diese Idee fremd, fast undenkbar. In den Jahren, die ich mit dem Schreiben dieses Buches zubrachte, erzählte ich manchmal, woran ich arbeitete, nur um einen verwirrten Blick und die Frage:»Wie kann die Göttin einen Körper haben?« zu ernten.

Vor einiger Zeit wurde ein heiliger Kalender veröffentlicht, in dem neben heidnischen Jahreszeitenritualen und den Feiertagen der etablierten Religionen die Geburtstage verschiedener Gottheiten aus dem alten Griechenland und anderen Kulturen verzeichnet waren. Der 28. April wurde als der Geburtstag des Buddha und der Göttin Artemis (deren Körper diese Seiten füllen, ebenso wie ihr Körper sich noch immer in den Hügeln und Bergen Griechenlands erhebt) aufgeführt. Um Artemis zu feiern, ging ich zu einem Wasserfall in den Bergen nahe meinem Haus. Als ich später erzählte, was ich getan hatte, blickten viele überrascht drein oder lachten sogar. »Artemis hat Geburtstag?« fragten sie. Nun, einige dieser Leute waren sogar Heiden, die Artemis als die römische Mondgöttin Diana anbeteten. Andere hatten kein Problem damit, daß Buddha Geburtstag hat, denn schließlich war er ein Sterblicher, nämlich Prinz Siddharta. Und die meisten Menschen feiern den Geburtstag von Yehoshua ben Miryam, einem radikalen Juden, der den Anspruch darauf erhob, Gottes Sohn zu sein, und dessen Jünger behaupteten, er sei der Messias beziehungsweise Christus. Und trotzdem kam ihnen die Vorstellung absonderlich vor, daß eine Göttin, ein ganz und gar göttliches Wesen, wirklich geboren sein sollte. Vielleicht haben sie Mythen über ihre Geburt und die ihres Zwillingsbruders Apollon gelesen – aber ein wirklicher Geburtstag?

Wer ist das »Ich«, das einen Körper hat?

Für die meisten Menschen, die überhaupt über diese Dinge nachdenken, haben Sterbliche einen Körper, Göttinnen aber nicht. Daß wir in unseren Körpern »eingeschlossen« sind, macht uns sterblich. Vor vielen Jahren schrieb eine Freundin von mir (die viel Zeit mit Meditieren und Chanten verbracht hatte) an eine Wand: »Wenn du einen Körper hast, mußt du etwas falsch gemacht haben. P.S.: Ich bin eine Frau.«
Aber wer ist dieses »Ich«, das einen Körper hat? In welcher Hinsicht sind wir von den Körpern getrennt, die sich bewegen und schlafen und essen und sich lieben und schreien und gebären? Unsere Sprache selbst isoliert uns von der Wirklichkeit des Körpers. Wir sprechen von »meinem« Körper, »meinen« Armen, »meinen« Lungen oder »meinem« Gesicht. Wem gehören diese körperlichen Objekte?

Der Körper ist unsere grundlegende Realität. Er gibt uns alles, von unserer Verbindung mit der äußeren Welt bis zu unseren künstlerischen und intellektuellen Systemen. So weisen Menschen, die sich mit Symbolik befassen, oft auf die Art und Weise hin, wie die Zahl vier in vielen Kulturen auftaucht – die in vier Himmelsrichtungen geteilte Landschaft, vier Jahreszeiten, vier »Elemente« (für gewöhnlich Feuer, Wasser, Luft und Erde), vier spirituelle Grundfarben (die gewöhnlich mit den vier Himmelsrichtungen assoziiert werden) und dergleichen mehr. Und in Anbetracht dieser allgegenwärtigen Vier bemerken sie dazu, daß sie irgendwie grundlegend für den menschlichen Geist oder möglicherweise irgendwo in den Hirnlappen eingebettet sei. Aber es gibt eine einfachere Erklärung für die Bedeutung der Zahl vier, eine, die mit unseren Körpern und den physischen Eigenschaften – dem *Körper* – der Erde verbunden ist. Man unterscheidet vier Jahreszeiten oder vielmehr vier Sonnenpunkte des Jahres, die Sonnenwenden und die Tagundnachtgleichen. Das sind keine Erfindungen, sondern Tatsachen unserer Existenz. Wenn wir aufrecht dastehen, zeigen unsere Körper uns die vier Himmelsrichtungen, denn wir können vor uns sehen, uns umdrehen, so daß wir hinter uns sehen, und unsere Arme nach rechts und links ausstrecken.

Und genaugenommen existieren vier Himmelsrichtungen auch unabhängig von uns in der Natur. Die Erde dreht sich um ihre Achse und definiert so den Nord- und den Südpol. Zur Zeit der Tagundnachtgleiche geht die Sonne genau im Osten auf, das heißt in einem Winkel von 90° von der Polarachse, und geht wieder in einem Winkel von 90° genau im Westen unter. Wenn der Vollmond zur Zeit der Tagundnachtgleiche aufgeht, kann man die vier Himmelsrichtungen unmittelbar im eigenen Körper erfahren. Stellen Sie sich einmal bei Sonnenuntergang mit seitlich ausgestreckten Armen hin. Wenn Ihre rechte Hand zur untergehenden Sonne zeigt, ist Ihre linke auf den aufgehenden Mond gerichtet, während Ihr Gesicht genau nach Norden blickt und hinter Ihnen der Süden liegt.

21

Wir können uns ein »Symbol« als ein Bild vorstellen, das unser Bewußtsein für verschiedene Verständnisweisen öffnet. Ein Symbol läßt auf Ideen schließen, bringt verschiedene Vorstellungen und Empfindungen zusammen. Es berührt einen Teil von uns, den wir nicht leicht erklären oder in Worte fassen können. Symbole, Bilder: sie alle bewirken diese Dinge, weil sie aus Körpern hervorgehen – unseren eigenen Körpern, denen von Tieren oder Aspekten des Himmels oder der Erde. Wir wissen, daß ein Symbol uns auf dieser tiefen Ebene beeinflußt, wenn es unsere Körper beeinflußt, wenn sich uns die Nackenhaare sträuben, wir eine Gänsehaut bekommen oder sexuell erregt werden. Und dennoch bezeichnen wir Symbole nach wie vor als intellektuelle Abstraktionen.

So wie unsere Sprache dazu neigt, den Körper von Geist oder Seele abzuspalten, bezieht sie zugleich fast wie eine vergrabene Schicht eine Gleichsetzung von Natur und Frauenkörpern mit ein. Wir sprechen von Mutter Erde oder Mutter Natur, wir betrachten Nationen (ganz zu schweigen von Kriegsschiffen) als feminin, wir geben sogar Hurrikanen weibliche Namen (aufgrund der zahlreichen Beschwerden von Frauen wurde diese Praxis dahingehend geändert, Männernamen mit denen von Frauen abzuwechseln, aber niemand hat vorgeschlagen, auf Namen ganz und gar zu verzichten). Die Verbindung zwischen Natur und Frauenkörpern bewegt sich auch in die andere Richtung. Die Brüste von Frauen werden als Hügel, Vaginen als Dschungel, Sümpfe oder sogar Vulkane beschrieben. Für die meisten von uns sind das jedoch alles nur Metaphern, Redewendungen. Die Göttin kann keinen Körper haben.

Eine Religion der Tatsachen

Über den Körper der Göttin nachzudenken bedeutet, über unseren eigenen Körper nachzudenken. Sich die Geburt von Artemis ins Gedächtnis zurückzurufen bedeutet, uns unsere eigene Geburt ins Gedächtnis zurückzurufen. Bestenfalls ist die gerade (wieder)erwachende Religion der

Göttin eine Religion und eine Bewegung der grundlegenden Tatsachen, von Geburt und Tod, der Zyklen von Mond und Sonne, Menstruation und Schwangerschaft, Erregung und Orgasmus. Gertrude Rachel Levy, die Autorin von *The Gate of Horn*, charakterisiert Religion als »die Aufrechterhaltung einer tragenden Beziehung«. Diese Beziehung zerbricht und Religion wird zum Aberglauben oder vielleicht zur Philosophie (oder Psychologie), wenn wir diese ursprüngliche Bindung an das Göttliche in der physischen Welt verlieren, wenn Ideen und Symbole von Körpern losgelöst werden. Der Körper bleibt unsere grundlegende Wahrheit. Damit meine ich nicht nur den *menschlichen* Körper. Die afrikanische Göttin Oya zeigte sich in Gestalt von Blitzen und Flüssen. Die prähistorischen Göttinnen Europas und des Nahen Ostens nahmen die Form von Fischen, Bienen, Bäumen, Kröten oder Geiern an. Heute erscheinen uns diese Bilder seltsam, sogar kindisch. Wir sind daran gewöhnt, uns Gott als eine Abstraktion vorzustellen. Aber diese Bilder sind nicht unvernünftig, geschweige denn nichtssagend. Sie entstammen einem fundierten und spezifischen Wissen über Tiere, Pflanzen und die Prozesse des Lebens. Dieses Wissen verband sich mit einem spirituellen Bewußtsein, einem Sinn dafür, daß die göttliche Wirklichkeit in jedem Augenblick im Leben der Menschen gegenwärtig ist. Wie natürlich, wie *real* es doch ist, das Verständnis der physischen Existenz und das intuitive Wissen, daß Spiritualität durch das ganze Leben fließt, zusammenzubringen. Diese »tragende Beziehung« erstreckte sich auf alle Lebensbereiche, einschließlich der täglichen Existenz. Heute denken wir nur selten an die Tätigkeit des Kochens als an etwas Heiliges. Vielleicht bereiten wir an religiösen Feiertagen besondere Speisen zu, aber gewöhnlich nur als eine Familientradition. Als James Mellaart und andere jedoch eine 10 000 Jahre alte Stadt in der Nähe des Dorfes Çatal Hüyük in der Zentraltürkei freilegten, fanden sie Statuen von schwangeren Göttinnen, die auf Brotöfen standen. Das mag uns seltsam vorkommen, aber denken Sie einmal nach – handelt es sich bei Brot und allen gekochten Speisen nicht um ein Wunder? Verschiedene Zutaten werden miteinander vermischt, die Masse wird in eine bestimmte Form gebracht (es wäre wunderbar zu wissen, welche Brotformen die neolithischen Menschen sich dafür aussuchten) und in einen heißen, geschlossenen Behälter gelegt, und dann entsteht etwas ganz anderes, etwas Lebenspendendes und sinnlich Befriedigendes. Und denken Sie an das Wunder der Schwangerschaft, an einen Fötus, der sich in der warmen Dunkelheit des weiblichen Körpers wie Brot bildet und wächst. Brot und Babys sind gleichermaßen wunderbar – göttlich. Wir haben den Sinn für das Wunder in den alltäglichen Dingen des Lebens verloren, eben weil wir dazu neigen, Gott als etwas zu sehen, das abstrakt, weit entfernt, irgendwo da draußen – losgelöst vom Körperhaften – ist.

Und dennoch, ist die Verbindung zwischen Brot und Babys wirklich so weit hergeholt? Von einer schwangeren Frau sagen wir im Englischen, sie habe »ein Brot im Ofen«. Könnte dieser Ausdruck den ganzen Weg bis in die prähistorische Türkei zurück weisen? Oder gibt er einfach zu verstehen, daß die moderne Phantasie dieselbe Assoziation von Babys und Brot herstellt, wie sie auch die Menschen in der Steinzeit hatten? Es besteht jedoch ein Unterschied: Der moderne Ausdruck enthält ein Glied nicht, nämlich die Spiritualität. Die Statuen auf den Brotöfen stellten nämlich keine gewöhnlichen Frauen dar, sondern schwangere *Göttinnen*.

Liebe, Sexualität und der göttliche Körper

Selbst die Liebe ist abstrakt geworden. »Wahre« Liebe ist für uns eine reine Essenz, während wir die körperliche Liebe für fragwürdig, einen Trick oder eine Illusion oder gar etwas Schmutziges halten. Wir sagen »Gott ist Liebe«, aber weil Gott keinen Körper hat, dürfen wir die göttliche Liebe nicht mit körperlichem Verlangen und Befriedigung beschmutzen. Sexuelle Liebe macht uns Tieren gleich, so sa-

24

gen wir, und nehmen das als einen Grund, sie zu unterdrücken. In anderen Kulturen und zu anderen Zeiten vollzogen die Menschen keine Trennung zwischen heiliger Liebe und Sexualität. In ihrer frühen Form war Aphrodite, die Göttin der sexuellen Leidenschaft, ebenfalls die Göttin der Geburt, des Todes, des wogenden Meeres und der Vögel am Himmel. Sie war eine Mutter des Wandels und des Werdens und zugleich des Verlangens, und es bestehen historische Zusammenhänge zwischen ihr und jenen uralten weiblich-zentrierten Kulturen Anatoliens in der westlichen Türkei. Über die Jahrhunderte hinweg beschnitten die patriarchalen Griechen ihre Macht und verengten ihr Bild auf eine kleine Kurtisane.

Paul Friedrichs Buch *The Meaning of Aphrodite* entnehmen wir, daß Aphrodite Heterosexuellen und lesbischen Frauen Leidenschaft einflößte, während ihr Sohn Eros homosexuelle Männer erregte. Es sagt etwas über die Haltung unserer Kultur gegenüber Frauen aus, daß der Begriff für Sexualität»erotisch« und nicht»aphroditisch« lautet und die Namen Aphrodite und Venus – Venus ist die römische Bezeichnung für Aphrodite – in so negativen oder trivialen sexuellen Begriffen wie»Aphrodisiakum« und»venerische« Krankheit beziehungsweise Geschlechtskrankheit weiterleben.

Im Zuge der Machtübernahme der christlichen Religion wurde Aphrodite von den Kirchenvätern verbannt. Friedrich zufolge wurden die meisten griechischen Götter in der neuen Religion zu Heiligen erklärt – außer Aphrodite, die einfach verschwand (auch wenn Aspekte ihrer Anbetung – ohne den sexuellen Bezug – auf Maria, Jesu Mutter, übertragen wurden). Doch selbst in erniedrigter Form bedrohte die Wirklichkeit von Aphrodites (weiblichem) Körper das christliche Paradox, das Paradox einer allmännlichen Gottheit, die gleichzeitig körperlos ist.

Im christlichen Mythos werden Engel als körperlos, geschlechtslos beschrieben. Zugleich sind sie männlich und tragen männliche Namen, die noch heute in Gebrauch sind, wie zum Beispiel Gabriel und Michael. Unter dem

Christentum wurde das Männliche von der Sexualität abgespalten. »Vernunft« wurde zur wichtigsten männlichen Eigenschaft losgelöst, als Kontrolle des Körpers, der immer der Gefahr der Verunreinigung, vornehmlich durch Frauen, ausgesetzt war. Die neue Religion betrachtete den Körper mit seinen tierhaften Begierden als den Feind der wahren Vernunft. Für die Kirche standen Frauen den Tieren näher. Frauen führten Männer in Versuchung und brachten sie von Gott ab.

Gottes Körper messen

Nach einigen tausend Jahren mit einem abstrakten, unpersönlichen Gott ist es fast unmöglich geworden, sich Gottes Körper als etwas mehr als eine Metapher vorzustellen. In vielen Kulturen jedoch, wie zum Beispiel bei den Dschainas in Indien, existiert eine Tradition, in der das Universum als ein einziger Körper verstanden wird. Und dieser Körper wird in dschainistischen Schriften überaus detailliert erläutert. Diese Vorstellung ist nicht auf Asien beschränkt: In der jüdisch-esoterischen Tradition der Kabbala finden wir das Bild von Adam Kadmon, dem Kosmos als gigantischem Urwesen in männlicher Gestalt. Manchmal beschrieben die Kabbalisten Adam Kadmon als einen Hermaphroditen mit sowohl weiblichen als auch männlichen Eigenschaften (siehe das fünfte Kapitel zu weiteren Informationen über den androgynen Adam und andere mystische Hermaphroditen).
Adam Kadmon ist Gottes Schöpfung und nicht Gott selbst. Aber die Kabbala geht noch weiter, indem sie auf eine Idee eingeht, die im Hebräischen als *Shiur Komah* bezeichnet wird, was »Messung des Körpers« bedeutet. So versuchten Mystiker, Gottes körperliche Größe zu ermitteln. Für Gershom Scholem, den großen Gelehrten der Kabbala, war diese Idee »absurd« und »lächerlich«, obwohl er ebenfalls erläutert, daß sie vom Hohenlied Salomos und seiner Beschreibung des Körpers der Geliebten inspiriert wurde. Trotz seiner Erforschung uralter Geheimnisse war Scho-

lem stets ein Modernist, Erbe der westlichen Tradition mit ihrer Vorstellung von Gott als reiner Gedankenform ohne physischen Körper.

Wahrscheinlich wußte Scholem, daß die Idee von *Shiur Komah* nicht nur bei den Juden existierte. Abgesehen von den Dschainas mit ihren sehr genauen Maßen von Gottes Lippen, Zehenspitzen, Ellbogen und dergleichen mehr, finden wir in vielen Kulturen die überlieferte Geschichte von der physischen Welt, die sich aus einem einzigen Körper, für gewöhnlich aus dem Körper einer Göttin, entwickelt hat. In vielen Versionen dieses Mythos wird sie zerstückelt, in unzählige Teile zerlegt, oft durch männliche Gewalt. Es sind Mythen von männlich dominierten Kulturen, die viele komplexe Fragen aufwerfen (mit einigen von ihnen werden wir uns in späteren Kapiteln befassen). Trotzdem finden wir über dieses Zerreißen oder Zerstückeln der Göttin hinaus ein tiefes intuitives Wissen – daß nämlich der Kosmos und alles in ihm, jeder Stein und jeder Wassertropfen, lebendig wie wir und weiblich ist, den Müttern gleich, die uns das Leben schenkten.

Genaugenommen folgten die mittelalterlichen Kabbalisten ihrer Intuition von weiblicher Göttlichkeit. Sie beschrieben einen androgynen Gott,»sowohl männlich als auch weiblich«, wie es im 1. Buch Mose heißt, der einen Teil von »sich« abspaltete, damit etwas existieren konnte, um Gottes Herrlichkeit zu betrachten und widerzuspiegeln. Dieses Etwas stellt man sich gewöhnlich als weiblich vor. Einige setzten es mit *Schechina* gleich, einem biblischen Begriff, der ursprünglich Gottes »innewohnende Präsenz« bedeutete, womit Gottes physische Manifestation im Allerheiligsten gemeint ist. Im Mittelalter und später wurde *Schechina* zu einer weiblichen Präsenz, die die Gläubigen mit ihren Schwingen beschirmte. Gottes weibliche Hälfte trug außerdem den Namen *Chochma* oder Weisheit. Die Griechen nannten diese Göttin *Sophia*, das griechische Wort für Weisheit.

27

Körperformen in der Landschaft und in Tempeln

Dieses Buch begann mit der Idee einer Reihe von Reisen. Im Laufe der Jahre und durch den Einfluß von Freunden und Büchern und meine Arbeit mit der Bildersprache und der Symbolik des Tarot begann ich mich für die Religion der Göttin zu interessieren und wollte mich in meiner Arbeit mit diesem Thema auseinandersetzen. Ich wußte, daß viele Menschen die Praxis der Pilgerfahrt wiederbelebten, indem sie Kraftorte und alte Tempel in vielen Ländern aufsuchten. Ungefähr zehn Jahre zuvor hatte ich mehrere Höhlen in Frankreich besichtigt, die etwa 20000 Jahre alte Ritzzeichnungen und Malereien bergen. Diese Erfahrung hatte mich tief bewegt, und ich wußte, daß ich zurückkehren und diese Werke in einem Kontext von heiligem Wissen sehen wollte, wobei es mir vornehmlich um die Vorstellung von der Höhle als Göttinnenschoß ging.

Als ich anfing, Recherchen anzustellen, stieß ich auf eine verblüffende Tatsache. An verschiedenen Orten, besonders auf der Insel Malta, ähnelten die der Göttin geweihten Tempel der vereinfachten Darstellung eines Frauenkörpers – das heißt, sie hatten Rundkammern entsprechend den Brüsten oder Hüften und eine kleinere hintere Kammer als Kopf. Die Anbeter, die sie betraten, hatten das Gefühl, in einen göttlichen Körper einzutreten. Moderne Besucher Maltas sprachen von einem überwältigenden Gefühl des Schutzes, sogar der Liebe, das sie empfunden hatten.

Aber die Form des Göttinnenkörpers wurde nicht nur in den von Menschenhand geschaffenen Bauwerken wahrgenommen. Das Land selbst konnte eine solche Form annehmen, wenn man es auf die richtige Weise betrachtete. In einem Artikel der Architektin Mimi Lobell (derselbe Artikel, in dem ich über Malta las) stieß ich auf eine Idee, die zuerst von Vincent Scully, Professor für Architektur in Yale, vertreten wurde. Scully hatte festgestellt, daß die sogenannten »Paläste« des alten Kreta (der Begriff »Paläste« leitete sich von griechischen Vermutungen über eine Monarchie ab,

Grundriß des Tempels Ggantija, Insel Gozo/Malta, ca. 4000 v. Chr.

die sich niemals bestätigt hatten) in besonderen Landschaftsformationen angelegt waren. Die Kreter errichteten alle großen Bauwerke auf einer (annähernden) Nord-Süd-Achse mit Blick auf einen kegelförmigen Hügel, in dessen Umgebung ein gehörnter Berg lag, in dem sich wiederum eine Höhle befand, welche als Sakralstätte diente. Um Lobell zu zitieren:

Die richtige Plazierung des Palastes hob die Bedeutung der Landschaft als den Göttinnenkörper hervor. Das Tal entsprach ihren umfassenden Armen, der kegelförmige Hügel kam ihrer Brust beziehungsweise der nährenden Funktion gleich; der gehörnte Berg war ihr »Schoß« oder ihre gespaltene Vulva, die aktive Kraft der Erde, und das Höhlenheiligtum ihr gebärender Schoß.

(Lobell, »Temples of the Great Goddess«, *Heresies*, Nr. 5)

Diese Idee fesselte mich. Wie so viele andere Menschen auch hatte ich früher angenommen, daß die Vorstellung von der Großen Göttin eine moderne Erfindung, ein feministischer Mythos sei. Obgleich ich mich aufgrund meiner

29

frühen Recherchen, die mir die solide Forschung hinter dem Göttinnenbild vor Augen geführt hatten, eines Besseren besann, waren es die Ideen von Lobell und Scully, die der Göttin physische Realität verliehen. In den herkömmlichen religiösen Ideen meiner eigenen Gesellschaft hatte ich niemals eine solche Realität erfahren.

Ich begann, über die Göttin, ihren Körper, ihre Präsenz in der Welt, die Verbindung zu meinem eigenen Körper und zu den Körpern von Frauen (und Männern) im allgemeinen zu lesen und nachzudenken. Der kretische Brauch, Höhlen als Heiligtümer zu benutzen, ließ auf eine Verbindung zu den französischen und spanischen Höhlen mit ihrer prähistorischen Kunst schließen. Wenn die Erde unsere Mutter ist, dann wird eine Höhle zu einem Bild von ihrem Schoß und zu einem Ort, an dem man ihren tatsächlichen Körper betreten kann. Zogen es die Cro-Magnon-Künstler aus diesem Grund vor, ihre Malereien und Ritzzeichnungen in Höhlen zu verewigen? Auf diese Frage werden wir nie eine Antwort finden. Sie hinterließen uns keine anderen Aufzeichnungen als die Kunst selbst. Doch je mehr ich über die Höhlen las, desto natürlicher fand ich es wie so viele andere auch, sie mit meinem Körperinneren zu vergleichen. Und als ich mit einer Freundin die Höhle von Pêch-Mèrle mit ihren riesigen Tunneln und Kammern und feuchtroten Wänden besuchte, fühlten wir uns (unabhängig voneinander) wie Mikroben in einem gigantischen Körper.

In vielen Gebirgsgegenden haben gewisse Gipfel Ähnlichkeit mit einem Gesicht im Profil oder einer auf dem Rücken liegenden Frau, und die volkstümliche Überlieferung macht diesen Zusammenhang oft deutlich. Dieser Gebrauch eines starren Bildes kann zu stark vereinfachend sein. Es gibt auch noch andere Möglichkeiten, die physische Präsenz der Göttin in der Landschaft zu sehen. Die Eingeborenen Nordamerikas haben die Erde immer als die Mutter ihres ganzen Volkes betrachtet – wobei »Volk« die Pflanzen und Tiere sowie die Menschen einschließt. In meiner Jugend lernte ich im Geschichtsunterricht, daß indianische Männer sich weigerten, Bauern zu werden, weil Landwirtschaft »Frauenarbeit« sei. In Wirklichkeit sträubten sich einige Indianerstämme dagegen, wie ich viel später erfuhr, weil damit das Durchschneiden der Erde mit dem Pflug verbunden war, eine Tätigkeit, die ihrer Ansicht nach nichts anderes war, als die Brüste ihrer Mütter mit einem Messer abzuschneiden.

Mond und weiblicher Körper

Mir war nicht nur die Vorstellung von der Landschaft als dem Göttinnenkörper bekannt, sondern ich wußte auch von Traditionen, in denen bestimmte Aspekte der Natur aufgrund ihrer Ähnlichkeit mit den körperlichen Merkmalen der Frau als überaus weiblich galten. Viele Kulturen haben den Mond als eine Göttin identifiziert, die unmittelbar mit dem weiblichen Körper verbunden ist (in einigen Büchern wird diese Verbindung als eine universale Idee bezeichnet; jedoch kommen universale Ideen nur selten vor. Die alten Japaner und Germanen zählten zu den wenigen Kulturen, die den Mond als männlich und die Sonne als weiblich betrachteten).

Am augenfälligsten ist die Tatsache, daß der Menstruationszyklus der meisten Frauen annähernd die gleiche Länge aufweist wie der Zyklus des Mondes mit seinen Stationen zunehmender Mond, Vollmond, abnehmender Mond und Neumond. Untersuchungen in Studentenwohnheimen und isolierten Dörfern lassen erkennen, daß eng zusammenlebende Gruppen von Frauen dazu neigen, gleichzeitig zu menstruieren, und zwar oft zur Zeit des Voll- oder Neumondes. Einige Forscher glauben, daß diese Fähigkeit von Frauen, ihre Zyklen miteinander zu verbinden, den Prozeß der menschlichen Gemeinschaft und Kultur in Gang gesetzt haben könnte (Näheres dazu im fünften Kapitel).

Es besteht außerdem ein noch subtilerer Zusammenhang. Der Mond bewegt sich durch drei verschiedene Phasen. Er entsteht aus der Dunkelheit als ein Splitter, der sich stetig bis zur Pracht des Vollmondes vergrößert. Nach drei Tagen nimmt er immer mehr ab, bis er schließlich stirbt. Drei Tage lang ist er nicht zu sehen, um dann wieder aufs neue zu entstehen. Frauen und Männer treten aus der Dunkelheit des Schoßes ihrer Mütter in die Welt. Doch bei Frauen vollzieht sich der Übergang von der Kindheit zur Fruchtbarkeit der Erwachsenen durch ein einschneidendes Ereignis – die Menarche, die erste Menstruation. Sie bleiben fruchtbar, fähig zu dem Wunder, in ihren Körpern Kinder entstehen zu lassen, bis es zu einer anderen tiefgreifenden Veränderung kommt (auch wenn diese ganz allmählich vonstatten geht) – die Menopause.

Diese Phasen, Jungfrau, Mutter, altes Weib, stellen einen natürlichen Vergleich zum zunehmenden, vollen und abnehmenden Mond dar. Die verschiedenen dreifaltigen Göttinnen in den diversen Mythologien (besonders den westeuropäischen Mythologien) haben dieser Gleichsetzung zu einer machtvollen Präsenz in der modernen Göttinnenreligion verholfen. Moderne Hexen beten den Mond nicht als einen Himmelskörper an, sondern als eine Manifestation der weiblichen Wahrheit und Macht. Sie sind sich zwar wie alle anderen auch bewußt, daß der Mond ein die Erde umkreisender Felsbrocken ist, aber sie untersuchen eingehender die Bedeutung des Mondes in unserem Leben. Wie die Alten stellen sie den Mond als ein Symbol für die weibliche Fruchtbarkeit dar.

Doch ist er »nur« ein Symbol? Oder wirkt sich eine physische Eigenschaft des Mondes direkt auf den weiblichen Körper aus? Angesichts der Tatsache, daß die Anziehungskraft des Mondes die Gezeiten steuert, wird manchmal die Frage laut, warum sie nicht auch Einfluß auf den monatlichen Menstruationsverlauf nehmen sollte. Der Einfluß der Gezeiten auf die Meere rührt von der enormen Größe der Erde her. Das heißt, die Erde ist so groß, daß die Schwerkraft des Mondes die ihm nächstliegende Seite anders beeinflußt als die entfernteste Seite. Dieser Unterschied in der Schwerkraft ist für die Entstehung der Gezeiten verantwortlich. Frauenkörper sind weder groß noch schwer genug, um einen solchen enormen Unterschied zu bewirken. Aber der Mond beeinflußt die Fruchtbarkeit auf eine direktere Weise. Dabei handelt es sich um die besondere Eigenschaft des Mondlichtes. Frauen, die Probleme mit ihrem Menstruationszyklus haben, zum Beispiel unregelmäßige Perioden, werden oft Hormone verordnet. Seit einigen Jahren jedoch testen verschiedene Ärzte (und Frauen allein) eine andere Methode. Die Frauen schlafen bei Mondlicht oder unter einem Kunstlicht, das dem Licht des Mondes entspricht. In vielen Fällen pendeln sich ihre Zyklen innerhalb weniger Wochen ein.

Wenn wir uns die dreifache Göttin vorstellen, neigen wir dazu, an das alte Griechenland oder das keltische Irland zu denken. Marija Gimbutas hat jedoch darauf hingewiesen, daß dieses Bild zumindest für das Zeitalter des Magdalénien in Frankreich, also vor ungefähr 12000 Jahren, belegt ist, denn die Höhle Abri Du Roc Aux Sorciers in Angles-sur-Anglin, Frankreich, enthält ein Relief, das Gimbutas als »drei klassische weibliche Gestalten mit entblößten Vulven« beschreibt. Von 3200 v. Chr. an begegnet uns ein abstrakteres dreifaches Bild, eine großartig gravierte Dreifachspirale auf der Steinschwelle am Eingang zu dem riesigen Ganggrab in Newgrange im irischen Boyne-Tal.

Wir können nicht mit Sicherheit behaupten, daß diese prähistorischen Formen eine Mondgöttin oder die Phasen im Leben einer Frau darstellen. Aber sie beweisen die erstaunliche Langlebigkeit von dreifachen Bildern; und Spiralen fand man bei vielen Göttinnenstatuen und Tempeln, möglicherweise als Symbole für Geburt, Tod und Wiedergeburt. Die Spirale ist nicht nur ein philosophisches Gebilde. Auch wenn sie in der Kunst oft abstrakt dargestellt wird, ist sie eigentlich eine Grundform der Natur und kommt viel häufiger vor als der Kreis, der außer als Bild von der Sonne oder dem Mond kaum in Erscheinung tritt. Schlangen rollen sich spiralförmig zusammen, Wasser bewegt sich abwärts in einer Spirale, Vögel fliegen spiralförmig himmelwärts, um sich die Windströmungen zunutze

*Der Eingangsstein des Grabes von Newgrange/Irland, ca. 3300 – 3200
v. Chr. Die Dreifachspirale ist auf der linken Seite des Steins zu sehen.*

zu machen, die Galaxien haben die Form von Spiralen,
und die Hörner von Widdern und anderen Tieren verlaufen oft spiralförmig.

Aber was ist mit der vierten Mondphase, der Dunkelheit?
Die naheliegende Antwort ist die, daß, sobald eine Frau
stirbt und in die Erde zurückgeht, auch der Mond stirbt,
wenn er in der Dunkelheit verschwindet. Aber der Mond
wird nach drei Tagen wiedergeboren (die gleiche zeitliche
Länge wie beim Vollmond), woraus sich eindrucksvoll
schließen läßt, daß der Tod nicht endgültig ist, daß die Göttin Wiedergeburt verheißt. Joseph Campbell hat darauf
hingewiesen, daß viele Bilder von dreifachen Göttinnen eine vierte Figur enthalten, bei der es sich oft, aber nicht immer, um einen Gott oder sterblichen Mann handelt. Jesus
bleibt drei Tage unter der Erde, bis er am Ostersonntag
aufersteht. Der Name »Ostern« leitet sich von Eostre oder
Ostara ab, einer germanischen Frühlingsgöttin, deren Name wiederum mit *estrus* (weibliche Fruchtbarkeit) verwandt ist. Die Erde bringt Pflanzen auf die gleiche Weise
hervor, wie Frauen Babys hervorbringen, nämlich aus ver-

borgener Dunkelheit heraus. Auch hier finden wir eine Verheißung auf Wiedergeburt, denn selbst die Pflanzen, die im Winter »sterben«, kehren im Frühling zurück.

Wasser, der weibliche Körper und die Göttin

So wie die Dauer des Mondzyklus den Mond mit dem Frauenkörper in Verbindung bringt, weist der weibliche Körper starke Ähnlichkeiten mit Wasserflächen auf. Ein Kind, das im Leib seiner Mutter wächst, schwimmt in einer Blase mit Fruchtwasser, und wenn die Frau gebiert, »brechen sich die Wasser«. Die Geburt selbst bringt Blutungen mit sich, so daß wir es mit zwei roten Strömen zu tun haben, dem der Menstruation und dem der Geburt. Das Meer hebt und senkt sich, den inneren Rhythmen einer Frau gleich. Selbst der Mond, der sich zeigt, um die Regelblutung zu steuern, ruft den Rhythmus der Gezeiten hervor. Das Meer ist salzig, wie die Tränen und das Blut von Frauen und Männern. Und soweit wir heute wissen, kam alles Leben ursprünglich aus dem Meer, so daß das Meer unsere Große Mutter ist.

Bevor ich mit dem vorliegenden Buch anfing, hatte ich über dieses Thema bereits geschrieben, so etwa in einem Kommentar zu dem von dem deutschen Künstler Hermann Haindl gestalteten Tarot. Dabei versuchte ich aufzuzeigen, daß diese Dinge eine grundlegende Wirklichkeit darstellen. Damals schrieb ich:

Viele moderne Menschen können all diese Wechselbeziehungen akzeptieren. Sie können sogar glauben, daß die Schwerkraft des Mondes »wissenschaftlich beweisbar« das Fruchtbarkeitspotential einer Frau beeinflußt. Aber die Alten sahen das anders. Für sie waren der Mond, das Meer und die Frauen ein und dasselbe, ein Mysterium des Lebens, das sie mittels Mondritualen und Statuen von schwangeren Göttinnen anbeteten.

Als ich meine Recherchen fortsetzte und zu reisen anfing, stieß ich nach und nach auf weitere Zusammenhänge zwischen weiblichem Körper und Wasser. Einer der ersten Or-

35

te, die ich besuchte, war die englische Stadt Bath mit ihrem eleganten Bad, das von den Römern und viel später von den Menschen des Viktorianischen Zeitalters benutzt wurde. Obwohl Bögen und Säulen den größten Teil der ursprünglichen Form dieser Stätte verbergen, kann der Besucher doch noch immer das dampfende Wasser sehen, das einem großen Loch im gewachsenen Felsen entströmt. Die Autorin Marian Green, die mich dort herumführte, wies darauf hin, daß das Wasser aufgrund von Eisenablagerungen im Gestein rotgefärbt sei und die Kombination von Wärme und Rot eine intensive Vorstellung von Geburtswasser erzeuge, das aus dem Schoß der Erde quillt.

Später besuchte ich Glastonbury, wo das Quellwasser auch eine rote Färbung aufweist. Und ich las, daß viele Kathedralen über uralten heidnischen Stätten erbaut wurden, die wiederum über unterirdischen Wasserläufen errichtet worden waren. Bei meinen Recherchen über Silbury Hill, einen gigantischen Hügel in England, der vor Tausenden von Jahren von Menschenhand aufgeworfen wurde, fand ich heraus, daß die Steinzeitmenschen ihn am Zusammenfluß von zwei derartigen verborgenen Wasserläufen errichtet hatten.

Der Körper am Himmel

Für viele Menschen, die den göttlichen Körper in der Mythologie suchen, ist die Gleichung: Erde = Göttin, Himmel = Gott zu einem Gemeinplatz geworden. In der europäischen Kultur rührt diese Idee überwiegend von der griechischen und römischen Mythologie her, wo der Himmelsgott Uranos die Erdgöttin Gaia schwängert. Einige indianische Kulturen sprechen von Großvater Himmel und Großmutter Erde. Offensichtlich erkennt diese Dualität die »Tatsachen des Lebens« an, ein interessanter, wenn auch altmodischer Ausdruck. Aber sind diese »Tatsachen« über die männliche und weibliche Beteiligung an der Fortpflanzung die endgültige Wahrheit über die Schöpfung?

Im griechischen Mythos ist nicht die Rede davon, daß Uranos gleichzeitig mit Gaia entstand. Ganz im Gegenteil, die Existenz fängt einfach mit Gaia an, die daraufhin Uranos aus ihrem Körper hervorbringt, um einen Partner und Gemahl zu haben. Der Körper der Göttin wird zum Ursprung aller Dinge, einschließlich des Himmelsgottes, dessen Sturz genaugenommen mit seiner arroganten Anmaßung, er sei seiner Schöpferin überlegen, seinen Anfang nimmt (einigen Versionen des griechischen Mythos zufolge ist Uranos' Sturz mit der Abtrennung seiner Genitalien verbunden, aus denen Aphrodite entsteht – weitere Einzelheiten über diese erstaunliche Geschichte und ihre Folgen im siebten Kapitel). Viele Kulturen haben die Milchstraße buchstäblich als Milch gesehen, die aus den Brüsten der Göttin fließt. Elisabet Sahtouris erzählt in ihrem Buch *Gaia: Vergangenheit und Zukunft der Erde* von einem griechischen Schöpfungsmythos, in dem Gaia tanzt und die Milchstraße sich spiralförmig aus ihrem Körper heraus bewegt. Diese Vorstellung ist bemerkenswert, wenn man bedenkt, daß die Milchstraße unsere Galaxis ist und moderne Teleskope bewiesen haben, daß Galaxien ihren Ursprung in einer spiralförmigen Bewegung haben – eine Tatsache, die aus der Beobachtung der Milchstraße allein nicht ersichtlich ist.

Das Auftreten des Mannes

Biologische und evolutionstheoretische Erkenntnisse bestärken das Primat des Weiblichen. Biologen bezeichnen die frühesten Organismen als weiblich, die sich durch die Abspaltung der »Tochter« von der »Mutter« fortgepflanzt haben. In Anbetracht des langen Verlaufs der Evolution trat der Mann recht spät auf und kann als eine Mutation des Weiblichen betrachtet werden.

Vor einigen Jahrzehnten fanden Biologen heraus, daß alle menschlichen Föten zunächst weiblich sind und in den ersten zwei Monaten einem Entwicklungsmuster folgen, aus dem ein Mädchen entstehen würde. In der fünften Woche entwickelt sich eine undifferenzierte Keimdrüse, aus der schließlich entweder weibliche oder männliche Geschlechtsorgane hervorgehen. Ein Fötus mit XX-Chromosomen wird dann bis zur sechzehnten Woche Eierstöcke bilden. Enthält der Fötus jedoch XY-Chromosomen, so wird das Y-Chromosom die Keimdrüsen dazu bringen, Hormone auszuscheiden, die die »Differenzierung« fördern, das heißt, sie determinieren die Keimdrüsen in Richtung Hodenentwicklung. Ein Artikel in der *New York Times* vom 4. August 1992 beschreibt, wie der Prozeß mit dem als »testis-determinierender Faktor« bekannten Protein in Gang gesetzt wird, das die DNS so krümmt, daß verschiedene Gene miteinander in Verbindung treten.

Monica Sjöö und Barbara Mor schreiben in ihrem Buch *The Great Cosmic Mother*, daß der frühe Fötus sowohl weibliche als auch männliche Entwicklungsmöglichkeiten in sich trägt. Sobald sich ein Sexualorgan ausbildet, verkümmert der andere Teil. Äußerlich jedoch sind die Organe bei Mann und Frau ursprünglich identisch. Man könnte sagen, daß unter dem Einfluß der Androgene – der männlichen Geschlechtshormone – die Klitoris zum Penis wird und die äußeren Schamlippen sich zum Hodensack entwickeln.

Man kann diese Wirklichkeit der Fötalentwicklung, diese »Tatsachen des Lebens«, auf zweierlei Art betrachten. Ein weiblicher chauvinistischer Ansatz könnte darin bestehen, Männer als eine Art nachträglichen Einfall im Lebensplan zu verstehen. Falls Männer Ableger einer fundamentalen Wirklichkeit sind, sind sie zweifellos unterlegen. In der modernen Göttinnenreligion ist jedoch die Achtung vor allen Wesen und eine Ablehnung dessen enthalten, was Riane Eisler als das »Beherrscher«-Modell bezeichnet – zugunsten eines »Partnerschafts«-Modells. Folglich können wir die Wahl treffen, um zu einer subtileren Auffassung von der Evolution zu gelangen, einer Auffassung, von der ich glaube, daß sie von der Göttinnenreligion unserer frühesten Vorfahren gestützt wurde. Es ist die Idee, daß Männer und Frauen keine fremden Spezies, keine ewigen

Feinde sind, sondern Teil ein und desselben heiligen Seins. Die Göttinnendarstellungen in der steinzeitlichen Religion zeugen von einem tiefen Verständnis dafür, daß der Körper der Göttin sowohl das Männliche als auch das Weibliche umfaßt. Die etwa 30 000 Jahre alten sogenannten »Venus«-Figurinen sind wohlbekannt für ihre übertrieben dargestellten weiblichen Formen: riesige Brüste und Hüften, übergroße Vulven, manchmal abstrahiert zu Dreiecken über der Schamgegend, ein stark betontes Gesäß. Weniger bekannt sind die Frauen mit langen phallischen Hälsen oder die Höhlenmalereien, die lediglich einen sehr langen Hals, herabhängende Brüste und ein üppiges Gesäß zeigen, als hätte man die menschliche Form auf die wesentlichen weiblichen – und männlichen – Merkmale reduziert. Auf einem auf 15000 – 13000 v. Chr. datierten gravierten Rentiergeweih in Frankreich handelt es sich lediglich um die Abbildung einer Vulva unter einem langen Hals, der mit diagonalen, unterschiedlich langen Linien versehen ist. Alexander Marshack hat auf die Möglichkeit aufmerksam gemacht, daß diese Striche (und andere von ähnlichen Knochengravuren) zur Berechnung des Verlaufs von Mondphasen und / oder Menstruationszyklen gedient haben könnten (siehe dazu auch das dritte Kapitel). Bei einer viel späteren Ritzzeichnung von 5600 – 5300 v. Chr. in Ungarn tritt das Hermaphroditische deutlicher zutage: Der zylindrische Körper mit kleinen, spitz zulaufenden Brüsten und flachem Gesicht hat eine eindeutig phallische Qualität, während das ausladende Gesäß im unteren Teil (es sind kleine Füße zu sehen, aber keine Beine) offenkundig Ähnlichkeiten mit Hoden aufweist. Das Ergebnis ist eine elegante Verschmelzung von männlichen und weiblichen Bildern.

Die Figurinen stammen in erster Linie aus dem Paläolithikum, der Altsteinzeit, dem Zeitalter der Höhlen. Im Neolithikum beziehungsweise der Jungsteinzeit begegnen wir den Anfängen von Tempeln, Steinkreisen und monumentalen Erdwerken. Auch hier finden wir subtile Verknüpfungen von männlichen Bildern mit überwiegend weibli-

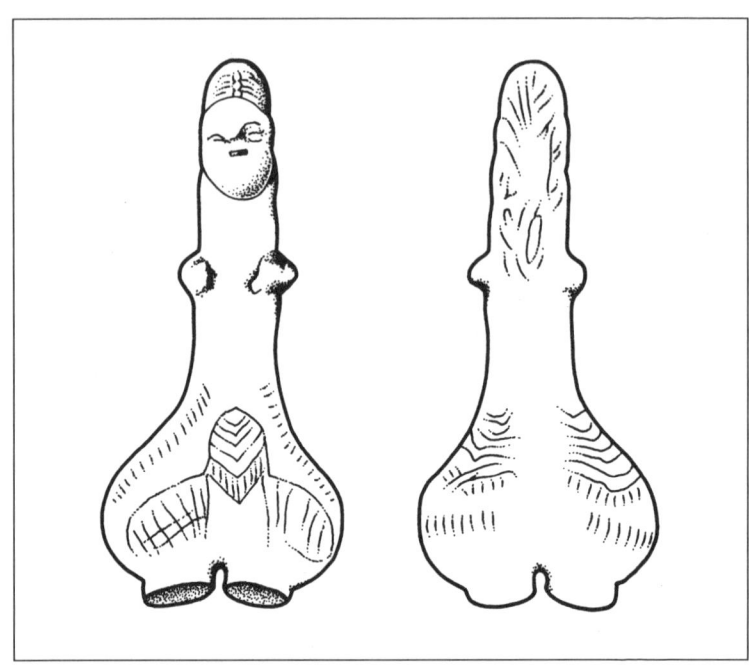

Darstellung der Vorder- und Rückseite einer phallusförmigen weiblichen Figurine, Starçevo/Ungarn, ca. 5600 – 5300 v. Chr. (nach Gimbutas)

chen Formen. Der Künstler Michael Dames hat überzeugend die Möglichkeit geäußert, daß Silbury Hill eine gigantische Göttinnenskulptur darstellt (von oben betrachtet weist der Hügel mit dem ihn umgebenden, unregelmäßig geformten Graben eine verblüffende Ähnlichkeit mit einer in Bulgarien gefundenen Figurine von einer schwangeren Göttin auf). Doch zugleich stieß man bei Ausgrabungen am Hügel auf Hirschgeweihe sowie auf Beweise, daß die Arbeiter rote Hirschgeweihe als Hacken benutzten. Der Hirsch zählt zu den wichtigsten männlichen Geschöpfen, er ist erfüllt mit Kraft und Dynamik.

Wir sind bereits darauf eingegangen, daß die prähistorischen Tempel auf Malta dem Umriß eines weiblichen Körpers entsprechen. Dieser Umriß ist ziemlich abstrakt, denn er setzt sich aus ovalen Formen zusammen, die durch enge

Passagen miteinander verbunden sind. Statuen, die in den Tempeln gefunden wurden, stellen eine realistischere Interpretation des Göttinnenkörpers dar. Und trotzdem wirken die Statuen, von denen einige sehr groß sind, mit ihren rundlichen weiblichen Hüften und Gesichtern, aber völlig flacher Brust oft androgyn. Lange Gewänder mit Volants verschleiern jeden Hinweis auf das Geschlecht. Diese maltesischen Figuren stellen möglicherweise eine Verschmelzung von männlichen und weiblichen Bildern dar, aber es könnte sich auch um eine buchstäblichere Vermischung der Geschlechter handeln: Viele alte Kulturen wählten ihre Priesterinnen aus den Reihen kastrierter Männer aus, die Frauenkleider und -rollen annahmen. Diese »transsexuellen« Priesterinnen (um einen zeitgenössischen Begriff zu verwenden) veranschaulichen möglicherweise die Verschmelzung von männlichen und weiblichen Formen im göttlichen Körper (siehe dazu auch das siebte Kapitel).

In Çatal Hüyük finden wir geschnitzte Brüste an den Wänden, aus deren Brustwarzen manchmal Eberköpfe und Hauer hervortreten. Stierköpfe zieren oft die Wände, besonders in den Geburtsräumen. Wir haben es hier mit der bemerkenswertesten Verbindung zwischen einem machtvollen männlichen Tier und dem Göttinnenkörper zu tun. Vermutlich symbolisierte der Stier die männliche Zeugungskraft, da ein einziger Stier in einer Herde sämtliche Kühe befruchtet. Es ist sehr wohl möglich, daß diese Idee hinter den auffälligen Stierköpfen in Çatal Hüyük stand. Die Verbindung wird jedoch enger, bezieht sich direkter auf den *Körper*, wenn wir anatomische Darstellungen des weiblichen Körpers betrachten. Denn hier entdecken wir eine verblüffende Ähnlichkeit von Gebärmutter und Eileiter mit dem Kopf eines Stiers.

Einige Feministinnen haben das Argument gebracht, daß das bedeutet, der Stier habe ursprünglich überhaupt nicht die männliche Kraft symbolisiert, sondern *nur* die Göttin. Dennoch ist es unmöglich, einen Stier auf einem Feld zu betrachten und nicht von seiner maskulinen Kraft beeindruckt zu sein. Der Stier wird so zu einem Beispiel für die

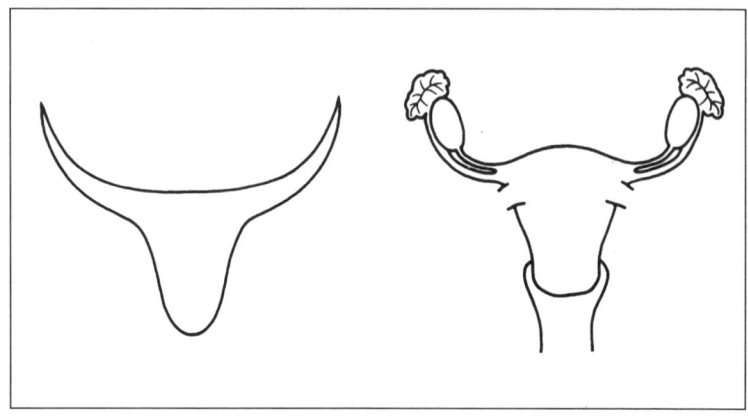

Darstellung eines Stierkopfes aus einem Grab in S. Lesei, Bonnanaro/Sardinien, ca. 4000 v. Chr. (links, nach Gimbutas), verglichen mit der Form der menschlichen Gebärmutter und der Eileiter (rechts, nach Cameron)

Vereinigung von männlicher und weiblicher Erfahrung innerhalb der physischen Wirklichkeit.

Das alles – die biologischen Tatsachen und die heiligen Bilder – läßt auf einen Weg schließen, der aus der Dualität des Geschlechterdenkens herausführt, weg von dem Streit, ob die Geschlechter gleich sind oder eines dem anderen überlegen ist. Beide Standpunkte akzeptieren die Annahme, daß das Weibliche und das Männliche grundlegend verschieden sind, obwohl im Mutterleib alle Föten zunächst gleich sind. Anstatt von einem grundlegenden Getrenntsein und Konflikt zwischen Mann und Frau auszugehen (die zusammenwirken können, aber getrennt bleiben), können wir sie als im göttlichen Körper vereinigt betrachten. Nicht metaphorisch vereinigt oder einfach nur in einer Partnerschaft, sondern auf den fundamentalen physischen Ebenen.

Was ist die Göttin? Was ist der Körper?

Als ich mit diesem Buch begann, suchte ich den Körper der Göttin im wörtlichsten Sinne, indem ich nach Bergen Ausschau hielt, die Brüsten oder dem Umriß einer auf dem Rücken liegenden Frau glichen. Durch meine Nachforschungen erschlossen sich meinem Geist sehr bald subtilere Vorstellungen. Landschaftsformationen der Göttin können andere Merkmale an den Tag legen, wie zum Beispiel kegelförmige Berge oder die kretische Ausrichtung nach Norden und Süden. Tempel und Steinkreise können den Körper einer Frau darstellen, aber sie können ebenfalls als Landschaftsmarkierungen oder astronomische Observatorien dienen, um die Sonnenwenden, Tagundnachtgleichen oder andere besondere Momente im Jahreslauf aufzuzeichnen. Was verstehen wir eigentlich unter »Göttin«? Und überhaupt, was verstehen wir unter »Körper«? Durch die Arbeit an diesem Buch, durch die Recherchen, durch die Reisen sowohl allein als auch mit Freunden und durch Überlegungen darüber, was diese Dinge für mich und andere bedeuten, bin ich allmählich zu einem umfassenderen Verständnis dieser beiden Begriffe gekommen. Für mich bedeutet »die Göttin« die historischen weiblichen Gottheiten aus verschiedenen Kulturen. Aber sie bedeutet gleichfalls das göttliche Sein oder die spirituelle Kraft, wie sie in uns und im Universum um uns herum entsteht.

Manche würden diese grundlegende spirituelle Wirklichkeit »Gott« nennen. Für andere ist es ein unpersönliches, überweltliches Geschlecht. Ich verwende den Begriff »Göttin« aus zwei Gründen: Erstens verbindet er unsere Erkenntnis des Göttlichen mit jener langen Tradition, die auf unsere frühesten Vorfahren mit ihren eleganten Darstellungen von Frauen zurückgeht. Zweitens wird, indem man dem Göttlichen einen weiblichen Namen – Göttin – gibt, die Kraft, Leben zu spenden und uns mit der Milch der spirituellen Schönheit zu nähren, hervorgehoben. Hallie Iglehart Austen schreibt in ihrem Buch *The Heart of the*

Goddess: »Letzten Endes glaube ich, daß die Göttin das ganze Spektrum der Existenz in sich einschließt, nicht nur das ›Weibliche‹.« Sie schreibt weiter: »Die Göttin stellt eine Einheit und Ganzheit dar ... Jeder einzelne von uns, die ganze Existenz, ist das Göttliche.«

In der Steinzeit war die Göttin die Gebärende, aber auch die Todbringerin, sie war die Göttin der Natur, aber auch der Kunst, des Pflanzens und Wachsens, und auch der Träume. Die Göttin ist grundlegende Wirklichkeit.

Hier wird die Sprache zu einem Spiegel. In den vergangenen Jahren haben viele feministische Linguistinnen und Gesellschaftskritikerinnen auf den starken Einfluß hingewiesen, den die Sprache darauf hat, wie wir selbst unsere Gedanken formulieren. Die meisten europäischen und asiatischen Sprachen entstammen patriarchalen Strukturen, in denen Männer und männliche Erfahrungen die Grundlagen der Realität formen. Das Wort »Göttin« leitet sich eindeutig von »Gott« ab, so wie sich im Englischen »female« (weiblich) und »woman« (Frau) von »male« (männlich) und »man« (Mann) ableiten. Aufgrund dieser abgeleiteten Qualität fällt es schwer, den Begriff »Göttin« nicht als eingeschränkt und ausschließlich von männlicher Erfahrung bestimmt zu verstehen. Und zugleich werden wir, wenn wir das Wort »Gott« verwenden, in die kulturelle Verachtung *weiblicher* Erfahrung verwickelt.

Wenn wir von der Göttin und der Weiblichkeit als grundlegenden Wahrheiten sprechen, mag es den Anschein haben, als würden wir die Dinge einfach auf den Kopf stellen. Aber das Neue an der modernen Göttinnenreligion gibt uns die Möglichkeit, Dinge von einer anderen Seite zu betrachten – einzuschließen statt auszuschließen, spirituelle Erfahrungen zu ergründen und nicht einfach einzuschränken.

Und der *Körper*? Nach und nach bin ich dahin gekommen, den Körper als all das zu sehen, was in der Welt entsteht. Wenn man auf den Hügeln von Delphi in Griechenland sitzt, zwischen den von Rissen durchzogenen Kalksteinfelsen nahe dem Teaching Rock von Peterborough in Kanada entlanggeht, sich in die Dunkelheit der Ganggräber Nordeuropas begibt oder an einem Ritual in einer Stadtwohnung teilnimmt, um den Frühlingsanfang zu feiern, wird einem bewußt, daß der Körper mehr ist als ein Objekt. Der Körper umfaßt alle unsere Erfahrungen. Der Körper der Göttin beinhaltet nicht einfach nur die Formen der Erde oder der Sterne, sondern auch ihre Eigenschaften und ihre Bedeutung. Der Körper ist alles, was wir als real und präsent in unserem Leben erfahren.

2

Der sichtbare und der unsichtbare Körper

Wer auch immer du bist,
woher auch immer du kommst
über ihrem heiligen Boden,
du vom Meer,
du, der fliegt,
es ist sie,
die dich nährt.

Homerische Hymne an die Erde

Wie es bei jeder radikalen Idee der Fall ist, zieht uns der Körper der Göttin aufgrund der Fremdheit und des Wunders seines grundlegenden Themas an, und dieses Thema ruft etwas Uraltes in uns wach, von dem wir bis zu dem Augenblick seines Erwachens nicht wußten, daß es überhaupt existierte. Aber sobald wir diese Welt betreten haben, beginnt sie sich zu erschließen und offenbart immer größere Feinheiten. Die Menschen, die die Göttin angebetet haben, sahen sie nicht nur in den beeindruckendsten Himmelskörpern, den offensichtlichsten Verbindungen von Natur und menschlicher Fortpflanzung. Sie versuchten sie auch im Entsetzen des Todes oder in der spiralförmig gewundenen Energie der Schlangen zu finden. Sie riefen sie in den Formen ihrer Tempel ins Leben. Und wenn wir anfangen, diesen Wegen zu folgen, entdecken wir unsere eigenen Abzweigungen und Biegungen, während wir die Wirklichkeit des Göttinnenkörpers in der Kunst, in den Geheimnissen des Verlangens und der Freude der Kontemplation erkennen.

Der sichtbare Körper

Die Göttin hat nicht nur einen sichtbaren, sondern auch einen unsichtbaren Körper. Der sichtbare Körper umfaßt alles Physische und Greifbare. Der unsichtbare Körper ist alles, was real ist, aber nicht berührt werden kann, und beinhaltet Aspekte wie Imagination, Verlangen und Denken. Der heilige Körper bezieht Himmel und Erde mit ein, aber nicht nur in ihrem physischen Vorhandensein, sondern auch als Ausdrucksformen der mythischen Imagination. Das heißt, die Welt existiert einfach. Wenn wir dieses Dasein *betrachten* und anfangen, es vom spirituellen Standpunkt aus wahrzunehmen, lassen wir den Körper der Göttin sichtbar werden.

Sowohl das Sichtbare als auch das Unsichtbare werden durch die Kultur vermittelt. Das heißt, Menschen bezeichnen gewisse Tiere, Landschaftsformen, künstlerische Bilder, Ideen und Ausdrucksweisen oder gewisse Formen der gesprochenen und geschriebenen Sprache als etwas, das in besonderer Weise an die physische Wirklichkeit der Göttin erinnert. Der sichtbare Körper nimmt in der Landschaft Gestalt an, in den Tempeln und Bäumen, vornehmlich in heiligen Hainen und bestimmten Baumarten, wie zum Beispiel Zypressen und Platanen. Er lebt in allen Tieren, aber hauptsächlich in denjenigen, die als die Gefährten der Göttin gelten oder ihre besonderen Eigenschaften zum Ausdruck bringen. Dazu zählen Schweine, Schafe, Fische, Bären, Raubvögel und insbesondere Kühe, Stiere und Schlangen. Der sichtbare Körper wogt im Meer, dem Ursprung allen Lebens, dessen Salzwasser unserem Blut entspricht. Wir finden den Körper der Göttin in Flüssen und Strömen und im Regen, ohne den wir nicht leben können.

Wir finden den Körper der Göttin bei der Geburt und der Menstruation, besonders wenn wir diesen körperlichen Funktionen einen heiligen und zeremoniellen Wert beimessen. Aber wir finden ihren Körper auch in Krankheit und Tod, denn sie sind keine Irrtümer oder Strafen, sondern Bestandteil der Existenz. An diesem Punkt kommen wir zu einem entscheidenden Unterschied zwischen der Göttinnenreligion (hauptsächlich in der Form, wie sie heute in Erscheinung tritt) und der Religion, die uns aus unserer Erziehung und der offiziellen Geschichte vertraut ist. Wenn wir Gott als vollkommen, unsterblich und unveränderbar ansehen, wird der Tod zu einem Akt der Gewalt und einem Zeichen für unsere Entfernung von Gott. Um den Graffito meiner Freundin frei zu übersetzen: »Wenn dein Körper stirbt, mußt du etwas falsch gemacht haben.« Aber sobald wir den Tod als einen natürlichen Aspekt des heiligen Körpers annehmen, beginnen wir ebenfalls unseren eigenen Tod anzunehmen. Dieses Annehmen geht nicht automatisch vonstatten. Wir können den Schrecken des Todes nicht einfach verbannen, indem wir uns einreden, daß alles stirbt und zur Natur zurückkehrt. Aber wir können uns in diese Richtung bewegen und der Tatsache des unvermeidlichen Todes die Schuldannahme absprechen.

Das sind nicht nur moderne Spekulationen. Wenn wir die Mythologien des göttinzentrierten Kreta mit der späteren patriarchalen Religion des griechischen Festlandes vergleichen, fangen wir an zu begreifen, daß die Idee von den »unsterblichen Göttern«, die ewig leben, fortwährend dieselben bleiben und getrennt von der Natur und dem menschlichen Leiden sind, sich erst entwickelte, als die Gesellschaft sich von der zyklischen Göttin des Todes und der Wiedergeburt losgesagt hatte. Zeus, der Himmelsvater des Olymp, war eigentlich zunächst ein Gott der jahreszeitlichen Vegetation auf Kreta. Im Volkstum gilt der gehörnte Berg Dikte auf Kreta noch immer als seine »Grabstätte«. Da ich die Höhle während meines Aufenthaltes auf Kreta nicht besuchen konnte, gebe ich hier die folgende Beschreibung aus einem Brief des Autors Samuel R. Delaney wieder: »Wenn man den Höhleneingang sieht, erscheint er einem wie eine große, nach hinten geneigte, natürliche Vagina mit einer riesigen herabhängenden Steinklitoris, die von steinernen Schamlippen umgeben ist.«

Tod

Das Sichtbare und das Unsichtbare durchdringen einander. Wir finden diese Bewegung im Spiel zwischen Geburt, Leben und Tod. Wir mögen noch soviel über Samenzelle, Eizelle und Fötalentwicklung wissen, aber dennoch erschafft jede Geburt noch immer das Wunder des Sichtbaren – eines individuellen menschlichen Wesens –, das aus einem unermeßlichen, unsichtbaren Geheimnis zum Vorschein kommt, neu. Und mit jedem Tod kehrt die Seele, die *Person*, ins Nichts zurück.

Im Herbst lösen sich Pflanzen in einen scheinbaren Tod auf, verschwinden in der unsichtbaren Unterwelt, nur um im Frühling wieder sichtbar zu werden. Wenn wir über den Tod nachdenken, erkennen wir einen Sinn darin, daß der unsichtbare Körper der Göttin unermeßlicher und vielleicht wirklicher ist als der sichtbare. Über 90 Prozent aller Spezies, die jemals auf der Erde gelebt haben, sind ausgestorben, und von den lebenden Spezies macht die Zahl der Individuen, die zur Zeit leben, nur einen kleinen Bruchteil derer aus, die bereits gelebt haben.

Das trifft auf alle Spezies zu, wenn man von den Menschen absieht, von denen heute mehr leben als je zuvor in der ganzen Geschichte. Diese einfache Tatsache verzerrt unsere Beziehung zur Natur und zu unserer eigenen Existenz wahrscheinlich mehr als alle anderen Aspekte unseres Lebens. Dadurch werden nicht nur jene Teile der Welt übervölkert, die für das menschliche Leben geeignet sind, sondern es ermöglicht uns auch, die beherrschende Rolle des Todes in der natürlichen Welt zu leugnen.

Die Verzerrung ist jedoch ein modernes Phänomen. Den größten Teil der menschlichen Geschichte hindurch waren die Toten den Lebenden zahlenmäßig weit überlegen. Und wenn die Toten zahlreicher vertreten sind, besitzen sie vielleicht auch mehr spirituelle Macht. Schließlich ist das Leben kurz, aber der Tod währt für immer. Und das Leben ist voller Einschränkungen. Wir können das Wetter oder Katastrophen wie Erdbeben nicht kontrollieren. Wir wissen nicht um die Zukunft. Aber wenn die Lebenden zu diesen Dingen nicht in der Lage sind, vielleicht, einfach nur vielleicht vermögen es die Toten. In den meisten Kulturen wird den Ahnen oder anderen vor langer Zeit verstorbenen Figuren große Macht zugeschrieben. In Mythen besucht der Held oft das Land der Toten, um Wissen oder Hilfe zu erhalten. Die größten Magier sind solche, die tote Geister ins Leben zurückzurufen vermögen.

Die Vorrangstellung des Todes taucht auf ungewöhnliche Weise in der Kosmologie der Bella Coola in British Columbia auf, die Joseph Campbell in *The Way of the Animal Powers* aufgezeichnet hat. Bei den Bella Coola zeugte die Sonne, bekannt als »Unser Vater«, mit einer Göttin namens Alkuntam die Menschen. Alkuntam selbst war jedoch die Tochter einer Urgöttin, einer Kannibalenfigur, die das Gehirn menschlicher Wesen verschlingt. Und die zwei Söhne Alkuntams bewirken eine kannibalische Besessenheit bei lebenden Menschen, so daß die menschliche Gesellschaft von Zerstörung umgeben ist.

Durch den Kannibalismus findet der unsichtbare Schrecken der Zerstörung Eingang in die sichtbare Welt. Der Akt des Verzehrs eines Toten vernichtet die Integrität von sichtbaren Körpern. Aber es geschieht noch etwas anderes. Es ist nicht nur das Leben, das zerbricht, sondern auch soziale Strukturen und der Sittenkodex, das ganze Auffangbecken der Zivilisation. Unsere moderne Zivilisation hat sich davon überzeugt, daß moralische Grundsätze und Sitten der Zivilisation eine grundlegende Wirklichkeit sind. Die meisten Menschen erkennen an, daß wir uns soziale Strukturen auferlegen müssen, um zusammenleben zu können. Durch die Taten von Betrügern oder heiligen Clowns – oder durch Kannibalismus – läßt der Mensch die zügellose Wildheit des Lebens neben der Zivilisation gewähren.

Campbell gibt Ruth Benedicts Schilderung einer Initiation der kannibalischen Gesellschaft der Kwakiutl wieder (wie die Bella Coola kommen die Kwakiutl aus dem pazifischen Nordwesten). Der besessene Initiierte biß Zuschauer und verzehrte »in alten Zeiten«, wie Campbell sagt, sogar Teile von getöteten Sklaven. Aber gerade dieser Akt, der ihn in die geheime Macht der Kwakiutl-Geisterwelt einweihte, verdarb ihn zugleich für menschliche Beziehungen, so daß der Initiierte bis zu vier Monate in einem kleinen Raum isoliert und von einem Bärentänzer bewacht wurde. Als er wieder in die Gemeinschaft zurückkehrte, tat der Initiierte so, als hätte er sein Menschsein vergessen, und lernte wieder laufen, sprechen und essen.

Die gesellschaftlichen Tabus hatten mehrere Jahre Bestand bis zu einer Winterzeremonie, in deren Verlauf ein alter Mann als »Köder« für den Kannibalen auftrat. Als der Kannibale sich dem alten Mann näherte, als wolle er ihn beißen, fand er sich umstellt und wurde von einer Frau, die mit einem Leichnam in ihren Armen nackt tanzte, in ein Haus gelockt – ihm wurde mit anderen Worten die zweifache Lebenskraft von Nahrung und Sex angeboten. In dem Haus fand eine Reinigung statt, bei der unter anderem »mit dem Menstruationsblut von vier edlen Frauen getränkte Zedernrinde« benutzt wurde.

Sexualität

Der sichtbare Körper bringt sich weiter zum Ausdruck, tritt ins Sein, in die Sexualität ein – durch die Fortpflanzung von Tieren und Pflanzen, die elektrische Vereinigung von Himmel und Erde bei Donner und Blitz und die unermeßliche Vielfalt menschlicher sexueller Erfahrung. Und hier unterscheidet sich die Göttinnenreligion, sowohl die alte als auch die moderne, deutlich von der Religion des überweltlichen Gottes. Denn wenn Gott keinen Körper hat und von dem Universum, das er erschaffen hat, getrennt existiert, werden Menschen zu Seelen, die entweder einen Körper wie einen Gegenstand oder ein Kleidungsstück *besitzen* oder in einen Körper *eingeschlossen* sind, als Gefangene in einem Käfig aus Fleisch. Religion wird zu einer Sehnsucht danach, dem Körper zu entkommen, und gleichzeitig einem Befehl, ihn zu kontrollieren. In der Religion eines körperlosen, geschlechtslosen Gottes wird die menschliche Sexualität zu einer Störung und einem Verrat, einem Schritt weg von Gott auf eine verachtete Natur, eine Sünde hin.

Eine Religion, die den Göttinnenkörper anbetet, braucht keine solche Spaltung zwischen Spiritualität und Sexualität. Als etwas für das Leben Grundlegendes nimmt die Sexualität eine heilige Rolle ein: »Alle Akte der Liebe und der Freude sind meine Rituale«, schreibt die moderne Hexe Starhawk – ein Manifest der Befreiung in einem einzigen Satz.

Wissenschaftler und Philosophen diskutieren oft darüber, wodurch Menschen einzigartig sind und sich von anderen Tieren unterscheiden. Für einige ist es die Sprache, für andere das abstrakte Denken. In gewisser Weise verrät schon die Frage an sich ein ängstliches Bedürfnis danach, uns von der Natur abzugrenzen. Aber es gibt ein menschliches Merkmal, das uns wirklich einzigartig macht – die Klitoris. Menschliche Frauen sind die einzigen Säugetiere, für die sexuelles Verlangen und Vergnügen nicht direkt mit der Fortpflanzung verknüpft sind.

Dadurch wird die menschliche Sexualität zu einem eher kulturellen als einfach nur biologischen Phänomen. Sexualität wird zur Kommunikation und zu einem Ausdruck unseres Menschseins. Wenn strenggläubige Christen und andere Sex als den »tierischen« Teil von uns bezeichnen, stellen sie genaugenommen die Wirklichkeit auf den Kopf. Die Idee, daß wir uns nur körperlich lieben sollen, um Kinder zu zeugen, hieße, die Evolution umzukehren, denn genau das tun Tiere. Sexualität ist sichtbar, hat mit Berührung und anderen Empfindungen zu tun, einschließlich dem Orgasmus, einem physischen Ereignis im Körper. Und zugleich erschließt die Sexualität uns den unsichtbaren Körper der Begierde. Wie kann eine Berührung der Lippen, der Brust oder der Schulter eine Reaktion in einem Teil des Körpers hervorrufen, von der die Genitalien überhaupt nicht betroffen sind? Und warum reagieren wir nur bei einigen Menschen so, bei anderen aber nicht? Und was ist mit der Reaktion in unseren Körpern, wenn wir etwas Schönes oder sexuell Attraktives sehen, ohne es zu berühren – einen Geliebten, einen völlig Fremden oder einfach ein Foto? Und was ist mit den Phantasien, die überhaupt nicht physisch in der Welt existieren, sondern nur in unseren Vorstellungen? Welche unsichtbare Linie verbindet *sie* mit unseren Genitalien? Wenn man behauptet, daß Sexualität im Gehirn existiert, geht man einfach von einer falschen Prämisse aus. Mit Beschreibungen der biologischen Funktionsweise können wir das Geheimnis der Begierde nicht lösen.

Ebenso wie der Tod führt auch die Geburt zum unsichtbaren Körper. Wenn ein Kind fragt:»Woher kommen die Babys?«, erkundigt es sich nicht nach den Mechanismen des Geschlechtsverkehrs. Unsere Nervosität bei diesem Thema bringt uns dazu, über biologische Fortpflanzung und»Mama und Papa lieben sich« zu reden, wodurch das Kind, das ja zumindest eine Antwort erhält, vielleicht zufriedengestellt wird. Die Frage berührt jedoch ein grundlegendes Geheimnis des Lebens. Woher kommen Babys? Wir wissen, wie Föten wachsen, aber wodurch wird ein Fötus zu einem lebenden Menschen? Wie kommt ein individuelles Wesen aus dem Nichts hervor, um sich in einem physischen Körper zu entwickeln?

Vögel, Schlangen und der unsichtbare Körper

Vögel und die Himmelsobjekte stellen einen Aspekt des sichtbaren Körpers dar. Aber zugleich führt uns die Luft in das Reich des Unsichtbaren. Wir können sie spüren, wenn sie uns anweht, und wir erfahren sie in unserem Körper, wenn wir atmen. Der Atem trägt Leben und Geist mit sich, ein Wort, das sich von dem lateinischen Begriff *spiritus* ableitet, der»atmen, Lebensatem« bedeutet. Aber in unseren normalen Sinnesbereichen können wir die Luft weder sehen noch berühren.

Die Idee vom unsichtbaren Körper der Göttin kam mir in den Sinn, als ich mir Gedanken über die Bedeutung von

Vögeln in den Religionen und Mythologien der Welt machte. In der neolithischen Kunst begegnen wir einer großen Zahl Vogelfrauen, die als Göttinnenstatuen, auf Gefäßen und in Malereien dargestellt sind. Viele Göttinnen wie Aphrodite oder Athene haben Vögel als Gefährten. Andere Göttinnen und Götter verwandeln sich in Vögel oder empfangen Botschaften von ihnen, wie beispielsweise der skandinavische Gott Odin, dessen Zwillingsraben Hugin und Munin, Gedanke und Erinnerung, ihn mit Neuigkeiten aus der ganzen Welt versorgen. Und Schamanen in vielen Ländern verkleiden sich als Vögel, um zu den Geistern zu reisen.

Vögel repräsentieren die Göttin, weil sie sich in der Luft, ihrem unsichtbaren Körper, bewegen, während Menschen nur auf dem sichtbaren Körper der Erde reisen können (wenn wir das Meer überqueren wollen, müssen wir Boote bauen, die aufgrund ihrer schoßähnlichen Form zu weiblichen Wesen werden). Und weil Vögel in Form von *Gesang* »sprechen«, tragen sie die verschlüsselte Weisheit der Göttin wie auch die Inspiration für die Kunst mit sich, als eine andere Möglichkeit ihres unsichtbaren Körpers, sich in das Sichtbare zu bewegen.

Vögel verbinden uns mit Schlangen, wenn auch nur durch ihren symbolischen Gegensatz. Vögel bewegen sich durch die unsichtbare Luft, während Schlangen mehr als jedes andere Geschöpf durch den unsichtbaren Körper der Imagination gleiten. Mythologien in der ganzen Welt beschreiben die enge Verbindung, oft Abneigung, zwischen Vögeln und Schlangen. In fast allen Kulturen treten die beiden als die ersten Geschöpfe der Göttin in Erscheinung. Sie sind nicht immer Feinde. Viele Mythen und Märchen erzählen von einem Helden, der das Blut einer Schlange (oder eines Drachen) kostet und daraufhin die »Sprache der Vögel« versteht, womit das gesamte Wissen gemeint ist. Der Vogel fliegt nach oben in die unsichtbaren Welten, und die Schlange gleitet in die Geheimnisse unter der Erde.

Vögel und Schlangen scheinen die Spaltung (oder das Spiel) zwischen Bewußtem und Unbewußtem, Vernunft und Instinkt zu symbolisieren. Es ist leicht, die Faszination für Vögel und ihre Fähigkeit, anmutig in den Himmel zu fliegen, nachzuvollziehen. Aber wie kommen Schlangen zu ihrem Geheimnis, ihrem traumähnlichen Einfluß auf fast jede Mythologie?

Dafür kann man sich mehrere Möglichkeiten vorstellen. Um zu wachsen, müssen Schlangen regelmäßig ihre alte Haut abstreifen. Das verleiht ihnen eine Aura der Unsterblichkeit. Schlangen haben etwas Androgynes an sich; ausgestreckt sehen sie aus wie Phalli, während sie zusammengerollt den Falten der Vulva ähneln. Und trotzdem ist die Kraft der Schlange mehr als intellektuelle Symbolik. Marija Gimbutas spricht von der Schlange als zusammengerollter Energie.

Obwohl wir Schlangen für giftig halten, können sie auch positiv auf den Körper einwirken. Das Gift vieler Schlangen, besonders von Kobras, dient als Halluzinogen und erzeugt ekstatische Visionen. 1989 untersuchte Dr. Richard Kunin aus Kalifornien Schlangenöl, das oft als Symbol für sinnlose und betrügerische Kuren steht. Er fand heraus, daß das Öl von chinesischen Wasserschlangen einen hohen Anteil an wichtigen Säuren und anderen Nährstoffen enthält, einschließlich der höchsten Konzentration von Omega-3-Derivaten der Eicosapentaensäure (EPA). Udo Erasmus berichtet in seinem Buch *Fats That Heal, Fats That Kill*, daß sich das *New England Journal of Medicine* weigerte, Dr. Kunins Untersuchungsergebnisse zu veröffentlichen.

Eine der eindrucksvollsten Schlangenbeschreibungen findet sich in Roberto Calassos buchfüllender Meditation über den griechischen Mythos *Die Hochzeit von Kadmos und Harmonia*: »Wo die Schlange ist, strömt Wasser hervor. Ihr Auge ist flüssig. Unter ihren Windungen fließt das Wasser der Unterwelt. Ewig. Ihre Schuppen sind gleichartig, ihr Maul ist wellenförmig und sich fortwährend selbsterneuernd, Wellen gleich.« Wenn wir Schlangen betrachten, scheinen wir zurück in die Zeit und tief in unser frühestes Selbst zu blicken. Schlangen verkörpern eine Evolutionsstufe, die noch immer im Kern unseres Gehirns eingebettet ist. Aufgrund ihrer Mischung von männlichen und weiblichen Bildern sind Schlangen fleischgewordene Sexualität. Und wenn wir Schlangen sehen, die sich um die Arme der Göttin winden oder sich durch ihr Haar bewegen, erkennen wir die mit dem Bild von der göttlichen Macht verbundene Kraft unserer frühesten Anfänge.

Aspekte des Himmels

Licht in allen seinen Frequenzen, einschließlich Radiowellen, bewegt sich durch den unsichtbaren Körper von Raum – und Zeit -, um uns Bilder und Wissen von seit langem verschwundenen Sternen, Quasaren und Galaxien zu bringen. Wenn wir die Sterne betrachten oder auch die Sonne, deren Licht acht Minuten braucht, um uns zu erreichen, wird die Vergangenheit sichtbar. Die Zeit wird zu einer Offenbarung der göttlichen Wirklichkeit. Je tiefer wir in den Raum sehen, um so weiter blicken wir in die Zeit zurück, bis wir uns dem Ursprung der Existenz selbst nähern.

Unsere Körper entstammen der vergangenen Wirklichkeit, denn alles in unserem Sonnensystem, einschließlich wir selbst und die Sonne, bildete sich aus dem Staub explodierter Sterne. Und ohne die Sonne, deren Strahlen sich durch den unsichtbaren Körper von Raum, Luft und Zeit zu uns bewegen, können wir nicht leben.

Man erinnere sich an die Mythen von unserer Galaxis, an die Milchstraße, die den Brüsten der Göttin entströmt (oft als der sichtbare Körper einer Kuh oder eines Büffels dargestellt), oder die Sterne als Teil ihres Kleides, Umhangs oder Tanzes. Und man denke ebenfalls an die Steinkreise und Erdhügel, die den Sonnenaufgang (oder Sonnenuntergang) an besonderen Tagen des Jahres kennzeichnen. Sie dienen dem Zweck der Zeitmessung, des Wissens darum, wann gepflanzt oder geerntet werden soll, aber sie erfüllen eindeutig auch eine rituelle Funktion. Vielleicht bestand ein Teil dieser Funktion darin, den unsichtbaren Körper des Himmels in den sichtbarsten aller Körper, Stein und Erde, zu bringen. Wenn am Tag der Wintersonnenwende der Lichtstrahl in die künstliche Höhle von Newgrange in Irland eindringt, nimmt er im Beisein der Betenden Form an. Für kurze Zeit lassen die Steintunnel das Licht eine Art Skulptur bilden, die einem stehenden Menschen gleicht. Eine völlig andere Form, den unsichtbaren Himmel in die sichtbare Erde einzuwurzeln, sind die »Träume« der australischen Aborigines, manchmal Himmelshelden genannt. Dies sind Ahnenwesen, die vom Himmel herabstiegen, ihre Geschichten auf der Erde vortrugen und dann im Erdinneren verschwanden, um lediglich als einzelne Facetten der Landschaft wieder zu erscheinen: Steine, Pflanzen, Tiere, Teiche und dergleichen mehr. Diese Vorstellung hat eine interessante Ähnlichkeit mit einer zur Zeit im Westen populären Meditation. Zunächst stellt sich der Meditierende vor, in weißes Licht getaucht zu sein. Das Licht dient als ein Medium, um bestimmte benötigte oder gewünschte Qualitäten anzuziehen – abstrakte Qualitäten wie Liebe oder Heilung oder Stärke. Um sie Wirklichkeit werden zu lassen, atmet der Meditierende sie direkt in den Körper ein. Schließlich »verankert« er sie, indem er sie symbolisch in die Erde hinunterschickt.

Jeder kennt das Bild von Hexen, die auf einem Besen durch die Lüfte reiten. Wahrscheinlich geht diese Vorstellung auf Schamanen und Heiler zurück, die sich als Vögel verkleideten oder auf Trommeln »flogen« – das heißt, durch eine von Trommeln herbeigeführte Trance in die Geisterwelt reisten. Die Verbindung zwischen Schamanen und Hexenbesen wird deutlicher, wenn wir in Erwägung ziehen, daß europäische »Hexen« oft Dorfheilerinnen oder weise Frauen mit einem speziellen Kräuterwissen waren. Der Besenstiel läßt auf einen Phallus schließen und daher auf eine Vereinigung mit der männlichen sexuellen Kraft, entweder durch tatsächliche Sexualmagie oder durch die Art von geschlechtlicher Vereinigung, wie man sie bei jenen prähistorischen Göttinnenstatuen mit phallischen Hälsen findet. Zudem verbindet der Besen die tägliche Hausarbeit der Frauen – ein weiteres physisches Auftreten des Göttinnenkörpers – mit spirituellem Geheimnis und Ekstase. Wir

sollten uns auch daran erinnern, daß die Borsten des Be-
sens, wenn sie zwischen den Beinen hervorkommen,
nichts ähnlicher sehen als dem Schwanz eines Vogels.

Natur und Kunst

Auch die sichtbare Wirklichkeit der Welt führt uns zum
Unsichtbaren. Die Macht des Landes liegt teilweise in unserer Abhängigkeit von ihm, um leben zu können, und
teilweise in dem Gefühl begründet, daß etwas Größeres,
als wir es zu sehen vermögen, in seinem Innern lebt und
der Welt der Sinne Bedeutung verleiht.

Der Akt, die Göttin sichtbar zu machen, geht über die pas-
sive Anerkennung hinaus. Werke der Imagination machen
den unsichtbaren Körper sichtbar. Das Neolithikum war
die Zeit der großen Monumente: Silbury Hill in England,
die riesigen Ganggräber von Newgrange, Knowth und
Dowth in Irland und Cahokia in Illinois (der dortige
Monk's Mound, der »Hügel der Mönche«, ist mit sieben
Hektar das größte prähistorische Erdwerk der Welt) erfüllen neben anderen Funktionen den Zweck, ein menschliches Gefühl für den Kosmos als etwas Geordnetes, Bedeu-
tungsvolles und Lebendiges sichtbar zu machen. Sie verleihen Ideen von Schönheit, Rhythmus und Zweck eine
physische Form.

Die Erbauer der frühen Pyramiden und Zikkurate ahmten
wahrscheinlich Berge nach. Ein Erdhügel stellt eine noch
direktere Nachahmung dar. Der innere Gang in Newgrange oder Knowth (siehe dazu das vierte Kapitel) nimmt einen kleinen Teil des riesigen Bauwerks ein. Diese Gänge
imitieren die Höhlenheiligtümer in jenen Bergen, in die
sich die Menschen an Orten wie zum Beispiel Kreta begaben, um die Göttin anzubeten. Die gigantischen Hügel mit
ihren kleinen, schmalen Gängen imitieren gleichfalls die
menschliche Gestalt, denn Gebärmutter und Geburtskanal
machen nur einen kleinen Teil des weiblichen Körpers aus.
Ebenso wie die maltesischen Tempel vielleicht die Umrisse
einer Frau darstellen, könnte ein Hügel oder Berg auf den

Göttinnenkörper, hauptsächlich auf ihren schwangeren Bauch, hingedeutet haben.

Die Steinzeitmenschen schufen in verschiedenen Ländern (und zu verschiedenen Zeiten) nicht nur Steinkreise und Hügel, sondern auch riesige Skulpturen. Der Serpent Mound (»Schlangenhügel«) etwa, ein Erdwerk in Ohio, zieht sich über eine Viertelmeile von der Schwanzspitze bis zum Maul hin.

Eine ähnliche Skulptur in der Nähe von Loch Nell in Schottland erstreckt sich über eine Länge von über 90 Metern und erreicht eine Höhe von 6 Metern. Bei beiden Schlangen zeigt der Schwanz nach Westen, und auf jeder stand ursprünglich ein Altar, der nach Osten zur aufgehenden Sonne blickte. In beiden Fällen, wie auch in anderen derartigen Werken, deutete die Form der umgebenden Landschaft auf eine Schlangengestalt hin. Trotzdem existierte diese Gestalt nur in der unsichtbaren Verbindung von Landschaft und Imagination – etwas, das Menschen nur im Geiste »sehen« konnten –, bis die Erbauer sie dauerhaft sichtbar machten.

Moderne Schöpfungen, die den Göttinnenkörper imitieren

Einige zeitgenössische Künstler haben die Praxis wiederbelebt, gigantische Werke zu schaffen, die den Körper der Göttin darstellen. So hat beispielsweise die amerikanische Bildhauerin Christina Biaggi einen Betonhügel errichtet, dessen Innenraum den Konturen der weiblichen Körperhöhle entspricht. Seit einigen Jahren arbeiten Biaggi und die Architektin Mimi Lobell an dem Bau eines großen Hügels wie Silbury Hill, der sowohl als astronomisches Observatorium als auch als Tempel dienen soll. Die Gläubigen werden durch das Hügelinnere gehen, um die Wiedergeburt aus dem Schoß der Göttin erfahren zu können.

Andere Künstler haben sogar noch getreuere Bilder in großem Stil geschaffen. Die französisch-amerikanische Künstlerin Niki de Saint Phalle stellt Göttinnenstatuen

Die Nana-Göttin, die Niki de Saint Phalle für eine schwedische Messe schuf. (Foto: Hans Hammerskiold, Abdruck mit freundlicher Genehmigung von Niki de Saint Phalle)

her – »Nanas«, wie sie sie nennt –, die groß genug sind, um als Gebäude zu dienen. Während die Erbauer früherer Kulturen ihre Konstruktionen als Abstraktionen von Körpern gestalteten, macht sich de Saint Phalle die moderne Technologie zunutze, um ihre Kunstwerke direkt erfahrbar zu machen. Für eine Messe in Schweden schuf sie eine 25 Meter große, auf dem Rücken liegende Göttin mit einem Kino (das einen Garbo-Film zeigt) im linken Arm, einem beweglichen Holzgehirn im Kopf, einem Planetarium in der linken Brust, einer Milchbar in der rechten Brust und so weiter. Die Besucher betraten und verließen sie durch die Vagina.

Vor nicht langer Zeit legte sie einen gigantischen Skulpturenpark aus dreidimensionalen Tarotkarten an. Einige von ihnen sind Nanas und gleichzeitig Gebäude. Herkömmlicherweise symbolisiert die Tarotkarte »Herrscherin« die Große Mutter. Für diese »Karte« schuf de Saint Phalle eine

Sphinx, in der sie auch während der Zeit wohnte, in der sie an dem Projekt arbeitete.

Viele Künstler bringen den Göttinnenkörper mit Hilfe ihres eigenen Körpers zum Ausdruck. Einige unternehmen Pilgerfahrten, um uralte Rituale in Höhlen neu zu inszenieren, andere benutzen Kostüme und Objekte, um traditionelle Göttinnenvorstellungen wachzurufen. Oft wird geglaubt, daß diese Kunst unseren Körpern Kraft verleiht, indem diese mit heiligen Geschöpfen und Traditionen gleichgesetzt werden. Man könnte auch sagen, daß *wir*, wenn wir unsere Körper in der Göttinnenkunst einsetzen, der Göttin Kraft verleihen. Wir helfen ihr, aus der Geschichte zurückzukehren, um noch einmal in Form von physischer Realität aufzutreten.

Die Verbindung von Sichtbarem und Unsichtbarem öffnet den Weg für die Kunst. Fast jeder Künstler hat das Gefühl geäußert, ein Vermittler für das Werk zu sein, damit es sich erschaffen kann. Wir sprechen von den »Hilfsmitteln« eines Kunstwerkes, womit wir die verwendeten Materialien meinen, wie zum Beispiel Farben, Steine, Druck oder aufgezeichnete Geräusche. Das eigentliche Hilfsmittel ist der Künstler, der den Weg für alles öffnet, was aus dem unsichtbaren Körper hervorkommen muß.

Auch Mythen und Folklore sind der Körper der Göttin, was ebenfalls auf Prophezeiungen und Orakel zutrifft, denn all diese Äußerungen verleihen einem intuitiven Sinn für die heilige Wirklichkeit Form und geistige Substanz. Diese Realität ist formlos, bis wir ihr in Worten oder Bildern oder in Stein konkrete Form geben.

Und so, wie sich unsere Körper verändern und entwickeln, wachsen und altern, sich häuten, menstruieren und schwanger werden, sich vor Begierde heben und senken, ist der sichtbare Körper der Göttin in all seinen Aspekten nicht festgelegt oder ewig, sondern verändert sich, entwickelt sich, gebiert, stirbt und wird fortwährend durch den unsichtbaren Körper der Zeit wiedergeboren.

Die menschliche Beteiligung
am Körper der Göttin

Durch die Wirklichkeit unserer eigenen Körper kennen und wiedererkennen wir diese in jenen Dingen als den Körper der Göttin. Als er seine Vision von Sinn und Zweck von Silbury Hill und Avebury Circle in England aufzeichnete, schrieb Michael Dames, daß wir diese uralten Bauwerke als einen »Code« verstehen können, der auf dem menschlichen Körper, vornehmlich den Veränderungen durch Schwangerschaft und Geburt, basiert. Die menschliche Erfahrung wird zum Hilfsmittel, um unser Gewahrsein des Heiligen zu erfassen und auszudrücken.

In der patriarchalen Gottesvorstellung sind die Menschen Gottes Geschöpfe und Untertanen, ohne eine echte Rolle im Göttlichen zu spielen, außer als Herrscher über Gottes geringere Untertanen, die Pflanzen und Tiere. Wenn wir die Existenz selbst als den göttlichen Körper verstehen, schaffen wir dagegen eine wechselseitige Beziehung. Die volle Erkenntnis dieses Körpers erfordert, daß das menschliche Bewußtsein seine Präsenz wahrnimmt und menschliches Handeln ihn vollständig »zur Welt bringt«.

In Vincent Scullys Beschreibung der kretischen Paläste und griechischen Tempel machen die Gebäude sich nicht einfach bestimmte Landschaftsformationen zunutze. Sie *vervollständigen* die Landschaftsformen durch ihre Lage an einer solchen Stelle und mit einem solchen Aussichtspunkt, daß ein Betrachter alle Landschaftselemente in exakt dem Verhältnis sieht, die das Gefühl von einem weiblichen Körper evoziert.

Doppelgipfel und Rundhügel

In seinen Gedanken über die heilige Landschaft weist Scully darauf hin, daß ein Hügel zwischen zwei Gipfeln die Mutter verkörpert. In ihrem Buch *Earth Wisdom* entwickelt Dolores La Chapelle diese Idee weiter und macht darauf aufmerksam, daß ein neugeborenes Kind bei vollem Bewußtsein zur Welt kommt (wenn es nicht von Medikamenten betäubt ist, die der Mutter verabreicht wurden) und vom Körper seiner Mutter zuallererst den Venusberg und den Bauch mit den Brüsten dahinter sieht. Erst wenn das Kind weiter nach oben gelegt wird, sieht es das Gesicht seiner Mutter. Wenn wir also die dreifache Landschaftsformation betrachten, erwarten wir unbewußt, daß das Gesicht der Muttergöttin gerade außer Sichtweite liegt.

In Griechenland bringt die dreifache Hügelformation insbesondere Artemis ans Tageslicht. Artemis wachte über die Frauen bei der Entbindung. Außerdem gehörte sie zu den Bergen, wo sie mit ihren Nymphen lebte und die Tiere nicht nur jagte, sondern auch beschützte. Archaische Artemis-Darstellungen zeigen sie manchmal mit ausgebreiteten Flügeln. Dieses Bild mag ebenfalls aus dem gleichen dreifachen Gipfel entstanden sein, mit dem mittleren Hügel als ihrem Körper und den Bergen auf beiden Seiten als ihre Flügel.

Wenn wir akzeptieren, daß ein solches Landschaftsbild die Göttin darstellt, erfordert dies vor allem, daß man es wahrnimmt und feiert, und zweitens, daß man an einer bestimmten Stelle steht und schaut. Ich habe das am besten an einem Ort in Griechenland verstanden, wo ich nicht gerade intensiv nach einem solchen Bild Ausschau hielt. In der Nähe des Tempels der Artemis in Brauron (Vavrona auf neugriechisch) findet sich ein Beispiel für Scullys und La Chapelles Mutterbild.

Das Verhältnis der drei Hügel zueinander ist von einer Stelle ab der Straße ein paar Kilometer vom Tempel entfernt am besten ersichtlich. Ich weiß nicht, ob die moderne Straße mit dem alten Weg übereinstimmt, aber es ist doch möglich, daß die jungen Mädchen, die in einer Prozession aus Athen kamen, um Artemis zu dienen, hier vorbeigeführt wurden. Viele moderne Hauptstraßen folgen tatsächlich uralten Routen.

Geht man die Straße in Brauron vom Tempel aus entlang, so hat man das Gefühl, daß der Körper der Göttin allmäh-

*Die »Artemis«-Hügelformation in der Nähe des Artemis-Tempels in Brau-
ron/Griechenland*

lich in die Wirklichkeit eintritt. Zuerst sieht man nur den
nächstgelegenen Hügel und einen Teil des anderen, der
weiter weg liegt. Wenn sich dann die beiden äußeren Hügel trennen, gewinnt man einen flüchtigen Eindruck von
dem kleineren Hügel, der zwischen ihnen liegt. Aber der
Blick auf diesen Hügel bleibt von dem Gipfel halb verdeckt, in dessen Nähe man sich befindet, so daß sich die
wesentliche Form, ein Hügel in der Mitte, der von zwei
gleichförmigen Gipfeln flankiert wird, nur an der Stelle
auf der Straße zeigt, von der aus man den mittleren Hügel
sehen kann, wie er sich in gleichem Abstand von den zwei
größeren erhebt (das ist zumindest der Eindruck eines modernen Betrachters). Folglich entsteht diese kleine Vision
vom Landschaftskörper der Göttin nur, wenn ein menschlicher Betrachter an einer bestimmten Stelle steht und
schaut.
An all diesen Orten, an denen wir den Göttinnenkörper als
eine Landschaftsform erkennen können, benötigen wir
den angemessenen Blickwinkel. Wenn wir Scullys Deutun-
gen akzeptieren, errichteten die Kreter ihre Paläste, um
Göttinnenanbetern einen festen Standort zu geben, damit
sie ihren Körper betrachten und es ihr auf diese Weise ermöglichen konnten, in die physische Wirklichkeit einzu-

treten. Als ich den Palast von Phaistos im Süden Kretas besuchte, wußte ich, daß ich angekommen war, bevor ich die Ruinen oder das Straßenschild sah, denn ich fuhr um eine Kurve herum und sah plötzlich einen kegelförmigen Hügel in einer erhabenen Hügelumgebung, der nahezu von der Straßenseite drohend aufragte. Einige Augenblicke später erreichte ich mit dem Auto einen Punkt, an dem die umgebenden kleinen Hügel zurücktraten – und dort lag der Eingang zu der Palastanlage.

Der vom physischen Universum getrennte, überweltliche Gott braucht keine menschlichen Betrachter, die ihn ins Leben rufen. Da er keinen Körper hat, benötigt er keine Beihilfe, um diesen Körper Wirklichkeit werden zu lassen. Es mag uns, die wir in einer auf einem solchen Gott beruhenden Kultur aufgewachsen sind, merkwürdig erscheinen, eine Göttin anzubeten, die uns physisch erscheint, aber nur dann, wenn wir an einer bestimmten Stelle stehen. Und dennoch bringt eine solche Hilfestellung Schönheit und Kraft ans Licht. Damit will ich nicht sagen, daß die Göttin erst in dem Augenblick existiert, wo wir die richtige Stelle auf der Straße von Brauron erreicht haben, und unverzüglich aufhört zu bestehen, gleich wenn wir verschwinden. Es gibt jedoch eine bestimmte Wirklichkeit, die einen Betrachter erfordert, einen, der gelernt hat, wohin man schauen muß, und besonders, wie man schauen muß – nämlich mit Ehrfurcht, Demut und der Anerkennung der Schönheit und lebenspendenden Kraft der Göttin.

Auf merkwürdige Weise hat die Quantenphysik, die intellektuellste aller Wissenschaften, das uralte Spiel des Beobachters, der die Wirklichkeit erschafft, wiederbelebt. Nach der Quantentheorie existieren Elementarteilchen nicht – bis ein intelligenter Beobachter sie mißt. Vor diesem Augenblick sind sie auf verschiedenen Wahrscheinlichkeitsebenen angesiedelt, die in einer Welle beschrieben werden. Erst wenn jemand wirklich hinsieht, »kollabiert« die Welle in eine festgelegte Wirklichkeit. Einige Physiker vertreten die Ansicht, daß die Notwendigkeit eines Beobachters sogar auf derartig gigantische Objekte wie zum Beispiel den Mond zutrifft. Eine solche Meinung widerspricht dem, was wir als gesunden Menschenverstand bezeichnen. Es klingt absurd, zu behaupten, daß ein Elektron, ganz zu schweigen vom Mond, nicht wirklich existiert, bis ein Mensch es beobachtet. Und trotzdem haben die ausgeklügeltsten Experimente immer wieder die Richtigkeit der Quantentheorie bestätigt. Vielleicht sollten wir akzeptieren, daß die Teilchenphysik, wie die Landschaftsformationen der Göttin, dem menschlichen Beobachter wieder eine wichtige Rolle in der eigentlichen Wirklichkeit der Existenz zukommen läßt. Vielleicht ist die »Existenz« selbst als eine festgelegte Wirklichkeit tatsächlich eine Funktion des menschlichen Geistes.

Auch die maltesischen Tempel, die Ganggräber, Silbury Hill und der gigantische Serpent Mound im heutigen Ohio manifestieren den Göttinnenkörper. Und auch sie konnten nur durch menschliches Bewußtsein, menschliche Anstrengung und fortwährendes, menschliches Handeln entstehen. Denn die Form allein macht den Körper der Göttin nicht aus: Die Form muß betrachtet und verstanden und mit einem Akt der Ehrfurcht und Anbetung verbunden werden. Als Gertrude Rachel Levy und später Mimi Lobell darauf hinwiesen, daß die maltesischen Tempel riesige Skulpturen einer sitzenden oder liegenden Frau darstellten, taten sie den ersten Schritt, um diesen Aspekt des Körpers der Göttin in die zeitgenössische Wirklichkeit zu bringen. Als andere, von dieser Idee inspiriert, zu diesen Tempeln fuhren und die Präsenz der Göttin innerhalb der Mauern, in der Erde und im Stein suchten, als sie dort Rituale vollzogen oder einfach nur dasaßen und über die Kraft der Mutter nachdachten, taten sie den nächsten Schritt, um ihren Körper an diesem besonderen Ort zu vollenden.

In Michael Dames' Vorstellungen vom Körper als Code geht die heilige Kraft von Avebury Circle und Silbury Hill zum Teil von den natürlichen Quellen aus, zum Teil von den skulptierten Formen der Steine und dem von Menschenhand aufgeschütteten Hügel und zum Teil von den Prozessionen junger Frauen und Männer, die in Dames' Phantasie die megalithischen Hauptstraßen entlangzogen. Die »Skulptur« nahm Form an durch das Land, die Bauwerke und die präzise Ritualbewegung der Menschen. Ohne dieses letzte Element konnte sich die göttliche sexuelle Vereinigung und Geburt nicht ereignen. Den Elektronen gleich macht die Göttin eine Beihilfe erforderlich.

Mit eigenen Augen sehen

Das aus dem Griechischen stammende Wort Autopsie bedeutet wörtlich »mit eigenen Augen sehen«. Bei einer medizinischen Autopsie zerlegen Ärzte einen Leichnam, um seine Bestandteile zu untersuchen. Die Göttin ist zwar lebendig, aber sie schien viele Jahrhunderte lang tot zu sein. Dies war das Zeitalter des Patriarchats, in dem man uns sagte, daß ein Vatergott die Welt schuf und die Zivilisation, wenn nicht gar das Leben selbst, vor ungefähr 5000 Jahren mit den ersten patriarchalen, königzentrierten Gesellschaften des Nahen Ostens ihren Anfang nahm (im 19. Jahrhundert behauptete ein gewisser Bischof Ussher, nicht nur das Jahr der Schöpfung ausgerechnet zu haben – 4004 v. Chr. – sondern auch den Tag, den 23. Oktober, und sogar die Stunde, neun Uhr früh). Heute werden die bruchstückhaften Beweise für die Göttinnenreligion durch die Arbeit von Archäologen, Mythologen, Künstlern und Kunsthistorikern, Priesterinnen, Naturwissenschaftlern, Altphilologen, Historikern, Anthropologen, Philosophen und Psychologen wieder zusammengesetzt. Tempel wurden ausgegraben, Texte übersetzt, Statuen, Malereien und Mythen katalogisiert, analysiert und erforscht. Aber all diese Versatzstücke bleiben getrennt, voneinander und von ihrer Bedeutung isoliert, bis sie »gesehen«, von Menschen mit Ehrfurcht und Respekt betrachtet werden, die diese »tragende Beziehung« zur lebendigen Göttin anstreben.

Anders als der Leichnam, der bei einer Autopsie zerteilt wird, ist die Göttin ein lebendiger Körper in Bruchstücken, und wenn wir die Göttin mit eigenen Augen *sehen*, wenn wir in ihre Tempel gehen oder sie in den Bergen oder in Ritualen suchen, die wir in unseren Häusern erschaffen, erinnern wir uns an sie, stellen wir ihre Ganzheit wieder her. Und dieser Akt des Sehens stellt auch *unsere* Ganzheit wieder her, denn wir heilen die Bruchstücke unseres zerbrochenen Lebens, indem wir die Verbindungen zwischen unseren Körpern und dem Körper der Göttin finden. Die Göttin besteht noch in einem anderen Sinn aus Bruchstücken. Ich erwähnte bereits die vielen Mythen vom Universum, das aus einem zerteilten Körper erschaffen wird. Sie lehren uns, daß die Göttin überall um uns herum ist, lebendig in allen Dingen, jedoch in so vielen Teilen und Stücken, daß uns nicht klar ist, daß wir in jedem Augenblick in ihrer Mitte gehen und leben. Wenn wir Göttinnenstätten aufsuchen oder Rituale vollziehen, wenn wir mit eigenen Augen sehen, setzen wir die isolierten Aspekte ihrer Wirklichkeit zusammen.

Geschichte und Leben zusammenbringen

Dadurch, daß wir unsere Erfahrungen an heiligen Orten würdigen, wird es uns (und denen, mit denen wir unsere Geschichten teilen) möglich, die Spaltung zwischen Historie und Leben zu überwinden. Zu oft denken wir an die Göttin als einen Aspekt der Archäologie, einem Ausstellungsstück in einem Museum gleich. Wenn wir etwas historisch belegen können, halten wir es für wirklich oder echt. Alles, was wir selbst erfahren, nehmen wir nicht ernst oder betrachten es als Schwärmerei. Es stimmt wohl, daß wir nicht mehr in den Kulturen leben, die die großen Tempel, Steinkreise und Erdwerke errichtet haben; und in vielen Fällen wissen wir so gut wie nichts über ihre tatsächlichen Glaubensvorstellungen und Praktiken. Aber durch unsere eigenen Erfahrungen können wir diesen Orten noch immer Bedeutung verleihen.

In ihrem Buch *The Laughter of Aphrodite* verteidigt Carol P. Christ das, was sie als »Geschichtenthealogie« bezeichnet (»Thealogie« ist die weibliche Form von »Theologie«, also das Studium der Göttin anstatt des Gottes). »Ich kann das Geschrei der Kritiker hören«, schreibt sie, ›die reduzierend‹, ›maßlos‹, ›narzißtisch‹ sagen werden.« Und sie fügt hinzu: »Ich beabsichtige nicht, Thealogie auf Autobiographie ›zu reduzieren‹.« Doch gleichzeitig behauptet sie, daß das Wissen und die Visionen von Frauen von einer Grundlage der persönlichen Erfahrung herrühren.

Carol Christ gemäß folgt die herkömmliche wissenschaftliche Theologie einem »Mythos der Objektivität«, so als würden Theologen, Historiker und tatsächlich auch Archäologen Werke der absoluten Wahrheit hervorbringen, wenn sie nur nicht über ihre eigenen Erfahrungen schrieben. Dieser Mythos entsteht aus dem umfassenderen Kontext des körperlosen Gottes, der ganz Geist und losgelöst von der Teilnahme an der physischen Welt ist. Die Gelehrtenwelt versucht, das Persönliche zu »transzendieren«, um diesen angenommenen reinen Zustand nachzuahmen.

In der Wissenschaft ist diese mythische Reinheit hinfällig geworden. Feldforscher, die mit Tieren arbeiten, wissen inzwischen um ihren Einfluß auf das Verhalten ihrer Versuchstiere und die Notwendigkeit, diesen Einfluß so gering wie möglich zu halten, indem sie selbst sich längere Zeit in den natürlichen Lebensräumen der Tiere aufhalten. In der Physik bewies Werner Heisenbergs berühmte »Unschärferelation«, daß wir das Universum nicht untersuchen können, als wären wir an ihm nicht beteiligt. Wenn wir subatomare Teilchen »beobachten«, verändert sich ihr Zustand eben durch diesen physischen Akt des Sehens. Mit anderen Worten, Heisenberg macht darauf aufmerksam, daß *Körper* Experimente durchführen und kein objektiver Geist. Und wir haben uns mit der Erweiterung der Unschärferelation befaßt: der Idee, daß Teilchen nicht einmal existieren, bis wir sie beobachten.

Das Persönliche ist spirituell

In den Anfangsphasen der modernen Frauenbewegung wurde eine Redewendung zu einem Prüfstein für feministisches Denken. »Das Persönliche ist politisch« wurde auf unterschiedliche Weise interpretiert, aber vielleicht könnte man zwei der Hauptbedeutungen wie folgt beschreiben: Erstens entwickeln Frauen politisches Wissen und Verständnis dadurch, daß sie ihre eigenen Erfahrungen untersuchen, und zweitens geschieht das, weil alles, was wir in Beziehungen, am Arbeitsplatz oder in unseren Familien erfahren, in einem politischen Kontext stattfindet. Um es anders auszudrücken: Es steht eine ganze Sozialstruktur im Hintergrund, wenn ein Mann und eine Frau sich über Hausarbeit streiten oder eine Frau eine Abtreibung anstrebt oder gleichen Lohn fordert. Wenn Frauen anfangen, ihre Erfahrungen zu untersuchen und mitzuteilen, eignen sie sich politisches Wissen an. Handeln in der Gemeinschaft und Veränderungen in unserem Leben beginnen mit diesem Wissen.

Wir könnten auch sagen: Das Persönliche ist spirituell. Spiritualität kommt nicht nur in uralten Zeiten oder in Büchern vor. Sie existiert – sie *tritt* in die Existenz *ein* – durch unsere Begegnung mit dem Heiligen. Einige dieser Begegnungen werden an heiligen Stätten stattfinden, andere in unseren Versuchen, die Göttin in unserem täglichen Leben wiederzuerkennen. Wenn wir unsere Sexualität als Teil der Natur zelebrieren, wenn wir die Rhythmen unseres Lebens mit dem Mond und der Sonne verbinden, wenn wir unsere eigenen Wege finden, um der alten Festtage zu gedenken, wenn wir unsere Emotionen an heiligen Orten erforschen, wenn wir mit eigenen Augen sehen, dann machen wir das Persönliche spirituell.

Der Gedanke, daß das Persönliche politisch ist, erlaubt es Frauen, ihre eigene Wirklichkeit als gültig anzuerkennen und dem Glauben zu entkommen, daß nur Experten uns sagen können, wie wir unser Leben zu betrachten haben. Dadurch, daß das Persönliche *spirituell* ist, werden die heiligen Erfahrungen einzelner Frauen und Männer als gültig anerkannt. Damit wird zum Ausdruck gebracht, daß unsere Handlungen und die Art und Weise, wie wir die Welt verstehen, von Bedeutung sind. Für diejenigen von uns, die danach streben, die Göttinnenreligion (neu) zu erschaffen, ist diese Bestätigung wichtig. Die etablierten Religionen untermauern ihre Autorität mit alten Texten, Ritualen, die von offiziellen Priestern durchgeführt werden, und oft mit großem Reichtum und politischen Organisationen. In der Göttinnenreligion haben wir viele Mythen und Bilder wiederentdeckt, aber noch mehr haben wir verloren. Wir müssen die Gebete und Rituale achten, die wir gemeinsam erschaffen, die Tänze, die wir unter dem Mond aufführen, die Wahrheiten, die wir in unseren Zirkeln erzählen, und die kleinen Wunder, denen wir auf unseren Pilgerreisen und in unseren täglichen Handlungen begegnen.

Das Spirituelle ist politisch

Neben anderen Bedeutungen ist mit der Redewendung »Das Persönliche ist politisch« gemeint, daß alles, was auch immer wir tun, einen politischen Wert und eine politische Auswirkung hat. Politik findet nicht nur bei Wahlen oder auf Demonstrationen statt. Wie wir unser Leben führen, hat eine politische Bedeutung sowohl für die Gesellschaft als auch für unsere Mitmenschen. Das gleiche trifft auf die Redewendung »Das Persönliche ist spirituell« zu. Wir erfahren die Göttin nicht nur dann, wenn wir in einen Tempel gehen oder Rituale vollziehen. Statt dessen tun wir diese Dinge, um uns des Heiligen in und um uns herum jederzeit in höherem Maße bewußt zu werden, um das Heilige in unseren Beziehungen, unseren Familien, den Speisen, die wir zu uns nehmen, in der Art und Weise, wie wir gehen, wiederzuerkennen. Die Göttin schuf vor Tausenden von Jahren menschliche Wesen nicht als ein einmaliges Ereignis. Sie erschafft jeden von uns tagtäglich – ebenso, wie wir sie erschaffen.

Wenn das Persönliche spirituell ist, dann ist das Spirituelle auch politisch. Die etablierten patriarchalen Religionen stellen ihre Offenbarungen und Lehren oft als eine transzendentale Politik hin. Aber es gibt keine Religion ohne politische Auswirkungen. Durch die Anbetung eines allmännlichen und gleichzeitig körperlosen Gottes entsteht eine Gesellschaft, die Frauen als minderwertig oder als das Eigentum von Männern behandelt. Die Anbetung eines zornigen Kriegergottes, eines Monarchen, kann zu einer Gesellschaft führen, die auf Sklaverei basiert (wie im homerischen Griechenland). Die Anbetung eines monotheistischen, »eifersüchtigen« Gottes fördert eine monolithische Ansicht über die Persönlichkeit, nach der die Menschen eine angeblich grundlegende Persönlichkeit nie ändern können und jeder in Hinblick auf Geschlecht, Rasse oder Klasse beurteilt wird.

Wie Carol Christ sagt: »Symbole haben sowohl psychologische als auch politische Auswirkungen.« Und wenn wir verschiedene Gesellschaften miteinander vergleichen, die auf unterschiedlichen religiösen Strukturen basieren, entdecken wir grundlegende politische Unterschiede. In den Kulturen, die die Große Göttin angebetet haben, stellen wir oft fest, daß es sich dabei um hochentwickelte Gemeinschaften gehandelt hat, die jahrhundertelang ohne Befestigungen, ohne Krieg und Waffen, praktisch ohne Spuren von gewaltsamem Tod bestanden haben.

Teaching Rock

Wenn wir uns an einen heiligen Ort begeben, entdecken wir in seiner tatsächlichen Umgebung seine spirituelle Kraft. Eine der ersten Reisen, die ich im Rahmen dieses Buches unternahm, führte mich zu einem großen Findling im Wald nahe der Stadt Peterborough in Kanada. Er wurde im Jahr 1956 entdeckt (ein Jahr, nachdem die kanadische Regierung ein Gesetz aufhob, das eingeborenen Kanadiern das Praktizieren ihrer eigenen Traditionen verbot) und enthält etwa 900 Gravierungen (von denen 300 deutlich zu erkennen sind), die in ihn eingeritzt wurden, indem man die äußere Schicht von weißem, kristallartigem Kalkstein entfernte, so daß sich darunter nun dunkleres Gestein zeigt. Die Parkaufsicht bezeichnet die Stätte als die »Petroglyphen von Peterborough«, aber die Indianer nennen sie »Teaching Rock« (der »Lehrende Stein«), weil sie glauben, daß dieser Stein existiert, um der Welt eine Friedensbotschaft zu übermitteln.

Bei den Abbildungen auf dem Stein handelt es sich unter anderem um abstrakte Symbole, wie zum Beispiel einen großen pfeilförmigen Chevron, Strichfiguren, die Schamanen in Trance darstellen könnten, Sonnenbilder, Vögel, Schildkröten, Schlangen und ein offenbar mit Masten versehenes Geisterboot, das auf mögliche Begegnungen mit Wikingerschiffen aus Europa hinweist.

Zu den größten Figuren zählt die Ritzzeichnung einer Frau, deren Brüste im Profil und ihr Unterleib von vorn zu sehen sind (vergleiche im dritten Kapitel die »verzerrte Perspektive« der Stiere in der Höhle von Lascaux). Den Archäologen Joan und Roman Vastokas zufolge sind vier weibliche Figuren mit stark betonten Genitalien und zusätzlich sieben einzelne Vulvazeichen auf dem Stein vorhanden. Bemerkenswert an der großen Figur ist, daß sie um zwei große Löcher im Fels herum angelegt ist, von denen sich das eine auf Herz- und das andere auf Schoßhöhe befindet. Eine rote Mineralschicht verläuft auf diesem Bild, so daß wir ein starkes Gefühl für das weibliche Lebensblut bekommen, das durch das Herz gepumpt wird und bei der Menstruation und der Geburt aus der Vagina fließt.

Dieses große Göttinnenbild verleiht dem ganzen Stein eine weibliche, lebenspendende Qualität. Ich besuchte den Teaching Rock mit Tana Dineen, die dem Parkwächter Lorenzo gegenüber erwähnte, daß ich gerade ein Buch über die Göttin schrieb. Lorenzo erzählte uns, daß viele Leute glauben, Frauen hätten die Ritzzeichnungen angefertigt, da keine der unzähligen Abbildungen mit Gewalt, Krieg oder Jagd zu tun hat (das gleiche wurde über die prähistorische Höhle Pêch-Mèrle gesagt). Auch den Vastokas' zufolge könnte die gesamte Stätte ein symbolischer Mutterleib sein, das Zentrum der Welt (wie der griechische *omphalos* oder Nabel in Delphi) und Eingang in die Unterwelt.

Es gibt ein Gefühl, ein *Körper*gefühl, etwas, das wir tief unten in unseren Körpern wissen, nämlich daß die Unterwelt, das Land der Toten, gleichfalls die Quelle des Lebens, der Geburt und Wiedergeburt ist. Auch wenn wir versuchen, es zu vergessen, und die äußere Welt des Lichts in den Mittelpunkt stellen, so ist es uns doch vernunftsmäßig und zugleich auf einer viel tieferen Ebene bewußt, daß wir aus der Dunkelheit und dem Blut des Schoßes kommen. Die Vastokas' weisen darauf hin, daß für die Pesana vom Amazonas Spalten in Hügeln »die Gebärmutter, in der die Schwangerschaft der Fauna stattfindet«, darstellen.

An der Peterborough-Stätte heißt es auf einem Plakat: »Der Stein selbst, durchstoßen und durchlöchert, galt möglicherweise als ein idealisiertes weibliches Symbol und ein Mittel für den Schamanen, um Zugang zu den verborgenen Kräften oder der sexuellen Energie der Natur zu finden.«

Ritzzeichnungen und natürliche Sprünge

Was veranlaßte die Algonkin (die Vorfahren des modernen Algonkin-Stammes, der in demselben Gebiet lebt) vor tausend Jahren, diesen bestimmten Stein für ihre Ritzzeichnungen auszuwählen? Abgesehen von der Eignung des Kalksteins und der großen flachen Oberfläche, müssen wir uns mit der Umgebung befassen. Der Teaching Rock selbst und alle kleineren Steine um ihn herum sind von tiefen natürlichen Sprüngen durchzogen. Als ich sie näher untersuchte, führte ich Kompaßlesungen durch und stellte fest, daß fast alle Ritzen auf einer Nord-Süd- oder einer Nord-West- bis Süd-Ost-Achse verlaufen. Außerdem fließt ein unterirdischer Strom unter dem Fels. Wie in Silbury Hill auch vermittelt der unsichtbare Wasserlauf einen Sinn für

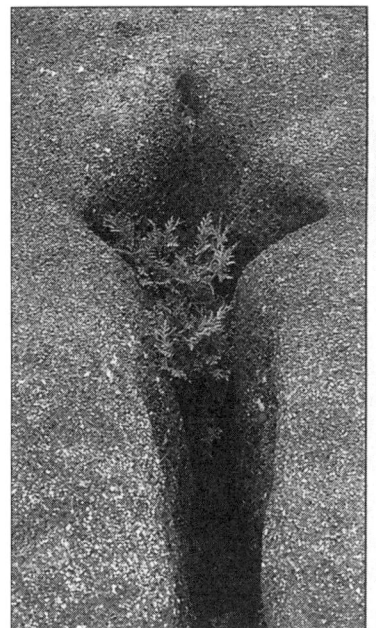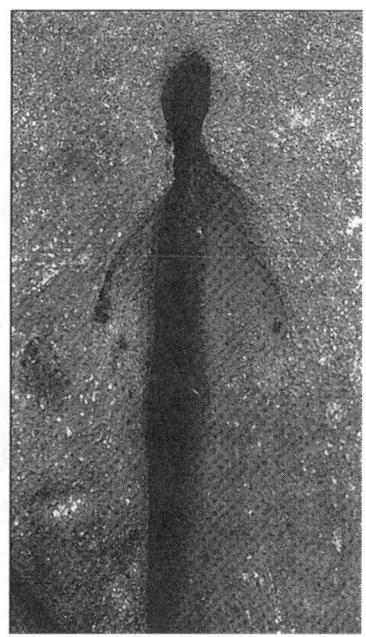

Natürliche Sprünge in Steinen in der Nähe des Teaching Rock (»Lehrender Stein«) in Peterborough/Kanada

die Lebenskraft der Göttin. Unterirdische Flüsse erinnern an das Blut, das unter der Oberfläche unseres eigenen Körpers fließt. Am Teaching Rock ermöglichen es uns die Sprünge im Gestein, dem Wasserlauf zu lauschen, der in der Dunkelheit unter unseren Füßen fließt.

Aber an diesen Sprüngen ist noch etwas anderes, etwas, das gesehen, ja sogar gespürt werden muß. Die Risse stellen natürliche Bilder von großer Schönheit dar. Es sind Vulven zu sehen, deutlich erkennbare menschliche Figuren, ein betender Schamane und eine göttinnenähnliche Gestalt mit grünen Farnkräutern, die aus dem Herzen wachsen, und bunten Blumen an den Geschlechtsteilen – die vollendete Entsprechung zu der von Menschenhand geschaffenen Ritzung in den Stein.

Durch natürliche Prozesse wurden all diese Bilder in die kleineren Steine »eingraviert«. Ließen sich die Algonkin von ihnen inspirieren, wenn sie hierherkamen, um ihre eigenen Bilder in den großen Stein zu ritzen, der später den Namen »Lehrender Stein« tragen sollte? Abgesehen von den zwei Löchern mit der roten Mineralschicht dazwischen, weist der Teaching Rock noch weitere natürliche Risse auf, darunter einen Sprung in Form eines Vogels, der entlang der gesamten Unterseite des Steins verläuft.

Heilige Bedeutungen an neue Orte tragen

Wenn wir unser Land verlassen, um heilige Orte in anderen Ländern kennenzulernen, verhalten wir uns wie Bienen, die Pollen von einer Pflanze zu einer anderen tragen, damit die Pflanzenart weiterleben kann. Wir bringen unser Wissen von einer Kultur in eine andere, und wir nehmen Erfahrungen mit uns zurück, die wir auf unser Leben und unsere Gesellschaft anwenden können.

Ursprünglich stellte die Religion eine tragende Beziehung nicht nur zur Gottheit dar, sondern in höherem Maße sogar zu dem Ort. Für die Menschen war das Heilige untrennbar mit dem Land verbunden. Dolores La Chapelle schreibt, daß frühe europäische Entdecker oft glaubten, es fehle den eingeborenen Völkern gänzlich an Religion, weil sie keinen bestimmten Namen für Gott hatten; aber für die Menschen dort lebte Gott überall um sie herum, in der Natur und in ihren Ritualen.

Mit dem Aufstieg von imperialen Reichen, etwa dem hellenistischen Griechenland oder Rom, wurde Religion zu einer Exportware. Glaubenssysteme wie das Christentum und der Islam machten die Religion zu einer Sache von Doktrinen und Gesetzen; aus einer Religion der Natur wurde eine Religion der Bücher. Für einen Juden oder Christen kann es fast beunruhigend sein, Israel zu besuchen und festzustellen, daß die in der Bibel beschriebenen Orte wirklich existieren. Beispielsweise hat die christliche Höllenvorstellung ihren Ursprung in einem hebräischen Mythos über »Gehenna«. Gehenna ist jedoch tatsächlich ein Wüstental südwestlich von Jerusalem.

Diejenigen von uns, die sich an Artemis, Inanna oder Oya wenden oder sich von Amerika oder England zu den Tempeln auf Malta begeben, riskieren es, fremde spirituelle Traditionen ins eigene Land zu importieren. Das ist für Euroamerikaner ein akutes Problem. Unsere angestammte Spiritualität rührt von Orten her, die wir nie bewohnt, oft nie gesehen haben. Was bewirken wir, wenn wir das keltische Fest Beltane in Nordamerika feiern? Wenn wir kein griechisches Erbe haben, aber eine Verbundenheit mit griechischen oder römischen Göttinnen, wie zum Beispiel Artemis / Diana oder Aphrodite / Venus, empfinden, nehmen wir Göttinnen von einem uns fremden Ort und bringen sie an einen ihnen fremden Ort. Wenn wir uns andererseits den eingeborenen Traditionen Amerikas mit ihren Schwitzhütten und Visionssuchen zuwenden und versuchen, diesen Wegen zu folgen, treten wir möglicherweise mit einer Spiritualität in Verbindung, die unserer kulturellen Erziehung fremd ist. Und die Indianer selbst empfinden uns vielleicht als Ausbeuter, wenn wir von ihren Traditionen Gebrauch machen. Das trifft insbesondere dann zu, wenn Weiße für die Durchführung von Zeremonien in indianischem Stil hohe Honorare verlangen.

Vielleicht liegt eine Lösung zu diesem Problem darin, sich den verschiedenartigen Kulturen und einheimischen Traditionen mit Demut zu nähern, während man gleichzeitig weiterhin der Wahrheit der eigenen Erfahrung vertraut – dem, was wir mit eigenen Augen sehen.

So wie Bienen Pollen von Pflanze zu Pflanze tragen, bringen Reisende spirituelle Ideen und Erfahrungen von einem Land in ein anderes. Hoffentlich können wir lernen, das ohne die imperialistische Haltung von Christen oder Moslems zu tun, die versucht haben, eingeborene Völker überall in der Welt zu zwingen, ihre Götter und Göttinnen aufzugeben. Der Wert der Fremdbestäubung besteht darin, Dinge von einer anderen Seite zu betrachten.

Das Überleben der Göttin im Alltagsleben der Malteser

Wenn wir heilige Stätten aufsuchen, können wir manchmal etwas finden, das in Texten nicht beschrieben wird, weil es archäologisch nicht belegt ist. Manchmal handelt es sich dabei um ein kulturelles Nebeneinander. Irgendwo im Westen Irlands befindet sich am Straßenrand ein kleiner Schrein für die Jungfrau Maria, fast direkt neben einem gleichermaßen bescheidenen Steinkreis. Diese beiden heiligen Stätten liegen auf der friedlichen Weide eines modernen Bauernhofes, auf der Kühe – eine weltweit anerkannte Gestalt der Göttin – grasen.

Auf der Insel Malta finden sich nur sehr wenige Dolmen zwischen den vielen Tempeln. Doch gibt es einen Dolmen, vor dem wir niederknien können, um eine moderne Kirche durch seinen prähistorischen Bogen hindurch zu betrachten. Auf der benachbarten Insel Gozo begegnen wir einem noch faszinierenden Nebeneinander: Auf Gozo befindet sich »Ggantija« (der Name bedeutet »Riesin«), der älteste der maltesischen Tempel und einer von denen, die am ehesten wie ein Frauenkörper gestaltet sind (Grundriß auf Seite 29). Ggantija ist 6000 Jahre alt, so daß es Anspruch darauf erheben kann, das älteste frei stehende Gebäude der Welt zu sein. Wie in so vielen prähistorischen und einheimischen Traditionen wurden die Tempel und Statuen oft mit rotem Ocker bemalt, als Anspielung auf das Lebensblut der Göttin. Die steinernen Einfriedungen, die die Bauern auf den Feldern errichten, enthalten manchmal Steine mit Spuren von jahrtausendealtem rotem Ocker.

Ein ähnliches Rot beherrscht die Architektur des modernen Gozo. Die Kirchen sind erdrot angestrichen und haben rote Kuppeln, und dicke rote Samtvorhänge zieren das Innere. Selbst für die Inneneinrichtungen der Häuser scheint dasselbe tiefe Rot bezeichnend zu sein. Und die Formen der Kirchen mit ihrer Betonung auf Kuppeln und gerundeten Mauern stellen den Bezug zum weiblichen Körper auf ungefähr die gleiche Weise her, wie Ggantija die Umrisse einer Frau eroziert. Die Erfahrung, erst die Tempel und dann die modernen Gebäude zu sehen, impliziert eine unbewußte Verbindung zwischen den prähistorischen Bewohnern und ihren heutigen Nachfahren – eine im Land selbst enthaltene Körpererinnerung.

Schneckenhäuser und Schmetterlinge

Während meines Aufenthaltes auf Gozo besuchte ich praktisch jeden Tag den Tempel Ggantija. Eines Tages, als ich den eingefaßten Altar am »Kopf« (der Kammer im hinteren Teil des Tempels) untersuchte, fand ich vier Schneckenhäuser. Auf Malta sind Schnecken reichlich vorhanden. Wenn man durch die Felder oder zwischen den Ruinen spazierengeht, findet man elegante Schnecken, oft goldene mit braunen Punkten, die kleiner und dunkler werden, wenn die Windungen der Spirale zur Mitte hin enger werden. Als ich an einem Nachmittag im Tempel von Tarxien saß und die perfekt eingeritzten Spiralen auf den großen Steinblöcken betrachtete, kam es mir in den Sinn, daß die Spiralen, selbst wenn sie sich zu komplexen Abstraktionen entwickelt hatten, ihren Ursprung in Schneckenhäusern gehabt haben könnten.

Später fand ich in Ggantija die schwache Gravierung einer Spirale, die der Form eines Schneckenhauses sehr viel näher kam, und bei meinem Besuch im Museum auf Gozo entdeckte ich einen Steinblock mit einem eingeritzten Schneckenhaus.

An dem Tag, als ich die vier Schneckenhäuser gefunden hatte, suchte ich eines von ihnen aus und nahm es als Geschenk für meine Freundin Eva mit, die ich an jenem Abend mit ihrer Familie treffen sollte. Als ich ihr erzählte, wo ich das Schneckenhaus gefunden hatte, fing Eva an zu lachen. Sie selbst hatte sie dort hingelegt, und ursprünglich waren es fünf gewesen, in der Form eines Pentagramms, eines fünfzackigen Sterns, angeordnet. Das Pentagramm ist zum wichtigsten Symbol der modernen, wiederbelebten Hexenreligion der Göttin geworden. Die He-

Eingeritzte Spiralen im Tempel von Tarxien/Malta, ca. 3000 v. Chr.

xenreligion selbst basiert zum Teil auf der Dreifachen Göttin, bei der es sich um Jungfrau, Mutter und Greisin handelt. Früher an jenem Tag hatte jemand eines der Schneckenhäuser weggenommen, und später hatte ich das zweite eingesteckt, so daß drei zurückgeblieben waren, um ein Dreieck zu bilden.

An Evas letztem Tag auf Gozo besuchten wir gemeinsam den Tempel Ggantija, um der Göttin zu danken und um Heilung für uns und für die Erde zu bitten. Wir trugen frische Kleider und segneten einander mit der Erde vom Tempelboden, indem wir uns gegenseitig ein Pentagramm auf die Stirn zeichneten. Wir sangen und baten die Göttin um Geschenke, nicht für uns selbst, sondern füreinander und für die Menschen, die wir lieben.

Die meiste Zeit unseres Rituals standen Eva und ich im »Kopf« des Tempels. Zuerst waren wir die einzigen auf

80

dem Tempelgelände. Mitten in unserem Ritual kam jedoch eine Frau und nahm auf einem Steinblock im Gang zwischen »Kopf« und »Oberkörper« nicht weit von uns entfernt Platz. Lächelnd und mit geschlossenen Augen saß sie da, als würde sie zurück in die Zeit zu den ruhmreichen Tagen des Tempels wandern. Sie saß noch immer dort, mit geschlossenen Augen und dem freundlichen Gesichtsausdruck, als Eva und ich unsere Gebete beendeten und Evas zwei kleine Töchter, gefolgt von Evas Mann, zu uns angelaufen kamen, um uns ihre Abenteuer zu erzählen. Als wir alle aufbrachen, saß die Frau noch immer da, in die Steine und ihre 6000 Jahre alten Geschichten versunken.

Zwei Tage später, an meinem letzten Tag auf der Insel, besuchte ich auf meinem Weg zur Fähre ein letztes Mal Ggantija. An jenem Morgen war der ganze Tempelbereich von Schmetterlingen erfüllt. In der sandigen Einfarbigkeit der Tempelruinen erschienen die Schmetterlinge wie ein übernatürlicher Ausbruch des Lebens. Ich ging zum Altar im Kopfbereich, um nach Evas Schneckenhäusern zu sehen. Die Häuser waren verschwunden, aber dafür hatte jemand ein Bild von einem Schmetterling in den Boden gezeichnet. Es war eine ganz einfache Darstellung, und ein Flügel war schon teilweise weggewischt.

Tage später, nachdem ich Malta verlassen hatte, dachte ich über diese Zeichnung und den Zusammenhang nach, den sie zwischen den Schneckenhäusern und den Schmetterlingen herzustellen schien. Dadurch, daß eine Seite der Zeichnung offen war, erschien sie wie ein Eingang in die Geisterwelt, den unsichtbaren Körper der Göttin, so wie der Tempel ihren sichtbaren Körper öffnete. Auch die Geschichte ist ein unsichtbarer Körper, denn die Handlungen und die Menschen, die sie vollzogen haben, sind verschwunden. Und dennoch machen die Ruinen und übrigen Überreste, die Figurinen und die Töpferwaren, die Göttinnenstatuen und die Spiralen auf den Steinblöcken allesamt die Geschichte sichtbar.

Die Tempel scheinen zuerst wie ein leeres Schneckenhaus zu sein. So wie die Schnecke seit langem tot ist, ist die prähistorische Religion der Göttin anscheinend mit den Menschen gestorben, die diese riesigen Steinblöcke in eine dem weiblichen Körper ähnliche Form brachten. Aber die Entdeckung dieser Tempel und das Staunen über ihre Form hat Menschen wie Mimi Lobell, Eva und mich, diese stille Frau oder die vielen anderen, die in Gruppen oder allein kommen, dazu inspiriert, unser Wissen um die Göttin in unserem Leben, in unserem Körper, in der Welt um uns herum lebendig werden zu lassen. Der unsichtbare Körper der Geschichte verwandelt sich in den sichtbaren Körper der Feier, des Rituals und des veränderlichen Lebens. Anstatt Schneckenhäuser zu bleiben, sind die Tempel, Höhlen, Steinkreise und all die anderen Stätten zu Schmetterlingspuppen geworden, mit der Göttinnenreligion als einem Schmetterling, der noch einmal in das helle Licht der lebendigen Welt tritt.

3

Der bemalte Steinkörper

Manchmal, wenn ich schlafe,
gehe ich an den Anfang zurück,
weiche mitten in der Luft zurück,
weitergetragen durch meinen
natürlichen Zustand als die Schlafmütze der Natur,
und in Träumen schwebe ich weiter,
um am Fuß gigantischer Steine aufzuwachen.
Pablo Neruda

Wege, um Dinge zu tun, können neu sein,
Dinge, die getan werden müssen, im allgemeinen nicht.
Judith Guest, »Miss Manners«

Sie lebten unter dem Schatten von Gletschern, die ungefähr eine Meile dick waren, und teilten ihre Welt mit Herden von Rentieren und wilden Kühen und Stieren, den sogenannten Auerochsen. Wir haben ihre Lagerfeuer auseinandergenommen, ihre Werkzeuge katalogisiert und ihre Überreste ausgegraben, um ihre Knochen unter dem Mikroskop zu untersuchen. Wir haben Phantasien über ihr Leben entwickelt, in denen wir uns vorstellten, wie wilde Männer mit Knüppeln auf Frauen einschlagen, um sie in dunkle Höhlen zurückzuzerren. Und dennoch verblüfft uns ein Aspekt im Leben unserer frühesten Vorfahren noch immer. Entgegen all unseren Vermutungen schufen diese Steinzeitstämme vor Zehntausenden von Jahren eine großartige Kunst, von riesigen Stier- und Pferdedarstellungen bis hin zu den feingeschnitzten Figurinen des weiblichen Körpers, von denen viele in hohem Maße stilisiert und abstrahiert sind.
Wie sprechen diese Bilder zu uns? Welche Geschichten über sie können wir entdecken (und hervorbringen)? Wenn wir an den Körper der Göttin denken, denken wir

zuerst an Mutter Erde, so daß bemalte Höhlen zu einer Rückkehr in ihren Schoß werden. Haben die Maler das so gesehen? Die in die Wände eingravierten Vulvazeichen lassen darauf schließen. Das gleiche gilt für die Figurinen, denn ihre Schöpfer stellten sie zwar in einer handlichen Größe her, aber sie verzierten sie auch in großem Stil, Erinnerungen an die Berge selbst wachrufend. In der Höhle verschmelzen das Bild von der menschlichen Frau, die wilde Kraft der Tiere und die ewige Präsenz des Berges miteinander.

Primitivismus

Sich mit dem Geheimnis der Höhlenkunst auseinanderzusetzen bedeutet zuallererst eine Auseinandersetzung mit unseren eigenen Vorurteilen. Als europäische Ethnographen anfingen, die Glaubensvorstellungen und Verhaltensweisen nomadischer und anderer traditioneller Völker zu erforschen, erfanden sie den Begriff »Primitive«, womit Menschen gemeint sind, die sich über die frühesten Stufen der Menschheitsentwicklung hinaus nicht weiterentwickelt haben. Durch die Erforschung der Afrikaner in der Wüste Kalahari oder der australischen Ureinwohner konnten die Europäer angeblich zurück in die Zeit auf ihre eigenen einfachen Anfänge blicken. In einigen Texten wurde die Weltsicht der »primitiven Stämme« mit der von westlichen Kindern verglichen.

Es ist kein Zufall, daß diese anthropologische Betrachtungsweise sich in der Zeit nach der Veröffentlichung von Charles Darwins *Über die Entstehung der Arten* weiterentwickelte. Das Evolutionskonzept veränderte die Art und Weise, wie Europäer andere Kulturen betrachteten. Zuvor neigten sogar Europäer, die die christliche Doktrin von der Weltschöpfung Gottes vor 5 000 Jahren ablehnten, dazu, nichteuropäische Kulturen für unwissend und erbärmlich zu halten. Nach Darwin begann man in Europa, die Menschheit als in einer stufenweisen Entwicklung begriffen zu beschreiben.

Das scheint auf die europäische Kultur selbst zuzutreffen. Die Altsteinzeit ging mit dem Aufkommen von Ackerbau und Monumentalbauten über die Mittelsteinzeit in die Jungsteinzeit über. Metalle führten zuerst zur Bronze- und später zur Eisenzeit. Das Patriarchat und zentralisierte Regierungen schienen Stammesgemeinschaften ersetzt zu haben und so weiter.

Für Europäer wurde es also selbstverständlich, jede Veränderung als einen Aufstieg zu einer »höheren« Kultur zu sehen. Buchstäblich gilt das für die Archäologie, da man Zeugnisse von immer älteren Kulturen findet, je tiefer man in die Erde gräbt. Möglicherweise ist das jedoch der einzige Aspekt, der zutrifft. Denn während wir das Wissen, die technische Perfektion und das tägliche Leben der Menschen in der Steinzeit, der alten wie auch der jungen, erforschen, fangen wir an, uns zu fragen, ob Veränderungen die menschliche Gesellschaft oder das menschliche Wissen zwangsläufig weitergebracht haben. Erst mit Hilfe von Computern und Mikroskopen war es uns möglich, etwas von dem Wissen wiederzuentdecken, das mit der Steinzeit verlorenging. Und vor uns liegt noch ein weiter Weg, bevor wir die Weisheit wiederentdecken.

Da europäische Kulturen sich aus primitiven Wurzeln »entwickelt« zu haben schienen, betrachteten die Europäer Stammes- und vornehmlich nichtagrarische Gesellschaften als unterentwickelt, beschränkt. Völker wie die australischen Aborigines schienen in der Steinzeit steckengeblieben zu sein. Europäer machten (und machen noch heute) Gebrauch von dieser Einstellung, um die Eroberung von Stammesgebieten und die Vernichtung eingeborener Völker zu rechtfertigen.

Heute finden wir es vielleicht natürlich, kulturvergleichende Untersuchungen zwischen verschiedenen Stammeskulturen anzustellen oder uns mit zeitgenössischen Jäger-Sammler-Kulturen zu beschäftigen, um die europäische Altsteinzeit zu verstehen. Doch sollten wir die Grenzen eines solchen Ansatzes erkennen, denn jede Kultur ist einzigartig. So können wir beispielsweise Inspiration und

Entwicklungsmöglichkeiten bei den australischen Aborigines finden, aber keine Erklärungen für unsere eigene Vergangenheit. Die Aborigines haben eine hochkomplexe Zivilisation, eine, die seit 60 000 Jahren besteht und zudem lebendig und dynamisch ist.

Viele Jahrzehnte lang hielt man die Kunst in den prähistorischen Höhlen Frankreichs und Spaniens für ein Durcheinander ohne Sinn für Komposition. Es wurde angenommen, daß die Maler alles darstellten, was auch immer sie wollten, und das an jeder beliebigen Stelle, die angemessen zu sein schien. Fachleute vermuteten außerdem, daß isolierte Künstler sich über längere Zeiträume hinweg den Malereien widmeten und den Dingen, die vor ihnen entwickelt wurden, kaum Beachtung schenkten. Schließlich waren unsere frühesten Vorfahren die primitivsten von allen Menschen.

Seit den fünfziger Jahren untersuchen Prähistoriker wie André Leroi-Gourhan und Annette Laming die Gestaltung der Malereien, wobei sie sich statistischer Analysen und eines ästhetischen Sinns bedienen, um die Möglichkeit zu beweisen, daß Lascaux und andere Höhlen als eine umfassende, gigantische Komposition von einer einzigen, engagierten Künstlergruppe geschaffen wurden. Tiere einer Art haben vielleicht eine andere Art ergänzt – Leroi-Gourhan führt insbesondere das Gleichgewicht von Pferden und Rindern an. Tiergruppen rufen spezielle Wirkungen hervor: Eine Serie von fünf Hirschköpfen, in verschiedenen Höhen und Winkeln gezeichnet, läßt an den Rhythmus einer Welle denken, als würden die Tiere einen Strom überqueren.

Die Kraft von Lascaux

Mit eigenen Augen zu sehen hat den Vorteil, daß es uns helfen kann, die Ideologie des Primitivismus loszulassen. Denn ironischerweise können wir, wenn wir Monumente der europäischen Vorgeschichte betrachten – wie zum Beispiel die Steinkreise in Stonehenge oder die viel älteren

Höhlen von Lascaux oder Pêch-Mèrle –, von der Vorstellung, daß es *jemals* so etwas wie ein primitives menschliches Wesen gab, befreit Abschied nehmen.

Lascaux zu sehen bedeutet, die überwältigende Brillanz und Vielschichtigkeit der vor 17 000 Jahren lebenden Cro-Magnon-Menschen zu sehen. 1963 mußte die französische Regierung Lascaux aufgrund der erhöhten Luftfeuchtigkeit durch die vielen Besucher schließen. Man sprengte eine zweite Höhle am selben Hang ein paar hundert Meter entfernt, um eine Nachbildung anzulegen, die dem Original so exakt wie möglich – bis hin zur Färbung und den Umrissen der Wände – entsprach. Man fragt sich, was zukünftige Archäologen, die nicht imstande sind, unsere Sprachen zu entziffern, von einer solchen Nachbildung halten werden, die fast 20 000 Jahre später angefertigt wurde.

Man kann das Original noch immer besichtigen, wenn man nur früh genug um Erlaubnis bittet. Weil nur vier oder fünf Personen auf einmal Einlaß finden, haben die Aufseher sich eine dramatische Führung ausgedacht, um die Höhle in ihrer ganzen Pracht zu präsentieren. Zuerst wird man in eine in den Hang gehauene Vorkammer hinuntergeführt. Dann werden alle Lichter ausgeschaltet, bevor die Tür zur Höhle selbst geöffnet wird. Wenn die Höhle für Initiationen verwendet wurde – was manche vermuten –, traten die ursprünglichen Stammesmitglieder in ähnlicher Weise in das Geheimnis ein – das heißt in tiefer Dunkelheit, bis ihre Anführer ihre Fackeln oder Öllampen anzündeten.

Die Aufseher führen die Besucher in die Kammer und schalten das elektrische Licht ein. Und dann steht man da, umgeben von riesengroßen weißen Wänden, die mit springenden, laufenden, schnaubenden Tieren bedeckt sind, von denen manche über fünf Meter groß sind, scheinbare Herden von Pferden und Stieren, einige mit anderen Tieren, die aus ihren Körpern hervorkommen, und alle in kräftigen, leuchtenden Farben. Die Wirkung ist von solcher Art, daß man den Wunsch verspürt, vor Staunen und

Freude zu schreien oder zu weinen, während man die ganze Zeit denkt: »Das ist 17000 Jahre alt. Vor 17000 Jahren haben Menschen diese Meisterwerke geschaffen.«

Es hat nicht nur etwas mit der Größe der Malereien zu tun, den leuchtenden Farben oder dem großartigen Hintergrund, daß der Betrachter die Ideologien des Primitivismus vergißt. Es ist die Technik und die Schönheit des Werkes. Die anatomischen Details sind präzise und elegant (in anderen Höhlen konnten Prähistoriker drei Pferderassen sowie Braun- und Schwarzbären aufgrund ihrer anatomischen Unterschiede auseinanderhalten). Gleichzeitig sind einige der Stiere in einer Art Doppelperspektive gemalt, wobei man den Kopf im Profil und die Hörner im Halbprofil sieht. Wie in anderen Höhlen auch, machten sich die Maler die Form der Wände zunutze, um bei ihren Darstellungen eine dreidimensionale Wirkung zu erzielen. Bei einigen Figuren ritzten die Künstler den Umriß des Tieres ein, übermalten diese Gravierung und gravierten schließlich um die Malerei herum – alles nur, um den Eindruck von Dynamik zu steigern. Im Gegensatz zu den Figuren in einigen der anderen Höhlen scheinen sich die Lascaux-Tiere in wilder Bewegung zu befinden, wie beispielsweise ein Pferd, das verkehrt herum mit gespreizten Beinen dargestellt ist, so als würde es hilflos durch die Luft purzeln.

Ein alter Witz bezeichnet die Prostitution als das älteste Gewerbe der Welt. Lascaux sehen heißt erkennen, daß das älteste Gewerbe sehr wohl die Kunst sein könnte. Es ist praktisch undenkbar, daß eine Gruppe umherziehender Menschen ohne Tradition oder Bildung auf eine interessante Höhle stieß und beschloß, einige Bilder zu malen. Hier waren vor allem Menschen am Werk, die hochbegabt waren. Besorgen Sie sich einmal ein Buch mit Fotos von Lascaux. Versuchen Sie, einige der Abbildungen auf einem gewöhnlichen Blatt Papier abzumalen – und dann stellen Sie sich vor, wie Menschen sie malen und gravieren, drei bis über fünf Meter groß, an einer unregelmäßigen Steinwand, oft auf einem Gerüst sitzend oder liegend. Die Lascaux-Künstler mußten begabte Menschen, ganz besondere

Menschen in ihrer Gemeinschaft gewesen sein. Und sie mußten eine Ausbildung in den besonderen Techniken – und der künstlerischen Tradition – genossen haben, die sie in ihrem gewaltigen Projekt einsetzten.

Auch in intellektueller Hinsicht ist Lascaux nicht primitiv. Weniger auffällig als die großen Tiere ist eine komplexe Serie von abstrakten Zeichen, die die Wände übersäen. Leroi-Gourhan und seine Schüler haben ungefähr 400 solcher Zeichen katalogisiert.

Für diejenigen von uns, die nicht Leroi-Gourhans Ausbildung haben, ist es noch immer der Akt des Sehens, des Sich-Öffnens für das Meisterwerk, der die Ideologie vom primitiven Menschen zerstreut und uns das Wunder der Kunst erkennen läßt, die dem Heiligen konkrete Form gibt.

Die Anfänge der Kunst

Bevor wir untersuchen, welchen Zwecken die Höhlenkunst möglicherweise gedient hat, sollten wir uns mit der Entwicklung dieser Kunst beschäftigen. Dadurch werden wir nicht nur in die Erkenntnisse eingeführt, die Wissenschaftler von der menschlichen Frühgeschichte gewonnen haben, sondern es wird auch helfen, die Vorrangstellung der Kunst in der menschlichen Kultur aufzuzeigen. Vielleicht sollte man auch »Primaten«-Kultur sagen. John Pfeiffer berichtet in seinem Buch *The Creative Explosion* von einem Schimpansen namens Congo im Londoner Zoo, der bis zu seinem vierten Lebensjahr 384 Zeichnungen anfertigte und dabei »Fortschritte von Kritzeleien bis zu groben Kreisen und Kreuzen machte«, von denen manche sogar in einer Ausstellung verkauft wurden. Ein dreieinhalb Jahre alter Schimpanse namens Moja in den Vereinigten Staaten zeichnete ein Bild von »vier Liniensegmenten, einem rechten Winkel und einer schwungvollen Kurve«. Moja hatte an einem Experiment über die Kommunikation zwischen verschiedenen Spezies teilgenommen und einen begrenzten Wortschatz der amerikanischen Zeichensprache gelernt. Als Moja zu zeichnen aufhörte, signalisierte der anwesende Versuchsleiter: »Probier weiter.« Moja gab durch Zeichen zu verstehen: »Fertig.« Der Versuchsleiter fragte: »Was ist das?« Moja antwortete: »Vogel.« Später fuhr Moja fort, »Gras«, »Beere«, »Blume« zu zeichnen. Möglicherweise entwickelt sich der Impuls, Sprache und Kunst hervorzubringen, gleichzeitig.

Zu den ersten menschlichen Schöpfungen zählen »Faustkeile«, Steine, die wegen ihrer länglich-runden Form gewählt wurden. Man schlug die Steinsplitter ab, um sie abzuflachen, und schliff sie an den Seiten, um ihnen sowohl eine Schnittkante als auch Symmetrie zu verleihen. Sie tauchten vor etwa 1,5 Millionen Jahren auf. Gestalteten ihre Hersteller sie aus ästhetischen Gründen symmetrisch? Ein Fundstück aus Norfolk, England, enthält genau in der Mitte eine fossile Muschel, als wäre sie dort um der künstlerischen Schönheit willen angebracht worden.

Prähistoriker bezeichnen diese Gegenstände als Faustkeile oder Handäxte, aber genaugenommen waren sie, wie Pfeiffer sagt, »keine Äxte und wurden nicht zum Hacken oder zu einer anderen Art von Schwerarbeit benutzt«. Waren sie überhaupt Werkzeuge? Die berühmten Doppeläxte von Kreta wurden aus einem Metall hergestellt, das zu weich ist, um für Werkzeuge oder Waffen Verwendung finden zu können. Die Doppeläxte, die eine Größe zwischen einigen Zentimetern und fast zwei Metern aufweisen, dienten als Votivgaben, Devotionalien für die Große Göttin. Die vielen Siegel und anderen Bilder, mit denen sie versehen sind, setzen sie nur zu Frauen in Beziehung, niemals zu Männern. Der Name für die kretischen Äxte, *labrys*, ist mit *labia*, den Schamlippen, verwandt.

Wir können nicht das Kreta von vor 4 000 Jahren mit dem Homo erectus, der 1,5 Millionen Jahre früher lebte, vergleichen. Aber Belege deuten darauf hin, daß die Menschen, lange Zeit nachdem sie das Feuer entdeckt hatten, es nicht nur zum Wärmen oder zur Nahrungszubereitung verwendeten, sondern auch, um Rituale zu vollziehen. In Kürze werden wir uns mit der Arbeit von Alexander Marshack

90

befasse, die zu verstehen gibt, daß Kunst und »Geschichten« und nicht Werkzeuge für die ersten Menschen kennzeichnend sind.

Frühe weibliche Bildnisse

Marija Gimbutas schreibt in *Die Zivilisation der Göttin*, daß Feuersteinskulpturen von weiblichen Figuren schon vor 500 000 Jahren aufgetaucht sind. John Pfeiffer zufolge entstand der älteste, sorgsam bearbeitete Gegenstand, der in Frankreich gefunden wurde, vor 200 000 bis 300 000 Jahren. Dabei handelt es sich um eine etwa 15 Zentimeter lange Ochsenrippe, die, wie es scheint, mit einem Paar geschwungener paralleler Linien versehen ist. Nur unter dem Mikroskop lassen diese sich als exakt ausgeführte Doppellinien erkennen. Professorin Gimbutas hat die Berühmtheit der späteren Göttinnenkunst auf genau dieses Bild, parallel verlaufende, geschwungene Linien, zurückgeführt. Sie tauchen immer wieder an Tonwaren und Statuen auf.

Die heutigen Menschen stammen von der als Cro-Magnon bekannten evolutionären Linie ab. Unsere frühen Konkurrenten, die Neandertaler, scheinen ebenfalls zur künstlerischen und religiösen Entwicklung in der menschlichen Kultur beigetragen zu haben. Eine Höhle im nördlichen Irak barg Überreste einer 60 000 Jahre alten Neandertalergrabstätte mit Skeletten, die auf einem Bett aus Blumen, möglicherweise Heilpflanzen, aufgebahrt waren und den Eindruck erweckten, als ob sie schliefen. Einige Überreste weisen darauf hin, daß die Toten mit rotem Ocker bemalt wurden. Von späteren Kulturen wissen wir, daß roter Ocker das Leben und besonders das Menstruations- / Geburtsblut der Göttin symbolisiert. Ocker taucht oft in Grabstätten oder in der Grabkunst auf, vornehmlich bei den Göttinnenschoß betonenden Schnitzereien, die als Grabbeigaben dienten. Ähnlich waren viele der Figurinen und Reliefskulpturen von der Göttin, die man in späteren Höhlen fand, mit rotem Ocker bemalt. Das gleiche läßt sich von den Statuen und Tempelsteinen auf Malta und an anderen Orten sagen. Ein kürzlich erschienener Artikel im *U.S. News and World Report* beschreibt eine von vier Mauern umgebene Steinstruktur, die von Neandertalern tief in einer Höhle errichtet worden war. Die Vorstellung von einem Bauwerk in einer Höhle weist auf einen rituellen Zweck hin.

Zu den sehr frühen Kunstwerken zählen »Becher«-Verzierungen, die vor etwa 125 000 Jahren entstanden sind. Diese eingravierten, ausgehöhlten Kreise haben sich als ein erstaunlich langlebiges Symbol erwiesen und finden sich in der Felskunst überall in der Welt, von Europa über Nordamerika bis Australien. Die hohle Form läßt an die innere Beschaffenheit des weiblichen Körpers, den Schoß, denken. Die Pomo-Indianer in Nordkalifornien bezeichnen solche eingeritzten, ausgehöhlten Steine als »Babysteine«. Wenn Paare sich Kinder wünschen, gehen sie zu den Felsen, um den Geistern Opfergaben und Gebete darzubringen. Dann schlagen sie ein wenig Steatit aus den Löchern ab, mahlen ihn fein und vermischen ihn mit Wasser zu einer Paste, die schließlich auf den Unterleib und die Schamgegend der Frau gemalt wird.

Die »schöpferische Explosion«

Vor ungefähr 35 bis 40 000 Jahren erlebten die Cro-Magnon-Menschen eine, wie John Pfeiffer es nennt, »schöpferische Explosion«, die mit Wandmalereien, fein eingeritzten Knochen und kunstvoll geschnitzten Figurinen einherging – Werke, die über Jahrtausende hinweg weiterhin erschaffen wurden.

Damit ist nicht gemeint, daß die menschliche Kultur nur in Europa begann. Der größte Teil unseres Wissens über das Paläolithikum stammt aus einem kleinen Gebiet in Südfrankreich und Nordspanien, vornehmlich aus den Dordogne- und Vézèretälern in Frankreich. Jedoch weiß man auch von China und Indien, daß sie die steinzeitliche Entwicklung durchgemacht haben, auch wenn man kaum

Kunstgegenstände gefunden hat, was möglicherweise nur auf weniger intensive Forschungen zurückzuführen ist. Felskunst findet man praktisch überall, wobei Südafrika die reichste Quelle mit etwa 6 000 Fundstätten darstellt, die nicht weniger als 175 000 Malereien enthalten. Aufgrund neuerer archäologischer Erkenntnisse wurden die Anfänge der Kunst – und des Handels – von Europa auf viel frühere Zeiten nach Afrika verlegt. Vor 100 000 Jahren legten die Menschen in Afrika über weite Entfernungen reichende Handelsnetze für verschiedene Waren, einschließlich Perlen, an.

Die frühen Kunstwerke, vornehmlich die Wandkunst und die Figurinen, zeigen die spirituelle Macht des weiblichen Körpers. Die europäischen Wandmalereien begannen mit Vulvabildern, und auch wenn die Tiere später stärker in den Vordergrund traten, blieb die Vulva ein machtvolles Symbol in Höhlen und unter Felsüberhängen sowie auf Schnitzereien. Prähistoriker haben in Europa mehr als 770 Platten gefunden, in die Vulvazeichnungen eingeritzt waren. In der Höhle La Bastide fand man mit eingravierten Vulven versehene Steine, die mit der Vorderseite nach unten kreisförmig angeordnet waren (die Vorstellung von einem Steinkreis in einer Höhle ist besonders dann faszinierend, wenn wir die vor nicht allzu langer Zeit aufgekommene Vermutung in Betracht ziehen, daß alle Steinkreise als astronomische Observatorien dienten).

In Les Eyzies im französischen Dordognegebiet fanden Ausgräber mit rotem Ocker bemalte und mit Kaurimuscheln begrabene menschliche Überreste. Für gewöhnlich assoziieren wir Kaurimuscheln mit Afrika, wo sie für religiöse Perlenkunst, Ketten sowie Kopfschmuck, Geld, Symbole der Macht und für die Wahrsagerei verwendet wurden. Kaurimuscheln stellen ein natürliches Göttinnenbild dar, denn die Schlitzseite ähnelt der Vaginaöffnung, während die gerundete Seite an die Schwellung eines schwangeren Bauches denken läßt. Hält man sie vertikal, ähneln sie Schamlippen; horizontal sehen die Muscheln wie Augen aus. Die typischen mandelförmigen Augen bei einigen afrikanischen Skulpturen und Masken rühren von Kaurimuscheln her. Zwischen Auge und Vagina besteht eine symbolische Beziehung, denn beide öffnen sich in den Körper hinein. Aufgrund seiner Verbindung mit dem Geist bringt das Auge kreative Ideen hervor, ähnlich wie die Vagina Babys hervorbringt. R. J. Stewart zufolge (der über die Partikel *sil* in Silbury Hill schreibt) bedeutete *sul* oder *suil* im Altirischen »Auge« oder »Höhle« und gleichfalls »Vagina«.

Symbolische Abstraktion

Die geschnitzten Vulven waren keine realistischen Darstellungen weiblicher Geschlechtsteile, sondern abstrakte Schlitze oder Dreiecke. Mit anderen Worten, sie waren Symbole. Und wo wir Symbole finden, können wir von Ideen und einem Sinn für das Heilige sprechen. Die Menschen jener Zeit lebten nicht in den düsteren, unzugänglichen Höhlen, sondern vielmehr unter Felsüberhängen – sogenannten »Abris« –, die sie ebenfalls bemalten und mit Gravierungen versahen. Unter dem Abri Pataud fanden Archäologen eine Frau und ein Kind vor einer in den Fels eingeritzten Vulva begraben. Immer wieder begegnen wir der gleichen Verbindung von Leichnam und Vulva, von Ocker – der Farbe des Lebens – und den Toten, Tod und Wiedergeburt; eine Verbindung, die Tausende von Jahren zurückreicht.

Spätere Wandmalereien von Frauen zeigen sogar noch symbolhaftere Abstraktionen. Die Bilder sind auf das Wesentliche reduziert, wie zum Beispiel Brüste, Gesäß und Vulva. Manchmal finden wir keinen Kopf oder keine Füße. Auch die Figurinen stellen den weiblichen Körper abstrahiert dar: Wie bereits erwähnt erscheint das Gesäß übergroß, verschwinden oft die Füße, wirken Hüften und Brüste gewaltig und kann der Kopf glatt, vogelähnlich oder durch Löcher gekennzeichnet sein. Archäologen haben über 1 000 steinzeitliche Figurinen gefunden, von denen fast alle weibliche Darstellungen sind.

Die »Venus von Willendorf«, Österreich, ca. 30000 v. Chr. (Abdruck mit freundlicher Genehmigung der Aras Archives, Jungian Institute, San Francisco)

Zu den frühesten bekannten Figuren der Welt zählt die sogenannte »Venus von Willendorf«, die vor etwa 30000 Jahren entstand. Dabei handelt es sich um die Darstellung einer Frau mit dickem Bauch und üppigen Brüsten, abgeschnittenen Armen, die an den Seiten verschwinden (oder sich in schmale Linien oberhalb der Brüste verwandeln), kurzen Beinen ohne Füße (möglicherweise, um sie besser in die Erde oder die Asche eines Feuers zu stellen) und einem großen, wabenförmigen Kopf ohne Gesicht. Das wabenförmige Bild läßt die Bienenkönigin ahnen, die Jahrtausende später auf Kreta, in Kanaan und anderswo auftaucht. Bezeichnenderweise scheint die Statue mit rotem Ocker bemalt gewesen zu sein – ein Hinweis auf ihren Status als heiliges Kunstwerk.

Trotz der Bezeichnung »Venus« ist die Dame von Willendorf nicht schwanger dargestellt, was auf die meisten der anderen Göttinnenfigurinen auch nicht zutrifft. Obwohl sie mit ihren übergroßen Brüsten, Hüften und Gesäßen weibliche Macht darstellen, verkörpern sie nicht nur Fruchtbarkeit, sondern etwas Weiterreichendes, Abstrakteres und Allumfassenderes. Die Vulva bedeutet nicht allein die Geburt, sondern die Heiligkeit und die schöpferische Kraft des Göttinnenkörpers als ein Ganzes. William Irwin Thompson schreibt, daß die Verbindung zwischen Menstruation und Mondzyklus die Vulva zu einem Symbol für den Kosmos und nicht für die Physiologie macht. Doch warum sollten diese beiden Aspekte einander widersprechen: Die Kraft der Göttinnenreligion liegt in der Wahrheit begründet, daß der weibliche menschliche Körper den Kosmos widerspiegelt und ihm Bedeutung verleiht.

Handabdrücke

Zwei andere Formen der künstlerischen Gestaltung tauchen früh auf und setzen sich das Paläolithikum hindurch fort: verzierte Stäbe und Handabdrücke. Handabdrücke finden wir wie die Becherverzierungen in der Felskunst überall auf der Welt. Manchmal begegnen wir ihnen zusammen mit anderen Bildern und dann wieder einfach für sich allein. Die Künstler kannten zwei Techniken: »Positive« Handabdrücke entstanden, indem die Hände in Farbe getaucht und dann an die Wand gedrückt wurden. »Negative« Handabdrücke scheinen hergestellt worden zu sein, indem man die Hand mit gespreizten Fingern an die Wand hielt und dann die Farbe durch ein Röhrchen um die Hand herum blies. Bei einigen Handabdrücken fehlt ein Teil eines Fingers, und in der Höhle Maltrevieso im westlichen Spanien fehlen bei allen Handabdrücken die oberen zwei Gelenke des kleinen Fingers. Das könnte auch die Folge ritueller Amputation sein, vielleicht als ein Opfer an die Geister; doch Mark Newcomer, ein experimenteller Archäologe, hat auf die Möglichkeit der »Fälschung« solcher Bildnisse hingewiesen, indem der Finger vor dem Auftragen der Farbe umgebogen wurde.

Die Größe der Hände läßt darauf schließen, daß die Abdrücke von Frauen stammen, was die Idee stützt, daß Künstlerinnen auch die Malereien schufen. Im ländlichen Indien beziehen zeitgenössische Malerinnen oft Handabdrücke in ihr Werk ein.

Ebenso, wie dies bei der gesamten prähistorischen Kunst der Fall ist, kennen wir die genaue Bedeutung der Handabdrücke nicht. Wir können verallgemeinernd annehmen, daß Menschen das generelle Bedürfnis haben, eine solche Art von Kennzeichnung zu hinterlassen. Wenn wir einen heiligen Platz aufsuchen, an dem wir Ehrfurcht erfahren, möchten wir oft den Boden, die Steine oder die Bäume berühren. Wir wollen unsere Hände zur Erweiterung unseres Bewußtseins aufdrücken, denn die Hände führen eine Energie von besonderer Ladung. Unsere Hände unterscheiden uns nicht nur von anderen Lebewesen, sondern wir benutzen sie auch, um die Welt um uns herum neu zu erschaffen. Handabdrücke geben eine machtvolle Erklärung ab. Sie lassen ein Zeichen des Bewußtseins zurück. Sie stellen sowohl einen Akt der Ergebenheit dar als auch eine verwegene Geste der Teilnahme an der spirituellen Kraft, die an diesem Ort lebendig ist. Mit Handabdrücken nehmen wir die Kraft eines heiligen Platzes in uns auf und geben dafür etwas von uns zurück. Wir drücken die Wirklichkeit unseres Körpers auf den Körper der Erde.

In der Höhle Pêch-Mèrle ist eine Darstellung zweier Pferde von Händen in Negativabbildung umgeben. Die Hände bleiben außerhalb der Pferdekörper und vermitteln so ein Gefühl dafür, daß Menschen in etwas so Ehrfurchtgebietendes wie ein Geisttier nicht eindringen dürfen. Diese strikte Trennung wird noch interessanter, wenn wir bedenken, daß Höhlenkünstler oft ein Tier zeichneten, das aus einem anderen hervorkommt, wie zum Beispiel in Lascaux, oder viele Zeichnungen einander überlagerten.

Verzierte Stäbe

Die markierten Stäbe sind ein komplexeres Thema, wenn auch nur aus dem Grund, weil sie mehr Informationen enthalten. Es handelt sich dabei um geschnitzte und verzierte Knochen oder Geweihsprossen, manchmal mit mehreren einfachen, anscheinend abstrakten Ornamenten versehen, dann wiederum mit sorgsam eingeritzten Tier- und Pflanzendarstellungen. In die meisten ist zumindest ein Loch gebohrt, während manche mehrere Löcher aufweisen. Archäologen nannten sie früher *bâtons de commandant* in der Annahme, daß sie ein Autoritätssymbol für einen Stammeshäuptling darstellten – eine Annahme, die vielleicht mehr über die Archäologen aussagt als über die Steinzeitkultur. Im Höhlenkunstmuseum von Les Eyzies werden die wenigen ausgestellten Stäbe heute als »rätselhafte Objekte« bezeichnet.

Die verschiedenen Darstellungen von Menschen mit Tieren in der paläolithischen Kunst zeigen keine Menschen mit Waffen. Ganz wenige jedoch tragen zeremonielle Gegenstände oder Scheiben, was darauf hinweist, daß die Menschen nicht danach strebten, heilige Tiere zu töten oder zu bezwingen, sondern ihnen zu *begegnen*.

Das Werk von Alexander Marshack

Alexander Marshack hat eine bahnbrechende Arbeit für die Untersuchung geschnitzter Knochen und Geweihsprossen geleistet, wobei er sich auf Fundstücke aus Afrika und Europa konzentrierte. Bei seiner Arbeit bediente er sich zweier Hilfsmittel, eines Mikroskops und eines Verstands, der willens ist, unvoreingenommen über Dinge nachzudenken. Im Gegensatz zu vielen anderen Autoren erhebt Marshack keinen Absolutheitsanspruch bezüglich seiner Interpretationen, sondern weist nur darauf hin, daß die prähistorischen Künstler diese oder jene Idee im Sinn gehabt haben *könnten*.

Mit dem Mikroskop sind ihm mehrere Entdeckungen gelungen. Erstens hatten jene Künstler vor über 10 000 Jahren eine bemerkenswerte Technik: Sorgfältig verteilte Zeichnungen in regelmäßigen Mustern vermischen sich mit anmutigen Darstellungen von Hirschen und Steinböcken, Pflanzen und Sprossen, Lachsen und anderen Fischen. In vielen Fällen ist es nur mit dem Mikroskop möglich, die naturgetreue Genauigkeit der Kunst zu erkennen und bestimmte Spezies klar zu unterscheiden. Feuersteinmesser waren offenbar nicht die primitiven Werkzeuge, wie wir sie aus populären Vorstellungen vom Höhlenleben kennen. André Leroi-Gourhan schreibt:»Bei Gravier- und Schnitzarbeiten kann Feuerstein mit seinen Schneideeigenschaften Metallwerkzeugen gleichwertig sein.«

Der gebräuchlichsten Theorie zur Höhlenkunst zufolge handelt es sich bei den Bildern um Jagdzauber. Den Beweis dafür erbringen angeblich Bilder, auf denen mit Widerhaken versehene Harpunen und Pfeile zu sehen sind. Jedoch zeigen die »Harpunen« in die falsche Richtung. Marshack hat auf die Möglichkeit hingewiesen, daß diese mit Widerhaken versehenen Zeichen in Wirklichkeit Pflanzen sind, und damit einen völlig neuen Interpretationsspielraum für die altsteinzeitliche Kunst erschlossen, von der man immer geglaubt hat, sie stelle nur Menschen und Tiere dar.

Darstellungen von Pflanzen sind aus mehreren Gründen wichtig. Zum einen zeigen sie ein Interesse für den Speisezettel und möglicherweise für Heilung, die Eigenschaften wachsender Dinge. In Lascaux tauchen die mit Widerhaken versehenen Zeichen neben trächtigen Tieren und Vulvabildern auf; vielleicht sind es Heilpflanzen für die Schwangerschaft. Das Kräuterwissen von Völkern, die keinen Ackerbau betreiben, ist oft sehr detailliert – tatsächlich detaillierter als das von Ackerbaukulturen. Landwirte bauen nur einige wenige Feldfrüchte an, während Sammler eine Auswahl aus einer Vielfalt von Wildpflanzen treffen.

Pflanzenzeichnungen, besonders neben Vulven oder trächtigen Tieren, könnten die Erneuerung des Lebens im

Frühling symbolisieren. Marshack hat diesen Punkt hervorgehoben, da er auf einer der untersuchten Geweihsprossen eine ganze Menge Frühlingsbilder fand: laichende Lachse und Robben, frische Keimlinge, Blumen. Vielleicht halten wir so etwas einfach nur für ein freundliches Bild, aber Marshack hat auf revolutionäre Bedeutungsmöglichkeiten hingewiesen. Prähistoriker sind immer davon ausgegangen, daß Menschen sich bis zum Aufkommen des Ackerbaus in der Jungsteinzeit nicht der Regelmäßigkeit von Zeit bewußt waren. Eine Reihe von Frühlingsbildern in Verbindung mit Schwangerschaft läßt jedoch ein Bewußtsein für die Jahreszeiten und biologischen Prozesse erkennen, und das bereits Jahrtausende vor dem Ackerbau.

Verzierte Knochen

Die Untersuchung der abstrakten Zeichen auf den Knochen läßt noch stärker an ein solches Bewußtsein denken. Denn wenn Marshack recht hat, stellen diese Reihen von regelmäßigen eingeritzten Linien, die man immer für bedeutungsloses Gekritzel gehalten hat, tatsächlich ein sorgfältiges Abzählen von Tagen oder Monaten dar. Die Linien könnten auf zwei Arten von zeitlichen Abfolgen hinweisen, die beide mit dem Frauenkörper assoziiert sind: zum einen auf die so bedeutsam mit der Menstruation verbundenen Mondphasen und zum anderen auf die Dauer einer Schwangerschaft.

Anstatt phallische Stäbe darzustellen, die die Macht eines Häuptlings symbolisieren, könnten die *bâtons* den Hebammen, die den Verlauf der Schwangerschaften überwachten, als Kalenderstäbe gedient haben. Wenn diese Annahme zutrifft, würde ein solcher Kalender möglicherweise auf das Wissen hinweisen, daß Babys mit der ersten ausbleibenden Periode anfangen zu wachsen, wenn nicht gar auf ein Wissen um die Verbindung zum Geschlechtsverkehr. Alternativ könnten die Stäbe Frauen geholfen haben, die heilige Kraft in ihren Körpern nach der zwingenden

100

Spiritualität des Mondes auszurichten. Ein interessantes Zusammentreffen von Bedeutungen aus viel späteren Kulturen unterstützt diese Möglichkeit. Elinor Gadon schreibt in ihrem Buch *The Once and Future Goddess*, daß sich das Wort »Ritual« von dem Sanskrit-Wort *rtu* ableitet, das »Menses, Menstruation« bedeutet. In *Klein's Comprehensive Etymological Dictionary of the English Language* wird »Ritual« auf die indoeuropäische Wurzel *ri* zurückgeführt, die »zählen, Nummer« bedeutet. Ebenso wie in der Höhlenkunst begegnen wir der Vorstellung, daß heiliges Bewußtsein auf das Bewußtsein von der durch die Menstruation erschaffenen, immer wiederkehrenden Zeit zurückgeht.

Die Venus von Laussel

Eine der berühmtesten Höhlenkunstdarstellungen ist die sogenannte »Venus von Laussel«, eine über 20 000 Jahre alte Reliefskulptur, die unter einem Felsüberhang im Dordognetal gefunden wurde.

Wie bei anderen Reliefarbeiten auch, machte sich der Künstler die Krümmungen und Wölbungen der Wand zunutze, um dem Bild eine dreidimensionale Wirkung zu geben. Aus Analysen geht hervor, daß auch diese Figur mit rotem Ocker bemalt war, dem allgegenwärtigen Symbol für das Lebensblut der Göttin. Die Venus von Laussel ist als Schwangere dargestellt. Ihre linke Hand ruht auf ihrem Bauch, während die rechte ein Bisonhorn hält, das mit dreizehn Linien markiert ist. Dem Horn kommt große symbolische Bedeutung zu: Ein Jahr umfaßt entweder 13 Vollmonde oder 13 Neumonde (ein Mondmonat dauert 29,5 Tage), und das Horn des Bisons oder der Kuh hat Ähnlichkeit mit dem zu- oder abnehmenden Mond, ebenso wie ein schwangerer Bauch dem Vollmond ähnelt.

Es sei daran erinnert, daß Rinder, Stiere und Kühe die am häufigsten dargestellten Tiere in der Höhlenkunst sind. Und man rufe sich ins Gedächtnis zurück, daß in späteren Kulturen überall auf der Welt die Kuh oder der Büffel die Große Göttin verkörpert, beispielsweise die Weiße Büffel-

Die »Venus von Laussel«, Frankreich, ca. 15000 v. Chr. (Abdruck mit freundlicher Genehmigung der Aras Archives, Jungian Institute, San Francisco)

frau bei den Lakota Sioux, Oya als Büffel in Westafrika, Europa in der griechischen Mythologie, Hathor in Ägypten und die Kuh in der skandinavischen Mythologie, die an einem gefrorenen Salzwasserblock leckt, um die Welt zu gestalten. Die Milchstraße, so unser Name für unsere Galaxis, geht zurück auf den Mythos von den Sternen als Milch der (Kuh-)Göttin, die in den Himmel hinausfließt. Es ist erstaunlich, daß dieser komplexe Zusammenhang von Bildern und Ideen schon vor so langer Zeit existierte, vor Tausenden von Jahren, noch vor den Anfängen der Viehwirtschaft. Die Verbindung von Rindern und Frauen im Göttinnenbild könnte sich zum Teil von der Tatsache ableiten, daß Rinder neun Monate lang trächtig sind.

102

Geschichten und Zeitzählung

Für Marshack ist die entscheidende Fähigkeit, durch die sich der Mensch auszeichnet, nicht die Werkzeugherstellung, sondern das, was er »Geschichtenerzählen« und »Zeitberechnung« nennt. Damit ist die Fähigkeit gemeint, Prozesse und Wiederholungen – mit anderen Worten *Zyklen* – in der Welt um uns herum und in unserem Leben wahrzunehmen und diesen Dingen Bedeutung zu geben. Ich würde hinzufügen, ihnen eine *heilige* Bedeutung zu geben. Mythen, symbolhafte Kunst, abstrakte Zeichen, Kalender und dergleichen verleihen einer bloßen Erfahrung Bedeutung.

Geschichtenerzählen und Zeitbestimmung gehen mit der Gehirnentwicklung einher und gehören demnach zum Körper. Wenn sich die ersten »Geschichten« von Menstruation und Schwangerschaft herleiten und diese Erfahrungen mit dem Mond und Kühen in Zusammenhang gebracht werden, dann kommt die Geschichte wie die Schöpfung selbst aus dem Körper der Göttin hervor – das heißt von dem als göttlich wahrgenommenen weiblichen Körper.

Wir können so viele unserer grundlegenden Geschichten auf den Körper zurückführen, auf die Geburtserfahrung, das Gewahrsein des Todes, den immer wiederkehrenden Menstruationsfluß, das An- und Abschwellen des Phallus, die Tatsache, aufrecht auf zwei Beinen zu stehen, und so weiter. Dadurch wird die Spiritualität nicht auf »bloße« physische Tatsachen reduziert, sondern die Einheit von Körper und heiliger Wahrheit wird aufgezeigt.

In der späteren paläolithischen Kunst werden die wesentlichen weiblichen Aspekte – Brüste, Gesäß, Vulva – manchmal als ein paar Zeichen dargestellt, beispielsweise als Kreis, durch den sich eine Linie zieht, für die Vulva. Manche Prähistoriker bezeichnen solche Darstellungen als eine »Degeneration« der Kunst. Marshack jedoch legt nahe, daß die »Geschichte«, die symbolische Bedeutung des Bildes, so bekannt wurde, daß ein einfaches Zeichen das volle

Gewicht der Bedeutung tragen konnte (man denke an alle christlichen Bedeutungen, die in der einfachen Form des Kreuzes verschlüsselt sind). Marshack schreibt: »Es ist nicht der anatomische sexuelle Ursprung, der symbolisiert wird, sondern es sind die Geschichten, Eigenschaften und der Prozeß, mit denen das Symbol assoziiert wurde.« Erfahrung, die Tatsachen des Lebens, wurden zu Symbol und Mythos destilliert.

Der maßgebenden Forschungsmeinung über die menschliche Entwicklung zufolge wird angenommen, daß Göttinnenmythen nicht vor dem Aufkommen des Ackerbaus entstanden sind. Mit anderen Worten: Ein technologischer Durchbruch leitete neue symbolische Bedeutungen ein. Und trotzdem ist die Willendorf-Statue 30000 bis 50000 Jahre alt. So wie die frühesten Artefakte rituellen Zwecken und nicht dem praktischen Gebrauch zu dienen schienen, ist die Technologie vielleicht der Kunst gefolgt und nicht umgekehrt. Die weiblichen Darstellungen der Altsteinzeit setzten sich in die Jungsteinzeit hinein fort. Marshack bezeichnet sie als Teil eines »intellektuellen, zeitbestimmten und zeitbestimmenden Erbes, das den Weg zum Ackerbau vorbereitete«. Dieses intellektuelle Erbe rührte von der Anerkennung der Macht und der Wahrheit des Körpers her.

Jäger-Sammler-Ökonomie

Jahrelang interpretierten Prähistoriker die Höhlenmalereien als »Jagdzauber«. In ihrem Bemühen, für einen konstanten Fleischvorrat zu sorgen, malten die »Höhlenmenschen« angeblich Bilder von ihrer gewünschten Beute und hofften so, Macht über die Tiere zu gewinnen. Aber die archäologischen Beweise widerlegen diese Theorie.

Vor allen Dingen wissen wir aufgrund der Knochen- und Fossilfunde, daß Wild nicht knapp, sondern reichlich vorhanden war. Die meisten von uns sind mit der Vorstellung von »Höhlenmenschen« aufgewachsen, die eine erbärmliche und verzweifelte Existenz führen. Auch das gehört zur

Ideologie des Primitivismus, denn sie besagt, daß es uns mit unserer modernen, technologischen Gesellschaft so viel besser geht und die ganze Geschichte zu einem stetigen Fortschritt mit immer besseren Bedingungen geführt hat. Wenn wir unser Leben heute unbefriedigend finden, können wir uns einreden, daß uns keine andere Wahl bleibt und die Menschen früher viel mehr gelitten haben als wir. Eine solche Ansicht über das altsteinzeitliche Leben rechtfertigt nicht nur die sogenannten »großen Zivilisationen«, die mit Sumer ihren Anfang genommen haben, sondern sogar auch den späteren Kapitalismus. Wenn Ökologen und andere unsere konsumorientierte Einstellung zur Natur angreifen, führen Konservative oft das angebliche Elend an, das vor der menschlichen Herrschaft über die Natur verbreitet war. Die Forschung hat dieser Meinung über das prähistorische Leben widersprochen. In einem Artikel mit dem Titel »The First Affluent Society« (Die erste Wohlstandsgesellschaft) zeigt Marshall Sahlins auf, daß paläolithische Menschen nur 14 Stunden in der Woche arbeiten mußten, um sich zu ernähren, einzukleiden und zu schützen.

In Anbetracht der Tatsache, daß Menschen 60 Stunden pro Woche oder mehr arbeiten müssen, einfach um überleben zu können, zieht diese verblüffende und revolutionäre Information unsere Ansichten über unser heutiges Leben in Zweifel. Sie wirft ein schlechtes Licht auf verschiedene Zeitpunkte in der Geschichte, wie zum Beispiel die »Enclosure Acts« in Großbritannien im 18. Jahrhundert – Gesetze, durch die die Gemeindeflur in Privateigentum überführt wurde (welches einer kleinen Klasse von Grundbesitzern zufiel) und die von den Grundbesitzern im Namen des Fortschritts und der wirtschaftlichen Effizienz gerechtfertigt wurden. Dies hilft uns bei der notwendigen und schwierigen Aufgabe, gerade die Betrachtung der Menschheitsgeschichte als fortschrittliche Entwicklung von Barbarei und Elend zu Zivilisation und Bequemlichkeit in Frage zu stellen. Und es führt uns zu der Überlegung, womit sich Menschen eigentlich beschäftigen, wenn sie nur 14

Stunden in der Woche arbeiten müssen. Nun, zum einen wenden sie Zeit, Energie und die vereinten Kräfte auf, um große Werke spiritueller Kunst zu schaffen.

Verfechter des Jagdzaubers als Erklärung für die Höhlenkunst haben die Ansicht geäußert, daß, selbst wenn Wild die meiste Zeit reichlich vorhanden war, die Herden manchmal »verunglückt« seien und die Jäger hofften, mit ihrer Magie derartige mögliche Katastrophen zu verhindern. Jedoch machten die Steinzeitmenschen offenbar keine Jagd auf die Tiere, die sie malten. Untersuchungen von Knochenfunden und Nahrungsresten haben den Nachweis erbracht, daß sie ihre Fleischkost fast ausschließlich von Rentieren bezogen. Aber Rentiere erscheinen in den Malereien viel weniger häufig als andere Tierarten, besonders Rinder und Pferde. Es ist, als hätten die Maler bewußt Tiere gewählt, die sie nicht domestiziert hatten (Leroi-Gourhan hat darauf hingewiesen, daß in der europäischen Heraldik Tiere wie zum Beispiel Löwen und Adler dargestellt sind und keine Kühe und Schweine, die auf dem Speisezettel des mittelalterlichen Adels standen). Eine ähnliche Situation liegt bei den Felszeichnungen des Teaching Rock in Kanada vor, die ungefähr 16 000 Jahre später entstanden sind. Der Stein weist zwar viele Tierbilder auf, aber keine Darstellungen der Tiere, die die Menschen tatsächlich verzehrt haben.

Ferner sollten wir uns klarmachen, daß viele Menschen, besonders feministische Wissenschaftlerinnen, die Idee in Frage gestellt haben, daß Fleisch in der Ernährung von Jäger-Sammler-Völkern vorherrscht. Fleisch ist wertvoll, aber das tägliche Leben beruht auf der großen Vielzahl von Pflanzen, die die Frauen sammeln. Wir haben gesehen, wie Alexander Marshacks Mikroskop den vernachlässigten Stellenwert von Pflanzenbildern zwischen den aufsehenerregenden Tierdarstellungen enthüllt hat.

Gedanken über die Höhlenkunst

Wenn diesen Bildern kein Jagdzauber zugrunde lag, warum wurden sie dann angefertigt? Warum sollte man Tierdarstellungen im tiefen Inneren einer dunklen Höhle malen oder einritzen, wo die Künstler beim Licht von Talglampen arbeiten und sich oft auf Gerüsten bewegen mußten? Und wieder werden wir den genauen Grund dafür nie erfahren, sondern können nur Vermutungen anstellen. Und diese Vermutungen werden eher von unserem Sinn für Bedeutung und Schönheit herrühren als von den tatsächlichen Glaubensvorstellungen der Höhlenkünstler. Objektivität besteht nur im Aufzeichnen der physischen Tatsachen; jede Aussage über den Sinn und Zweck ist eine Aussage über uns selbst.

In *Marks in Place*, einem Buch mit Fotos von der Felskunst zeitgenössischer Künstler, schreibt Polly Schaafsma, daß es keine »universellen Bedeutungen« gibt. Es existieren jedoch Bilder, die beinahe universell sind, wie zum Beispiel das Kreuz oder die Spirale. Und auch wenn die dargestellten Spezies sich von Ort zu Ort unterscheiden, scheinen Tiere etwas in Menschen zu berühren, das uns zur Kunst führt. Wenn der bewußte Geist sich abmüht, den Sinn starker Bilder zu erfassen, aus ihnen *Symbole* zu machen, dann nimmt die Kunst kulturspezifische Bedeutungen an.

Aber symbolische Bedeutungen gehen nicht nur von Kulturen aus. Menschen überall und zu allen Zeiten teilen die gleichen Lebensbedingungen – die annähernd gleiche genetische Struktur, das gleiche Bedürfnis nach Nahrung und Schutz und sexueller Erfüllung, die Bande zu Kindern, die aus dem Körper ihrer Mutter kommen, die Beziehungen zu den Jahreszeiten und den wechselnden Mondphasen. In einem sehr weiten Sinne können wir behaupten, daß wir den »Zweck« der Höhlenmalereien kennen. Denn der Zweck jeder Kunst ist es, zwischen der unsichtbaren Geisterwelt und dem sichtbaren Körper der Natur zu vermitteln: das Unsichtbare sichtbar zu machen.

Die verschiedenen Theorien zur Höhlenkunst beziehen die ästhetische Freude an der Arbeit (Kunst um der Kunst willen), die Einrichtung von Initiationsräumen für junge Mitglieder der Gemeinschaft und Ausdrucksformen der ekstatischen Erfahrungen der Maler selbst ein. Diese letzte Idee deutet darauf hin, daß die Maler »Schamanen« waren, die sich im Trancezustand in die Geisterwelt begaben, den göttlichen Wesen in Tiergestalt begegneten und zurückkehrten, um sie zu malen. Das Wort *Schamane* kommt von den sibirischen Tungusen. Als in Westeuropa die Eiszeit aufhörte und die Rentierherden gen Osten zogen, schlossen sich die Menschen ihnen an. Sibirien wurde zu einem Zentrum für dieselbe Kultur, die die Höhlenmalereien hervorgebracht hatte.

Trancezustände

Ist die Höhlenkunst aus Trancereisen hervorgegangen? David Lewis-Williams hat eine Theorie entwickelt, die auf neuropsychologischen Erkenntnissen von Menschen in Trancezuständen basiert, deren Visionen mit den Höhlenbildern verglichen wurden. Beispielsweise sehen Menschen im Trancezustand geometrische Formen und abstrakte Figuren, ähnlich den unzähligen »Zeichen«, die in Lascaux und anderswo gefunden wurden. Sie sehen machtvolle Tierwesen und sprechen mit ihnen. Sie können auch halb menschlichen und halb tierischen Geschöpfen begegnen oder selbst zu solchen Wesen werden. Obwohl die Höhlenwände überwiegend Tiere zeigen, finden wir auch einige wenige Mischwesen aus Mensch und Tier – beispielsweise eine menschenähnliche Gestalt mit Hirschkopf und Hufen. Menschen im Trancezustand erfahren zu Beginn ihrer Reisen oft einen Abstieg durch einen Tunnel. Eine Höhle bringt diesen übersinnlich erfahrenen Tunnel in die physische Wirklichkeit. Als Teil seiner Forschungen untersuchte Lewis-Williams die Felskunst der !Kung in Südafrika. Bei den !Kung zeichnen die Schamanen im Trancezustand, oft malen sie Tupfen und andere abstrakte

Zeichen, die ihnen in diesem veränderten Bewußtseinszustand erscheinen.

Das Interessante an dieser Trancetheorie ist, daß sie auf dem Körper basiert. Sie bezieht sich auf direktes Wissen um die Geisterwelt als die Quelle der Malereien. Aber sie betrachtet solche Reisen nicht als Halluzinationen, sondern als Körpererfahrungen.

Uns liegt eine ganze Reihe von Informationen über Trancezustände vor. Ein Großteil davon befaßt sich mit Messungen der Gehirnelektrizität. Erst vor kurzem hat man im Westen angefangen, die Reisen selbst als reale Erfahrungen zu betrachten. Erst vor kurzem haben wir – sehr nervös – angefangen, die Geisterwelt als einen realen Ort und die ihr innewohnenden Wesen als etwas anderes als Projektionen unserer Phantasievorstellungen zu sehen. Aber genau auf diese Art und Weise haben Menschen in allen Kulturen jahrtausendelang die Geisterwelt gesehen.

Um an die Wirklichkeit von Trancereisen glauben zu können, sind zwei Arten von Vertrauen vonnöten. Erstens müssen wir darauf vertrauen, daß die Menschen, die diese Reisen über einen Zeitraum von Zehntausenden von Jahren unternommen haben, wußten, was sie taten. Zweitens müssen wir unser Vertrauen auf die Erfahrung *unserer* Körper setzen. Felicitas D. Goodman hat in ihrem Buch *Wo die Geister auf den Winden reiten* eine Reihe von Experimenten dokumentiert, in denen Menschen mit Hilfe von Körperhaltungen in verschiedene Geistreisen geführt wurden. Goodman untersuchte Bilder und Statuen von Stammesund prähistorischen Völkern in verschiedenen Stellungen – ob sie mit den Füßen unter dem Gesäß oder zur Seite saßen, in einem besonderen Winkel lagen, sogar ob sie spezielle Gesichtsfarben aufgetragen hatten und bestimmte Kleidungsstücke trugen. Dann wies sie ihre Versuchspersonen an, diese Haltungen so genau wie möglich nachzuahmen. Sobald diese Haltungen eingenommen waren, versetzten sie sich mit Hilfe von Atemtechniken und rhythmischem Röcheln in Trance. Die verschiedenen Körperhaltungen führten nicht nur zu unterschiedlichen Arten von

Erfahrungen, sondern verschiedene Versuchspersonen mit der gleichen Körperhaltung berichteten auch über sehr ähnliche Reisen und Begegnungen. Durch den Körper können wir die Geisterwelt als einen realen Ort entdecken.

Der Lascaux-Schamane

Eine von Goodmans Körperhaltungen rührte von den Höhlenmalereien von Lascaux her. Die einzige menschliche Darstellung in dieser großartigen Galerie zeigt ein auf dem Rücken liegendes Strichmännchen neben einem Bison. Zuerst scheint es uns, als läge er flach da, aber bei genauerer Betrachtung stellen wir fest, daß der Körper in einem Winkel von 37 Grad aufgerichtet ist. Seine Arme sind ausgestreckt, und sein Penis ist erigiert. Goodman errichtete Plattformen, so daß ihre Versuchspersonen diese Haltung so genau wie möglich nachahmen konnten. Im Trancezustand erfuhren sowohl Männer als auch Frauen einen starken Energieschub, der in den Genitalien begann oder sich dort zentrierte und manchmal durch den Kopf oder die Brust austrat, um in den Himmel hinaufzufliegen. Ein Bild aus dem alten Ägypten, das 12 000 Jahre nach Lascaux ent-

»Schamane« und Bison in der Höhle von Lascaux/Frankreich, ca. 15000 v. Chr.

stand, zeigt den Gott Osiris, der im gleichen Winkel von 37° wie das Strichmännchen von Lascaux in den Himmel aufsteigt.

Was uns bei der Betrachtung der Lascaux-Zeichnung am meisten auffällt, ist die simple Darstellung des Mannes. Künstler, die Tiere mit solchen anatomischen Einzelheiten zu malen vermochten, daß wir Subspezies voneinander unterscheiden können, zogen es vor, ihre einzige menschliche Figur so einfach wie möglich darzustellen – obwohl, wie Goodman bemerkt, große Sorgfalt auf die Körperhaltung verwendet wurde (im Vergleich dazu enthalten Felszeichnungen der nordamerikanischen Kwakiutl das, was Campbell Grant als »kleine menschliche Strichfiguren« neben »ziemlich realistischen Dickhornschafen« bezeichnet). Das läßt darauf schließen, daß die Künstler ihrer eigenen Erscheinung keinerlei Bedeutung beimaßen. Mit anderen Worten, sie stellten Reisen in die Geisterwelt dar und keine Selbstporträts. Von Bedeutung war nur die Körperhaltung – die Arme auf diese Weise ausgestreckt, der Rücken in einem solchen Winkel, die Genitalien erregt.

Die Ideen von David Lewis-Williams und Felicitas Goodman könnten darauf hinweisen, daß die Höhlenmaler sich nicht für die gewöhnliche Welt interessierten, sondern daß es ihnen nur um die Trancewelt ging. Aber wenn die Höhlentiere von Geistreisen herrühren, rühren sie ebenfalls vom Leben her. Sobald wir beginnen, den göttlichen Körper überall um uns herum zu sehen, fangen wir an, die Spaltung zwischen Natur und der »anderen Welt«, der Welt der Geister, zu heilen. Und wir fangen außerdem an, ein umfassenderes Gefühl für »Körper« zu entwickeln. Denn wenn durch das Ausführen gewisser physischer Tätigkeiten – besondere Körperhaltungen einnehmen, in einer dunklen Höhle sitzen, tief atmen, nichts essen und dergleichen mehr – bestimmte Reaktionen herbeigeführt werden, einschließlich eines Gefühls dafür, *unseren Körper zu verlassen*, dann ist das, was wir verlassen, in Wirklichkeit nur eine beschränkte Ansicht darüber, wer wir sind und was ein Körper ist.

Fruchtbarkeitskult und »Venus-Figurinen«

Die Vorstellung von »Fruchtbarkeitskulten« oder »Frucht-barkeitsmagie« kam als ein Ableger der Idee vom Jagdzau-ber auf. Angeblich stellten die Künstler Vulven dar und schufen Figurinen von halbabstrakten Frauen, um auf ma-gische Weise sicherzustellen, daß die jagdbaren Tiere sich weiterhin vermehren und die Herden ergänzen würden. Wieder finden wir das Bild vom »primitiven« Menschen, der von simplen Wünschen getrieben ist und keinen wirk-lichen Sinn für das Heilige hat, zu stark vereinfachend.
Bis auf den heutigen Tag bezeichnen die meisten Texte über paläolithische Kunst die wunderschön geschnitzten Figurinen oder Reliefskulpturen als »Venus«. Wir lesen von der »Venus von Willendorf« oder der »Venus von Laussel«. Der Begriff verweist auf die römische Göttin der geschlechtlichen Liebe, in Griechenland als Aphrodite be-kannt. Ironischerweise trägt der Name vielleicht mehr Be-deutung, als ursprünglich beabsichtigt war. Denn Aphro-dite / Venus war eine viel mächtigere Göttin als die ver-spielte erotische Figur, wie sie in der spätgriechischen My-thologie zu finden ist. Ursprünglich war sie eine Göttin der Meere, aber auch des Himmels, des Lebens und zugleich des Todes. Von Elinor Gadon erfahren wir, daß die Römer Nekropolen, Mausoleen und Katakomben »Taubenschlä-ge« nannten, der Taube, der heiligen Gefährtin der Venus, zu Ehren. Anfangs symbolisierte die Liebesgöttin sowohl schöpferische Kraft als auch körperliche Freude. An-spielungen auf ihre archaische Geschichte finden wir im Mythos über ihren Ursprung, denn hier wird sie als eine Generation älter als Zeus und die anderen olympischen Götter dargestellt.
In einer Version von ihrer Entstehung entsteigt Aphrodite – mit der Taube – dem Meer und gelangt zunächst nach Zypern. Viele Mythologen vertreten die Ansicht, daß sie ursprünglich die Große Göttin von Zypern war, die später den Homerischen griechischen Mythen einverleibt wurde. Eine auf 3000 v. Chr. datierte Tonfigur aus Zypern zeigt ei-

ne Göttin mit breiten Hüften und dünnen, zusammenlau-
fenden Beinen. Sie hat große Ähnlichkeit mit jeder paläolithischen »Venus«, die mit Aphrodites römischem Namen
gesegnet wurde. Die zyprische Göttinnendarstellung
weist eine schnabelähnliche Nase und große Vogelaugen
auf.

Die steinzeitliche Große Göttin mit dem Namen der Göttin
der Sexualität zu versehen führt uns zu der Erkenntnis
zurück, daß die Göttin mehr als nur eine intellektuelle Abstraktion darstellt. Sie ist real und physisch und in der Welt
präsent. Sie hat einen, sie *ist* ein Körper. Diese Figurinen,
fein geschnitzt und handlich (notwendig für eine Noma-
denkultur), haben in Form und Stil das Gewicht und die
rauhe Kraft der Berge. Klein wie sie sind, sind sie doch in
ihrer Bedeutungsstärke den Höhlenschößen ebenbürtig.
Hier liegt ein Paradox vor. Groß wie sie sind, zeigen uns
die Höhlen nur einen Aspekt der Göttinnengestalt, eine lo-
kalisierte Vision ihres Schoßes (oder, allgemeiner ausgedrückt, ihres Körperinneren). Aber die ganze Erde ist ihr
Körper. Verglichen damit vermitteln uns die handlichen
Schnitzereien eine Vorstellung von der vollständigen Göttin.

Pornographie und der göttliche Körper

Mehrere paläolithische Zeichnungen und Gravierungen
des weiblichen Körpers zeigen lediglich einen Torso von
den Brüsten bis zum Gesäß, ohne Kopf, Arme oder Beine.
Manche Prähistoriker haben die Ansicht geäußert, daß diese Bilder steinzeitliche Pornographie darstellen, den Fotos
in zeitgenössischen Männermagazinen ähnlich. Empört
über eine solche Meinung, verteidigen andere die Heiligkeit der Göttin und behaupten beharrlich, daß diese teilweise abstrahierten Figuren schöpferische Kraft symbolisieren – als ob das Schöpferische und sexuelles Verlangen
in keinerlei Beziehung zueinander stünden. Vor einigen
Jahren veröffentlichte eine der härteren Männerzeitschrif-
ten Fotos, die Frauen ausschnittweise vom Hals bis zu den

Knien zeigten, was bei Feministinnen Entrüstung über die vollständige Objektivierung des Frauenkörpern hervorrief. Wahrscheinlich dachte niemand auf beiden Seiten der Schlacht an die vielen alt- und jungsteinzeitlichen Felszeichnungen von kopf- und fußlosen Frauen. Ist es möglich, daß zeitgenössische unpersönliche Bilder von weiblicher Sexualität – auf eine sehr verzerrte Weise – tatsächlich auf ein Bewußtsein für die Frau als Trägerin einer unermeßlichen Macht jenseits des individuellen Lebens zurückgehen? Vielleicht deuten die Bilder von weiblichen Sexualobjekten auf eine uralte Wahrheit hin, daß die Kraft der sexuellen Kreativität über die Persönlichkeit hinausgeht. Die weibliche Gestalt auf diese Weise zu zeigen, nämlich nur den Torso, erhebt den Körper auf die Ebene eines Symbols von universeller Bedeutung, das nichtsdestoweniger Gestalt annimmt und sich in den realen Körpern von Frauen zum Ausdruck bringt.

Das Problem mit der Pornographie rührt nicht von Darstellungen nackter Frauen her, sondern von der Annahme, daß die weiblichen Geschlechtsteile den Männern »gehören«. Die Einstellung, daß Frauen nur zur Befriedigung der Männer existieren, entzieht den Bildern des Frauenkörpers die wahre Kraft. Sie drängt Frauen in unnatürliche Formen und lächerliche Posen. Obszönität liegt nicht in der weiblichen Sexualität begründet, sondern in der Vorstellung von Frauen als dem Eigentum von Männern, das, ohne eine eigene Identität oder eine eigene Bestimmung zu haben, zu benutzen ist.

Menstruations- und Schwangerschaftsrituale

Die meisten Autoren, die über die »Venus-Figurinen« und »Fruchtbarkeitskulte« schreiben, gehen davon aus, daß Männer diese Figurinen herstellten, damit sie von Männern benutzt wurden. Aber was ist, wenn Frauen sie für Frauenrituale schufen? In so weit voneinander entfernten Ländern wie Afrika und Indien und bei den Eskimos ver-

114

wenden Frauen Göttinnenfiguren ohne Füße oder sogar mit phallischen Hälsen in Ritualen, die mit der Geburt oder der Pubertät, das heißt der ersten Menstruation, verbunden sind. Sie führen die Figurinen in die Vagina ein und entfernen sie während der Zeremonie.

Falls die steinzeitlichen Europäer ihre »Venus«-Figurinen auf ähnliche Weise verwendeten, würde sich eine ganze Bandbreite von Bedeutungen auftun. Vor allem würde es erklären, warum so viele der Statuen keine Füße haben. Die Beine mußten sich verjüngen, um problemlos eingeführt werden zu können. Und es würde uns zu einem neuen Verständnis für die Statuen mit phallischen Hälsen oder andere Darstellungen der männlichen Sexualität führen. Indem sie in einem Ritual für Frauen verwendet werden, wird das männliche Organ zu einem Teil des heiligen weiblichen Körpers, nicht einfach in einem abstrakten, symbolischen Sinn, sondern in der konkreten Praxis.

Es sei daran erinnert, daß diese Figurinen oft mit rotem Ocker bemalt wurden. In Geburts- oder Menstruationsritualen angewendet, würden sie das Blut der einzelnen Frau mit dem Blut der Göttin verbunden haben, das so reich an Leben und so reich an Bedeutung ist. Man möge außerdem in Betracht ziehen, daß ein solcher Akt den Geschlechtsverkehr imitiert. Diese während eines Geburtsrituals durchgeführte Penetration würde die Göttin sowohl zum symbolischen Vater als auch zur symbolischen Mutter machen. Durch eine solche Idee wird die Bedeutung des tatsächlichen Vaters nicht herabgesetzt; statt dessen wird er aufgrund der Ähnlichkeit der beiden Akte, Geschlechtsverkehr und rituelle Penetration, ebenso mit dem Göttinnenkörper verbunden. Und man beachte, daß dies auf das Wissen um die Notwendigkeit des Geschlechtsverkehrs für die Empfängnis hinweist.

Wenn wir die Idee der Göttinnenpenetration von Mädchen, die in die Pubertät eintreten, betrachten, werden die Möglichkeiten sogar noch interessanter. Zuallererst würde das Ritual das frischfließende Blut der jungen Frau mit dem Blut der Göttin und durch die Göttin mit dem

ganzen langen Fluß des weiblichen Lebensblutes verbinden. Zweitens würde damit ihre Sexualität für die weibliche Welt beansprucht werden, bevor sie sich Männern hingegeben hätte. Dadurch würde es jedem Mann viel schwe-
rer fallen, sie als seinen Besitz zu nehmen, der nur für seine
eigene Befriedigung gedacht ist (in diesem Licht betrachtet, wird die Phantasie von Höhlenmännern, die Frauen
niederknüppeln, immer mehr zu einer Projektion moderner Einstellungen gegenüber männlich-weiblichen Beziehungen). Und schließlich würde die Penetration mit einer
Göttinnenfigurine das Jungfernhäutchen reißen lassen
und somit das Mädchen auf den Geschlechtsverkehr vor-
bereiten. Die Heiligkeit des Rituals würde helfen, diesen
Akt über jegliche Brutalität oder Angst hinaus zu erhöhen.
Und natürlich würde sich so die in späteren Kulturen so
zwanghaft gestellte Frage nach der Jungfräulichkeit einer
Frau von selbst verbieten.

Die Höhle als Körperinneres – Pêch-Mèrle

Die Vorstellung von der Höhle als das Innere des Göttinnenkörpers kommt uns wie eine kühne Idee vor, wenn wir
das erste Mal davon hören. Es kann ein sehr intensives Erlebnis werden, wenn wir wirklich in Höhlen hineingehen.
In der französischen Höhle von Pêch-Mèrle sind die Kammern groß und unregelmäßig, die Tunnel breit und ge-
wunden und gewöhnlich mit Blick auf die riesigen Hallen.
Stalaktiten und Stalagmiten in wunderbaren Formationen
schwächen die Empfindung von nackten Felswänden ab.
Außerdem nehmen die Wände aufgrund ihres hohen Ge-
halts an Eisenoxyden eine rote Färbung an; von triefendem
Kalkstein werden sie feucht und rot. Die Wirkung ist hoch-
gradig organisch, so stark, daß meine Freundin Leslie
Hunt und ich uns wie Mikroben in einem riesigen Körper
fühlten. Nach ihrem Besuch der Höhle von Pêch-Mèrle
schuf die Bildhauerin Christina Biaggi einen »Hügel« mit
einer nach der weiblichen Körperhöhle gestalteten Innenform.

116

Biaggi besuchte Pêch-Mèrle im Winter nach der Touristensaison, so daß sie in den Genuß einer persönlichen Führung kam. Die Frau, die sie herumführte, betonte, daß Pêch-Mèrle eine »Frauenhöhle« sei, und machte auf die eingeritzten Vulven in den Wänden aufmerksam. Auch anderen ist die weibliche Qualität von Pêch-Mèrle aufgefallen. Die Handabdrücke an den Wänden entsprechen der Handgröße von Skelettfunden paläolithischer Frauen. Wie beim Teaching Rock in Kanada ist auf keinem der Bilder Gewalt in irgendeiner Form dargestellt. Aber andererseits kommt Gewalt in der paläolithischen Kunst kaum irgendwo vor. Es sei daran erinnert, daß Marshack und andere darauf hingewiesen haben, daß zwar einige Menschen zeremonielle Gegenstände tragen, aber niemals eine Waffe – eine merkwürdige Sitte für eine Kunst, die angeblich als Jagdzauber beabsichtigt war. Desgleichen stellen wir fest, daß auch in der kretischen Kunst, über 10 000 Jahre nach dem Paläolithikum, Waffen fehlen.

Alexander Marshack schreibt über Pêch-Mèrle, daß »weibliche Figuren in der Höhle ebenfalls mit Symbolen, Handabdrücken, Reihen von farbigen Punkten, Hufeisenbögen und Schlangenlinien assoziiert sind«, und liefert somit einen Hinweis darauf, daß die angeblich abstrakten Zeichen hier und anderswo zu einer Göttinnenikonographie gehört haben können. Wie weiter oben erwähnt, tauchen die gleichen Zeichen bei den späteren Göttinnenstatuen und Vasen der Jungsteinzeit auf. Damit ist nicht sichergestellt, daß die Zeichen in beiden Zeiträumen mit denselben Bedeutungen belegt wurden. Doch in beiden Fällen, Pêch-Mèrle und Neolithikum, erkennen wir, daß die symbolischen Formen mit eindeutigen weiblichen Symbolen im Zusammenhang stehen.

In Pêch-Mèrle finden sich außerdem einige der relativ seltenen Darstellungen von Frauengestalten. Dazu zählt eine Figur mit herabhängenden Brüsten, spitz zulaufenden Füßen, einem überbetonten Gesäß und schnabelähnlichen Kopf, die Buffie Johnson als die »älteste bekannte Vogelgottheit« bezeichnet.

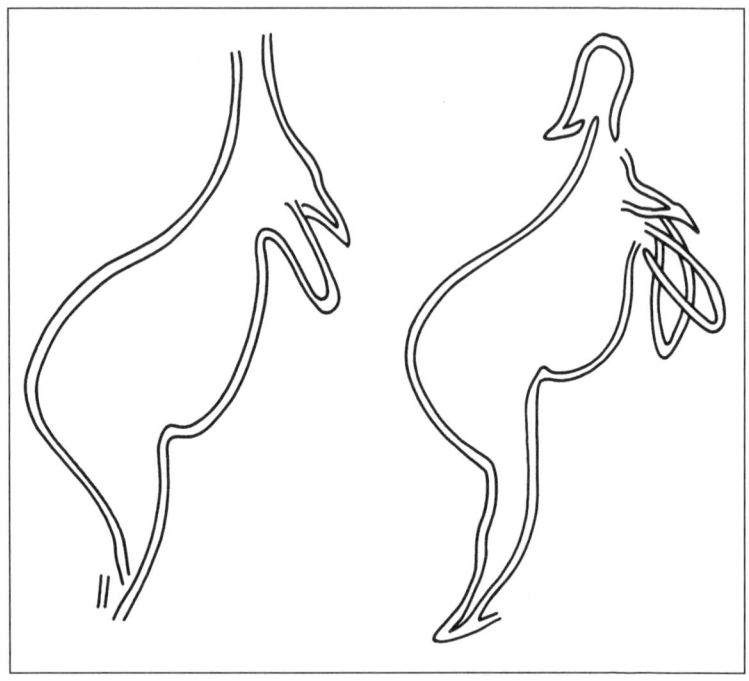

Kopflose und vogelköpfige schwangere Frauen, die tanzen, in nassen Ton gezeichnet; Pêch-Mèrle/Frankreich, ca. 20000 v. Chr. (nach Noble)

Neben der Vogelgöttin sind zwei kopflose Frauen darge-stellt. Monica Sjöö und Barbara Mor bezeichnen die drei Figuren zusammen als eine Dreifache Göttin, die über ek-statische Tänze wacht. Als meine Freundin Leslie und ich die Höhle besuchten, zeigte uns der Führer eine große Steinscheibe neben einem offenen, ebenen Bereich. Experi-mente mit Steinkeulen als Trommelstöcke haben die Mög-lichkeit aufgezeigt, daß der Stein als Trommel und der Raum als Tanzfläche gedient haben könnte.

Wir sollten uns daran erinnern, daß auf Haiti und in einem Großteil Afrikas die Menschen den Tanz als wichtigstes Hilfsmittel benutzen, um sich in Trance zu versetzen. An-ders als die Trancezustände der Schamanen, in denen die-se selbst auf Reisen gehen, haben jene durch Tänze herbei-geführten Zustände gewöhnlich mit Besessenheit zu tun.

Das heißt, ein Gott oder eine Göttin ergreift Besitz vom Körper der Person. Man kann sagen, daß sich der Tänzer vorübergehend als *Selbst* zurückzieht, damit der Geist eine physische Form annehmen kann.

Vielleicht haben die Höhlenkünstler akustische Signale eingesetzt, um die intensive Kraft der Malereien zu steigern. Der bereits erwähnte Artikel im *U.S. News and World Report* schildert interessante Experimente mit Geräuschen in mehreren Höhlen. Man ging pfeifend durch verschiedene Höhlen und verzeichnete die Stellen, wo die Töne am stärksten widerhallten. Fast immer waren genau dort Wandmalereien vorhanden. Lascaux lieferte sogar noch interessantere Ergebnisse. In den Kammern mit den Darstellungen der rennenden Stiere und Pferde stellten Forscher fest, daß ihr Händeklatschen wie ein Echo widerhallte, was den Eindruck einer sich in wildem Galopp nähernden Herde erzeugte. Letzten Endes dienten die Höhlen möglicherweise als Orte, um den göttlichen Körper sowohl durch Tanz als auch auf ekstatischen Reisen zu feiern.

4

Der gestaltete Steinkörper I

Der Körper der Göttin ist der inkarnierte Ursprung.
Marija Gimbutas

Unsere frühesten Vorfahren waren Nomaden, Wanderer, die in kleinen Gruppen den jahreszeitlichen Pflanzen und Rentierherden folgten. Seßhafte Gesellschaften und städtische Kulturen konnten sich ohne eine bedeutende technologische Entdeckung, möglicherweise die bedeutendste aller Zeiten – die Entwicklung des Ackerbaus –, nicht entwickeln. Was auch immer die menschliche Gesellschaft durch die Aufgabe des Nomadenlebens verlor, der Ackerbau erschloß den Weg zu neuen Erfahrungswelten, einschließlich neuer Wege des Sehens und des Erschaffens des göttlichen Körpers. Diese kulturerschütternde Revolution führte zu weiteren Umwälzungen. Stabile Häuser, Tempel, Städte wurden errichtet – und eine Reihe von Bauwerken, die so bemerkenswert sind, daß wir noch immer stehenbleiben und nur noch staunen können, wenn wir sie am Wegesrand zufällig sehen – Megalithen, Steinmonumente. Zuvor gingen die Menschen in Höhlen, um sich mit dem Göttinnenkörper zu verbinden. Nun errichteten sie selbst Höhlen und sogar ganze Hügel und veränderten so die Oberfläche der Erde selbst. Und falls die Megalithen die physische Präsenz der Göttin zum Ausdruck brachten, leisteten viele von ihnen noch etwas mehr: Sie verschlüsselten in sich ein fundiertes und komplexes naturwissenschaftliches Wissen um solche Dinge wie die Bewegung des Jahres durch seine verschiedenen Jahreszeiten und die Art und Weise, wie sich das Sonnenjahr mit den Phasen und Zyklen des Mondes überschneidet.
Wir leben von diesen großen Wesen am Himmel. Unsere Nahrung hängt von der Sonne ab. Die Fruchtbarkeit der Frau folgt dem Mond. Durch die unglaubliche Verwegen-

heit und Hingabe der Megalithenbauer vereinigten die Menschen der Jungsteinzeit verschiedene Aspekte des heiligen Körpers miteinander: die Weite und Offenheit des Himmels, die unumstößlichen Zyklen von Sonne und Mond und die seit langer Zeit bestehende Festigkeit des Gesteins. Bei so vielen dieser Konstruktionen, von den Steinkreisen über die Erdhügel bis zu den Ganggräbern, scheinen die Erbauer von einer bestimmten Ästhetik inspiriert worden zu sein – der runden Form und der Fülle des weiblichen Körpers.

Die Anfänge des Ackerbaus

Autoren, die über die frühe menschliche Kultur schreiben, bieten unterschiedliche Zeiten und Orte für die Anfänge des bewußten Pflanzens und Erntens an. Joseph Campbell zufolge beginnt der Ackerbau ungefähr um die gleiche Zeit, 10000 v. Chr., in vier verschiedenen Regionen – Nord- und Südamerika, Südostasien und Pazifik, Südwestasien sowie Afrika. Merlin Stone, die sich auf den Nahen Osten konzentriert, schreibt, daß der früheste Nachweis für den Ackerbau in Syrien, Jordanien und Jericho auf etwa 8500 v. Chr. zurückgeht. James Mellaart datiert Ackerbaugeräte auf 9000 v. Chr. und schreibt außerdem, daß Schafe zuerst um 8900 v. Chr. domestiziert wurden und der Handel (mit Obsidian) zwischen Anatolien, Türkei, und der Stadt Jericho nahe dem Westufer des Flusses Jordan bereits für das Jahr 8300 v. Chr. belegt ist.

Im größten Teil Europas ereigneten sich diese enormen kulturellen Umwälzungen erst einige Zeit später. Die Wissenschaft der Archäologie entstammt der europäischen Kultur, was ein Grund dafür ist, daß wir so viel mehr über frühe europäische und nahöstliche Ackerbaugesellschaften wissen als über die Kulturen in Asien, Afrika oder Süd- und Nordamerika.

Ein anderer Grund sind die Megalithbauten selbst, die große Zahl der Erdhügel, Steinkreise, Tumuli, Dolmen, Steinhügel und anderen Bauwerke, die sich von Irland und Großbritannien über Westeuropa nach Skandinavien, Malta, Sizilien, Kreta und darüber hinaus erstrecken. Die Megalithen verdienen unsere Aufmerksamkeit, erfüllen uns mit Ehrfurcht und Neugierde. Wer hat sie wirklich gebaut? Welchem Zweck dienten sie? Warum kamen sie zur gleichen Zeit wie der Ackerbau auf? Und vor allem: Was bedeuten sie?

Megalithkunst außerhalb von Europa

Auch an anderen Orten gibt es Überreste von Megalithen und Erdwerken. Wir finden Steinkreise, Dolmen, Menhire und andere Bauwerke unter anderem in Neuengland, Alaska, Madagaskar, Peru und auf den Neuen Hebriden. Durch den Kolonisierungsprozeß gerieten sie jedoch in Vergessenheit oder wurden sogar zerstört. Der heutige Bundesstaat Ohio in den Vereinigten Staaten umfaßte einst Tausende von Grabhügeln eines Volkes, das zur Zeit der Ankunft der ersten Europäer bereits ausgestorben war. Die späteren Indianer waren zwar nicht die Erbauer dieser Hügel gewesen, zerstörten sie aber auch nicht. Europäische Bauern jedoch pflügten fast alle nieder, so daß nur noch ein winziger Bruchteil von ihnen erhalten geblieben ist, der heute in staatlichen und Nationalparks unter Schutz steht. Mit ihrer sanft anschwellenden Form lassen auch sie an das Bild eines schwangeren Bauches denken.

Die meisten Amerikaner haben von Stonehenge gehört und Fotos gesehen. Aber sehr wenige wissen von den Erdhügeln in Ohio oder von der Schlangenskulptur von rund 400 Metern Länge im südlichen Ohio, von dem astronomisch ausgerichteten Erdhügel in Cahokia / Illinois, der zweieinhalbmal so groß ist wie die Cheops-Pyramide.

Können wir angesichts des Wissens um die enge Beziehung zwischen Schlangen und Göttinnen in so vielen Teilen der Welt annehmen, daß diese eleganten Skulpturen von einer Zeit und einer Kultur berichten, als noch kein zorniger Gott »Feindschaft gesetzt hatte« zwischen der Frau und der Schlange?

122

Das Observatorium von Chaco Canyon

Amerikaner haben vielleicht davon gehört, daß die aufgehende Sonne am Tag der Wintersonnenwende den Kammerhügel von Newgrange in Irland durchdringt, so wie die ersten Sonnenstrahlen am Tag der Sommersonnenwende den Fersenstein in Stonehenge berühren; doch nur sehr wenige werden von Chaco Canyon in Neu-Mexiko gehört haben. Dort errichteten die Anasazi vor 1 000 Jahren einen Sonnenkalender in Stein, den die Künstlerin Anna Sofaer 1977 wiederentdeckte. Auf einer 150 Meter hohen Bergkuppe ritzten die Anasazi zwei spiralförmige Bilder in den Stein (Petroglyphen), die von drei großen Steinplatten geschützt wurden (wir werden bald sehen, daß die Spirale, auch in ihrer zweiten symbolischen Bedeutung, den Lauf der Sonne durch das Jahr aufzeichnet). Jeden Tag zur Mittagszeit fällt das Licht durch die Ritzen zwischen den Platten. Am Tag der Sommersonnenwende, wenn die Mittagssonne ihren höchsten Punkt am Himmel erreicht, erscheint ein Lichtdolch in der Mitte der größeren Spirale; am Tag der Wintersonnenwende berühren zwei Lichtdolche die Außenseiten der Spirale, und zur Zeit der Tagundnachtgleichen durchdringt das Licht die Mitte der kleineren Spirale. Darüber hinaus passiert alle 19 Jahre ein Schatten die Mitte der großen Spirale, an dem Tag, an dem die Sonne in einer Position aufgeht, die der Vollmond nur dieses eine Mal in einem 19 Jahre dauernden Zyklus erreicht. Der Schatten halbiert die 19 Ringe der Spirale (der Pfad des Mondes bildet ebenfalls Spiralen) und richtet sich an einer eingeschnittenen Kerbe aus. Der Mond selbst wirft einen Schatten, der den äußersten linken Rand der Spirale berührt.

Wie die meisten anderen Amerikaner wußte ich nichts von diesem Wunderwerk der Kunst und Wissenschaft in meinem eigenen Land. Ich bin Lucy Lippard für die oben angeführte Beschreibung von Chaco Canyon in ihrem Buch *Overlay* zu Dank verpflichtet. Lippard weist darauf hin, daß die Errichtung eines solchen Kalenders ein fundiertes

Wissen über Astronomie, die Physik der gekrümmten Oberfläche und präzise Vermessungen voraussetzt, um die Gravierungen in der richtigen Größe an der richtigen Stelle anbringen zu können. Wir können dem hinzufügen, daß sie gleichfalls mit dem Wunsch verbunden ist, den wechselhaften Himmelskörper in der Beständigkeit von Stein zu verwurzeln.

Trotz solcher Wunderwerke in meinem eigenen Land wird sich dieses Kapitel in erster Linie auf die neolithische Periode in Europa konzentrieren. Da ich während der Recherchen für dieses Buch in Europa lebte, besuchte ich hauptsächlich europäische Stätten. Darüber hinaus sind die archäologischen Funde in Europa, wie bereits erwähnt, viel detaillierter dokumentiert als anderswo.

Die Schönheit der Megalithbauten

Die Bandbreite der europäischen Megalithbauten erstreckt sich von dem erhabenen Steinkreis von Avebury (der so groß ist, daß in seiner Mitte sogar ein modernes Dorf liegt) über Stonehenge bis hin zu Steinkreisen, die nur ein paar Meter querfeldein außerhalb von Sligo in Irland zu finden sind. Sie bewegen sich von den begehbaren Grabhügeln von Newgrange und Knowth, die jeweils eine Fläche von knapp einem halben Hektar einnehmen, über kleine künstliche Hügel in Skandinavien bis hin zu den irischen Cairns oder Steingrabhügeln, die gerade so groß sind, daß man in sie hineinkriechen kann. Selbst die einzelnen Steine können ein großes Geheimnis in sich bergen. Massiv, im Laufe von Jahrtausenden von Wind und Wasser verwittert, stellen sie seltsame Formen dar, Traumbildern gleich.

Der Besuch der Megalithbauten, besonders der Steinkreise, führt uns in die lange und geheimnisvolle Geschichte der Menschheit ein. Auch wenn wir ihre Bedeutung und ihren Zweck ergründen oder intuitiv erkennen mögen, so hinterließen ihre Erbauer wie die Höhlenkünstler vor ihnen doch keine weiteren Aufzeichnungen als die Werke

Menhire im Steinkreis von Avebury/England, ca. 2500 v. Chr.

selbst. Die Kreise und Hügel sind einfach da, inzwischen mit der Landschaft verbunden, Teil des riesigen Körpers von Erde und Himmel und Wasser. Aus ineinanderpassenden Steinen oder einzelnen Findlingen aufgebaut, entweder nackt oder mit Erde bedeckt, vermitteln sie trotz der Komplexität ihrer Gestaltung ein Bild der Einfachheit. Sie scheinen voll und ganz dorthin zu gehören, wo sie sind. Wenn wir sie betreten, in die Hügel hineingehen oder in den Kreisen sitzen, werden auch wir in diese Verbindung der Menschheitsgeschichte mit den Zyklen von Leben und Tod, dem sich drehenden Jahr und dem Körper unserer Mutter, der Erde, einbezogen.

Geheimnisse der Megalithbauten

Die europäischen Megalithbauten haben zu vielen Theorien über ihre Ursprünge und ihren Zweck angeregt. Der britischen Legende entnehmen wir, daß der walisische Magier Myrrdin, im Französischen als Merlin bekannt, mit seinen Zauberkräften Stonehenge für König Artus' Vater errichtete. Den Menschen späterer Kulturen, die das hochentwickelte technologische Wissen der Steinzeit verloren hatten, muß es vorgekommen sein, als könne man nur mit Hilfe von Magie solche riesigen Steinblöcke an ihren Platz befördern.

In späteren Berichten wird behauptet, daß Stonehenge von den Druiden erbaut wurde, die dort angeblich Menschenopfer darbrachten. Als man schließlich zu der Erkenntnis gelangte, daß die Megalithbauten Kulturen wie der der keltischen Druiden zeitlich vorausgingen, wurde angenommen, daß die Erbauer sie unter dem Einfluß Ägyptens oder anderer »fortschrittlicher« Mittelmeerkulturen geschaffen hatten. Erst kürzlich haben Archäologen mittels der Radiokarbonmethode und der Dendrochronologie (Datierung durch Baumringe) herausgefunden, daß es genaugenommen drei Stonehenges gibt, die im Laufe von über 1 500 Jahren gebaut wurden, wobei das älteste etwa 3100 v. Chr. entstand, Jahrhunderte vor den Pyramiden. Die Debatten über Megalithbauten haben nicht aufgehört. In freier Wiedergabe von Wallace Stevens' Gedicht *Thirteen Ways of Looking at a Blackbird* werden im folgenden dreizehn Möglichkeiten aufgezählt, als was man einen Megalithen betrachten kann, von denen jede eine zeitgenössische Theorie darstellt, wie man sie in Büchern finden kann.

Ein Megalith stellt eine riesige Skulptur dar.
Ein Megalith kennzeichnet einen Ort der heiligen Kraft in der Erde.
Ein Megalith bindet flüssige Erdenergie.
Ein Megalith erzeugt »Ultraschall« und elektrische Energie durch Quarzkristalle, die von Licht aktiviert werden.
Ein Megalith ist ein Computer, der Eklipsen, äußere Ausrichtungen von Sonne und Mond, Phänomene von Planeten und Konstellationen und andere Ereignisse am Himmel aufzeichnet.
Ein Megalith markiert Gebietsgrenzen.
Ein Megalith bringt ästhetische Landschaftselemente miteinander in Einklang.
Ein Megalith ist eine Stätte für Festlichkeiten.
Ein Megalith ist eine Begräbnisstätte.
Ein Megalith ist eine Wiedergeburtsstätte.
Ein Megalith ist eine Opferstätte.
Ein Megalith kennzeichnet einen Schnittpunkt der ley-Linien.
Ein Megalith weist auf einen Akupunkturpunkt auf dem Erdkörper hin.

*Bögen auf einer Steinschwelle am Ganggrab von Dowth/Irland,
ca. 3500 v. Chr.*

Die Verfechter dieser verschiedenen Ansichten wetteifern
oft miteinander, als ob die Megalithkünstler nur einen
Zweck beabsichtigt haben könnten. Die Befürworter der
astronomischen Theorie behaupten beharrlich, daß es sich
bei den Bögen und Kreisen an irischen Ganggräbern oder
den Menhiren im bretonischen Gavrinis einzig und allein
um Sonnen- und Mondmuster handelt, und belächeln die
Theorie, daß die Bilder etwas Anthropomorphes oder Religiöses darstellen. Andere wiederum betonen genauso hef-
tig, daß die Bögen die Erneuerung durch Wasser symbolisieren. Und viele (obwohl nicht alle) Archäologen halten
die Felszeichnungen für bloße Zierde, »Gekritzel«.

Astroarchäologie

Seit einigen Jahren richtet sich die Aufmerksamkeit auf die
»Astroarchäologie«, die Entdeckung von umfassenden
Parallelen zwischen Steinkreisen und Himmelsereignissen
wie zum Beispiel den Sonnenwenden und Tagundnachtgleichen. Gerald Hawkins, der mit seinem Buch *Stonehenge
Decoded* als erster der Öffentlichkeit diese Ideen zugänglich gemacht hat, bezeichnet Stonehenge als einen gigantischen Computer zur Kennzeichnung von Eklipsen, äußeren Positionen von Sonne und Mond und natürlich dem
berühmten Sonnenaufgang der Sommersonnenwende.

Beispielsweise geht der Vollmond jeden Monat nicht an derselben Stelle auf und unter, sondern bewegt sich in einem Zyklus, der durchschnittlich 18,61 Jahre dauert. Weil die Zahl einen Bruch (0,61) enthält und die Zeit eigentlich zwischen einem Zyklus und dem nächsten variiert, hat Hawkins ausgerechnet, daß 56 Jahre sich als ganze Zahl am besten eignen, um die Umlaufbahn des Mondes über mehrere Jahrzehnte zu verfolgen. Stonehenge enthält einen Kreis von 56 Löchern, die nach ihrem Entdecker im 17. Jahrhundert als Aubrey-Löcher bezeichnet werden. Markiersteine, die auf dem Kreis der Aubrey-Löcher über 56 Jahre hinweg von Loch zu Loch versetzt wurden, könnten die Bewegung des Mondes graphisch dargestellt haben.

Hawkins schreibt, daß es der modernen Wissenschaft nur durch die Erfindung von Computern möglich ist, alle Daten zu verarbeiten, die zur Bestimmung aller Ausrichtungen von Stonehenge notwendig sind. Wir könnten außerdem hinzufügen, daß ein gewaltiger Gedankensprung notwendig war. Die Ideologie des Primitivismus macht es uns schwer, Steinzeitmenschen ein solches komplexes Wissen zuzutrauen. Selbst heute dreht sich der Streit um die Astroarchäologie oft um das Thema, daß prähistorische Menschen so etwas Kompliziertes nicht hätten leisten *können*.

Nicht alle Megalithbauten sind nach dem Himmel ausgerichtet. In seinem Buch *Beyond Stonehenge* erläutert Hawkins die Untersuchungen, die durchgeführt werden müssen, bevor wir sagen können, daß eine bestimmte Stätte astronomische Ereignisse markiert. Aber selbst wenn wir die größeren Steinkreise als Computer akzeptieren, wird damit nicht wirklich erklärt, warum Menschen sie aufgestellt haben. Das Wissen um die Eklipsen, die Mondzyklen oder sogar die Sonnenwenden und Tagundnachtgleichen dient eigentlich keinem praktischen Zweck. So sollten beispielsweise die Feldfrüchte zur Zeit der Sommersonnenwende am 21. Juni schon längst gepflanzt sein.

Naturwissenschaftliche Kenntnis um ihrer selbst willen ist eine Möglichkeit (so wie Kunst um der Kunst willen eine Möglichkeit ist, wenn wir an die Höhlenkunst denken). Einige der größten wissenschaftlichen Projekte in der modernen Gesellschaft, wie etwa hochentwickelte Teilchenbeschleuniger, dienen keinem unmittelbaren Zweck. Die Teilung von Atomkernen hilft uns zwar, die ersten Augenblicke der Schöpfung zu verstehen, aber nicht, unser tägliches Leben zu bewältigen. Betrachteten die Steinzeitmenschen Wissen als einen Nutzen an sich, des enormen Aufwands an Ressourcen und Arbeit wert, die erforderlich waren, um etwa ein Stonehenge zu errichten?

Lassen Sie uns eine Hypothese durchspielen. Angenommen, daß in Stonehenge und an anderen Megalithstätten Rituale stattfanden, daß die Ereignisse am Himmel sich alle sowohl in ein religiöses als auch wissenschaftliches Muster einfügten. Manch einer findet es vielleicht merkwürdig, daß Menschen, die zu präzisen astronomischen Beobachtungen, komplexen Vermessungen und gewaltigen Bauleistungen fähig sind, die ganze Sache im Dienste von Religion, Zeremonien und mythischen Geschichten sehen könnten. Aber vielleicht ist *unsere* Kultur merkwürdig. Wir haben Wissenschaft und Religion voneinander getrennt, als ob Religion nur in Büchern und Emotionen begründet liege und nicht in der physischen Welt – als ob eine wissenschaftliche Suche nach den Anfängen des Universums nichts mit Religion zu tun hätte.

Die Sonne von Newgrange und die Verrückten

Viele professionelle Archäologen verachten die Anregungen – und ernsthaften Forschungen – von Nichtarchäologen, die sie alle in einen Topf werfen und als »die Verrückten« bezeichnen. P. R. Giot schreibt in einem Artikel über die Megalithbauten Frankreichs über sie: »Da sie den Archäologen eine ständige Plage sind, ist es oft schwierig, ihnen die wenigen Ideen, die man ihnen zu verdanken hat, hoch anzurechnen.« Aber die Archäologen haben ihre eigenen Vorurteile. Während Amateure allzu bereitwillig neue Ideen akzeptieren, gehen Professionelle vielleicht allzu bereitwillig über sie – und auch über einige alte Ideen – hinweg.

So wie die ersten Sonnenstrahlen zur Zeit der Sommersonnenwende den Fersenstein von Stonehenge berühren, schickt die aufgehende Sonne am Tag der Wintersonnenwende einen starken Lichtstrahl hinab in die mittlere Kammer des Ganggrabes von Newgrange in Irland. Das Licht bewegt sich langsam, wandert den Boden hinunter, bis es die hintere Wand erreicht, wo es zu einem senkrechten Strahl emporsteigt, eine Zeitlang dort verweilt und sich dann wieder auf demselben Weg entfernt, um den Betrachter aufs neue in der völligen Dunkelheit dieser bemerkenswerten künstlichen Höhle zurückzulassen. Beim Bau dieses Grabhügels vor 5 000 Jahren richteten seine Architekten ihn so sorgfältig aus, daß das Licht auch am Morgen vor und nach der Wintersonnenwende in die Kammer fiel und jeden Tag eine bestimmte Stelle an der Wand berührte. Selbst wenn Wolken die Sonne am Tag der Wintersonnenwende verdunkelten, wußten die Menschen noch immer, um welchen Tag es sich handelte, indem sie die Markierungen abzählten. Seit jener Zeit hat sich die Erdneigung leicht verändert, so daß die Wirkung weniger perfekt ist, aber noch immer deutlich sichtbar.

Von 1849 an war von Newgrange so viel ausgegraben, daß jeder dieses jährliche Ereignis erleben konnte. 1867 schilderte George Russell, der unter dem Namen A. E. schrieb, eine Vision des Gottes Aengus, der als Licht in »einer hochragenden, kreuzförmigen Höhle« erschien, womit Newgrange gemeint sein könnte. Bis zur Jahrhundertwende war der Lichtstrahl zu einer »Legende« geworden, die von dem Verwalter Robert Hickey verbreitet wurde, der lokalen Besuchern gestattete, dem Ereignis beizuwohnen, und vielen anderen davon erzählte. Außerdem schrieb 1909 Sir Norman Lockyer, Leiter des Observatoriums für Sonnenphysik, in seinem Buch *Stonehenge and Other British Stone Monuments Astronomically Considered*, daß Newgrange nach der Wintersonnenwende ausgerichtet sei. Um diese Zeit herum bezeichnete der Anthropologe W. Y. Evans-Wentz, der sich mit irischem Volkstum beschäftigte, Newgrange und die Grabhügel in Gavrinis als an der Sonne orientiert (Marija Gimbutas zufolge ist Gavrinis in erster Linie nach den äußeren Positionen des Mondes ausgerichtet). Lockyer und Evans-Wentz haben weder das Licht gesehen noch darüber geschrieben. Aber Hickey sah es und zeigte es Jahr für Jahr anderen.

Und trotzdem schrieb Glyn Daniel, der vielleicht hervorragendste Archäologe seiner Zeit auf dem Gebiet der Megalithbauten, erst 1960 über diese »Legende«: »Es ist ein seltsamer Schwindel, der fast *in toto* wiedergegeben werden muß als Beispiel für das Durcheinander von Unsinn und Wunschdenken, dem sich diejenigen hingeben, die die Annehmlichkeiten des Irrationalen und die Freuden der Unvernunft dem angestrengten Denken, das die Archäologie verlangt, vorziehen.« Das Seltsame an diesem Verriß von Hickeys Bericht ist, daß man sich das Licht nur hätte ansehen müssen. Erst im Jahre 1969 fand sich der Archäologe Michael J. O'Kelly vor Sonnenaufgang am Tag der Wintersonnenwende in Newgrange ein und beobachtete das Licht. Als er seine Beobachtungen veröffentlichte, stieß er auf großen Widerstand, und unter anderem wurden Vermutungen, daß es sich bei dem Licht nur um eine zufällige Erscheinung handle, und sogar Beschuldigungen laut, daß O'Kelly den Beweis gefälscht habe.

Dieser Bericht stammt aus Martin Brennans Buch *The Stars and the Stones*. Brennan geht mit seinen Behauptungen manchmal recht weit, und seine früheren Schriften stellen einige radikale Ideen zur Debatte, aber sein Werk enthält bemerkenswerte Entdeckungen von komplexen solaren und lunaren Ausrichtungen in ganz Irland. Die meisten dieser Entdeckungen sind auf direkte Beobachtungen von Brennan und Jack Roberts zurückzuführen (sowohl Brennan als auch Roberts sind Künstler, was sie in die Gesellschaft von Menschen wie Merlin Stone, Buffie Johnson, Vincent Scully, Monica Sjöö, Barbara Mor, Dorothy Cameron, Anna Sofaer und Michael Dames aufnimmt). Ihre Ergebnisse stießen nicht nur auf enormen Widerstand; sie mußten oft sogar heimlich in die verschiedenen Grabhügel eindringen, um die Wirkungen der unterschiedlichen Ausrichtungen zu beobachten (»archäologische Spionage«, wie Brennan es nennt). Und wieder einmal hätten diejenigen, die versuchten, Brennans und Roberts' Arbeit in Verruf zu bringen, einfach nur das Experiment wiederholen – mit eigenen Augen sehen – müssen.

Körperformen

Brennan selbst lehnt den Gedanken an eine anthropomorphe Darstellung bei den Grabhügeln ab. Und doch ist die Form nicht strikt funktionell. Die Gänge müssen eine bestimmte Länge aufweisen, damit das Licht richtig eindringen kann, aber es ist nicht klar, ob sie kreuzförmig angelegt sein müssen – eine Form, die die heilige Architektur zur Darstellung des menschlichen Körpers immer verwendet hat. Die enorme Größe der Grabhügel, ganz zu schweigen von ihrer Form, impliziert eine gewisse symbolische Bedeutung, wenn sie nicht gar gynäkomorph (wie eine Frau geformt) ist. Der gesamte Grabhügel von Newgrange nimmt bei weitem mehr Fläche ein, als notwendig ist, um den Innenraum zu überdecken. Der Gang erinnert uns an eine Höhle in einem Berg – oder an einen Schoß.

Abgesehen von den großen Grabhügeln, finden wir in Irland viele »Hofgräber«, so benannt nach dem halbkreisförmigen Eingang, der von zwei geschwungenen Reihen großer Steine gebildet wird. Auch sie haben diese Innenform, einem Körper mit ausgestreckten Armen und Beinen gleich. Wir begegnen ihr auch in West Kennet Long Barrow, dem rechteckigen Langhügelgrab in der Nähe des Steinkreises von Avebury, und wir finden sie in neolithischen Schreinen in so weit entfernten Ländern wie Polen und dem ehemaligen Jugoslawien.

Ein Jahrestag

Eine von Brennans Entdeckungen bezieht sich auf Dowth, den dritten der riesigen Grabhügel neben Knowth und Newgrange. Im Gegensatz zu den beiden anderen Stätten wurde Dowth nicht restauriert, so daß man lediglich einen kleinen, mit Bäumen und hohem Gras bewachsenen Hügel sieht. Bei eingehenderer Betrachtung stellen wir jedoch fest, daß dieser natürlich aussehende Hügel an seinem Fuße eine »Höhle« mit einem Eisentor enthält, das den Zutritt verwehrt. Und wenn wir den nackten Stein am Fuß des grasbedeckten Hügels untersuchen, entdecken wir eingeritzte Spiralen.

Laut Brennan rührt das Licht, das in Dowth eindringt, nicht von der aufgehenden Sonne wie in Newgrange her, sondern vom Sonnenuntergang der Wintersonnenwende. Vielleicht haben die Menschen, die diesen Hügel errichteten, einen rituellen »Tag« durch das Jahr hindurch begangen. Eine solche einjährige Zeremonie könnte in bestimmten Abständen stattgefunden haben, vielleicht alle sieben Jahre (die Bedeutung der Zahl sieben in der Religion ist weder willkürlich noch »archetypisch«, sondern bezieht sich auf die sieben »Planeten« – einschließlich der Sonne und dem Mond -, die für unseren Vorfahren ohne Teleskope sichtbar waren).

Der Jahrestag könnte in Newgrange beim Morgengrauen am Tag der Wintersonnenwende begonnen und sich das ganze Jahr hindurch an verschiedenen Stätten fortgesetzt haben (wobei sich möglicherweise verschiedene Gemeinschaften auf der ganzen Insel zusammenschlossen). Zur Zeit der Tagundnachtgleichen könnten in Knowth besondere Ereignisse stattgefunden haben. Knowth, der größte und möglicherweise komplexeste Grabhügel, weist zwei entgegengesetzte Eingänge auf, einer führt nach Osten und der andere nach Westen, um sowohl den Sonnenaufgang als auch den -untergang der beiden Tagundnachtgleichen zu markieren – oder vielleicht den Sonnenaufgang der Frühlingstagundnachtgleiche und den Sonnenuntergang der Herbsttagundnachtgleiche, wenn der »Jahrestag« sich seinem Ende näherte. Schließlich endete der Ritualtag wieder am Tag der Wintersonnenwende, aber dann bei Sonnenuntergang, in Dowth.

Eine solche Spekulation können wir nicht überprüfen. Ich muß zugeben, daß ich sie bizarr finde, aber andererseits denke ich, daß sie dem großen Netzwerk von Monumenten eine gewisse Symmetrie verleiht. Und sie stimmt mit der Art und Weise überein, wie andere Kulturen die Welt und die großen Sonnenereignisse des Jahres betrachten, nämlich als eine einzige Schöpfung, lebendig und mit heiliger Kraft erfüllt.

Die Archäologen ziehen es vor, solchen phantastischen Ideen aus dem Weg zu gehen (was sie auch tun sollten, da sie sich mit empirischen Beweisen beschäftigen müssen). Zugunsten einer Konzentration auf die wirtschaftlichen und gesellschaftlichen Lebensbedingungen alter Völker ziehen es zeitgenössische Archäologen vor, Fragen der Religion zu ignorieren (ganz zu schweigen von den Zeugnissen des Volkstums). In dem Buch *The Megalithic Monuments of Western Europe*, herausgegeben von C. Renfrew, zitiert O'Kelly einen 1969 veröffentlichten Artikel von A. Fleming, demselben Jahr, in dem O'Kelly sich von dem Licht in Newgrange überzeugte: »Die Muttergöttin hat uns zu lange festgehalten; wir wollen uns aus ihrer Umarmung lösen.« Worauf diejenigen von uns, die die (wieder-)erwachende Göttinnenreligion erforschen, vielleicht einfach antworten: »Wir wollen das nicht.«

Grabstätten und Archäologen

Die professionelle Archäologie bezeichnet die Megalithbauten überall in Europa als »Grabstätten« und die neolithische Kultur zuweilen als vom Tod besessen oder um einen Totenkult zentriert. Einem Nichtarchäologen mag das Beharren darauf, jedes Monument als ein Grab anzusehen, zwanghaft vorkommen. Ausgräber haben in einigen Megalithstrukturen Reste von Skeletten und verbrannten Leichen gefunden, aber keineswegs in allen. Ruth Whitehouse, die in *The Megalithic Monuments of Western Europe* über kreisförmige Strukturen in Italien schreibt, zitiert Lillius' Beobachtung, daß nur etwa 50 dieser Anlagen Hinweise auf Bestattungen lieferten. »Tatsächlich«, schreibt Whitehouse, »enthielten lediglich drei Grabstätten wirklich Skelettmaterial.« Und sie fährt fort: »In den meisten Dolmen ... wurden weder Skelettreste noch Artefakte gefunden ... Wir wissen nicht, ob die Dolmen für Einzel- oder Kollektivbestattungen bestimmt waren.« Sie scheint nicht die Möglichkeit in Betracht zu ziehen, daß sie überhaupt nicht für Bestattungen vorgesehen waren.

Die Gesellschaft, die Newgrange erbaute, benutzte die Anlage wahrscheinlich jahrhundertelang. 1967 durchgeführte Ausgrabungen brachten verbrannte und unverbrannte menschliche Knochen ans Tageslicht – von insgesamt etwa fünf Menschen; fünf für ein derart komplexes und riesiges Bauwerk! In ihrem Buch *A Concise Guide to Newgrange* bezeichnet Claire O'Kelly diese Reste als »ausreichend, um zu beweisen, daß diese Stätte für Bestattungen verwendet wurde und nicht, wie angeregt wurde, als Zenotaph oder Tempel diente.« Fünf in einem riesigen Hügel, der gebaut wurde, um jahrtausendelang den Sonnenaufgang im Winter exakt einzufangen.

In vielen Fällen hat niemand die in Megalithstätten gefundenen menschlichen Überreste datiert und so die Möglichkeit offengelassen, daß spätere Kulturen oder einzelne Gemeinschaften sie als Bestattungsplätze verwendeten. Aber selbst wenn die Skelettfunde zu den Menschen aus der ursprünglichen Erbauerkultur gehörten, warum sollten die Stätten deswegen vornehmlich Grabstätten gewesen sein? Brennan weist darauf hin, daß in der Kathedrale von Westminster innerhalb eines viel kürzeren Nutzungszeitraums weit mehr Leichen bestattet wurden als in Newgrange. Würden wir diese Überreste als »ausreichend« ansehen, um die Behauptung aufzustellen, daß Westminster nicht für religiöse Zwecke verwendet wurde? Diejenigen, die alle Monumente als Grabstätten ansehen, argumentieren, daß Grabräuber die Beweise beseitigt hätten. Aber Grabräuber trachten gewöhnlich nach Gold und Edelsteinen. Warum sollten sie Knochen wegschleppen? Und selbst wenn es *möglich* ist, daß Grabräuber am Werk waren, liegen dafür keine konkreten Beweise vor.

Die Grabtheorie hat eine lange Vorgeschichte. In der keltischen Legende wurde Newgrange als die Grabstätte der alten Könige von Tara bezeichnet. Jahrhundertelang galt Silbury Hill bei den Bewohnern von Wiltshire als ein riesiges Grab für einen legendären König Sil. Und auch wenn die Menschen die Steinkreise oder Dolmen gewöhnlich nicht als Friedhöfe betrachteten, hielten viele von ihnen sie für Orte, an denen Menschenopfer dargebracht wurden. Jedoch rührten diese Meinungen von der Einstellung späterer Kulturen her, die mit den Monumenten selbst überhaupt nichts zu tun hatten.

Der Begriff »Totenkult« bezieht sich vielleicht eher auf unsere eigene Kultur als auf die neolithische. Welche andere Gesellschaft hat jemals jeden einzelnen Leichnam in einem eigenen privaten Stück Land, in dekorativen, mit Samt ausgekleideten Särgen begraben, angekleidet und geschminkt, um wie zu Lebzeiten auszusehen, und mit einer großen, gravierten Marmorplatte geehrt?

Die Grabtheorie über die Megalithbauten in Frage zu stellen bedeutet nicht, daß die Menschen sie überhaupt nicht als Begräbnisplätze benutzten. Offensichtlich dienten einige Megalithbauten vornehmlich als Grabstätten. Von 76 »Gräbern« auf den Orkney-Inseln enthielten lediglich 26 menschliche Knochen. In zwei von ihnen fand man jedoch 157 beziehungsweise 341 Skelette, genügend, um, wie Marija Gimbutas schreibt, »alle Toten einer ganzen Gemeinschaft zu repräsentieren«. Wir bezweifeln die Grabtheorie, damit wir eine Vielfalt von Möglichkeiten, sowohl wissenschaftliche wie auch religiöse, zu erkennen vermögen, die im Bewußtsein der Erbauer nebeneinander existiert haben könnten. Wenn Grabhügel als Grabstätten verwendet *wurden*, dann deutet die gewählte Form – und eine Ausrichtung nach dem Sonnenaufgang zur Zeit der Tagundnachtgleichen oder der Wintersonnenwende – mit dem kreisförmigen Hügel als Schoß und dem Gang als Geburtskanal auf eine Idee der Wiedergeburt hin.

Grenzmarkierung

Der Archäologe Colin Renfrew äußert die Ansicht, daß die Monumente als »Landmarkierungen« dienten und zu verstehen gaben, daß eine bestimmte Gruppe über ein Territorium herrschte. Es ist nicht leicht einzusehen, wie das funktionieren sollte. Wie könnte beispielsweise ein Steinkreis anzeigen, welches Stück Land »beansprucht« wurde? Oder warum erforderten einige Orte mehrere ziemlich dicht beieinander liegende große Hügel oder Kreise und andere wiederum überhaupt keine? Oder warum sollte ein Steinhügel an einer Stelle, ein Dolmen an einer anderen und ein riesiges Ganggrab an einer dritten ausreichen. Andererseits, warum sollten wir die Idee kurzerhand abtun, wie es einige Befürworter megalithischer Spiritualität zu tun scheinen?

Menschen verspüren oft das Bedürfnis, ihre Anwesenheit zu kennzeichnen. In Neuengland und im Osten des Bundesstaates New York findet man recht große (und oft schöne) Menhire oder sogar ganze Reihen oder Halbkreise von Steinen, die neben den Auffahrten, Rasenflächen, Eingängen oder Parkplätzen von unzähligen Häusern, Kirchen, Banken und Einkaufszentren aufgestellt sind. In dem winzigen Dorf North Salem im Staat New York kann man einen großen, ungefähr 90 Tonnen schweren Findling sehen, dessen Form ein wenig dem Kopf einer Schlange oder einer Schildkröte ähnelt und der auf mehreren kleinen, kegelförmigen Kalksteinstützen ruht, die zu einem gleichschenkligen Dreieck angeordnet sind. Befürworter der nordamerikanischen Megalithkultur halten dieses Gebilde für einen Dolmen (und einige behaupten, daß Menschen sich unter ihm hindurchbewegten, um rituell wiedergeboren zu werden); die akademische Archäologie dagegen betrachtet es als die zufälligen Überreste eines Gletschers.

Dolmen oder nicht, der Findling liegt sehr nahe bei der örtlichen Kirche, und vor der Kirche befinden sich zwei prachtvolle Menhire, wie ein Tor zur geistigen Welt.

Warum könnten die Megalithen nicht als Markierungen und zugleich als spirituelle Wirklichkeit gedient haben? Die Menschen scheinen dem Land ihren Stempel aufdrücken zu müssen. Wie bei den Handabdrücken in der Felskunst (Handabdrücke tauchen auch an den Wänden von Çatal Hüyük auf, darunter auch der Abdruck einer Kinderhand auf einer Statue, die den Körper der Göttin darstellt) könnten die viel größeren Steinbauten einen Platz als heiligen Bezirk ausgewiesen haben. Vielleicht stellen sie ein Bedürfnis dar, den unsichtbaren Körper der geistigen Kraft in der Welt sichtbar zu machen.

Handabdrücke in einer großen Höhle haben etwas Zaghaftes an sich, sind eine kleine Geste der Anwesenheit. Bis zur Zeit des Neolithikums hatten die Menschen in Europa an Selbstvertrauen gewonnen, so daß sie in England die Landschaft selbst verändern konnten, indem sie ganze Hügel errichteten, wie zum Beispiel Silbury, oder einen bestehenden Berghang zu einer labyrinthähnlichen Form skulptierten und auf diese Weise das natürliche Land in etwas von Menschenhand Geschaffenes verwandelten, wie in Glastonbury (zum »Labyrinth« von Glastonbury siehe Kapitel 5).

Die Idee von »Wildheit« als etwas Unberührtes und Reines scheint ein relativ modernes, europäisches Konzept zu sein, bei dem wir Dualität in unsere zivilisierte Welt projizieren – auf der einen Seite Orte, Plätze, die von Menschen bewohnt werden, und andererseits die von Tieren und Barbaren bewohnte Wildnis. Im Zuge der Verstädterung der Welt haben wir eine Sehnsucht nach »Wildheit« entwickelt, aber das ist in Wirklichkeit nur die andere Seite des älteren Glaubens daran, daß die Natur gefährlich, böse, fremd – und weiblich – ist.

Viele Kulturen haben keine Spaltung zwischen einem sicheren, von Menschen bewohnten Gebiet und der Wildnis vollzogen. *Betrachtet man die ganze Welt als den Körper, so wird die ganze Welt heilig.* Das mag zu dem Wunsch führen, die Landschaft zu verstehen und sie kartographisch zu erfassen, so wie die hebräischen Mystiker *Shiur Komah*, »die Messung des Körpers« von Gott, durchführen (siehe Kapitel 1). Diese Kartographie ist spiritueller Natur, aber gleichfalls praktisch, denn Menschen müssen um die Muster der Natur wissen. Sie müssen wissen, wie man Wild und Wasser findet. Sie müssen wissen, wo das Territorium einer jeden Gruppe anfängt und aufhört, nicht nur um Konflikte zu vermeiden, sondern auch, um sich um das Land kümmern und für es verantwortlich sein zu können. Diese praktischen Notwendigkeiten schließen nicht das spirituelle Bedürfnis aus, unsere eigenen Körper mit dem Körper des Landes zu verbinden, sondern ergänzen es vielmehr. Oder um es andersherum auszudrücken, die Wahrnehmung der Landschaft als den göttlichen Körper liefert ein machtvolles Motiv für den praktischen Wert des Kartographierens von Territorium.

Die Songlines der australischen Aborigines

Für die australischen Aborigines ist jedes landschaftliche Merkmal der Körper eines »Traums«, eines mythischen Ahnen, der in das Land hineingegangen ist und jetzt als ein Wasserloch, ein Hügel oder ein Busch in Erscheinung tritt. Jedes Merkmal wird kartographisch erfaßt. Die Menschen kennen das Land ganz genau und können, manchmal allein, riesige Entfernungen zu Fuß zurücklegen, indem sie diesen präzisen und zugleich spirituellen Karten folgen.

In den letzten Jahrzehnten sind die eleganten, abstrahierten Malereien der Aborigines weltberühmt geworden. Die Malereien stellen die Landschaft in großartigen symbolischen Einzelheiten dar. Und dennoch benutzen die Aborigines sie nicht als Karten. Sie kartographieren nicht mit Bildern, sondern mit Liedern. Das mag Menschen europäischer Herkunft sonderbar vorkommen, so sonderbar, daß wir eine Reise mit Hilfe einer solchen Liedkarte fast für eine übersinnliche Leistung halten, eine Art Zauberei oder Telepathie. Aber warum sollte eine graphische Darstellung oder ein Stück Papier als Karte besser funktionieren als ein Lied? Jede Karte ist eine menschliche Schöpfung, eine Metapher für die Welt. Ihr Wert liegt darin begründet, wie präzise und sorgfältig die Metapher das Gebiet beschreibt. Dolores La Chapelle schreibt, daß die Indianer der kalifornischen Wüste Pfaden folgten, die sie mit Liedern kartographierten. Es liegen Belege vor, daß in prähistorischen Zeiten quer über den Pazifik Handel betrieben wurde und Migrationen stattfanden, den ganzen Weg von Neuguinea bis nach Nord- und Südamerika. Einige glauben, daß die Seeleute, die diese ungeheuren Entfernungen zurücklegten, von Insel zu Insel zogen und mit Hilfe von Liedkarten den Sternen und Strömungen folgten.

Die *songlines*, wie sie der englische Schriftsteller Bruce Chatwin nennt, die Traumpfade, dienen nicht nur als Wegweiser für Reisen, sondern sie legen auch Territorien fest. Stammesgruppen oder einzelne Stammesangehörige sitzen an Grenzen und singen ihre Lieder, die sie gemäß einem komplizierten System von persönlicher und kollektiver Verantwortung miteinander teilen. Das System funktioniert auf vielen Ebenen praktisch und wirksam und hilft den Menschen seit Zehntausenden von Jahren, in den verschiedensten, oft rauhen Umgebungen zu leben. Und außerdem ist es heilig. *Das Praktische und das Heilige widersprechen einander nicht, sondern unterstützen sich gegenseitig.* Die heilige Macht der Lieder befähigt die Menschen, sich an sie zu erinnern, und verleiht ihnen die Autorität, die schon seit so langer Zeit währt. Im heutigen Australien akzeptiert die Regierung die heilige Kunst und die heiligen Lieder als Beweismittel in Landrechtsfällen.

Die australischen Aborigines leben in einem Land und in einer Kultur, die in Zeit und Raum sehr weit entfernt von den europäischen Megalitherbauern ist, und trotzdem können wir von ihnen lernen, daß es eine praktische Beziehung zur Erde eher verstärkt als ausschließt, wenn man das Land als den göttlichen Körper ansieht.

Spiralen der Sonne und des Mondes

In unserer Zeit bemüht sich die Wissenschaft, sich von der Religion zu trennen und ein »reines« Bild von physischen Tatsachen zu vermitteln. Diese Situation entstand zum Teil, weil sich die Religion im Mittelalter und in der Renaissance von der Wissenschaft lossagte und die offiziellen Lehren der Kirche sich verhärteten, nicht mehr mit Überlegungen darüber befaßt waren, was die Menschen tatsächlich von der Existenz wußten. Diese Entwicklung wiederum hatte ihren Ursprung in einer Religion, die auf einem überirdischen Gott basiert, der wichtiger ist als die bloße physische Welt, und auf einem Wissen um ihn, das aus einem Buch stammt und nicht aus der Beobachtung der Natur. Um sich von einer derartigen Verdummung zu befreien, sah die Wissenschaft alle Religionen als Aberglaube an. Erst jetzt haben wir angefangen, die erhabenen Tiefen der Beobachtung wiederzuentdecken, die in neolithischen und anderen »primitiven« Sakralbauten verschlüsselt ist.

Wenn sich naturwissenschaftliche Kenntnisse mit dem göttlichen Körper der Natur verbinden, wenn sie zu einem Aspekt dieses Körpers werden, gewinnen sie an Kraft und zugleich an Bedeutung. Aus der Natur gewonnene Bilder werden zu heiligen Symbolen, und diese Symbole wiederum führen zu einem subtileren Verständnis der Welt. Wissen bewegt sich nicht geradlinig, sondern in einer Spirale, die sich von einer zentral gelegenen Beobachtung zu einem immer umfassenderen Bewußtsein öffnet. Das Bild ist nicht nur aus dem Grund geeignet, weil wir Spiralen in der heiligen Kunst der ganzen Welt finden, sondern auch darum, weil die Spirale selbst ein Beispiel für die Vermischung von wissenschaftlicher Kenntnis und spiritueller Symbolik ist.

Wir haben bereits gesehen, daß Spiralbilder möglicherweise von Schnecken und anderen natürlichen Formen, von Seemuscheln hin bis zu Galaxien, herrühren. Spiralförmige Bilder können außerdem die Muster von Sonne und Mond nachahmen. Die auf- und untergehende Sonne impliziert einen Kreis (dessen untere Hälfte unsichtbar ist), aber dieser Kreis wird aufgrund der sich täglich ändernden Sonnenposition größer oder kleiner. Während wir uns von der Wintersonnenwende zur Sommersonnenwende bewegen, beginnt der Kreis jeden Tag an einem entfernteren Punkt, so daß die sichtbare Bewegung tatsächlich eine im Uhrzeigersinn verlaufende Spirale darstellt (wenn man nach Süden blickt, in die Richtung der Sonne). In der anderen Jahreshälfte bewegt sich die sichtbare Spirale weiterhin im Uhrzeigersinn, aber sie zieht sich zusammen, anstatt sich auszudehnen.

Wenn wir ein Jahr lang die unterschiedliche Sonnenposition zur Mittagszeit graphisch darstellen, zeigt sich eine komplexere Spirale. Charles Ross – schon wieder ein Künstler – hat den Lauf der Sonne aufgezeichnet. Dafür verwendete er eine Linse auf dem Dach seines New Yorker Ateliers, die alltäglich zur Mittagszeit ein Zeichen in Holz brannte. Die Anordnung aller Zeichen in der richtigen Reihenfolge läßt eine Doppelspirale erkennen, die von der Winterzeit bis zum Sommer die Richtung ändert. Die Doppelspiralform taucht bei den irischen Ganggräbern auf. Außerdem stellte sie ein Migrationssymbol bei den eingeborenen Amerikanern im Südwesten der Vereinigten Staaten dar (in Form einer Markierung entlang des Weges, den sie das ganze Jahr über benutzen, demselben Zeitraum, den die Sonne braucht, um dieses Doppelspiralbild hervorzubringen).

Die Bahn des Mondes ist komplizierter, denn obwohl er im Osten auf- und im Westen untergeht, bildet seine Bahn den Monat hindurch, wie Martin Brennan sagt, »eine Spirale, deren aufeinanderfolgende Windungen die scheinbare Sonnenbahn in einer westlichen, gegen den Uhrzeigersinn verlaufenden Bewegung kreuzen, welche der Richtung der Sonne und der Planeten entgegengesetzt ist« (aus: *The Stars and the Stone*).

Wir können entgegengesetzte Spiralen als bildliche Darstellungen von Sonne und Mond interpretieren. Verschiedene Spiralen geben also die Muster unserer wichtigsten

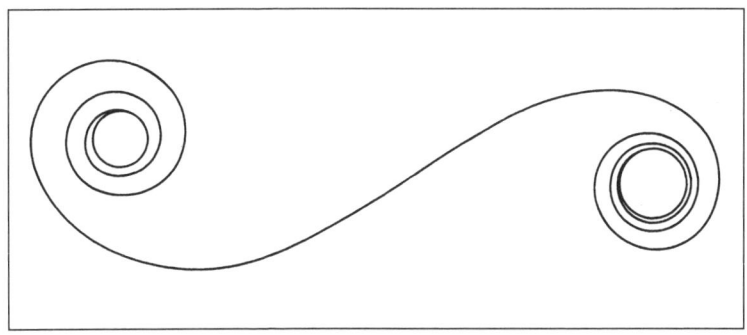

Darstellung der Sonnenbahn im Jahresverlauf (nach Ross)

Himmelskörper wieder. Aber die Sonne und der Mond sind nicht einfach Objekte am Himmel, die Licht und Wärme abgeben, sondern sie sind auch Symbole. Sonne und Mond stehen für die verschiedenen Eigenschaften von Tag und Nacht. Sie symbolisieren Einfachheit und Komplexität, Vernunft und Intuition und in einigen Kulturen das Männliche und das Weibliche. Auf einer komplexeren psychologischen Ebene verbindet uns eine spiralförmig im Uhrzeigersinn verlaufende Bewegung mit der Sonne. Rechtsläufige Spiralen beschwören die Beziehung zur Welt und zur Erhöhung von Energie. Linksläufige Spiralen können Trennung, Loslösung von der äußeren Welt (ein Gefühl der Wendung nach innen) oder ein Freiwerden von Energie bewirken. Und das erreichen sie auf einer unbewußten Ebene. Wir erhalten diese Reaktion in der Körperbewegung, bei spiralförmigen Tänzen. Oft tauchen Spiralen während der Meditation spontan im Geiste auf. Diese intuitive, emotionale Reaktion auf Spiralen geht zurück auf Sonne und Mond und darauf, welche Bedeutung sie in unserem Leben einnehmen. Diese *Symbole* – Sonne, Mond, ihre Bewegungen und ihre spiralförmigen Bahnen – sind nicht einfach intellektueller Natur. Sie beeinflussen unsere Körper bewußt und zugleich unbewußt.

Wir begegnen Doppelspiralbildern an vielen Orten, wie etwa den Tempeln von Malta, die kaum Hinweise auf astronomische Ausrichtung liefern (Paul I. Micallef hat eine

Göttinnenstatuette der Cucuteni-Kultur mit Spiraldarstellung; Rumänien, ca. 4300 v. Chr. (nach Gimbutas)

Studie über den maltesischen Tempel Mnajdra verfaßt, der als ein Kalender die Sonnenwenden und Tagundnachtgleichen kennzeichnet; jedoch hält Micallef diesen Tempel für einzigartig unter den maltesischen Monumenten). Doppelspiralen finden sich ferner auf vielen Göttinnenfigurinen – auf so vielen, daß O.G.S. Crawford Doppelspiralen (und andere Formen) als »die Augengöttin« bezeichnete, darauf hinweisend, daß dort, wo »Augen«-Formen von selbst erscheinen, sie die Göttin durch ihre Macht des Sehens zu verstehen geben.

In Irland tauchen einfache und doppelte (und manchmal dreifache) Spiralen auf den Steinen von Newgrange, Knowth, kleineren Grabhügeln sowie Cairns beziehungsweise Steingrabhügeln allein, und ohne andere bildliche Darstellungen auf. An anderen Orten jedoch findet man sie direkt am Körper der Göttin. Bei einer wunderbaren Statuette aus Rumänien, die in der Cucuteni-A-Zeit, ca. 4300 v. Chr., entstanden ist, ist das Gesäß mit gegenläufigen Spiralen verziert.

Wenn wir an Grabhügel und den weiblichen Körper denken, fallen uns zuerst Brüste und der schwangere Bauch ein. In der paläolithischen und neolithischen Kunst jedoch wird oft das Gesäß betont und manchmal zu einer Andeutung von Hügeln oder Bergen übertrieben. Bei den meisten Säugetieren begattet das männliche Tier das Weibchen von hinten. Frühe Hominiden haben vielleicht das gleiche getan, eine Praxis, die bis zum Auftauchen des Homo sapiens weitergeführt wurde. Beim Geschlechtsverkehr würde sich also das Gesäß vor dem Eingang zu der geheimnisvollen Dunkelheit der Vagina erheben, Quelle des Lebens und Tor zu den unsichtbaren Geheimnissen des weiblichen Körpers. Die entgegengesetzten Spiralen am Gesäß der Cucuteni-Göttin *könnten* die machtvollste Präsenz der sichtbaren lichten Welt bedeutet haben, von Sonne und Mond, genau an der Öffnung zum unsichtbaren Ort der schöpferischen Dunkelheit.

5

Der gestaltete Steinkörper II

*Unsere Herzen sind wund durch die Gewalt, die der
Ordnung der alten Göttinnen angetan wurde.*

Jane Ellen Harrison

Wenn wir an die Jungsteinzeit denken, fallen uns die Steinkreise und die Grabhügel ein und vielleicht Hollywood-
Phantasien von Menschen in langen Roben, die unter dem
Mond Rituale vollziehen. Aber auch weniger plakative
Aspekte dieser fernen Welt locken uns an. Es war eine Zeit,
in der die paläolithische Anbetung von Tieren und dem
weiblichen Körper miteinander verschmolz, so daß wir neben Göttinnenstatuen der als Biene oder Kuh angebeteten
Göttin begegnen. Wir finden sie auch in bestimmten Bäumen und sogar von Menschenhand geschaffenen Objekten, wie etwa Knoten, verkörpert. Es war eine Zeit, in der
die Menschen am Anfang einer revolutionären Epoche der
Erfindungen standen und Technologien und Gesellschafts-
strukturen entwickelten, die alle späteren Gesellschaften,
einschließlich unserer eigenen, möglich machen sollten.
Und am verblüffendsten ist, daß es eine Zeit war, in der
sich die Menschen nicht gegenseitig töteten.
Wenn wir diese Zeit und ihre erstaunliche Leistung der
Gewaltlosigkeit betrachten, ertappen wir uns dabei, wie
wir uns verschiedene Fragen stellen. Vor allen Dingen, existierte sie wirklich? Oder ersinnen wir ein Hirngespinst,
genährt von Teilbeweisen und unserer eigenen Sehnsucht?
Konnte eine Kultur von Menschen, die eine Göttin anbeteten, wirklich ohne Mord oder Krieg auskommen? Und wie
hat das alles aufgehört? Haben wir uns von einer friedlichen matrifokalen Welt zu einem gewalttätigen Patriarchat
durch einen notwendigen Schritt in der Evolution bewegt,
oder ging alles einfach schief, verirrte sich in eine Tragödie, die wir nicht im entferntesten ermessen können?

Das Zeitalter der Gewaltlosigkeit

Die moderne Göttinnenreligion bringt der neolithischen Kultur sehr viel Aufmerksamkeit entgegen. Dafür gibt es mehrere Gründe. Wie in der früheren, paläolithischen Zeit weisen die Funde aus dem Neolithikum weibliche Bildnisse in großer Zahl auf, angefangen bei Wandmalereien in Schreinen über große Statuen bis hin zu kleinen Figurinen. Und dann sind noch die Megalithbauten zu berücksichtigen, die mit ihren runden Formen und schoßähnlichen Innenräumen das Weibliche eher abstrahiert darstellen. Am verblüffendsten von allem, wenn nicht gar revolutionär ist jedoch, daß diese mehrere Jahrtausende währende Zeit praktisch keine Anzeichen für Krieg, Aggression oder Gewalt erkennen läßt.

Wenn diese Menschen wirklich ohne Gewalt gelebt haben, können wir annehmen, daß sie dies mit Hilfe einer Religion zustande brachten, die sich um die Mutterschaft zentriert. Wir können außerdem annehmen, daß eine solche Friedfertigkeit von einer Haltung zur Welt herrühren könnte, die in der Erde und unseren eigenen Körpern wurzelt.

Der Mangel an Spuren von Gewalt in der neolithischen Zeit ist so vollkommen, daß man es kaum glauben mag. Wo auch immer Ausgräber über längere Zeiträume verwendete Massengrabstätten gefunden haben, ob nun von großen Gemeinschaften oder kleinen Gruppen: Praktisch keiner der Leichname zeigte Spuren eines gewaltsamen Todes – weder durch Krieg noch durch Überfälle, nicht einmal durch Auseinandersetzungen zwischen Nachbarn. Möglicherweise betrachteten die Menschen zu jener Zeit einen gewaltsamen Tod als Beschmutzung und begruben Opfer von Gewalttätigkeiten nicht zusammen mit den anderen. Jedoch wurde für diese Annahme keinerlei Beweis gefunden, und selbst wenn sie zuträfe, würde es auf eine tiefe Abneigung gegen Gewalt hinweisen. Man vergleiche eine solche Haltung mit der Verherrlichung des heldenhaften Tötens, die in späteren Kulturen aufkam!

Der Nachweis der Gewaltlosigkeit bezieht sich nicht nur auf den Tod einzelner Personen. Die in der Nähe des anatolischen Çatal Hüyük ausgegrabene neolithische Stadt (für gewöhnlich einfach Çatal Hüyük genannt) zählt zu den ältesten Städten der Welt und datiert auf 7250 – 6150 v. Chr. Der Archäologe James Mellaart fand Beweise dafür, daß die Stadt 800 Jahre lang durchgehend bewohnt war. Nicht eine Plünderung und nicht ein Massaker ist archäologisch belegt – nicht ein einziges Mal in 800 Jahren.

Die Erbauer der neolithischen Stadt Çatal Hüyük schienen wie die Gründer vieler anderer jungsteinzeitlicher Städte nicht einmal an Verteidigung als Kriterium für ihre Standortwahl gedacht zu haben. Von Mauern umgebene Festungen auf hohen Bergen tauchen erst in der Bronzezeit auf, als indoeuropäische Eindringlinge die frühere Zivilisation vernichteten, die über 3 000 Jahre bestanden hatte. In einigen Fällen scheinen die Siedler den Standort ihrer Stadt hauptsächlich aus ästhetischen Überlegungen gewählt zu haben, aus dem Wunsch nach einer ansprechenden Umgebung heraus. Auf Kreta, wo gesellschaftliche und religiöse neolithische Strukturen in eine spätere Entwicklungsstufe hineingetragen wurden, errichtete man Städte und Paläste im Einklang mit bestimmten Landschaftsformationen. Oft ließ diese Vorgehensweise sie in militärischer Hinsicht in sehr ungeschützten Positionen zurück, und trotzdem finden wir keine Mauern oder Befestigungen. Andere Erwägungen für die Standortwahl neolithischer Siedlungen bezogen sich auf genießbares Wasser, fruchtbaren Boden und geeignetes Weideland für die neu domestizierten Tiere.

Glastonbury Tor und Avebury

Während spätere Gesellschaften einen großen Aufwand an Befestigungen betrieben, bauten die Menschen im Neolithikum Monumente. Glastonbury Tor in England ist ein eindrucksvoller Hügel, der durch seine Verbindung zur Legende von König Artus Berühmtheit erlangte. Irgendwann im Laufe der Geschichte hoben die Menschen die natürliche Schönheit des Hügels hervor, indem sie einen Hang zu einer Reihe von Terrassen gestalteten. Die Terrassen bilden eine Art Labyrinth, so daß einige Menschen glauben, sie wären für Prozessionstänze verwendet worden (so haben moderne »Heiden« fröhliche Prozessionen in Glastonbury veranstaltet). Eine Broschüre über Glastonbury Tor bringt sehr interessante Gründe dafür vor, daß Steinzeitmenschen dieses Werk vollbracht haben müssen: Erstens eignet sich der Hügel weder für die Verteidigung noch für den Ackerbau und muß daher einem religiösen Zweck gedient haben. Zweitens mußten spätere Kulturen zuviel Zeit, Ressourcen und Energie für die Verteidigung gegen Eindringlinge aufwenden. Wir können hinzufügen, daß spätere Kulturen sich nicht dem widmeten, was man als heilige Ästhetik bezeichnen könnte – einen ganzen Berghang in eine zeremonielle Tanzfläche zu verwandeln. So wie die Kreter die Landschaft durch den Bau eines Palastes harmonisierten, die australischen Aborigines jeden Aspekt des Landes wie einen göttlichen Ahnen kartographierten oder die altsteinzeitlichen Maler sich die Form der Höhlenwand zunutze machten, um Tierbilder hervorzubringen, impliziert die Skulptierung des Glastonbury-Hügels, daß eine göttliche Macht innerhalb des Landes gesehen und die Notwendigkeit menschlichen Handelns empfunden wurde, um diesen verborgenen Körper unmittelbar Wirklichkeit werden zu lassen.

Die neolithischen Erbauer schufen Monumente, um mit den Hügeln selbst zu konkurrieren, eine Tätigkeit, die einen enormen Aufwand an Ressourcen erforderte. Der Steinkreis von Avebury ist Teil einer Gruppe von Monumenten, zu denen auch Silbury Hill und das rechteckige Langhügelgrab von West Kennet Long Barrow gehören. Archäologen schätzen, daß für den Bau der Avebury-Anlage 1,5 Millionen Arbeitsstunden aufgewendet werden mußten.

Gewaltlosigkeit und Kunst

In der neolithischen Zeit finden wir keine Verherrlichung von Krieg und Töten, die in späteren Gesellschaften so dominant ist. In Çatal Hüyük sind 150 Wandmalereien erhalten geblieben. Die Kunst spielte in dieser sehr frühen Stadt eindeutig eine bedeutende Rolle (Mellaart betont, daß es wirklich eine Stadt war und keine Siedlung), und keine einzige der 150 Malereien zeigt Kampf-, Kriegs- oder Folterszenen.

Auch auf Kreta weisen die eleganten Kunstwerke, die überall in den Ruinen gefunden wurden, nicht auf Kriegsszenen hin. An diesen Orten haben Archäologen jedoch Waffen gefunden. James Mellaart berichtet, daß für Çatal Hüyük der Gebrauch von Steinschleuder, Pfeil und Bogen, Lanze und Speer belegt ist. Aber es sind allesamt sowohl Jagdgeräte als auch Waffen, so daß sie keinen zwingenden Beweis für Kriege erbringen. Von größerer Bedeutung ist, daß in der Kunst keine Waffen dargestellt sind. Stylianos Alexiou schreibt in seinem Buch *Minoische Kultur*, daß Kreta eine Kriegsflotte besaß und Seeschlachten austrug. Doch auf der Insel selbst blieben Befestigungen unbekannt, und in der Kunst finden wir keine Seeschlachten. Vielleicht haben die Kreter Außenstehende bekämpft, aber sie selbst lebten friedlich miteinander.

In der neolithischen Kunst finden wir nicht nur keine Spuren von Gewalt, sondern auch keine Verherrlichung eines Häuptlings oder Herrschers, weder männlich noch weiblich. Auf den kretischen Wandfresken und Siegeln sehen wir überwiegend Gruppen von Menschen, die sich gemeinsam Aktivitäten wie Stiertänzen oder Opferungen widmen. Einzelne Frauen sind für gewöhnlich Göttinnen oder möglicherweise Priesterinnen, aber keine Königinnen. Es taucht nur eine Darstellung eines einzelnen Mannes auf, und diese Figur, ein anmutiger junger Mann, der Blumen trägt, läßt kaum auf den allmächtigen »König Minos« schließen, wie er von den späteren Legenden des patriarchalen Griechenland beschrieben wird.

Soziale Gleichheit und die Frage
des Matriarchats

Zusammen mit Hinweisen darauf, daß es an Gewalt fehlte, finden wir Anzeichen für soziale Gleichheit. Neolithische Überreste weisen keine Indikationen für Sklaverei auf, die in späteren Kulturen so selbstverständlich ist. Sie offenbaren keine Struktur eines allmächtigen (und reichen) Gottkönigs oder einer herrschenden Klasse, und sie scheinen keine großen Ungleichheiten zwischen Männern und Frauen zu zeigen.

Wir haben es hier mit einem schwierigen Thema zu tun. In manchen Fällen finden wir eindeutige Hinweise auf Frauen in einer höheren Position, so daß wir uns mit der Möglichkeit konfrontiert sehen, daß es sich bei allem, was in den vergangenen 5000 Jahren geschehen ist, lediglich um eine Umkehrung der vorherigen Situation handelt. Als Historiker und Anthropologen es in Angriff nahmen, die vorpatriarchalen Kulturen zu erforschen, stellten sie zwei Vermutungen auf: Zum einen nahmen sie an, daß diese Kulturen eine frühe evolutionäre Stufe in der Menschheitsentwicklung darstellten und bis zu einem gewissen Punkt notwendig waren, aber daß es genauso notwendig war, sie zugunsten eines zivilisierten, dynamischeren Patriarchats zu stürzen. Wie wir später in diesem Kapitel sehen werden, war in Wirklichkeit die neolithische Periode möglicherweise die erfinderischste Zeit in der menschlichen Geschichte.

Die zweite Annahme betraf die Idee des »Matriarchats«. Wenn Männer nicht geherrscht und Frauen unterdrückt haben, dann müssen Frauen geherrscht und Männer unterdrückt haben. Die moderne feministische Forschung hat ein anderes Modell der neolithischen Kultur entwickelt, das Modell einer »matrifokalen« oder »matristischen« Gesellschaft. Diese beiden Begriffe beziehen sich auf die Vorstellung einer eher »frauenzentrierten« als frauenbestimmten Gesellschaft (um genauer zu sein, bedeutet »matrifokal« eigentlich »mutterzentriert« und »Patriarchat« wört-

151

lich »Herrschaft von Vätern«). In einer solchen Situation drehten sich spirituelles Denken und spirituelle Praktiken um eine Göttin, und Name und Besitz gingen von der Mutter auf die Tochter über.

In diesem Modell fällten Frauenräte Entscheidungen für den Clan, aber weder versklavten sie die Männer noch schlossen sie sie von der gesellschaftlichen Macht oder von Entscheidungsprozessen aus. Dieses Modell hängt zum Teil von der Idee ab, daß die Muttergöttin ihre weiblichen und männlichen Kinder gleichermaßen liebt, und zum Teil von Männerdarstellungen in der neolithischen Kunst, beispielsweise eine Malerei in Çatal Hüyük von einem Mann und einer Frau, die einander umarmen.

Grabfunde

Bestattungen und die Ehrungen, die einzelnen Menschen und Gruppen zuteil werden, können uns sehr viel über die relativen Positionen der verschiedenen Mitglieder einer Gesellschaft sagen. Die Beweise aus den Gräberfunden bieten kein widerspruchsfreies Bild im Hinblick auf den Status von Männern und Frauen im europäischen Neolithikum. An einigen Orten stellen wir kaum einen Unterschied zwischen Mann und Frau fest. Andere Plätze wiederum zeugen von hochverehrten Frauen und fast mißachteten Männern. Aber nirgendwo finden wir solche extremen Unterschiede wie diejenigen, die später, zur Zeit der Kriegsherren und Könige, die Norm waren.

Die Sesklo-, Starçevo- und Karanovo-Kulturen, zwischen 7000 und 6000 v. Chr. in Südosteuropa angesiedelt, begruben Kinder und junge Menschen beiderlei Geschlechts sowie erwachsene Frauen unter den Fußböden der Häuser. Gräber mit erwachsenen Männern wurden nicht gefunden. Im Gegensatz dazu weisen Gräber auf den Orkney-Inseln, in der Bretagne, Normandie und Südengland die gleiche Zahl von Männern und Frauen auf. Während an einigen Orten Frauen und Männer getrennt begraben wurden, fand man an anderen Frauen und Männer, Kinder und Erwachsene in Kollektivgräbern. Insgesamt ist kein ausgeprägtes Muster von extremen Machtunterschieden zwischen Frauen und Männern zu erkennen.

Grabbeigaben liefern uns ebenfalls Hinweise auf die unterschiedlichen Rollen von Männern und Frauen. Nach den Werkzeugen und Gegenständen zu urteilen, die ihnen beigelegt wurden, scheint es sich bei den Männern oft um Handwerker und bei den Frauen um Töpferinnen gehandelt zu haben. Manchmal schienen sich die Frauen der Schönheit und der Kunst verschrieben zu haben, sowohl um des persönlichen Schmucks als auch der spirituellen Symbolik willen. In den Gräbern der Lengyel-Kultur im Donaubecken fand man bei den Männern Steinbeile und Hammerbeile aus Geweihmaterial und bei den Frauen mit Spiralen und Mäandern verzierte Schmuckstücke und Vasen. Diese Symbole bedeuten mehr als Verzierungen. Spiralen und Mäander erscheinen in der Göttinnenkunst und auf Göttinnenfigurinen über Jahrtausende hinweg.

In Çatal Hüyük schliefen die Frauen auf großen Plattformen mit Blick nach Osten, zur aufgehenden Sonne hin. Die Männer schliefen auf kleinen Plattformen, die an keiner bestimmten Richtung orientiert waren. Soll das bedeuten, daß Männer keine Rolle gespielt haben? Oder heißt das, daß die Körper der Frauen die heilige Kraft der Fruchtbarkeit in sich trugen?

Wenn Frauen in der neolithischen Kultur mehr Aufmerksamkeit und Respekt entgegengebracht wurde als Männern, dann geschah das mit Sicherheit auf einer subtilen Ebene, verglichen mit den Ungleichheiten, die später kommen sollten. In patriarchalen Gesellschaften finden wir die Versklavung von Frauen, Frauen, die mit einem toten Häuptling lebendig begraben wurden, Frauen, die als persönliches Eigentum angesehen wurden, und Frauen, die aufgrund von Gesetzen das Haus ihres Mannes nicht verlassen und somit nicht einmal auf die Straße gehen durften. Nichts deutet auf eine ähnliche Behandlung von Männern im Neolithikum hin, weder bei den Grabfunden noch in der Kunst oder bei ausgegrabenen Überresten.

In späteren Kulturen wurde der König oder der Häuptling mit unermeßlichen Reichtümern und oft mit Sklaven bestattet. Im Gegensatz dazu legte man in der neolithischen Kultur verehrten Personen – alten Frauen und in manchen Fällen Mädchen im Teenageralter – Opfergaben und schöne Gegenstände bei, aber nichts, was die Ausbeutung der »unteren« Klassen verlangte.

Einzelbestattungen

Manchmal hatten die Ehrenzeichen, die Gräbern beigelegt wurden, eher etwas mit Symbolik als mit Reichtümern zu tun. In Polen entdeckten Archäologen das Grab einer Frau von 50 bis 60 Jahren, das »einen bis zum Rand mit rotem Ocker gefüllten Topf enthielt«, wie Marija Gimbutas schreibt.[*] Diese Beigabe kann über eine Ehrenbezeigung oder sogar symbolische Bedeutung hinausgehen. Roter Ocker bedeutet heilige Macht, und ein ganzes Gefäß davon symbolisiert spirituellen Reichtum (man denke im Vergleich dazu nur an das viele Gold, das den späteren Kriegerhäuptlingen beigelegt wurde). Wenn die Frau zu Lebzeiten als Stammesälteste gewirkt hatte, wollten sich die Menschen vielleicht nach ihrem Tod ihr Wohlwollen als Ahnengeist sichern.

In neolithischen Kulturen ehrte die Gemeinschaft ältere Frauen zum Teil vielleicht wegen ihrer Weisheit und Lebenserfahrung, aber auch deswegen, weil nur wenige Menschen das mittlere Lebensalter überschritten. Man hätte besonders Frauen Achtung entgegengebracht, weil einzelne Frauen die schöpferische Kraft der Göttin verkörperten und diese Macht auf die natürlichste Weise von der Mutter auf die Tochter überging, nämlich durch den Akt des Gebärens.

Die Verkörperung der Göttin in Frauen verleiht Frauen Autorität. Weil diese Macht sich so natürlich entfaltet, sa-

---

[*] Marija Gimbutas: Die Zivilisation der Göttin, Frankfurt am Main: Zweitausendeins 1996, S. 334.

hen die älteren Frauen vielleicht nicht die Notwendigkeit ein, Männer zu unterdrücken. Die Macht kam aus ihren Körpern zu ihnen und nicht einfach aufgrund von gesellschaftlicher Kontrolle. Bei einigen nordamerikanischen Völkern, besonders den verbündeten Irokesenstämmen, haben die Menschen ein Gleichgewicht geschaffen, indem der Rat der älteren Frauen die Entscheidungen traf, aber zugleich Männer in Machtpositionen in der Gemeinschaft einsetzte. Vor einigen Jahren führte das Volk der Mohawk einen Aufstand gegen die kanadische und nordamerikanische Regierung durch. Bevor sie in den Kampf zogen, teilten die Mohawk-Krieger den Medien mit, daß sie ihre Großmütter zu Rate ziehen müßten. »Großmutter« ist ein indianischer Begriff für eine mächtige ältere Frau.

Wenn eine ältere Frau als Stammesälteste Hochachtung genoß, was halten wir dann von den Gräbern heranwachsender Mädchen, denen Ehrengaben beigelegt waren? Auf dem Gräberfeld Çernica, das bei Bukarest entdeckt wurde, gehörte das Grab mit den kostbarsten Beigaben, nämlich zehn Armreifen und unzähligen Muschelperlen, einem ungefähr 16 Jahre alten Mädchen. Auf einem Gräberfeld aus der Späten Cucuteni-Zeit im rumänischen Moldaugebiet fand man zwei Gräber von etwa neun bis zehn Jahre alten Mädchen. Die Cucuteni-Gräber enthielten Vasen, Perlen, Spinnwirtel und jeweils drei Göttinnenfigurinen. Kein anderes Grab wies diese Zahl von Figurinen auf (man beachte das immer noch bescheidene Maß an Reichtum in diesen besonderen Gräbern). Die Gemeinschaft könnte die Mädchen einfach aufgrund des schmerzlichen Verlustes ihres frühen Todes geehrt haben. Möglicherweise waren sie die Töchter eines Anführers der Gemeinschaft, einer Priesterin oder Stammesältesten.

Die Bedeutung von sowohl älteren Frauen als auch heranwachsenden Mädchen könnte ihren Ursprung in der Menstruations- und Gebärfähigkeit haben. In einigen Kulturen wird geglaubt, daß die alten Weisen – Frauen nach der Menopause – die Kraft ihres Menstruationsblutes in ihrem Körper aufrechterhalten. Im allgemeinen nahm eine Frau in einer göttinzentrierten Gemeinschaft, die das gebärfähige Alter überschritten hatte, an Weisheit und oft an Heilkraft zu. Im Gegensatz dazu kann ein Mädchen, das starb, bevor es die nächste Generation gebar, seine Macht als einen Segen für das Land ins Grab mitgenommen haben, einen Segen, der den Pflanzen beim Wachstum half.

Göttinnen-Vielfalt

Falls neolithische Völker wirklich ohne Gewalt oder Klassenunterschiede gelebt haben, ist dieser Umstand dann zwangsläufig auf Göttinnenanbetung zurückzuführen? Nicht alle akzeptieren, daß die neolithische Zeit frauenzentriert war. Einige Wissenschaftler und Kritiker haben Marija Gimbutas dafür kritisiert, in allem und jedem Göttinnen zu sehen. Oft gehen die Kritiker davon aus, daß »Göttin« mit »Muttergöttin« gleichbedeutend ist – als ob Frauen nur eine Funktion erfüllen würden. Wenn Bilder nichts Mütterliches an sich haben, kann es sich nicht um Göttinnen handeln. Jedoch weist Professor Gimbutas darauf hin, daß die Göttin verschiedene Aspekte an den Tag legte. Sie unterscheidet vier Kategorien von Gottheit im neolithischen »alten Europa«, und zwar:
1. generative Kräfte der Natur, besonders Geburt und Lebenserhalt, eine Kategorie, die die wachsenden Pflanzen und die Milch aus den Brüsten der Göttin einschließt,
2. Tod,
3. Erneuerung, das heißt Lebenszyklen,
4. männliche Gottheiten, die 3–5 Prozent der religiösen Darstellungen ausmachen und für gewöhnlich mit einer weiblichen Figur als der Geliebte oder Sohn der Göttin erscheinen.
Jeder dieser heiligen Bereiche leitet sich unmittelbar vom Körper und von seinem Ausdruck in Geburt, Tod und Sexualität ab.
Weibliche Bilder erscheinen in vielen Formen und in großer Fülle die Jahrtausende der Jungsteinzeit hindurch, ebenso wie schon zuvor in der Altsteinzeit. Außerdem er-

scheinen sie in größerer Mannigfaltigkeit. Wir finden sowohl wirklichkeitsgetreue Schnitzereien als auch fast geometrische »starre Nackte«, manchmal mit langem Hals und ohne Kopf. Man findet weiterhin geschnitzte Figurinen sowie überlebensgroße Statuen. Auf Malta stießen Ausgräber auf kleine, handliche Skulpturen einer gebärenden Göttin, einer auf einem Lager schlafenden Frau, einer Figur mit großen Brüsten und breiten Hüften in paläolithischem Stil, anderen Figuren mit flachen Brüsten und breiten Hüften, einige nackt, andere in Röcke gekleidet und so weiter. Aber sie entdeckten auch riesige Statuen, wie etwa die untere Hälfte einer großen, in Röcke gekleideten Figur; allein der Rock und die Beine erreichen eine Höhe von einem Meter.

Als Archäologen Jericho ausgruben (eine Stadt, die Jahrtausende älter war als der hebräische Bericht von ihrer Zerstörung), fanden sie in allen Räumen Göttinnenstatuen. Der biblische Ausdruck »Land, in dem Milch und Honig fließt« rührt wahrscheinlich von der Göttinnenreligion her, denn die Milch strömte aus ihren Brüsten, während die Bienen, die den Honig herstellen, über Jahrtausende hinweg bis in die klassische Zeit hinein der Göttin geweiht blieben.

Wie Jericho war Ninive (im Buch Jona als eine ganz und gar verruchte Stadt bezeichnet) eine blühende und kulturell entwickelte neolithische Stadt. Bei Ausgrabungen fand man kopflose Göttinnenfigurinen in hockender Gebärhaltung. Die Bibel bezeichnet beide Städte als böse, eben weil ihre Bewohner die Göttin anbeteten.

An verschiedenen Orten gefundene Baumodelle machen die Verbindung der Göttin zu Tempeln oder Wohnhäusern deutlich. Diese Modelle zeigen ein Gebäude, das vom Kopf oder von Kopf und Körper einer Frau gekrönt ist. In der Tat betrachten viele Menschen sogar in unserer heutigen Welt, beispielsweise die Dogon in Afrika, Häuser als den Körper einer Frau (die Dogon balancieren diese Sichtweise wieder aus, indem sie das ganze Dorf nach dem Umriß eines Mannes anlegen).

Mellaart bemerkt, daß sich zwar die Gebäude, die man in den Ruinen von Çatal Hüyük sehen kann, im Laufe der Jahrhunderte verändert haben, die Position bestimmter Dinge im Haus aber gleich geblieben ist. Dabei handelt es sich um die Leiter (die Menschen betraten das Haus über das Dach), den Herd und den Ofen. All diese Gegenstände lassen an den Körper der Göttin denken. Das Hinuntersteigen vom Dach mit einer Leiter könnte das Eintreten aus der großen Welt, dem Himmel, in den Schoß der Mutter symbolisiert haben. Der Herd gibt die Wärme des Lebens selbst ab, während der Ofen das Wunder der Schöpfung an den Tag legt. Wie wir in Kapitel 1 gesehen haben, fand Mellaart Göttinnenfigurinen auf den Ofen.

Die Herrin der Tiere

In den paläolithischen Höhlen legte die Beziehung zwischen Göttinnenbildern und den Tiermalereien die Vorstellung von der Göttin als Herrscherin über die Tiere oder, wie Buffie Johnson sie nennt, Herrin der Tiere nahe. In neolithischen Zeiten (und späteren Perioden) wird dieser Zusammenhang sehr viel deutlicher, und wir sehen die Göttin mit verschiedenen Tieren. Eine Malerei in Çatal Hüyük zeigt sie, wie sie, auf einem thronähnlichen Stuhl sitzend und von Löwen flankiert, ruhig und gelassen gebiert. Oft erscheint sie mit einem Vogelkopf oder mit Schlangen, die sich um ihren Körper winden. Tiere selbst verkörpern oft die Göttin, unter anderem Schlangen, Hirsche, Fische, Bären, Igel, Schmetterlinge, Schweine, Kröten und Frösche.
Diese Tiere waren nicht die Gottheit, sondern eher Verkörperungen ihrer großen und vielfältigen Macht. Mellaart fand keinen Nachweis für konkrete Tieranbetung in Çatal Hüyük. Vielmehr, so sagt er, wurde die Göttin in menschlicher Form dargestellt. Gleichzeitig verkörperten die Eigenschaften bestimmter Tiere Aspekte ihres menschlichen Körpers. So wurden die Kröte und der Frosch wichtig, weil ihre Form einer Frau ähnelt, die sich zum Gebären hin-

hockt. Die früheste bekannte ägyptische Gottheit, die Göttin Heket, nahm Froschgestalt an. Später erschien Heket als Hebamme bei der Geburt der Sonne.

Dem Stier und im besonderen dem Kopf und den Hörnern des Stiers kam in der neolithischen Zeit außerordentliche Bedeutung zu. In Çatal Hüyük finden sich Stierköpfe und -hörner oder *Bukranien* in einem Raum, der offenbar zum Gebären diente. Die verblüffende Ähnlichkeit zwischen dem Kopf und den Hörnern eines Stiers und der Gebärmutter und den Eileitern einer Frau fiel zuerst Dorothy Cameron auf, als sie mit James Mellaart zusammenarbeitete. Auf Sardinien fand man große Stierhörner in Grabstätten; möglicherweise symbolisieren sie die Wiedergeburt. Einige neolithische Gemeinschaften bestatteten Kinder unter dem Fußboden des Hauses und legten ihnen Bukranien bei.

Die Hörner von Kühen und Stieren ähneln dem zu- und abnehmenden Mond, was ihre Bedeutung für die Göttin erkennen läßt. Durch den Mond werden die Hörner mit der Körperkraft der Menstruation assoziiert. Vielleicht glaubten die Menschen, daß sich im Horn die enorme Vitalität des Stiers konzentrierte. Auf Kreta führten junge Männer und Frauen Spiele mit Stieren auf, indem sie die Hörner des Tiers umfaßten und akrobatisch über seinen Rücken schnellten. Wir wissen von dieser Sportart durch ein Fresko im Palast von Knossos. Auf diesem Fresko sind die Männer und Frauen fast identisch dargestellt, mit anmutigen und biegsamen Körpern, ganz anders als die steifen Matadore der späteren Jahrhunderte, die den Stier nicht als eine Quelle des Lebens ansehen, sondern als einen Weg, um ihre Macht über die Natur durch Unterwerfung und Gemetzel zu demonstrieren.

Interessanterweise sind die weiblichen »Stiertänzer« Hosenbeutel tragend dargestellt, so daß der Eindruck von männlichen Genitalien entsteht. Im Gegensatz dazu zeigen Bilder Männer in religiösen Zeremonien Röcke mit Volants tragend. Diesen Bildern entnehmen wir, daß die Kreter gewisse Aktivitäten wie etwa Sport und Stierspiele dem

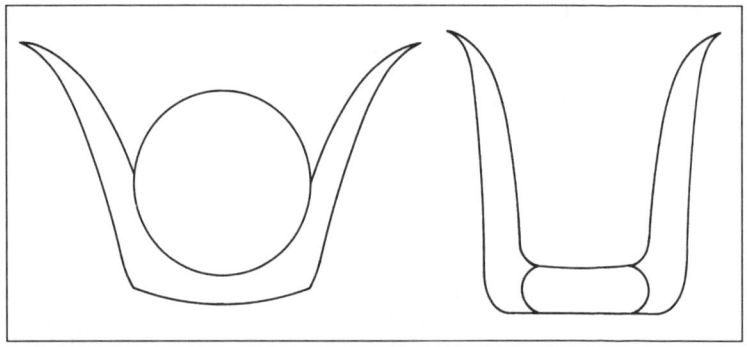

Darstellung der Isis-Krone (links), verglichen mit den kretischen Weihehörnern von Knossos/Kreta (rechts, nach Alexiou)

männlichen Element zuordneten, während andere wiederum, einschließlich der Opferung ebendieser Stiere, als weiblich galten. Wir müssen uns jedoch darüber im klaren sein, daß sie »männlich« und »weiblich« als *kulturelle Ideen* und nicht als biologische Tatsachen betrachteten. Sowohl Männer als auch Frauen konnten an allen möglichen Aktivitäten teilnehmen. Mit anderen Worten, die Anbetung ging vom weiblichen Körper aus, aber Männer konnten sich an ihr beteiligen, indem sie während des Rituals in gewissem Sinne weiblich wurden. Ähnlich gehörte der Sport offensichtlich zur männlichen Vitalität. Um sich dem anzupassen, wurden Frauen bei den Stierspielen einfach männlich. Diese geschlechtliche Flexibilität veranschaulicht die Vorstellung, auf die wir in Kapitel 1 eingegangen sind, daß nämlich Männer und Frauen letzten Endes aus ein und demselben ursprünglichen Körper hervorgehen. Anstatt eine rigide Struktur zu sein, wurde das Geschlecht für Männer und Frauen zu einem offenen Haus, in das man hinein- und wieder hinausgehen konnte.

Als Arthur Evans den kretischen Palast von Knossos ausgrub und »restaurierte« (womit er Anfang des 20. Jahrhunderts begann), fand er die Überreste einer großen abstrakten Schnitzerei von Hörnern, die seitdem als die »Weihehörner« bekannt sind. Sie ähneln der Krone der ägyptischen Göttin Isis.

Die Isis-Krone symbolisiert den Mond in seinen drei Phasen, und wir können annehmen, daß die kretischen Hörner ebenfalls den Mond darstellten. Die Hörner an der ägyptischen Krone brachten Isis außerdem mit der früheren Hathor, der ägyptischen Version der überall anzutreffenden Kuhgöttin, in Verbindung. Es ist sehr wahrscheinlich, daß die kretischen Weihehörner die Kuh oder den Stier darstellten. Evans fand sie am Fuß der Mauer mit Blick auf den Berg Jouchtas, den gehörnten Berg mit einem Höhlenheiligtum für die Göttin. Die künstliche Skulptur der Hörner rahmte wahrscheinlich die Sicht auf die größeren, von der Natur geschaffenen Steinhörner ein. Die Form der Weihehörner hatte ihren Ursprung jedoch nicht auf Kreta. Wir kennen sie aus der neolithischen Vinça-Kultur in Südosteuropa, 3000 Jahre vor ihrem Erscheinen auf Kreta.

Exkarnation

Die alten Völker könnten die Verbindung zwischen Stierkopf und Gebärmutter durch die Exkarnation beobachtet haben, einen Bestattungsvorgang, bei dem ein Leichnam vor der Beerdigung der Natur ausgesetzt oder aber für eine zweite Beerdigung exhumiert wird. Dabei könnten die Menschen nicht nur die Eingeweide des weiblichen Körpers, sondern auch die Gebärmutter gesehen haben, und wenn der Körper so daliegt, nehmen die Eileiter klar und deutlich die Form von Stierhörnern an.

In Çatal Hüyük und an anderen Orten wurde Exkarnation praktiziert, indem der Leichnam den Geiern zum Fraß vorgesetzt wurde, welche das verwesende Fleisch entfernten und nur die Knochen zurückließen. Knochen symbolisieren das ewige Sein, das nicht verfällt. In ihren Initiationstrancen erleben Schamanen oft, wie ihr Körper in Stücke zerrissen oder lebendig gekocht wird, so daß das Skelett freigelegt und dann mit Heilkraft erfüllt wird. Schamanen sollen die Fähigkeit erlangen, die Knochen einer Person durch das Fleisch zu sehen (weitere Einzelheiten zur schamanistischen Zerstückelung und ihrer Beziehung zum späteren griechischen Mythos, insbesondere zu Dionysos in Kapitel 7).

Geier als Ausführende der Exkarnation sind auf Wandmalereien in Çatal Hüyük sehr eindrücklich dargestellt. Eine Malerei, die sich über mehrere Wände erstreckt, zeigt stilisierte Geier mit großen besenähnlichen Schwingen und menschlichen Füßen. Die Füße weisen darauf hin, daß sie eher die Göttin verkörpern, als daß sie wirkliche Vögel darstellen.

In Çatal Hüyük vermischen sich die Bilder von Leben und Tod auf eine Weise, die uns vielleicht sonderbar vorkommt. Mellaarts Mitarbeiter entdeckten die Schädel von Geiern, Füchsen und Wieseln, die in Darstellungen von Brüsten eingebaut waren. Manchmal ragen die Mäuler dieser Tiere oder auch von Wildschweinen aus den Brustwarzen heraus. Mellaart beschreibt einen Schrein mit einem Stierkopf und Doppelbrüsten mit offenen Brustwarzen, aus denen Geierschnäbel hervortreten. Ein mit einer Reihe von Eberköpfen verziertes Gebäude war niedergebrannt. Als die Menschen es neu verputzten, wandelten sie das Maul eines jeden Ebers in eine weibliche Brust um.

Von unserem modernen Standpunkt aus neigen wir dazu, die Heiligkeit der Natur entweder als naiv oder als philosophisch zu betrachten. Das heißt, seitdem wir gelernt haben, Gott als von der Natur losgelöst zu sehen, nehmen wir an, daß Menschen, die Tiere oder etwas anderes direkt anbeteten, diese als Symbole für etwas anderes verstanden. Ich verwende in diesem Zusammenhang den Ausdruck »verkörpern«, um auf eine Alternative hinzuweisen, eine Alternative, die alten Völkern intellektuelle Feinsinnigkeit zuschreibt und sie (oder uns selbst) gleichzeitig nicht von der direkten Begegnung mit dem Heiligen im Lebewesen entfernt. Wenn man die Göttin in einem Geier oder Stier verkörpert sieht (und es gibt keinen Grund, warum die Göttin sich nicht zugleich in einem männlichen und weiblichen Tier, in Männern und zugleich in Frauen verkörpern kann), erkennt man, daß diese Wesen die lebendige Kraft des Göttlichen besitzen.

Bäume, Berge und andere Verkörperungen

Nicht nur von Tieren glaubte man, daß sie die Göttin verkörpern würden. Bäume, Wasser und sogar Steine und Berge brachten ihre Macht zum Ausdruck. Wir haben gesehen, wie viele der neolithischen Monumente, zum Beispiel Silbury Hill, über unterirdischen Wasserläufen gebaut wurden. Menhire, aufrecht stehende Steine, welche andere Funktionen und Bedeutungen sie auch immer haben mochten, verkörpern die Kraft der Erde, die sich vor uns erhebt. Berge im besonderen repräsentieren die Macht der Göttin. Auf Kreta fand Vincent Scully ein sich wiederholendes Muster von Palästen und Städten, die in Übereinstimmung mit gehörnten Bergen errichtet waren. Möglicherweise reicht diese Verehrung für gehörnte Berge bis in die neolithische Zeit zurück. James Mellaart erwähnt in seiner Beschreibung von Çatal Hüyük einen Vulkan mit zwei Gipfeln, in etwa 130 Kilometern Entfernung, und einiges deutet darauf hin, daß Menschen aus der anatolischen Gegend von Çatal Hüyük sich auf Kreta niederließen.

Bäume verkörperten die Göttin in der ganzen Jungsteinzeit und später. Gertrude Rachel Levy zufolge hielten die Ägypter den Maulbeerbaum für den »lebenden Körper« der Kuhgöttin Hathor, möglicherweise weil die Frucht eine weiße Flüssigkeit spendet. Als Maulbeerbaum säugte Hathor die Pharaokinder. Nach ägyptischen Texten ist der getötete Vegetationsgott Osiris in einem Maulbeerbaum eingeschlossen. Levy führt außerdem den Ursprung des hebräischen siebenarmigen Kerzenleuchters auf diese jungsteinzeitliche Baumgöttin zurück. Im 5. Buch Mose wird das Anpflanzen einer »Aschera«, also eines Baums oder Pfeilers, der die Göttin darstellt, neben den Altären des Jahwe verurteilt.

Ich könnte noch viel mehr Beispiele für den Baum als die Göttin anführen, besonders ihren Lebensbaum. In Donna Reads Film *The Goddess Remembered* erzählt ein Tempelaufseher auf Malta den Filmemachern vom Bild des Lebensbaums im Hypogäum (einem unterirdischen Tempel): »Der Baum war das Medium zwischen Mutter Erde und den Menschen.« In einer viel späteren Zeit als der neolithischen schrieb der Alchimist Paracelsus über Frauen: »Sie ist der Baum, der aus der Erde wächst, und das Kind ist der Frucht gleich, die von dem Baum geboren wird.« Schreine auf Kreta und an anderen Orten enthielten in der Mitte des Raums einen Pfeiler. Diese Pfeiler können Steinsäulen oder Stalagmiten dargestellt, aber auch Bäume symbolisiert haben. Vincent Scully beschreibt zylindrische Holzsäulen in kretischen Palästen als die Person der Göttin, eingeschlossen in einem »weiblichen Seinszustand«. Er schreibt: »Somit wird der ganze Palast zu ihrem Körper, so wie es die Erde selbst in der Steinzeit war.«

Ein Baum verbindet Himmel, Erde und Unterwelt miteinander. Außerdem steht er für das Leben selbst. Wo ein Baum wächst, kann Leben existieren, und diese Tatsache wird besonders in heißen Ländern geschätzt. Der Palast ist weiblich, weil er beschützt, umschließt, nährt – einem Tal gleich. Folglich wird ein Baum (eine Holzsäule) in einem Palast, der in einem Tal liegt, zu einem vielschichtigen Bild des Lebens, das innerhalb der schutzgewährenden Liebe der Göttin wächst.

Ein Baum verkörpert die Göttin in mehr als nur symbolischer Hinsicht. Ein Baum enthält die zur Lebensform konzentrierten Energien der Erde und der Sonne. Jeder Baum ist einzigartig und weist Formen auf, die an eine Person mit erhobenen Armen denken lassen. Besonders Olivenbäume können aufgrund ihrer Langlebigkeit die Göttin verkörpern. Mit zunehmendem Alter werden sie knorrig, mit Energie beladen, und nehmen zuweilen andeutungsweise weibliche Formen an, wie eine gebeugte alte Frau.

Wegen ihrer Form standen Pfeiler, aber auch Steinsäulen für Bäume. Die ganze Alt- und Jungsteinzeit hindurch dekorierten Menschen Stalaktiten und Stalagmiten mit Clustern von Brüsten. Mellaart schreibt, daß man fast überall Stalaktiten zusammen mit heiligen Figurinen fand. Der Tempel der Artemis im türkischen Ephesos, eines der sieben Wunder der Alten Welt, enthielt eine berühmte Statue der Göttin. Die Skulptur stellte sie als eine aufrechte Säule dar, einem Baum gleich, und ihr Torso war mit runden Halbkugeln wie Eier oder Brüste bedeckt.

In späteren Zeiten beteten die Menschen die Göttin als einen Stein an, der oft schwarz und / oder kegelförmig war. Kybele, die große Mutter der Götter, betrat Rom alljährlich auf zeremonielle Weise als ein kegelförmiger Meteorit, der in einem von Löwen gezogenen Wagen befördert wurde. Kybele war ursprünglich die Göttin von Phrygien, einem anderen Namen für Westanatolien. Monica Sjöö und Barbara Mor zufolge verehrte das Volk von Kanaan die Göttin Astarte auf dem Berg Sinai als einem Stein. Der Name *Sinai* bedeutet »Mondberg«. Die Kaaba, der in Mekka als Heiligtum aufbewahrte große schwarze Stein und Fokus der moslemischen Hadsch (der Pilgerreise), verkörperte ursprünglich die Göttin. Sjöö und Mor schreiben, daß die alten Araber Vulven auf ihre Oberfläche aufprägten. Als Priester die Macht der Priesterinnen übernahmen, erhielten sie den Titel *beni shaybah*, was »Söhne der Greisin« bedeutet.

Knoten

Nicht nur Aspekte der natürlichen Welt verkörperten das Wesen der Göttin. An vielen Orten symbolisierten Knoten ihre Macht, und Knotenbilder finden sich an den heiligen Pfeilern von unterirdischen Krypten. Oft wird bei Knotenzeichnungen das Seil eine Schleife bildend dargestellt; merkwürdigerweise ähnelt die Form des Knotens selbst der modernen Krawatte.

Ein Knoten scheint Levys Konzept von der Religion als eine fortandauernde Beziehung zu symbolisieren. Sie bezeichnet den Knoten als ein Emblem der Göttin auf Kreta und fügt hinzu, daß das ägyptische Zeichen Ank ein »geknotetes Symbol für Leben« war, das dem *Ägyptischen Totenbuch* zufolge vor »dem gehörnten Tor des gespaltenen Bergs« angebracht ist. Die Bedeutung von Hörnern und

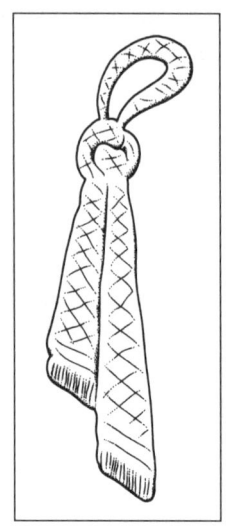

Darstellung des heiligen Knotens, Knossos/Kreta, ca. 1700 v. Chr. (nach Alexiou)

dem Berg mit zwei Gipfeln kennen wir bereits. Die ägyptische Göttin Isis hatte ebenfalls einen Knoten als Emblem. Ein in Palästina ausgegrabener Bleisarg war mit Knoten und Reben verziert, und als Archäologen ihn öffneten, stellten sie fest, daß der Mund des Skeletts mit Knoten aus Blattgold gefüllt war.

Wenn Knoten die Bande zwischen der Göttin und der Welt symbolisieren, stellen sie ebenfalls Zwänge dar, im besonderen sexuelle Zwänge. Wir lösen sie, um unsere Wünsche freizulassen. In vielen Kulturen öffnen verheiratete Frauen ihr Haar und lockern ihre Kleidung nur zum Geschlechtsakt oder zur Entbindung. Im Gegensatz dazu zeigen sich unverheiratete Jungfrauen in der Öffentlichkeit mit offenem Haar. In der modernen westlichen Kultur bezeichnen wir die Heirat noch immer als einen Bund, der »geknüpft« wird, und sprechen im englischsprachigen Raum von *letting one's hair down* (wörtlich: »sein Haar aufmachen«), wenn wir uns ungezwungen benehmen.

Aber Knoten symbolisieren mehr als Unterdrückung. Als eine menschliche Konstruktion repräsentieren sie Kultur, die Ideen und Bilder, die uns miteinander verbinden. Die Bedeutung des Knotens überlebte in späteren Kulturen im

166

Volkstum und in magischen Praktiken. Barbara G. Walker geht in ihrem Buch *Das geheime Wissen der Frauen* auf verschiedene magische Knoten ein, einschließlich besonderer Knoten, die Hebammen in die Nabelschnur schlingen. Der Knoten symbolisiert sowohl unseren Ursprung in unseren Müttern als auch unser Getrenntsein als einzelne Wesen. Ein Knoten bindet die magischen Kräfte des Lebens. Indem wir Knoten knüpfen, demonstrieren wir unser Wissen und unsere Fähigkeit, uns mit den Kräften der Welt zu befassen.

Der Gordische Knoten

Knoten symbolisieren auch Tradition. Viele von uns kennen die Legende von Alexander dem Großen und dem Gordischen Knoten. An diesem außerordentlich komplizierten Knoten waren verschiedene Möchtegerneroberer Asiens gescheitert, und eine Prophezeiung verkündete, daß, wer den Knoten lösen könne, Herrscher über ganz Asien werde. Alexander, wie wir voller Bewunderung erfahren, nahm einfach sein Schwert und schlug den Knoten durch (es ist nicht ganz klar, welche Lektion wir nach Meinung unserer Lehrer daraus lernen sollen – unsere Probleme zu zerschlagen, anstatt zu versuchen, sie zu lösen?). Diese kleine Mythe gewinnt an Tiefe, wenn wir herausfinden, daß Gordium die Hauptstadt von Phrygien war, Heimat der Kybele, der Großen Mutter (wie auch der Aphrodite, die sich im fünften Homerischen Gesang als eine Tochter Phrygiens bezeichnet). Barbara G. Walker schreibt, daß der Knoten die Bindung in der mystischen Ehe von Mutter und Sohn / Gemahl / König darstellte (man denke im Vergleich dazu an das moderne – negative – Bild von einem Mann, der an Mutters Schürzenzipfel hängt). Diesen Knoten durchzuhauen stellte eine Art Kindestötung dar, das Töten der Kinder der Göttin wie auch der Mordversuch an der Göttin selbst. Und tatsächlich brachte Alexanders Eroberung unzähligen Menschen den Tod sowie Vergewaltigung und Sklaverei.

Die vielschichtigen Aspekte des Knotens symbolisierten die Jahrtausende der Göttinnentradition, der Wissenschaft und des heiligen Wissens. Das durch Alexander verkörperte aufstrebende Patriarchat versuchte nicht, diese großartige Zivilisation zu verstehen oder gar ihre Glaubensvorstellungen und Strukturen zu ändern, indem es ihre vielfältigen Traditionen kennenzulernen versuchte. Statt dessen eroberte es sie einfach mit der Macht des Schwertes und tut es auch weiterhin – in Nord- und Südamerika, Australien, Afrika und seit kurzem mitten in den Regenwäldern, wo der als »Fortschritt« bekannte Völkermord ganze menschliche Kulturen ausrottet und Pflanzen- und Tierarten mit einer Rate von *drei Stück pro Stunde* aussterben läßt.

Und trotzdem bleibt der Knoten bestehen. Alexanders Erben bleibt eigentlich keine andere Wahl, als ihn auch weiterhin durchzuhauen, immer und immer wieder, denn der Knoten ist die Nabelschnur, die uns mit der Natur und dem Göttlichen verbindet, und er taucht immer und immer wieder aufs neue auf – wiederverknüpft mit jedem Baby, jedem Lebenszyklus.

Das Zeitalter der Erfindungen

Der Nachweis, daß die neolithische Kultur in Europa göttinnenzentriert, egalitär und gewaltlos war, ist schlagend. Das ist eine radikale Information, denn sie besagt, daß die menschliche Natur sich nicht zwangsläufig Gewalttätigkeit zu eigen macht. Krieg – und Ungleichheit – sind nicht unumgänglich. Viele Menschen sträuben sich gegen diese Idee und sagen, daß sie das gern glauben würden, aber bezweifeln, daß Menschen anders handeln könnten. In Wirklichkeit *möchten* sie es wahrscheinlich gar nicht glauben. Wir nehmen Krieg und Gewalt hin, indem wir uns versichern, daß wir keine andere Wahl haben, daß Menschen sich nicht anders verhalten können.

Genetisch betrachtet unterscheiden wir uns nicht von unseren Vorfahren. Aber unsere Kultur hat sich verändert und uns gelehrt, daß niemals etwas anderes existiert hat. Auch das ist die alexandrinische Eroberungsmethode, die Vergangenheit zu löschen. Wie wir gesehen haben, ist es kein Zufall, daß die Bibel uns erzählt, Gott habe die Welt vor 6000 Jahren vollständig geschaffen, und daß unsere Geschichtsbücher mit den ersten patriarchalen Kulturen anfangen und sie als den Ursprung der Zivilisation bezeichnen.

Einige Menschen, die die Friedlichkeit der neolithischen Zeit als Tatsache akzeptieren, erkennen zwar die Vorteile einer solchen »Stufe« in der menschlichen Kultur an, beharren aber darauf, daß die Menschheit sich zum Patriarchat »weiterentwickeln« mußte. Eine mutterzentrierte Kultur, so behaupten sie, wird zu statisch, zu selbstgefällig und leidet an Kreativitätsmangel. Das Patriarchat mag wohl Krieg und Gewalt und Sklaverei und Ungleichheit und die Entmündigung von Frauen mit sich bringen, aber es bringt (angeblich) auch Dynamik mit sich.

Dies ist Teil der Ideologie und des Irrtums des Primitivismus. Die matrifokale Gesellschaft war nützlich zu ihrer Zeit, so lautet das Argument, aber sie mußte der »wahren« Zivilisation weichen. Mutterliebe erstickt. Die menschliche Kultur kann sich unter einer Muttergöttin nicht entfalten. Wir sind von der Doktrin des »Fortschritts« so durchdrungen, daß es uns schwerfällt, in anderen Kategorien zu denken.

In Wirklichkeit war das Neolithikum möglicherweise die dynamischste Zeit in der menschlichen Geschichte. Es erlebte die Einführung des Ackerbaus, die Domestizierung von Tieren, den Wachstum von Handel und Verkehr, die Entwicklung der Schrift und Mathematik, die Erfindung von Töpferei, Haus- und Tempelbau, Monumentalbauten, Astronomie und zweifellos von Begriffssystemen, von denen uns keine Aufzeichnungen vorliegen. Außerdem schwächte der Wechsel zum Patriarchat die Zivilisation, anstatt sie zu stärken, denn dieser Wechsel ging durch Krieg und Eroberung vonstatten. Als Angehörige der mykenischen Kultur Griechenlands in Kreta einfielen, übernahmen sie einen Großteil der kretischen Kultur und Religion, einschließlich der Göttinnenanbetung. Aber dadurch, daß sie soviel von ihren Kräften für den Krieg und für den Reichtum eines einzigen Anführers einsetzten, erreichten sie keineswegs die Lebensqualität, die die Kreter zuvor genossen hatten. Als die späteren Dorer in Griechenland einfielen und ihr Pantheon von Kriegsgöttern mitbrachten, setzten sie das in Gang, was Altphilologen »das dunkle Zeitalter« nannten, eine 400 Jahre währende Zeit, in der die Griechen (laut Vincent Scully) nichts Beständiges oder Wesentliches erbauten. Die Errichtung großer Bauwerke ist jedoch nicht der einzige Maßstab für eine Zivilisation. Es ist fast genau 400 Jahre her, daß barbarische Eindringlinge aus Europa mit der Eroberung Nordamerikas begannen, einer Eroberung, die bis auf den heutigen Tag andauert. Trotz der Dynamik – und großer Bauwerke –, die sich aus diesem Eindringen ergeben haben, werden die eingeborenen Völker des Kontinents diese vergangenen 400 Jahre höchstwahrscheinlich als das dunkle Zeitalter betrachten.

Thesen über die schöpferische Kraft

Die Idee, daß die Gesellschaft für schöpferische Kraft die männliche Energie benötigt, statt der vereinten Energie von Frauen und Männern, ruft ein sehr altes Vorurteil wach, das vielleicht so alt ist wie das Patriarchat selbst. Frauen erschaffen aus ihrem Körper heraus. Irgendwann haben wir gelernt, daß das nichts mit »echter« Kreativität zu tun hat, daß echte Kreativität vom Kopf, von abstraktem Denken ausgeht. Und wir haben gelernt, daß Männer sich aufgrund ihrer Männlichkeit darin hervortun. Es ist, als dächten wir, daß die Welt sich irgendwie ins Gleichgewicht bringen muß, indem Frauen die Fähigkeit verliehen wird, Babys hervorzubringen, und Männern die Fähigkeit, Ideen hervorzubringen – und daß Ideen besser sind als Babys. Schließlich sagt uns das Vorurteil, daß jede Frau ein Baby bekommen kann. Dazu bedarf es keiner besonderen Begabung. *Denken* erfordert Begabung. Und Männer denken angeblich besser als Frauen. Angeblich sind Frauen an ihre Körper gebunden, einfach weil sie andere Körper in ihrem Inneren wachsen lassen können, während Männer, dem männlichen, überirdischen Gott gleich, auf einer abstrakten Ebene, losgelöst von ihren Körpern, existieren.

Diese uralte Verdrehung führt zu falschen Begrifflichkeiten. Von Frauen, die denken, künstlerisch tätig sind, oder einfach außer Haus arbeiten, meinen wir, daß sie Männer imitieren. Manche finden, daß diese Frauen den Frauen mit Kindern überlegen sind, die wir als »Kühe« bezeichnen – nicht wissend, daß die Kuh einst für Menschen überall in der Welt Gott symbolisierte. Für andere dagegen sind Frauen mit Kindern den denkenden Frauen überlegen, eben weil sie ihrer »wahren« Natur folgen.

Nichts deutet darauf hin, daß irgendeine tatsächliche Spaltung zwischen der Kreativität des Körpers und der Kreativität des Geistes oder zwischen weiblicher und männlicher Kreativität existiert. Wir können annehmen, daß viele der neolithischen Neuerungen von Frauen ausgingen. Wenn zum Beispiel im Paläolithikum Frauen die Pflanzen sammelten (wie es in den meisten Jäger-Sammler-Gesellschaften der Fall ist, die wir aus historischen Zeiten kennen), dann klingt es plausibel, daß Frauen die Vorgänge des Säens und Wachstums beobachteten, was schließlich zum Ackerbau führte. Aufgrund derselben Logik könnten männliche Jäger durch ihr gründliches Tierwissen den Weg zur frühen Zähmung von Schafen und anderen Arten gebahnt haben.

Die Tätigkeit des Jagens erfordert, daß Männer still bleiben und sich mit Hilfe von Zeichen verständigen (eine Sprache des Körpers). Als Nahrungssammlerinnen und Hüterinnen der Kinder werden Frauen sich mit Worten verständigt haben. Folglich könnten die Erfindung der Schrift sowie· naturwissenschaftliche Kenntnisse und andere intellektuelle Systeme, die die Mitteilung komplexer Informationen einschlossen, von Frauen ausgegangen sein. Eine solche Vermutung können wir nicht beweisen. Es gibt keinen Grund für die Annahme, daß Frauen die menschliche

Kultur ganz allein ins Leben gerufen haben, genausowenig wie es keinen Grund gibt, die landläufige These (die man noch immer in den meisten Büchern über die Vorgeschichte findet) zu akzeptieren, daß Männer alles erfunden haben, während Frauen einfach nur Kinder hatten. Wir können nicht einmal die Vermutung anstellen, daß nur die Männer jagten, während die Frauen nur mit dem Sammeln von Pflanzen beschäftigt waren. In der Felskunst am Rande der Sahara in Afrika finden wir Darstellungen von Gruppen weiblicher Jäger.

So wie unsere Gesellschaft uns lehrt, daß »Männer denken und Frauen tun«, lehrt sie uns auch, daß das Denken in keiner Verbindung zum Körper steht. »Ich denke, also bin ich.« (Vicki Noble geht auf eine alte Inschrift ein, die sich mit »Ich habe Brüste, also bin ich« übersetzen läßt.) In unserer Zeit erleben wir, wie Wissenschaftler und Ingenieure, die sich mit der Entwicklung von Waffen beschäftigen, voller Erregung Systeme »erschaffen«, die dafür bestimmt sind, Menschen in großer Zahl zu töten, und diese geistige Arbeit überhaupt nicht mit dem Tod wirklicher Menschen in Verbindung zu bringen scheinen. Und dennoch mischt sich der Körper ein. Im Pentagon-Slang werden moderne Raketen und Bomben als »sexy« bezeichnet. Als Wissenschaftler in Los Alamos die erste Atombombe zündeten, reichten sie Zigarren herum und verkündeten: »Das ist ein Junge.«

Die Aufwertung des abstrakten Denkens und die Zuweisung einer solchen Kreativität an Männer ist vielleicht mit der Notwendigkeit entstanden, die offensichtlichste Tatsache unserer Welt zu bestreiten, daß nämlich Frauen aus ihrem Körper erschaffen. Sich Gott als weiblich vorzustellen, stellt kaum Probleme dar. Die Frau gebiert, und das gleiche tut die Göttin. Ein Problem taucht nur auf, wenn Männer sich zum einen von Frauen lossagen und zum anderen die Herrschaft über Frauen und die Welt errichten wollen. Dazu müssen sie die schöpferische Kraft von der Natur trennen. Nur dann können sie sich einen männlichen Gott, der das Universum erschafft, vorstellen.

Einige Mythen über die männliche Schöpfung schildern, wie der Schöpfergott sich selbst aufschneidet, um die Welt aus seinem Körper hervorzubringen. Wir können uns vorstellen, daß Männer dieses Bild ablehnen: Es ist mit einer offensichtlichen Nachahmung dessen verknüpft, was Frauen auf ganz natürliche Weise tun. Wie befriedigender ist es doch, einen Gott vorauszusetzen, der aus »reinen« (körperlosen) Gedanken erschafft, der den Kosmos und das Leben erschafft, einfach indem er spricht oder, noch besser, aus einem Buch heraus, da die Männer es den Frauen verboten, lesen zu lernen (im September 1996 rissen fundamentalistische moslemische Rebellen in Afghanistan die Macht an sich. Als nahezu erste Maßnahme untersagten sie den Schulbesuch für Mädchen). In den vergangenen 150 Jahren haben wir angefangen, aus diesem besonderen Aspekt unseres eigenen dunklen Zeitalters herauszutreten. Und dennoch haben die alten Anmaßungen noch immer viel Macht, denn unsere Kultur hat sie über 50 Jahrhunderte hindurch in uns gefestigt. Die Entdeckung von göttinnenzentrierten Kulturen in der neolithischen Zeit und ihre großartigen Errungenschaften können helfen, uns von solch eingeschränkten Ansichten über die Kreativität von Frauen und Männern zu befreien.

Wie konnte das alles vergehen?

Was geschah mit der Welt der neolithischen Menschen? Wie und warum wandelte sich die menschliche Kultur von einer friedlichen, dynamischen, auf der Natur und der Göttin basierenden Gesellschaft zu einer, die auf Krieg, Klassenstruktur, Ungleichheiten zwischen Männern und Frauen und einem männlichen Gott, der Angst und Gehorsam fordert, beruht? Wenn eine matrifokale Kultur wirklich Zehntausende von Jahren lang existierte und diese Zeit die Entwicklung von Wissenschaft und einer strukturierten Zivilisation, einschließlich Städtebau und Ackerbau, erlebte, warum gaben die Menschen sie auf? Wenn wir das Patriarchat nicht als einen notwendigen und unvermeidlichen Schritt in der menschlichen kulturellen Evolution betrachten, wie kam es dann soweit?

Mehrere Autoren haben detaillierte Berichte über die patriarchale Machtübernahme, hauptsächlich in Europa und im Nahen Osten, vorgelegt. Merlin Stone spürt den Veränderungen nach, die in Palästina vor sich gingen. Marija Gimbutas gibt eine ausführliche Chronologie des Wandels in der Gegend wieder, die sie als das alte Europa bezeichnet. Sie beschreibt die indoeuropäischen Invasionen aus den »Randzonen« der Zivilisation, wie sie sie nennt, und zeigt auf, wie sie die älteren Symbole der Göttinnenkultur verzerrten und ersetzten. Der Stier zum Beispiel veränderte sich von einem Symbol für Vitalität und die Gebärmutter zu einer Epiphanie des Donnergottes.

Feministische Darstellungen des Untergangs der matriarchalen Kultur in Europa schreiben den Umschwung in der Regel Stammesgruppen zu, die einen männlichen Kriegergott anbeteten. Aber sie gehen von einer falschen Voraussetzung aus. Wie entwickelten diese Gruppen ihre auf Krieg beruhende Ideologie?

Die Entdeckung der Vaterschaft

Viele Menschen nehmen an, daß das Patriarchat entstand, als Männer ihre Bedeutung bei der menschlichen Fortpflanzung entdeckten. Dieser Behauptung zufolge war den frühen, »primitiven« Menschen der Zusammenhang zwischen Sexualität und Schwangerschaft nicht klar. Schließlich werden Frauen nicht nach jedem Geschlechtsverkehr schwanger, und eine Schwangerschaft ist auch nicht sofort spürbar. Die Frauen wurden für ihre magische Fähigkeit, Babys zu erzeugen, verehrt und gefürchtet, aber als die Männer ihre eigene Rolle bei diesem Prozeß herausfanden, wurden sie arrogant und hoben die männliche Überlegenheit hervor.

Diese Theorie scheint mir auf mehreren fragwürdigen Voraussetzungen zu beruhen. Warum sollte die Entdeckung der Vaterschaft zwangsläufig zur männlichen Machtergreifung führen? Die Idee rührt offensichtlich von dem alten Glauben her, daß das Matriarchat die einzige Alternative zum Patriarchat darstellt. Mit anderen Worten, als die Menschen nichts von der Bedeutung der Männer wußten, gaben sie den Frauen alle Macht, die die Männer unterdrückten. Als die Männer ihren Wert entdeckten, unterdrückten sie daraufhin die Frauen. Welcher innere Grund sollte Menschen dazu veranlassen, sich so zu verhalten? Die Entdeckung der Vaterschaft beseitigte nicht die Bedeutung der Frauen, die schwanger wurden. Männer steuern zwar das notwendige Sperma bei, aber das Baby muß dennoch in der Frau wachsen. Es bedarf einer äußersten Verzerrung der offensichtlichen Tatsachen, um den Männern alle Macht zu geben. Genau das haben einige patriarchale Kulturen getan. Die Griechen entwickelten die Idee, daß der Mensch ganz und gar im Sperma existiert und die Frau lediglich als ein Gefäß, als Brutkasten dient, damit das Kind so lange wächst, bis es ins Leben eintreten kann. Gerade eine solche Verzerrung der Wirklichkeit führt zur Spaltung von Denken und Beobachtung, von religiöser (und wissenschaftlicher) Ideologie und Natur. Aber wir können nicht im Ernst annehmen, daß Menschen von Natur aus oder zwangsläufig derartig verzerrte Ideen entwickeln.

Eine grundsätzlichere Frage ist, warum wir davon ausgehen sollten, daß die Steinzeitmenschen nichts vom männlichen Beitrag zur Fortpflanzung wußten. Wir können annehmen, daß Menschen, die mehrere tausend Jahre lang Tiere domestizierten und Herden verschiedener Arten züchteten, sehr wohl die Mechanismen der geschlechtlichen Fortpflanzung verstanden. Und selbst in der Altsteinzeit lassen die intensive Beobachtung von Tieren, das Verbinden von phallischen Darstellungen mit Bildern von Vulven und dem Göttinnenkörper sowie der Gebrauch von rotem Ocker, der möglicherweise Menstruation und Geburt symbolisieren sollte, an die Möglichkeit denken, daß auch diese Menschen um die Fortpflanzung wußten. Die eingeritzten Zeichen in Knochen und anderen Gegenständen sollten vielleicht dazu dienen, die Monate der Schwangerschaft zu zählen, was auf das Wissen hinweist, daß die Empfängnis mit dem Geschlechtsverkehr beginnt. Das Konzept der männlichen Überlegenheit rührt nicht von irgendwelchen Naturbeobachtungen her, sondern ganz im Gegenteil – von einer Ideologie, die bewußt die Wirklichkeit auf den Kopf stellt, um sich selbst zu rechtfertigen.

Eine leicht abgewandelte Theorie über die Unwissenheit der Vaterschaft fußt auf der Vorstellung, daß Frauen und Männer überwiegend getrennt voneinander lebten. Die Befürworter dieser Theorie weisen darauf hin, daß Frauen wahrscheinlich den Ackerbau entwickelten und die Städte verwalteten, so daß sie, abgesehen von der Fortpflanzung, keine Männer brauchten. Weiterhin gibt diese Theorie zu verstehen, daß Frauen um die Mechanismen der Fortpflanzung wußten, aber den Männern diese Information bewußt vorenthielten, um sie an den Rand der Gesellschaft zu drängen. Die Männer, die kaum etwas anderes zu tun hatten, als ihre Kraft auf die Probe zu stellen, schlossen sich allmählich zu plündernden Banden zusammen, die die Macht der Gewalt zu entdecken begannen. Als sie ihre eigene Bedeutung in der Fortpflanzung entdeckten, rissen sie die Macht gänzlich an sich. In dieser Behauptung wird von der Randstellung der Männer in einer matrifokalen Kultur ausgegangen, was sich aber aufgrund der Grabfunde und der Kunst nicht belegen läßt.

Gesetze zur Unterdrückung von Frauen

Vieles von dem, was wir für natürlich oder grundlegend für Menschen halten, kann seinen Ursprung in der Notwendigkeit des Patriarchats haben, Frauen zu unterdrücken, um dessen Strukturen aufrechtzuerhalten. In vielerlei Hinsicht rührt unsere Sexualmoral überwiegend von der Institution der patrilinearen Abstammung her, das heißt, der Besitz geht vom Vater auf den Sohn über, anstelle des älteren matrilinearen Musters, dem zufolge der Besitz von der Mutter an die Tochter fiel. Im Falle der mütterlichen Erbfolge ergeben sich wenig Probleme, da alle Kinder, sowohl Söhne als auch Töchter, mit Sicherheit wissen, wer sie auf die Welt gebracht hat. Wenn jedoch der Besitz über die männliche Linie vererbt wird, wie stellt dann ein Mann sicher, daß ein männliches Kind wirklich sein Sohn ist? Die Kontrolle der Vaterschaft bedeutet die Kontrolle der Frauen und der Früchte ihrer Körper. Gesetze müssen eingeführt werden, damit eine Frau mit einem Mann und nur mit einem Mann schläft. Sie muß bis zur Heirat Jungfrau bleiben und darf sich niemals einen anderen Liebhaber als ihren Ehemann nehmen. Um sicherzustellen, daß dieses System funktioniert, müssen Frauen davon überzeugt werden, daß sie sich »Sittsamkeit« wünschen und ihnen Monogamie leichtfällt. Es bedarf hoher Strafen für Frauen, die »vom rechten Weg abkommen« oder sogar Opfer einer Vergewaltigung werden. Das erklärt, warum patriarchale Gesetzgebungen das Vergewaltigungsopfer zuweilen genauso ächten und bestrafen wie den Vergewaltiger.

Sind Frauen von Natur aus monogam? Wollen Frauen instinktiv einen Partner finden und niemals herumstreifen? Nach fünftausend Jahren Patriarchat fällt es schwer zu sagen, wieviel von unserem Verhalten, sogar von unseren Wünschen aus unserem Wesen kommt und wieviel aus kulturellen Mustern.

In der Schule lernen wir, daß Zivilisationen mit großen Gesetzgebern – Moses, Hammurabi, Konfuzius, Solon, Zarathustra, Mohammed – ihren Anfang nahmen, die die Menschheit durch die Einführung von Sittengesetzen aus Unwissenheit und Aberglauben befreiten. Heute wissen wir, daß die menschliche Kultur sich zu einer sehr hohen Stufe der Organisation und Technologie entwickelt hatte, lange bevor diese Figuren ihre patriarchalen Systeme errichteten. Und wenn wir uns diese Gesetzbücher näher ansehen, stellen wir fest, daß sie in allen Fällen mit der systematischen Beschränkung von weiblicher Macht, weiblichen Eigentumsrechten, weiblichem Wissen und weiblicher Bewegungsfreiheit verbunden sind. Die mosaischen Gesetze machen Frauen zum Besitz erst ihrer Väter und dann ihrer Ehemänner, so daß ein Mann buchstäblich seine Braut vom Vater der Frau kauft. Frauen dürfen nicht an religiösen Feiern teilnehmen, und die Sexualität von Frauen wird in hohem Maße eingeschränkt. »Solon der Gesetzgeber«, wie er in Griechenland genannt wurde, führte im alten Athen den Arrest von Frauen ein, indem er es sogar für ungesetzlich erklärte, daß Frauen die Höfe ihrer Männer verließen und auf die Straße gingen. Diese Einschränkung hielt Frauen nicht nur von Macht und Besitz fern, sondern hinderte sie auch daran, sich miteinander auszutauschen und ihre Gedanken, Wünsche und Erfahrungen zu teilen.

Die Dämonisierung von Frauen

Der zoroastrische Schöpfungsmythos, wie er in dem späten Text, dem *Bundahish*, aufgezeichnet ist, vermittelt uns eine Vorstellung von dem Bild der Frauen, das von den großen patriarchalen Gesetzgebern entworfen wurde. Hier wird beschrieben, wie das Prinzip des Bösen, Angra Mainyu, eingeschlafen war, nachdem es den Bösen Geist und die Lüge erschaffen hatte. Ein weiblicher Dämon namens Jahi erschien und weckte ihn. Sie versprach, Elend in die Welt zu bringen, »den gerechten Mann« und die Tiere, das Wasser, Pflanzen, selbst das Feuer und die ganze Schöpfung zu vergiften.

Joseph Campbell zufolge bedeutet der Name *Jahi* »Menstruation«. Ein gesonderter Text berichtet von einem Besuch im zoroastrischen Jenseits, wo, wie in Dantes *Göttlicher Komödie*, der Besucher Seelen sieht, die einer individuellen Folter unterworfen werden. Er sieht die Seele einer Frau, die gezwungen wird, becherweise von »der Unreinheit und dem Schmutz von Männern« zu trinken. Er fragt sie, welches Verbrechen zu dieser Strafe geführt habe, und erfährt, daß die Frau »sich während der Menstruation Wasser und Feuer genähert hat« (aus Joseph Campbell, *Mythologie des Westens*).

Das Muster der »Fortschritte« in der Zivilisation auf Kosten der Frauen hielt bis in moderne Zeiten hinein an. Wir haben gelernt, die Renaissance für ein großes kulturelles Erwachen, eine Zeit der Wiedergeburt aus Unwissenheit und Angst zu halten. Erst kürzlich haben feministische Historikerinnen dargelegt, daß Frauen im Mittelalter ein gewisses Maß an Macht und Einfluß ausübten und wirtschaftliche und gesetzmäßige Rechte innehatten und daß sie in der Renaissance dieser Rechte systematisch beraubt und in wirtschaftlicher Hinsicht ihren Ehemännern ausgeliefert wurden. Ähnlich entwickelte sich der Aufstieg der modernen Medizin auf Kosten der Hebammen und Dorfheiler, von denen die meisten Frauen waren. Die Hexenverbrennungen, die den Tod unzähliger Frauen, möglicherweise Millionen, herbeiführten, fanden nicht im Mittelalter statt, wie die meisten Menschen glauben, sondern in der Renaissance, als die Medizin zu einem »Beruf« wurde und eine formelle Ausbildung erforderte, die nur Männern zugänglich war. Um den Frauen die Macht des Heilens zu entreißen, brandmarkte die Gesellschaft die Heilerinnen als Teufelsanbeterinnen, die angeblich ihren Körper dem rituellen Geschlechtsverkehr mit Dämonen hingaben.

Weltweit verbreitete Muster

Das Rätsel des Übergangs von der matristischen zur patriarchalen Gesellschaft wird noch komplizierter, wenn wir feststellen, daß Völker in der ganzen Welt, in vielen verschiedenen Kulturformen, einschließlich nichttechnologischer Jäger-Sammler-Gesellschaften, Anzeichen für den Vollzug des Übergang von frauenzentrierter zu männerzentrierter Macht aufweisen.
Viele dieser Belege sind in den Mythen zu finden. Dem üblichen Muster zufolge wird eine archaische Göttin von einem männlichen Gott, der daraufhin als allmächtig in Erscheinung tritt, unterworfen, dämonisiert und oft zerstückelt. Andere Geschichten erzählen von einer Zeit, in der Frauen einfach aufgrund ihrer weiblichen Körper

große Macht besaßen; dann erhoben sich die Männer und rissen die Macht an sich. Wieder andere erteilen eine »moralische« Lektion über die Rechtmäßigkeit männlicher Herrschaft, der jedoch das Bewußtsein zugrunde liegt, eine ältere Ordnung verändert zu haben.

Gleich werden wir uns mit einigen dieser Mythen näher befassen, aber zuerst müssen wir bedenken, was sie uns insgesamt sagen. Die Mythen und archäologischen Funde scheinen ein weltweites Muster der Macht anzudeuten, die den Frauen weggenommen wurde. Viele Autoren und Autorinnen, einschließlich vieler Feministinnen, bezweifeln, daß es geschichtlich gesehen einen Zeitpunkt gab, zu dem Männer die Macht an sich rissen. Sie argumentieren, daß Mythen über matrifokale Gesellschaften und Frauenmacht ihre Ursache eigentlich in Befürchtungen der Männer und ihrer Angst vor Frauen haben. Einige Feministinnen betrachten Mythen über die einstige weibliche Macht als Rechtfertigung der Männer dafür, Frauen auszubeuten und zu unterdrücken. Peggy Sanday führt in ihrem Buch *Female Power and Male Dominance: On the Origins of Sexual Inequality* an, daß Geschichten von der früheren weiblichen Herrschaft darauf hinweisen, daß Frauen in der bestehenden Gesellschaft eine »erhebliche informelle Macht« ausüben, eine Macht, die die herrschenden Männer beunruhigt.

Aber warum sollten wir unberücksichtigt lassen, was die Mythen eigentlich alles sagen? Wenn Männer in einer bestimmten Kultur tatsächlich sagen: »Frauen hatten einst die Macht inne, aber wir haben sie ihnen weggenommen« (und aus einigen Stammesberichten geht ganz genau das hervor), warum sollten wir annehmen, daß sie diese Geschichte nur erfunden haben – besonders wenn die archäologischen Funde, zumindest in Europa, derart überzeugend auf Gesellschaften schließen lassen, die sich auf die (heilige und schöpferische) Macht von Frauen konzentrierten? Und es gibt noch einen anderen Punkt zu bedenken: Wenn die Mythen männliche Ängste vor der »formlosen« Macht der Frauen widerspiegeln, könnte diese Angst von etwas Tiefergreifendem herrühren als beispielsweise der wirtschaftlichen Macht von Frauen auf dem Marktplatz. Weibliche Macht kann niemals vergehen, um welche gesellschaftliche Struktur es sich auch handeln mag, denn sie beruht letzten Endes auf dem wunderbaren weiblichen Körper, dem Körper, der mit dem Mond blutet und der – sowohl Jungen als auch Mädchen – neues Leben spendet.

Lilith

Die Methode, Mythen und Religion zu benutzen, um Frauen zu beherrschen, war sowohl mit moralischen Lektionen als auch mit Dämonisierung verbunden. In einer typischen Geschichte agiert eine Frau oder Göttin auf eine bestimmte Weise, was Unheil zur Folge hat. Eine andere weibliche Figur benimmt sich in der »richtigen« Weise, und die Welt kommt wieder in Ordnung. Diese Mythen rechtfertigen die männliche Herrschaft als notwendig, um das angebliche Chaos zu verhindert, das entsteht, wenn Frauen die Macht übernehmen. Gleichzeitig weisen oft gerade diese Geschichten auf frühere Gesellschaften hin, in denen Frauen mehr Macht ausübten, und sehr oft haben diese Geschichten mit Sexualität oder einem anderen Aspekt des Körpers zu tun.

Die alten Israeliten entwickelten viele ihrer mythologischen und legendären Themen während ihres Exils in Babylon. Beispielsweise könnte sich der Turm von Babel auf die Zikkurats (stufenförmige Tempeltürme) in Babylon beziehen, für deren Errichtung Sklaven aus vielen verschiedenen Ländern eingesetzt wurden. Feministische Wissenschaftlerinnen betrachten Mesopotamien oder Babylon als ein Übergangsland mit einer älteren, noch immer vorhandenen Göttinnenkultur, die jedoch unter dem Patriarchat massiv entstellt wurde. Die babylonische Göttin Lilith wurde auf eine Weise verändert, die etwas über die Israeliten selbst aussagt.

Lilith, deren Name »schreiende Eule« bedeutet, wurde zum Mittelpunkt einer Reihe von hebräischen Legenden, in denen sie als Adams erste Frau bezeichnet wird. Diesen Geschichten zufolge schuf Gott Adam und Lilith gleichzeitig aus der gleichen Erde (der Name »Adam« leitet sich von dem hebräischen Wort *adama* ab, das »Boden« bedeutet; ähnlich ist das lateinische Wort *humanus* auf *humus*, »Erde«, zurückzuführen). Eine andere Version der Geschichte enthält das radikale Detail, daß Gott Adam aus Erde schuf, Lilith aber aus Schmutz und Kot. Als sie den Geschlechtsverkehr vollziehen wollten, weigerte sich Lilith, unter Adam zu liegen, und sagte, Gott habe sie als gleichwertige Wesen erschaffen. Für diese Sünde verbannte Gott sie und erschuf Eva. Da Eva aus Adam hervorging, zeigte sie die angemessene Unterwürfigkeit.

Der Comicbuch-Autor Neil Gaiman ist auf eine andere hebräische Geschichte gestoßen, in der ein weibliches Schöpfungswesen zwischen Lilith und Eva geschildert wird. Gott stellte den Körper dieser namenlosen Frau Stück für Stück her, von innen nach außen, während Adam zusah. Adam weigerte sich, mit ihr zu schlafen, weil, wie es in der hebräischen Geschichte heißt, »er sie voll von Absonderungen und Blut sah«.

Wir können die Geschichte von Lilith und Eva (und ihrer namenlosen Schwester) einfach als eine Fabel betrachten und die Frauen an ihrem Platz lassen – oder wir können sie als einen Hinweis auf eine Zeit verstehen, in der Frauen und Männer gleichberechtigt waren. Um diese Gleichheit zu beenden und sicherzustellen, daß Frauen eine minderwertige Position als »natürlich« akzeptierten, dachten sich die Rabbis diese moralische Lektion aus.

Zusätzlich zu ihren »politischen« Bedeutungen sagen uns die Mythen von Adams anderen Frauen etwas über die Ängste vor dem Körper. Lilith, eine naturverbundene Frau, geht aus Kot hervor. Adam konnte seine zweite Frau nicht ertragen, weil er die inneren Funktionen ihres Körpers gesehen hatte. Im Gegensatz dazu entsteht die zauberhafte Eva aus Adam heraus und nicht aus den natürlichen Prozessen der physischen Welt.

Eine esoterische Interpretation

Das als die Kabbala bekannte, spätere jüdische System esoterischer Ideen, das vom 12. Jahrhundert bis zum 16. Jahrhundert blühte, wiederbelebte die Vorstellung der Gleichheit zwischen Mann und Frau und bezeichnete Gott sogar als androgyn. Einer früheren talmudischen Interpretation folgend, behaupteten die Kabbalisten, daß der Satz im 1. Buch Mose »... und schuf sie als Mann und Weib« Gott als männlich *und zugleich* weiblich beschreibt. Darauf überarbeiteten sie die Geschichte von Evas Schöpfung aus Adams Rippe, die Geschichte, auf die die meisten strenggläubigen Christen und Juden verweisen, um zu beweisen, daß Frauen unbedeutendere Wesen sind. Dieser späteren Version zufolge schuf Gott Adam als androgynes Geschöpf, als Mann und Frau gleichzeitig, die am Brustkorb miteinander verbunden waren. Aber dieses Geschöpf hatte keinen Gefährten, mit dem es Erfahrungen austauschen konnte. Aus diesem Grund trennte Gott die beiden Teile voneinander. Die Geschichte, daß eine Frau aus Adams Rippe erschaffen wurde, wird zu einer Metapher für diese Trennung (in einigen Versionen wird Lilith und nicht Eva als der andere Teil des hermaphroditischen Adam genannt).

Obwohl diese Geschichte von den mittelalterlichen Kabbalisten stammt, erinnert sie an viel ältere Geschichten. Zoroastrische Mythen enthalten die Vorstellung, daß Ahura Mazda ein androgynes erstes Wesen trennte. Platon erzählt eine Geschichte von Gott – Zeus -, der ein ehemals vollständiges menschliches Wesen in zwei Hälften teilt. Im *Symposion* läßt Platon Aristophanes beschreiben, wie Prometheus halb männliche und halb weibliche Menschen erschafft. Wütend über diese gottesähnliche Vollkommenheit, spaltet Zeus sie mit einem Blitz. Platon erzählt, daß einige der ursprünglichen Wesen doppelte Männer oder doppelte Frauen waren, was die homosexuelle Liebe erklärt.

Diese verschiedenen Geschichten spiegeln vielleicht das Geheimnis der beiden Geschlechter und die Art, wie sich

Menschen nach einem Partner sehnen, wider – sie könnten aber auch auf eine frühere Gesellschaft hinweisen, die sowohl das Weibliche als auch das Männliche als Teil einer größeren physischen Wirklichkeit anerkannte.

Ein japanisches Geschwisterpaar

Ein japanischer Mythos erteilt eine ähnliche Lektion wie der von Lilith. Die Geschichte erzählt, wie verschiedene Geschöpfe durch die Handlungen eines Bruders und einer Schwester, Gott und Göttin, Izanagi und Izanami, der »Mann, der einlädt« und die »Frau, die einlädt«, entstehen. Als sie sich begegnen, bewegen sie sich im Kreis um einen »Erhabenen Himmlischen Pfeiler« – ein Hinweis auf einen älteren Ritualtanz, der uns vielleicht an die Göttin erinnert, die als Säule im weit entfernten Kreta angebetet wurde. Izanami preist Izanagi, und auch er preist sie, obwohl es ihm zusetzt, daß die Frau zuerst gesprochen hat. Trotzdem vereinigen sie sich und bringen Blutegel und Schauminsel hervor, zwei Wesen, die als Fehlschläge betrachtet werden. Also befragen sie ein Orakel, und wie wir uns vielleicht denken können, erfahren sie, daß die Schöpfung mißlang, weil die Frau das Recht des Mannes, als erster zu sprechen, an sich gerissen hatte. Indem sie ihre Handlungen in der »richtigen« Weise wiederholen, bewirken sie eine ordnungsgemäße Schöpfung.

Die Schöpfung geht nach Izanamis Tod weiter, denn als Izanagi sich auf die Suche macht, um sie zurückzuholen, jagt ihm ihr verwesender Körper eine solche Angst ein, daß er vor ihr davonläuft. Als sie und ihre Diener ihn verfolgen, werden verschiedene Teile ihrer Körper in Teile der Schöpfung verwandelt. Die Geschichte deutet auf eine Angst des Mannes vor dem weiblichen Körper und den Tatsachen des Todes hin.

Auch diese Geschichte dient vielleicht nur als Propaganda, oder sie weist auf eine frühere Kultur zurück, in der Frauen Macht innehatten. Die japanischen Kaiser führen ihre mythologische Abstammung nicht auf einen männlichen

Gott zurück, sondern auf die Sonnengöttin und Schöpferin Amaterasu Omikami. Ob wir nun eine frühere matrifokale Kultur annehmen oder nicht, wir bleiben mit der faszinierenden Ähnlichkeit zwischen den Geschichten von Lilith und Izanami zurück. Und wie bei der Geschichte von Adams Reaktion auf seine namenlose zweite Frau bringt der japanische Mythos das Entsetzen vor der physischen Wirklichkeit des Körpers zum Ausdruck.

Verzerrte Mythen

Mythen, die uns bizarr oder seltsam erscheinen, leiten sich zuweilen von einer patriarchalen Notwendigkeit ab, einen früheren Mythos von der Göttin zu verzerren oder auf den Kopf zu stellen. Die griechische Göttin Athene war ursprünglich eine Figur von großer Macht und vielen Aspekten, zu deren Tieren die Eule und die Schlange zählten, Symbole für verschiedene Bewußtseinsebenen. Um sie unter die Herrschaft von Zeus zu bringen, entwickelten die Griechen die Geschichte, daß Zeus seine erste Gemahlin, Metis, verschlang, um sie daran zu hindern, ein Kind zu gebären, das ihn stürzen könnte. Als Zeus von schrecklichen Kopfschmerzen geplagt wurde, spaltete der Gott Hephaistos ihm das Haupt mit einer Axt. Hervor trat Athene, gerüstet und zum Kampf bereit. Aus der Perspektive einer früheren Göttinnenreligion können wir diesen Mythos als eine Geschichte über das Patriarchat entschlüsseln, das die Göttinnenkultur besiegt – verschlingt. Diese Kultur weigerte sich zu sterben und bereitete dem Patriarchat Kopfschmerzen. Und der Kopf *sollte* wirklich schmerzen, denn sie hatten das Denken über die Schöpfung aus dem Körper heraus gestellt.

Als die Dorer in Griechenland eindrangen, begegneten sie der mächtigen Göttin Athene. Da Athene nicht verschwinden wollte, gestalteten sie sie nach ihrem Bild als Kriegerin um. Und in ihrer Version trat sie erwachsen aus dem Haupt des Zeus hervor – als ob das Patriarchat sie komplett erfunden hätte, als hätte sie nicht existiert, bevor Zeus sie »schuf«. Gleichzeitig fällt uns vielleicht auf, daß das Haupt des Zeus, als Hephaistos es spaltet, sich in eine Vagina verwandelt. Benutzte Hephaistos eine Doppelaxt, eine *labrys*, aus Kreta?

Eine ähnliche Umkehrung taucht in der Geschichte von Pandora und ihrer Büchse mit Übeln und Plagen auf. Der Name *Pan-dora* bedeutet wörtlich »All-Geberin«, ein Hinweis darauf, daß sie ursprünglich eine Muttergöttin war und kein törichtes Kind. Einen weiteren Anhaltspunkt finden wir in einer Anmerkung von Nor Hall in *Those Women*, daß das griechische Wort *kista*, das »Korb« oder »Büchse« bedeutet, im alten Griechenland als ein Wortspiel zu *kustus* (»Vagina«) verstanden wurde.

Eva und der Apfel

Die Geschichte von Adam und Eva und dem Apfel mag uns sonderbar vorkommen, bis wir ihre früheren Versionen kennen. Als Kind ergab diese Geschichte, die ich natürlich als historische Tatsache lernte, keinen Sinn für mich: »Die Welt ist voller Schöpfungsmythen«, schreibt Joseph Campbell, »und tatsächlich sind sie alle unwahr.« Warum, fragte ich mich, sollte Gott diese beiden Bäume hervorbringen, wenn er doch gar nicht wollte, daß Adam und Eva von ihnen aßen? Warum diese Umstände? Und warum erst diesen ganzen Garten für sie anlegen und sie dann nur wegen eines Fehlers aus ihm vertreiben? Meine Lehrer erklärten, daß Gott den Menschen mit einem freien Willen versehen hatte und die beiden Bäume dort anpflanzte, um ihn auf die Probe zu stellen. Aber das schien einem üblen Trick gleichzukommen, besonders da diese beiden Bäume die Zierde des Gartens darstellten – und besonders da ein allmächtiger Gott das Ergebnis im voraus gewußt haben mußte. Es ergab einfach keinen Sinn. Erst als ich Merlin Stones *Als Gott eine Frau war* und Joseph Campbells *Die Masken Gottes: Mythologie des Westens* las, begann ich zu verstehen, was in dieser verwirrenden Geschichte vor sich geht.

Wir haben gesehen, daß die Menschen der Jungsteinzeit und der frühen Bronzezeit die Göttin als einen Baum anbeteten und Tempel in Hainen errichteten. Und wir haben gesehen, daß überall in der Welt die Schlange die Lebensenergie der Göttin verkörpert. Im 1. Buch Mose findet sich ein merkwürdiger Satz, als Gott die Schlange mit den Worten:»Und ich werde Feindschaft setzen zwischen dir und dem Weibe« verflucht. Auch diese Aussage ergibt keinen Sinn, bis wir von den Schlangen erfahren, die sich um die Arme der Göttin und durch ihr Haar wanden. Statuen der kretischen Göttin zeigen sie mit Schlangen in jeder Hand. Die ältesten Bilder von Athene stellen sie nicht als Kriegerin dar, sondern als eine Schlangengöttin. Auch in Griechenland sät der Gott Feindschaft zwischen der Frau und der Schlange, denn in den klassischen griechischen Mythen wird die Schlangengöttin zu Medusa. Athene hilft Perseus, Medusa zu töten und ihren Kopf abzuschlagen – aber Medusa war ursprünglich Athene selbst.

Auch der Apfel verkörpert die Göttin. Schneidet man einen Apfel quer durch, so läßt sein Kerngehäuse ein vollkommenes Pentagramm erkennen. Der Planet Venus folgt, von der Erde aus gesehen, über einen Zeitraum von acht Jahren einer Bahn, die einem Pentagramm oder einer fünfblättrigen Blume gleicht (siehe dazu auch William Irwin Thompson, *Imaginary Landscapes*). Folglich stellt der Apfel eine irdische Verbindung mit der Himmelsbahn des Planeten Venus dar, der mit Ishtar, Astarte, Aphrodite, der römischen Venus und anderen Göttinnen gleichgesetzt wird.

In der Göttinnenversion, die viel einfacher ist als der biblische Mythos von Eden, ist nicht die Rede von Verboten oder einem »eifersüchtigen« Gott oder Ungehorsam und Verbannung. Statt dessen beginnt sie mit der Wirklichkeit unseres Lebens und bietet uns ein Versprechen an. Die Göttin hat einen Lebensbaum in ihrem Garten der Freude gepflanzt, wo sie mit ihrer Schlange wartet. Sie hält uns ihren Apfel entgegen, und obwohl es der Apfel der »Unsterblichkeit« ist, ist er gleichfalls der Apfel der Erkenntnis, denn nur durch die *Erkenntnis*, daß die Göttin in allen Dingen lebt, können wir uns von unserer Angst vor der persönlichen Zerstörung im Tod befreien.

Die biblische Geschichte tut mehr, als den älteren Mythos auf den Kopf zu stellen. Sie verschlüsselt den Sturz der göttinnenzentrierten Welt. Die Erkenntnis, die Eva durch die Schlange gewinnt, ist das Bewußtsein der heiligen Wirklichkeit – aber sie symbolisiert zugleich das Wissen um die Geschichte selbst. Denn der Garten ist die neolithische Welt der Großen Göttin, und als die Kriegerstämme sie stürzten, verbannten sie sie sogar aus dem Gedächtnis – so daß sie bis zu den großen Entdeckungen der modernen Archäologie nur im Volkstum und in verworrenen Geschichten von einem verlorenen Paradies existierte.

Ein deutlicher Mythos

Die möglicherweise spezifische Geschichte von der männlichen Machtübernahme stammt von den Ona auf Feuerland, einem Volk, bei dem nicht die Rede von einer Evolution von »primitiven« zu »höheren« Stufen der Zivilisation ist. In seinem Buch *Mythologie der Urvölker* [*] erzählt Joseph Campbell, wie die Ona sich den Ursprung der Hütte (*Hain*) erklären, in der sich der Geheimbund der Männer traf. In der Frühzeit der Welt, so erzählten die Ona einem gewissen Lucas Bridges, hatten die Frauen die alleinige Macht inne, und die Männer »lebten in äußerster Furcht und Unterwerfung«. Also töteten die Männer alle Frauen und verschonten nur die kleinen Mädchen, die noch nichts von der weiblichen Macht wußten. Um sicherzustellen, daß künftige Generationen von Frauen sich nicht zusammenschlossen, um ihre magische Kraft wiederzuentdecken, errichteten die Männer eine Hütte, zu der nur sie allein Zugang hatten. Dann erfanden sie verschiedene Geisterwesen, die die Frauen verängstigen und von der Hütte und vom Wissen fernhalten sollten. Die Männer selbst gaben

---

[*] Joseph Campbell: Die Masken Gottes. Mythologie der Urvölker, Basel: Sphinx 1991, S. 352.

sich für diese Wesen aus. Das Erstaunliche an dieser Geschichte ist nicht einfach ihre unverhohlene Brutalität, sondern ihre klare Beschreibung einer institutionalisierten Religion als arglistige Täuschung, die ersonnen wurde, um Frauen zu verwirren und zu unterwerfen.

Die Männer der Ona ahmten Götter nach, um Frauen zu unterdrücken. Auch in anderen Kulturen wurden Imitation und Verkleidung zu einer Strategie für Männer. Judith Gleason schreibt, daß bei den Yoruba »das Weibliche primär ist« und zugleich auch gefährlich, so daß die Männer es durch »männliche Strukturen des Denkens und der Sprache« kontrollieren müssen. Eine Seite dieses In-Schach-Haltens bilden kunstvolle Kostüme, die zum Teil abstrakte Muster darstellen, zum Teil übernatürliche Bilder und zum Teil Nachahmungen von Frauen oder vielmehr weiblichen Eigenschaften (zum Beispiel übertriebene Brüste und Hüften). An den meisten Orten sind diese *egungun*- oder Verkleidungsrituale nur den Männern zugänglich. Jedoch werden sie in verschiedenen westafrikanischen Mythen als ursprünglich weibliche Kunst beschrieben, die dazu diente, Männer zu ängstigen und zu beherrschen, bis die Männer sie den Frauen entrissen.

Den Drachen töten

Viele patriarchale Mythen erzählen, daß die Weltordnung aus dem Chaos durch die Tötung eines Drachen, einer Riesen- oder Seeschlange errichtet wurde. Dieses Thema taucht vornehmlich in der griechischen und nahöstlichen Mythologie auf. Der hebräische Gott tötet Leviathan, Apollon tötet Python, wodurch er die Kontrolle über das Delphische Orakel begründet, Zeus tötet Typhoeus (oder Typhon), das letzte Kind von Gaia, der Erde, und so weiter. In vielen dieser Geschichten wird die Schlange / das Ungeheuer ausdrücklich als weiblich identifiziert oder mit einer archaischen Göttin oder der Stätte weiblicher Macht assoziiert.

Die berühmteste dieser Geschichten handelt von dem babylonischen Helden Marduk, der Tiamat tötet, die Urschlange, die Göttin-Mutter, die gleichfalls Marduks Urururgroßmutter ist. Tiamat, so erfahren wir im *Enuma Elisch*, war böse geworden und brachte Ungeheuer zur Welt.

Um die Schöpfung zu schützen, inthronisieren die Götter Marduk und sagen zu ihm: »Wir geben dir die Oberherrschaft über die ganze Welt. Deine Waffe soll niemals ihre Macht verlieren« – ein Satz, der auf Phallusanbetung und die Angst hinweist, die daraus resultiert, wenn die männliche Macht einem Organ innewohnt, das von Natur aus an- und wieder abschwellen kann (die Verherrlichung und sogar Anbetung von Schwertern und anderen Waffen entsteht möglicherweise aus der Tatsache heraus, daß Schwerter niemals erschlaffen). Die Götter statten Marduk mit dem Donnerkeil und anderen Waffen aus, und er macht sich auf, Tiamat zu vernichten. Er tötet sie nicht nur, sondern zerschmettert ihren Schädel und halbiert ihren Leichnam wie eine Muschel.

In ihrem Buch *The Myth of the Goddess* analysieren Anne Baring und Jules Cashford die Geschichte als eine politische Botschaft. Sie symbolisiert nicht nur den Aufstieg des Patriarchats, sondern fällt zeitlich auch mit der Eroberung Sumers durch Babylon zusammen. In Sumer, so wird erzählt, brachte die Göttin die Welt aus ihrem Körper hervor, einen himmlischen Berg bildend. Marduk nun, der seine Urururgroßmutter zerteilt hat, »erschafft die Schöpfung von neuem«, wie Baring und Cashford es ausdrücken. Er häuft einen Berg über Tiamats Kopf an, weitere Berge über ihren Brüsten, durchbohrt ihre Brüste und Augen, um Flüsse zu bilden, stützt mit ihrem Schritt den Himmel und so weiter. Außerdem führt er die zwölf Monate des Jahres ein, setzt die Sonne und den Mond in ihre Bahnen und macht aus der Welt im großen und ganzen einen ordentlichen Platz. Schließlich erschafft er den Mensch als ein demütiges Wesen, um den Göttern zu dienen, damit »sie sich wohl fühlen mögen«.

Alles in dieser Geschichte läuft darauf hinaus, das politische System des »Beherrschers« für rechtsgültig zu erklären, ein System, in dem Männer über Frauen herrschen und der König, der Gott auf Erden, von der Arbeit seiner Sklaven lebt, so wie die Götter die Opfer und Gebete der Menschen empfangen. Aber wir können noch eine andere Schicht in dieser Geschichte und der Tötung aller anderen Schlangen / Drachen entdecken. Mehrere zeitgenössische Forscher und Autoren über die Göttin, zum Beispiel Luisa Francia, die Autorin von *Drachenzeit*, und Mary K. Greer, die eine führende Rolle auf dem Gebiet weiblicher Menstruationsgeheimnisse spielt, haben darauf hingewiesen, daß der »Drache« Menstruation bedeutet und daß die Vernichtung dieses Drachen das Brechen der magischen / religiösen Macht bedeutet, die den Frauen durch ihr Blut zufällt. Ein Drache ist eine mythische Schlange, eine Schlange mit Bewußtsein. Schlangen bewegen sich über den Boden, einer Flüssigkeit gleich, einem fleischgewordenen Strom gleich – oder dem Blut gleich. Und man kann eine weitere Assoziation hinzufügen: Während der Menstruation stößt die Gebärmutter ihre Schleimhaut ab, so wie sich die Schlange häutet, um »wiedergeboren« zu werden.

Wir haben gesehen, daß die menschliche Kultur ihren Anfang möglicherweise mit Frauen genommen hat, die die Macht der »menstruellen Gleichzeitigkeit« erfahren haben, daß heißt des gemeinsamen Menstruierens während des Neu- oder Vollmondes. Die meisten der westlichen »Drachen« sind genaugenommen Seeschlangen, wie etwa Tiamat und Leviathan, die im Salzwasser leben, das dem Blut so ähnlich ist. Andere, wie der delphische Python, leben in dunklen, feuchten Höhlen.

Viele Kulturen haben die Menstruation dämonisiert. Zarathustra bezeichnete die Menstruation selbst als die Quelle allen Übels. Ausschlaggebend für das monströse Bild der Medusa, dem alptraumhaften Zwilling der Athene, mit ihrem Schlangenhaar und ihren Augen, die Männer in Stein zu verwandeln vermochten, war vielleicht die männliche Angst vor der Menstruation. Freud bezeichnete Medusa als eine männliche Projektion der weiblichen Genitalien.

Männliche Aneignung

In einigen Gegenden könnte ein aufstrebendes Patriarchat die mit der Menstruation assoziierte Macht übernommen haben. In einem Aufsatz mit dem Titel »Menstrual Synchrony and the Australian Rainbow Snake« (Menstrueller Synchronismus und die australische Regenbogenschlange) in dem Buch *Blood Magic* schreibt Chris Knight, daß es Königen in alten europäischen Kulturen nicht erlaubt war, die Sonne zu sehen oder den Boden zu berühren – die gleichen Tabus, die menstruierenden Mädchen auferlegt wurden. In chinesischen Mythen heißt es, daß die Kaiser aus der Kopulation mit einem Drachen geboren wurden, der als »feucht«, »gefährlich« – und weiblich beschrieben wird.

Knight geht den Zusammenhängen zwischen Menstruation und der Regenbogenschlange nach, die in vielen australischen Mythen als Schöpfer auftritt. In ihrer Angst vor dieser weiblichen Macht strebten die Männer danach, Kontrolle über sie zu gewinnen, indem sie ihre eigenen Blutrituale einführten. An einigen Orten in Australien ist die Initiation junger Männer mit der Subinzision, dem Aufschlitzen und Vernarben des Penis, verbunden. Während der Initiation erfahren die Jungen die Wiedergeburt aus kollektiven Schoßgruben. Die älteren Männer beschreiben daraufhin den (ursprünglichen) weiblichen Schoß als eine Grube mit gierigen Schlangen und die weibliche Macht (die Knight mit menstruellem Synchronismus gleichsetzt) als ein »kannibalisches Ungeheuer«, von dem die Menschheit befreit werden muß – im Vergleich dazu haben Männer in westlichen Ländern im allgemeinen geglaubt, daß die Vagina Zähne haben kann, eine Vorstellung, die Volkskundlern als *vagina dentata* bekannt ist. Knight berichtet, wie die Männer die durch Subinzision beigebrachten Wunden gemeinsam im Ritual zur Zeit des Neumonds öffnen. Wie auf Feuerland bezeichnen einige männliche Geheimgesellschaften in Australien Macht als reine »Frauensache« und sagen, daß die Männer sie überlistet und ihnen ihre Magie geraubt hätten.

Die Männer der Ona erzählen, daß alle Frauen getötet wurden, die alt genug waren, um die weibliche Macht zu kennen. Damit ist die Menstruation gemeint. Aber auch zukünftige Generationen werden menstruieren. Die Magie rührt nicht von der Menstruation allein her, sondern von dem *Verständnis, was Menstruation bedeutet.* Wissen über den Körper und seine Macht ist genauso wichtig wie der Körper selbst.

Eine andere Beurteilung von Menstruationstabus

Die meisten Menschen haben von den komplizierten Tabus gehört, die menstruierenden Frauen in Kulturen, so weit entfernt wie der Nahe Osten und Nordamerika, auferlegt werden. Wir wissen von Frauen, die in dunkle Hütten eingesperrt werden, keine Speisen anrühren dürfen und so weiter. Viele dieser Tabus gehen von patriarchalen Gesellschaften aus, die die Macht der Frauen übernommen und sie auf den Kopf gestellt haben. So fördern beispielsweise die Nährstoffe im Menstruationsblut das Pflanzenwachstum. Um diese Tatsache zu verschleiern, lehrte das frühe Judentum, daß menstruierende Frauen von Pflanzen ferngehalten werden müssen, um diese nicht zu ruinieren. Dieser Aberglaube hält sich noch bis heute. Vor einigen Jahren erzählte mir meine Schwester, daß ihr Rabbi beharrlich behauptet habe, ein Tropfen Menstruationsblut würde eine Pflanze vernichten. Angesichts solcher Gedanken in der Welt kann man sich gut vorstellen, daß Männer glaubten, »Medusa« (Menstruationsblut) könne sie in Stein verwandeln.

Zur gleichen Zeit haben einige Anthropologen angefangen, das ganze Konzept der »Menstruationstabus« zumindest in Stammesgesellschaften in Frage zu stellen. Die Herausgeber von *Blood Magic*, Thomas Buckley und Alma Gottlieb, weisen darauf hin, daß die meisten Anthropologen männlichen Geschlechts sind und daher männliche Informanten aus der untersuchten Kultur befragen. Von diesem Gesichtspunkt aus könnte die Menstruation furchteinflößend und gefährlich erscheinen, die gegen sie getroffenen Maßnahmen werden als Schutz vor der magischen Energie der Frauen verstanden. Wenn Anthropologen jedoch den Standpunkt der Frauen zu ergründen suchen, stellen sie oft fest, daß dieselben Handlungen in einem viel positiveren Licht gesehen werden. Für die Männer ist die »Frauenhütte« vielleicht ein Ort, um Frauen einzusperren und sie davon abzuhalten, die Sicherheit der Gemeinschaft zu gefährden. Auf der anderen Seite kann die Frauenhütte für die Frauen ein Ort der Macht und der Zelebration darstellen. Auf ähnliche Weise haben einige jüdisch-orthodoxe Frauen angefangen, das Verbot des Geschlechtsverkehrs während und nach der Menstruation von der positiven Seite zu sehen. Anstatt sie einfach nur als »unrein« zu begreifen, verstehen sie ihre Monatsblutungen als eine Zeit für sich, in der sie zu ihren Partnern und besonders zu ihrem Körper in eine andere Beziehung treten können.

Eine Religion der Wirklichkeit

Menschen, die der modernen Göttinnenbewegung kritisch gegenüberstehen, fragen manchmal, warum die Frauen ihre Stellung verloren haben, wenn die Göttin doch so allmächtig ist. Wie konnten die Männer die Macht an sich reißen und die Frauen unterdrücken, sie in Unwissenheit und sklavischer Abhängigkeit halten? Auch diejenigen, die an die Göttin glauben, können diese Fragen beunruhigend finden. Einige entwickeln mythische Ideen, daß die Göttin ihre Kinder verlassen hat oder uns dafür bestraft, sie nicht angemessen angebetet oder ein Tabu verletzt zu haben. Andere greifen auf die Fortschrittshypothese zurück, daß die Göttin es als eine notwendige Stufe in der

Menschheitsentwicklung zuließ, daß die Männer die Macht ergriffen.

Bis zu einem gewissen Grade entstehen diese Fragen selbst aus einem patriarchalen Gottesmodell. Wir stellen uns Gott (Göttin) allmächtig vor, der alles, was mit Vorsatz, Absicht und unaufhaltsamer Macht geschieht, beherrscht und lenkt. Das ist der nach dem Bild des Menschen (oder vielmehr nach den menschlichen Phantasien von Allmacht) geschaffene Gott, besonders nach dem auf Herrscher und Sklaven beruhenden »Beherrscher«-Modell der Welt, wie Riane Eisler es nennt. In einer solchen Religion distanziert sich Gott von der Welt, inszeniert sie und verlangt von uns vor allem, ihn zu fürchten (»Angst vor dem Herrn ist der Anfang von Weisheit«, sagt uns die Bibel).

Die Religion der Göttin ist keine »fortdauernde Beziehung« zu einem allmächtigen, kontrollierenden Wesen, das getrennt von der Welt existiert. Statt dessen können wir sie als eine Beziehung zu der Welt bezeichnen, so wie sie wirklich ist, mit ihren Zyklen, ihrem reichen Leben und ihrem allgegenwärtigen Tod, ihrer Freude und ihrem Schmerz. Die bleibende Beziehung geht aus dem Körper der Welt und unseren eigenen Körpern hervor. Die Göttin ist für die Geschichte nicht verantwortlich. Die Göttin ist Geschichte mit all ihrem Schmerz und Entsetzen und zugleich ihren Schönheiten und Entdeckungen.

Die Zeugnisse der neolithischen Zeit lehren uns, daß die Göttin keine Spaltung zwischen Natur, Wissenschaft und dem Heiligen erfordert. Die Schönheit von Orten wie Stonehenge, Newgrange oder Chaco Canyon liegt darin begründet, daß sie das Heilige durch die Lenkung von Licht in Stein wachrufen – und so dem veränderlichen Körper der natürlichen Welt Form verleihen. Wenn wir die Schöpfung als weiblich anerkennen, brauchen wir keinen Gott zu postulieren, der nur aus Gedanken heraus erschafft und darum alles bestimmt, was vor sich geht. Wir müssen die Religion nicht in etwas »Höherem« als der Welt unmittelbar vor uns suchen.

Eine Religion, die auf der Welt basiert, so wie sie ist, befreit sowohl Männer als auch Frauen. Ich erwähnte schon, daß es zwangsläufig zu Angst führt, wenn man Macht und Kontrolle auf dem Phallus begründet, weil der Penis nicht nur an-, sondern auch abschwillt. In Kulturen, in denen die Göttin das Leben verkörpert, wird der Phallus zu einem Werkzeug des Lebens und folglich der Befreiung, aber nicht der Eroberung. Der Philosoph und Historiker Michel Foucault wies darauf hin, daß der Gedanke des heiligen Augustinus, »sich gegen Gott zu erheben«, von seiner eigenen Unfähigkeit herrührt, seinen Sexualtrieb unter Kontrolle zu halten. Da er einem überirdischen Gott des bloßen Denkens folgte, glaubte Augustinus, daß er mit seinem Geist seine Sexualität besiegen könne. Die Tatsache, daß sein Penis ohne seinen Befehl anschwellen konnte, schien ihm der ursprüngliche Ungehorsam zu sein und führte zu seinen Lehren von der Erbsünde, davon, daß jede Generation mit Adams Vergehen vergiftet war, daß das Sperma selbst vergiftet war (Augustinus schloß sich Aristoteles an, der lehrte, daß das Baby als Ganzes schon in der Samenflüssigkeit existieren würde), so daß unsere Schöpfung durch Sexualität für unsere Verdammung sorgt. Wenn wir jedoch unsere Religion auf der Welt, so wie sie ist, begründen, dann macht der Phallus genau das, was er machen sollte – und nicht mehr.

Wir müssen keine großen Schlachten austragen, töten oder zum Märtyrer werden, um die Göttin »zurückzubringen«, denn sie ist niemals weggegangen. Wir müssen einfach nur *sehen*, die Wirklichkeit der Natur und unsere eigene anerkennen. In gewissem Sinne leben wir alle den Mythos der Ona auf Feuerland aus. Eine verzerrte Religion hat die Welt auf den Kopf gestellt und alles, was jemals vor ihr existierte, verworfen. Durch die Wiederentdeckung des Wissens – durch die Wissenschaft, durch die Archäologie, durch das Werk von Frauen, Minderheiten und eingeborenen Völkern, die ihre eigene Geschichte aufspüren – haben wir angefangen, uns selbst wiederzuentdecken.

6

Der Körper im Land

Jede Wanderung geht von der Mutter aus,
führt zur Mutter, geschieht in der Mutter.
Nor Hall

Die europäische Jungsteinzeit verschwand nicht mit einem
Male. Während einige Gebiete Eindringlingen in die Hand
fielen, entwickelten sich andere und blühten weiter. Diese
»Zivilisation der Göttin«, wie Marija Gimbutas sie nennt,
erreichte ihren Höhepunkt vor 4500 Jahren auf der Insel
Kreta. Bis ihre Welt durch Erdbeben in Verbindung mit
aufeinanderfolgenden Invasionen vom Festland unter-
ging, lebten die Kreter in einer sowohl komplexen als auch
feinsinnigen Gesellschaft mit großen und prachtvollen
Palästen, die in Harmonie mit der physischen Präsenz der
Göttin in der Landschaft errichtet wurden. Die Kreter zelebrierten die Sinnlichkeit des Lebens mit ihren gehörnten
Bergen und Höhlenheiligtümern, ihren eleganten Fresken,
die unter anderem üppig wachsende Blumen und springende Delphine zeigen, ihren Stierspielen, ja selbst mit
ihren Tieropfern, die in ihrer Kunst als fröhliche Prozessionen dargestellt sind. Die Griechen, die ihnen folgten, verzerrten diese Dinge, wobei sie insbesondere Alptraumge-
schichten von einem *Minotaurus*, einem Mischwesen aus
Mensch und Stier, der hilflose junge Athener verschlingt,
ins Leben riefen. Durch die Archäologie und die Einsichten
von Kunsthistorikern und Göttinnenanbetern – Frauen
wie Männer – sind wir aus diesem Alptraum erwacht, um
unsere Verehrung für das Leben zu entdecken.
Wie die späten Griechen auch brachten die Kreter dem
Körper und seiner Schönheit Achtung entgegen. Anders
als die Griechen, die nach ausgeglichener Vollkommenheit
strebten, drückten die Kreter die Lebenskraft des Körpers
aus. Das erkennen wir schon an den Göttinnenfigurinen,

mit bloßem Busen, mit Energie erfüllt, in jeder Hand Schlangen haltend. Und wir selbst können ein fernes Echo davon erfahren, wenn wir den alten Prozessionswegen um die Paläste herum und innerhalb ihrer Mauern folgen, die vor der ewigen Präsenz der gehörnten Berge errichtet wurden.

Eine ältere Kultur

Vom Gesichtspunkt der Göttinnengeschichte aus stellt die Insel Kreta eine Kultur dar, die sich vom übrigen Griechenland unterscheidet. Obwohl Kreta seit Jahrtausenden zum griechischen Staat gehörte, seitdem die Festland-Mykener es kolonisierten und ihre eigenen Götter mit der kretischen Göttin verbanden, war die ursprüngliche Kultur mit ihren prachtvollen Palästen, ihrer eleganten Kunst und ihrer Verehrung für gehörnte Berge vorgriechisch, eine Erweiterung der neolithischen Kultur.

Vieles von dem, was wir über diese Zivilisation wissen, wird uns verzerrt durch die Mythenbildung der späteren griechischen Kultur überliefert. Obwohl die Namen und Geschichten über Kreta von der Insel selbst herrühren, spiegeln sie in Wirklichkeit die spätere patriarchale Religion wider und nicht die göttinnenzentrierten Mythen, die sich in den kretischen Fresken, Siegeln und anderen von der Archäologie ausgegrabenen Überresten erkennen lassen. Sogar Zeus, das Oberhaupt der olympischen Götter, begann seine mythische Existenz wahrscheinlich als ein kretischer Vegetations- oder Stiergott. Im Volkstum wird einer der gehörnten Berge, der Ida, der die Landschaft in der Nähe der wichtigsten kretischen Paläste beherrscht, als sein Geburtsort bezeichnet, während ein anderer, der Berg Dikte, angeblich sein Grab birgt. Da die griechischen Mythen die Unsterblichkeit des Zeus hervorheben, erscheint es seltsam, von seinem *Grab* zu sprechen. Ein noch anderer Mythos bezeichnet den Dikte als den Schauplatz seiner »Heirat« mit Europa; in der klassischen Geschichte heißt es jedoch, daß Zeus in Stiergestalt Europa *vergewaltigte*. Elinor Gadon schreibt in ihrem Buch *The Once and Future Goddess*, daß *Europa* »Vollmond« bedeutet und die Figur der Europa die Göttin als »Mondkuh« verkörperte. Wenn wir diese Mosaiksteine zusammensetzen, ahnen wir, daß Zeus einst der Stiergemahl der Göttin auf Kreta gewesen sein könnte, der mit dem Land verheiratet war und geopfert wurde, um die alljährliche Erneuerung des Landes nach dem Winter oder der leblosen Dürre des Sommers sicherzustellen. Zu den vielen Stierdarstellungen in der kretischen Kunst zählen Bilder von Stieren, die der Göttin in fröhlichen Prozessionen geopfert wurden.

Den griechischen Mythen zufolge ernähren Bienen den jungen Zeus in seiner Höhle im Ida. Wenn wir uns noch einmal den kretischen Siegeln und Schmuckstücken zuwenden, entdecken wir Bienen bei der Göttin. Bienen verkörpern die Göttin überall in Südeuropa und im Nahen Osten. Der antike Schriftsteller Porphyrios bezeichnet die Getreidegöttin Demeter als eine Biene, und aus den griechischen Mythen geht hervor, daß Demeter aus Kreta stammt. Tafeln von Knossos, auf Kreta selbst, die in der mykenischen Schrift, bekannt als Linear B, verfaßt wurden, beschreiben Honigopfer, die der Geburtsgöttin Eileithyia dargebracht wurden.

Ein anderer griechischer Stiergott, Dionysos, der Gott des Weins, könnte ebenfalls seinen Ursprung auf Kreta gehabt haben. Griechische Vasen zeigen Europa, die mit Trauben schwer beladene Reben trägt. In den klassischen Mythen heiratet Dionysos Ariadne, eine Prinzessin, die aber ursprünglich vielleicht eine Göttin von Kreta war. In der Geschichte wird Ariadne durch ihre Heirat mit Dionysos in den göttlichen Stand erhoben. Ursprünglich funktionierte es vielleicht andersherum, daß nämlich der Stier durch seine Heirat mit Ariadne zum Gott wurde. Der Name Ariadne bedeutet »die Heiligste«, ein Attribut, das auch auf Aphrodite angewendet wurde. In den nächsten zwei Kapiteln werden wir mehr von Dionysos, diesem geheimnisvollen Gott der Ekstase, erfahren.

Griechische Mythen als Puzzle

So viele unserer Bilder von Kreta wurden uns durch die verwirrende Linse der griechischen Mythologie überliefert. Die Lebendigkeit der griechischen Mythen läßt sich teilweise zurückführen auf ihre Verbindung von scharfem und klarem Denken – wie es sich in den eleganten Säulen der griechischen Tempel niederschlägt – und wilder Gewalt, einschließlich Mord, Kannibalismus, Inzest, Vergewaltigung, Verstümmelung und Zerstückelung. Durch all das zieht sich eine Ahnung von tieferen Schichten, von anderen Geschichten und Bedeutungen, die verschleiert und verzerrt sind, mit Elementen, die zusammengefügt, und anderen, die auseinandergerissen wurden, so daß die Leserin bzw. den Leser der Mythen das Gefühl überfällt, eine einfachere Wahrheit erfassen zu können – aber nicht ganz. Es ist, als ob ein besonders neurotisches Genie diese Geschichten formuliert und sie dabei mit ihrer eigenen Brillanz und ihrer eigenen überwältigenden Angst gefüllt hätte. Bald werden wir uns mit der Möglichkeit, daß diese Angst von der Vernichtung der Göttinnenreligion herrührt, auseinandersetzen – einer Religion, die die Griechen selbst als älter anerkannten und die tiefer mit dem Land und den natürlichen Tatsachen der Existenz verbunden war als die ihrer brutalen Kriegergötter. Hier jedoch sollten wir, wenngleich nur kurz, darauf eingehen, wie dieses Genie die Tatsachen über jene prähistorische Zivilisation verzerrte, die Arthur Evans »minoisch« genannt hat.

Wir sollten mit dem Begriff »minoisch« beginnen, der von Evans geprägt wurde, als er den Palast von Knossos Anfang des 20. Jahrhunderts ausgrub. Die Bezeichnung leitet sich von einem König Minos ab, Sohn des Zeus und der Europa, der über Kreta vor dessen Untergang geherrscht haben soll. Diese Vermutung beeinflußt noch immer die Diskussion über Kreta. Archäologen haben gewisse Räume in den verschiedenen Palästen als »Megaron des Königs« bezeichnet und andere, kleinere Räume der »Königin« zugewiesen. Evans und seine akademischen Nachkommen beschrieben einen steinernen Stuhl, der in einem Raum in Knossos gefunden wurde, als den Königsthron. Es ist ein einfacher und eleganter Stuhl mit Wandmalereien dahinter, so daß er von Greifen flankiert wird, aber nichts an ihm weist zwangsläufig darauf hin, daß es sich um einen Thron für einen König handelt. Er könnte auch für eine Priesterin oder einen Priester bestimmt gewesen sein oder für jemanden, dem zu einer bestimmten Zeit eine Ehrung zuteil wurde, oder für einen Zweck, der einzigartig in dieser Kultur und uns unbekannt ist. Der einzige Hinweis geht aus Fresken und Vasen mit Darstellungen von Greifen hervor, die eine sitzende Göttin beschützen. Vielleicht wollten die Kreter erreichen, daß der Stuhl und die hinter ihm befindlichen Wandmalereien Leben in die Bilder bringen, während eine Frau in der Rolle der Göttin majestätisch dasaß.

Marija Gimbutas zieht den Terminus »Palast« für die von Evans freigelegten Ruinen der großen Gebäudekomplexe an sich in Zweifel. In ihrem Buch *Die Zivilisation der Göttin* schreibt sie, die Paläste seien keine Verwaltungszentren für einen Herrscher gewesen, sondern Palasttempel, »in denen komplizierte religiöse Rituale im Rahmen eines theakratischen Systems stattfanden«.

Auf Kreta gefundene Texte vermitteln den Eindruck von einer vielseitigen Bürokratie. Die Schrift, in der diese Texte abgefaßt wurden, Linear B, ist tatsächlich griechisch und stammt von den mykenischen Eindringlingen, die nach und nach die Herrschaft über Kreta übernahmen. Die frühere, rein kretische Schrift, von Archäologen als »Linear A« bezeichnet, wurde nie entziffert. Wenn wir die kretische Kunst betrachten, finden wir keine Darstellungen von allmächtigen Herrschern, weder männlichen noch weiblichen, sondern nur von einer Göttin, die die Lobpreisung und die Freude ihrer Anbeter erfährt.

Pasiphaë und der Stier

Den griechischen Mythen zufolge heiratete Minos eine Frau namens Pasiphaë, Tochter des Helios und der Perseïs. Pasiphaë bedeutet »die für alle Scheinende«, während Helios und Perseïs die Sonne und der Mond sind. Die Namen lassen die sterbliche Frau als die Göttin des Himmels erkennen. Griffen die Griechen den Namen einer kretischen Himmelsgöttin auf und wiesen ihr selbst eine Nebenrolle als König Minos' Frau zu? Dem Mythos entnehmen wir, daß der griechische Meeresgott Poseidon dem Minos einen weißen Stier aus dem Meer sandte, damit dieser ihm das Tier opfere. Anderen Versionen zufolge schickte Zeus den Stier – was plausibel klingt, da Zeus die Gestalt eines Stiers annahm, um Europa zu vergewaltigen. Zeus, der Himmelsgott, Poseidon, der Meeresgott, und Hades, der Todesgott, waren in den Mythen Brüder, können aber auch eine Figur gewesen sein, die in drei Funktionen aufgeteilt wurde.

Stieropferungen, die in der kretischen Kunst als ein derartig machtvoller Aspekt der Religion in Erscheinung treten, könnten ihren Ursprung in der Tierzähmung haben. Zur Zeit der Jäger und Sammler hatten die Menschen eine heilige Scheu vor Tieren. Eindringliche Bilder von Stieren, riesengroß und sowohl in allen Einzelheiten als auch in wilder Bewegung begriffen gemalt, sind in der Höhle von Lascaux vorherrschend. Die Zähmung und Beherrschung solcher Tiere könnte Angst oder Schuldgefühle erzeugt haben. Paradoxerweise könnte gerade die rituelle Schlachtung und Opferung des Tieres für die Göttin von dem Gefühl befreit haben, daß durch die Domestizierung die Macht der Tiere verringert oder trivialisiert wurde. Auf einer praktischeren Ebene ruft mehr als ein Stier in einer Herde die Gefahr von Gewalt hervor, da die männlichen Tiere um Vorherrschaft kämpfen. Der Bauer könnte die überschüssigen Stiere kastriert oder geschlachtet haben. Und warum sollte man der Schlachtung eines solchen jungen, herrlichen Tieres keine heilige Bedeutung beimessen, die der Erfahrung gleichwertig ist, ihm den Tod zu geben? Im klassischen Mythos konnte Minos es nicht über sich bringen, sich von diesem prächtigen Stier zu trennen, und daher tötete er einen anderen an seiner Stelle. Anscheinend dachte er, daß es Poseidon nicht auffallen würde. Der wütende Poseidon erfüllte Pasiphaë mit einer Leidenschaft für diesen Stier. Sie wandte sich an Daidalos, einen meisterhaften Handwerker, und befahl ihm, eine hölzerne Kuh zu bauen, in die sie schlüpfen konnte, um den Stier zu verführen. Somit wird die weltweit verbreitete Kuhgöttin in der griechischen Mythologie zu einem Witz herabgewürdigt.

Der Minotaurus

Als Folge dieser Verbindung von Frau und Stier gebiert Pasiphaë ein Kind, den »Minotaurus« oder »Stier des Minos«, als ob Minos selbst das Ungeheuer gezeugt oder gar zur Welt gebracht hätte. Nun errichtet Daidalos ein riesiges Labyrinth, in dem dieses Symbol für Minos' Schande versteckt werden soll, dieses Mischwesen aus Mensch und Stier, das genaugenommen wie Zeus oder Dionysos in Wirklichkeit den männlichen Gefährten der Göttin verkörpert. Der patriarchalen Ansicht nach ist die Anbetung der Natur und des Landes in Gestalt der Göttin, des weiblichen Körpers, schrecklich, und alles, was aus dieser »Hingabe« an das Weibliche resultiert, kann nur monströs sein. Und so baut Daidalos sein »Labyrinth«, um den Minotaurus zu verbergen, während König Minos verlangt, daß Athen alle neun Jahre sieben Jünglinge und sieben Jungfrauen sendet, die dem Minotaurus geopfert werden sollten. So wie die Zahl Sieben an die sichtbaren Planeten erinnert, ist die Neun die höchste Zahl der Göttin, denn sie steht für die neun Monde der Schwangerschaft und die Magie von drei mal drei, das heißt die verdreifachte dreigestaltige Mondgöttin. Demzufolge weisen beide Zahlen auf himmlische Bewegungen hin. Tatsächlich trägt der Minotaurus einen Namen, nämlich Asterios, griechisch für

»(König) von den Sternen«, ein weiterer Hinweis darauf, daß er ursprünglich den Partner der Kuh verkörperte, deren Euter die Milchstraße hervorbrachte. Die Geschichte von Daidalos selbst, dem meisterhaften Handwerker, könnte von den griechischen Kriegern stammen, die der hochentwickelten Zivilisation Kretas mit ihren Städten, ihren mehrstöckigen Palästen, ihren sanitären Anlagen im Haus, ihrem Straßennetz und ihren ausgebauten Häfen begegneten. Wahrscheinlich hatten die griechischen Piraten so etwas noch nie gesehen. Ähnlich könnte die Idee von dem Labyrinth ihren Ursprung in der Komplexität und der Pracht der Paläste haben, denn das Wort *Labyrinth* bedeutet »Haus der Doppelaxt«, und die Doppelaxt stellt das allgegenwärtige Symbol der Göttin auf ganz Kreta dar.

Die Doppelaxt

Wie in Kapitel 3 erwähnt, diente die Doppelaxt nicht als Waffe; das Bild taucht nirgendwo in der Kunst verbunden mit männlichen Figuren auf, sondern einzig und allein an der Göttin geweihten Säulen oder in Darstellungen von der Göttin und ihren weiblichen Anbetern, zuweilen neben dem Lebensbaum im Paradiesgarten. Ein moderner Reiseführer über Kreta – Kuriosum am Rande – bezeichnet die Doppelaxt als ein Symbol für Zeus: ein Beispiel für die Art und Weise, wie die patriarchale Verzerrung in die moderne Kultur hinein fortgesetzt wird.

Professor Gimbutas hat darauf hingewiesen, daß die *labrys* sich vom Schmetterling ableitet, und tatsächlich finden wir eingravierte Schmetterlinge auf einigen der frühesten Äxte, während manche der reicher verzierten Äxte fast genauso aussehen wie Schmetterlingszeichnungen. Im Museum der kretischen Hauptstadt Heraklion zeigt eine Vase aus der ausgegrabenen Stadt Kato Zakros einen Schmetterling mit axtähnlichen Flügeln. Das griechische Wort *psyche* bedeutet sowohl »Seele« als auch »Schmetterling«, eine Verbindung, die auf die frühe kretische Kultur zurückge-

Doppeläxte, Museum von Heraklion/Kreta

Vase mit der Darstellung eines Schmetterlings mit axtähnlichen Flügeln von der ausgegrabenen Stadt Kato Zakros/Kreta, ca. 1400 v. Chr.

hen könnte. Die Seele als Schmetterling impliziert ein Verständnis des menschlichen Lebens als eine Stufe zu einer erfüllenderen Existenz.

Die Schmetterlingsflügel und die gebogenen Axtblätter symbolisieren den zu- und abnehmenden Mond und auch die Schamlippen der weiblichen Vulva. *Labrys* und *labia* (Schamlippen) sind etymologisch miteinander verwandt. Mit der Doppelaxt sind noch andere Bilder verbunden: Der Griff ähnelt einem Stengel oder Baumstamm, der sich nach unten zur Kraft der Erde hin ausbreitet. Das Blatt selbst bildet eine endlose Schleife, dem Unendlichkeitszeichen in der modernen Mathematik ähnlich. Aufgrund der gegensätzlichen Krümmungen – in der Horizontalen ausgehöhlt, in der Vertikalen nach außen gewölbt – entsteht der Eindruck von einer Welle, die den Gipfel erreicht und sich dann schwungvoll in die andere Richtung nach unten bewegt. Versuchen Sie einmal, das Doppelblattmuster mit ausgestrecktem Arm in die Luft zu schreiben, und fahren Sie dabei mit Ihrer Hand weit in jeder Richtung durch die Luft. Die Bewegung kann ein intensives Wachsen und Freiwerden von Energie bewirken.

Die Doppelaxt kann sehr einfach gehalten oder reich verziert sein und ist manchmal mit Kränzen aus Blättern oder mit Löwen oder Greifen versehen. Die Äxte, die man gefunden hat, können wenige Zentimeter klein sein, während andere die Größe eines Menschen überschreiten. Die Doppelaxt taucht auch in anderen Gegenden auf, zum Beispiel in Çatal Hüyük in Anatolien – ich erwähnte bereits die Theorie, daß sich Anatolier auf Kreta niederließen. Der Name *Kybele*, die Große Göttin von Phrygien (Anatolien) und Rom, hat mit *cybella* beziehungsweise Höhle und *cybellis* – Doppelaxt – den gleichen Ursprung. In Afrika trägt der Yoruba-Gott Shango eine Doppelaxt, die er als Waffe benutzt (wie Thor und sein Hammer, Shangos skandinavische Entsprechung). Shango selbst ist der Gefährte von Oya, die Judith Gleason als »Büffelfrau« bezeichnet und mit einer neolithischen Felsmalerei von einer tanzenden Göttin mit hornartigen Brüsten in der Sahara in Verbindung bringt. Eine Darstellung, die einer Doppelaxt ähnelt, findet sich in der paläolithischen Höhle von Niaux in Frankreich und in der neolithischen Kultur von Tel Halaf im Irak. Christina Biaggi führt an, daß sich die Doppelaxt vielleicht von dem übertrieben betonten Gesäß der paläolithischen Göttinnendarstellungen ableitet (man vergleiche die Spiralen auf dem Gesäß der Cucuteni-Göttin, S. 144). Auf Kreta ist die Doppelaxt auch in Stalaktitensäulen in Höhlen eingeritzt.

In den siebziger Jahren gingen viele radikale Feministinnen dazu über, Kopien der *labrys* als Schmuck zu tragen. Als eine interessante Widerspiegelung unserer Kriegerkultur zogen die meisten dieser Frauen nicht einmal in Erwägung, daß die Axt vielleicht *keine* Waffe war. Da sie das Bild als ein Werkzeug der Amazonen verstanden, die Widerstand gegen das Patriarchat leisteten, trugen sie die *labrys* als ein

Symbol des Kampfgeistes. Als ich den Palast von Knossos besuchte, fiel mir im sogenannten Heiligtum der Doppeläxte ein moderner Holzrahmen auf, in den jemand mit einem Taschenmesser das *labrys*-Bild neben dem doppelten weiblichen (oder Venus-) Zeichen eingeritzt hatte, dem zeitgenössischen Symbol für feministische Lesbierinnen.

Menschenopfer

Die griechische Geschichte von den sieben Jünglingen und den sieben Jungfrauen, die dem Minotaurus geopfert wurden, wirft die Möglichkeit auf, daß auf Kreta nicht nur Stiere, sondern auch Menschen geopfert wurden. Die Griechen und die Hebräer berufen sich auf angebliche Menschenopfer als Rechtfertigung für ihre Vernichtung der alten Göttinnenreligion. In der Tat läßt sich auf Kreta nur ein einziges Menschenopfer belegen, das gegen Ende der minoischen Zeit vollzogen wurde, als es zu mehreren Erdbeben kam. Der Grund für den Untergang der kretischen Kultur und die Zerstörung der Paläste, besonders Knossos, um 1400 v. Chr steht nicht eindeutig fest. Die meisten Archäologen vermuten jedoch, daß der Untergang auf eine Reihe von Erdbeben zurückzuführen ist, von denen das stärkste 1450 v. Chr. auftrat. Dieses Erdbeben konzentrierte sich zwar auf die nahegelegene Insel Thera, aber durch die Druckwellen wurden auch kretische Städte und Paläste zerstört. Die erste Generation der Paläste fiel einem früheren Erdbeben im Jahre 1700 v. Chr. zum Opfer. Die Tatsache, daß die Gebäude nach dem zweiten großen Erdbeben nicht wiederaufgebaut wurden, läßt eine verhängnisvolle Schwächung in der Sozialstruktur während der 250 Jahre zwischen den beiden Katastrophen erkennen.

Vincent Scully zufolge errichteten die Kreter Knossos an einer Stelle, die ein Maximum an seismischen Störungen aufweist, als ob sie die Kraft der Erde spüren wollten, die die Mauern lebendig werden ließ. Vielleicht waren sie sich vor dem ersten Beben nicht über die Gefahr im klaren und bauten den Palast an derselben Stelle wieder auf, weil sie glaubten, daß er dort hingehöre. Oder vielleicht beschlossen sie, wie die heutigen Bewohner von Los Angeles, zu bleiben und »das große Beben« zu riskieren.

Kleinere Erdbeben, die schließlich in dem einen auf Thera kulminierten, bedrohten die Palastkultur eine Zeitlang, in der die Menschen möglicherweise erkannten, was vor sich ging, und durch Gebete versuchten, diese Katastrophe abzuwenden, die sie durch eigene Bemühungen nicht unter Kontrolle bringen konnten. Diese Erdbeben ereigneten sich zu einer Zeit, in der die urgriechischen Mykener die Herrschaft in Knossos errichtet hatten und Kriegeranführer einführten, während sie einen Großteil der Göttinnenreligion ihrer Religion einverleibten.

Archäologisch belegt ist, daß gegen Ende dieser Erdbebenzeit ein Priester einen jungen Mann zu einem Altar in einer primitiven Stätte in den Bergen führte und ihm ein Messer in den Rücken trieb. Diese einzigartige Stätte entdeckten Archäologen erst vor kurzem. Die kleine Ruine erhebt sich in einer rauhen Berglandschaft: Im Gegensatz zur Hafengegend oder den weitläufigen Ebenen im Landesinneren erscheint das Land hier weder sanft noch einladend. Statt dessen stoßen sich nackte Gipfel und zerklüftete Felsen wie Messer aus dem Boden. Die Opferstätte (viel zu primitiv und behelfsmäßig, um sie als Tempel bezeichnen zu können) liegt auf einer Nord-Süd-Achse zwischen den Bergen dahinter und dem Meer davor. Ich besuchte sie Ende September, als die Sommerdürre aufgehört hatte und das Land grau und wie tot dalag. Im Gegensatz zu den höher »entwickelten« Ruinen, den Palästen, ist die Stätte sorgfältig abgrenzt, nicht beschildert und mit Stacheldraht gesichert.

Wir wissen, was sich an diesem Platz abspielte, weil es genau im Augenblick der Opferung zu einem weiteren Erdbeben kam. Steinschutt begrub den Mörder zusammen mit seinem Opfer unter sich, das Messer steckte noch im Rücken des Leichnams. Falls die Kreter wirklich geglaubt haben, daß der Tod eines Menschen die Göttin beschwichtigen würde, haben sie es offensichtlich falsch verstanden. Die Botschaft lautet: »Das habe ich nicht gewollt.«

Der Stiertanz

Von den archäologischen Funden her hat es den Anschein, daß diese einzelne Tötung im Gegensatz zur früheren Praxis steht. Warum aber stellten sich dann die Athener einen stierköpfigen »König von den Sternen« vor, der ihre Kinder verschlingt? Abgesehen von dem naheliegenden Propagandazweck, könnten sie die berühmten kretischen Stierspiele verzerrt dargestellt haben, bei denen junge Männer und Frauen die Tiere an den Hörnern packten und anmutig über ihre Rücken sprangen – eine wahrhaft starke Verdrehung von etwas so Positivem und Freudigem.

Die Kunstwerke, die die Stierspiele oder den Stiertanz zeigen, zelebrieren nicht nur den jugendlichen Körper, sondern sie tragen auch zur Veranschaulichung der Gleichheit von Frauen und Männern in der kretischen Gesellschaft bei. Jahrtausende vor unserer westlichen »Unisex«-Mode praktizierten die Kreter das zwanglose Verschmelzen von geschlechtsspezifischen Vorstellungen, das bereits erörtert wurde. Die am Stiertanz teilnehmenden Frauen mit ihren »Hosenbeuteln« und die Männer in ihren Röcken bei den Ritualen – einer anderen Art von Spiel – verbinden sich anmutig miteinander. In der Kunst werden beide Geschlechter mit schlanken Taillen und viel Schmuck dargestellt. Andere Darstellungen zeigen Frauen und Männer gemeinsam auf der Jagd. Trotzdem waren sie nicht geschlechtslos und sich der Unterschiede bewußt, denn andere Bilder zeigen Frauen mit nacktem Busen und Männer mit erigiertem Penis.

Wie religiöse Tänze überall auf der Welt bringt der Stiertanz die Kraft und die Schönheit des heiligen Körpers zum Ausdruck. Wir sind einem möglichen Tanzplatz in zumindest einer paläolithischen Höhle, nämlich Pêch-Mèrle, begegnet. Tanzen gehört ebenso zu den Instinkten wie Sex, wie das Gebären. Nor Hall weist darauf hin, daß Tanz und Geburtshilfe aus instinktiven Rhythmen entstehen. Eine griechische Hymne beschreibt Artemis – Patronin der gebärenden Frauen, Mutter der Berge, Beschützerin der Tiere –, wie sie vor der Behausung ihres Bruders Apollon ihren Bogen beiseite legt, um mit den neun Musen zu tanzen (siehe dazu auch Kapitel 7).

Durch den Tanz erfahren wir unsere Körper als lebendig, und wir erfahren das Leben, das rhythmisch durch die gesamte Schöpfung fließt. In den wunderbaren Worten eines Liedes der Pygmäen Gabons (gesammelt in Jerome Rothenbergs Anthologie *Technicians of the Sacred*) ausgedrückt, heißt das: »Alles lebt, alles tanzt, alles tönt.« Zellen tanzen, Elektronen tanzen, Galaxien tanzen in ihrem spiralförmigen Wirbel. Der religiöse Tanz führt uns außerhalb unserer selbst in einen Zustand der Ekstase (wörtlich: »aus sich heraustreten«). Aber er trägt ebenfalls zum Gemeinschaftswohl bei, denn indem wir gemeinsam einen Ritualtanz aufführen, bieten wir unser einzelnes Selbst an, »opfern« unser individuelles Ego und geben unseren Körper hin, um die Macht der Göttin zu beschwören.

In der kretischen Kunst tritt der Tanz als Thema oft in Erscheinung. Stylianos Alexiou beschreibt Bilder auf einem Sarkophag, die eine musikalische Darbietung bei einer Stieropferung zeigen. Des weiteren berichtet er von einem Obstbehälter, auf dem Tänzerinnen dargestellt sind, die eine Göttin mit Blumen in den Händen flankieren; ähnliche Szenen finden sich auf einer Schale, auf Tonfiguren, die vier Männer darstellen, welche einander die Schultern umfassen und im Kreis tanzen, auf einem Ring mit tanzenden barbusigen Frauen und einer Malerei aus Knossos, die in einem heiligen Olivenhain tanzende Priesterinnen darstellt. An dem Tag, als ich diese Passage schrieb, wurde ich von der »Ersten Internationalen Minoischen Partnerschaftsfeier« unterrichtet. Die Titelseite der Broschüre ziert ein Museumsfoto von drei Tonfiguren, die einen Kreistanz um eine zentrale, Lyra spielende Figur aufführen.

Theseus und das Labyrinth

Das Spirituelle ist politisch. Jede Religion übermittelt eine soziale Botschaft. Ein großer Teil der patriarchalen griechischen Mythologie stärkte dem damaligen Regierungssystem den Rücken und machte gleichzeitig die frühere Kultur schlecht. In den athenischen Mythen baut Daidalos – ein isoliertes männliches Genie – das »Labyrinth«, einen angeblich undurchdringlichen Irrgarten, der so kompliziert ist, daß ihm niemand entkommen kann. Der athenische Held Theseus tötet den Minotaurus und findet den Weg aus dem Labyrinth mit Hilfe einer Rolle Garn, die Ariadne ihm gegeben hatte. Er spult das Garn ab, während er in den Irrgarten eindringt, so daß er es später nur noch zum Ausgang zurückverfolgen muß.

Wieder stoßen wir auf ein Geheimnis von Verzerrungen, sowohl der Psyche als auch der historischen Tatsachen über religiöse Bräuche Kretas. Die heute als das Labyrinth bekannte Konstruktion ist überhaupt kein Irrgarten, sondern ein einziger gewundener Weg, der ohne Abzweigungen zu einer Mitte führt. Da er nur zur Mitte führt, muß man, um wieder zum Ausgang zurückzufinden, lediglich denselben Weg zurückgehen.

Das Labyrinth symbolisiert die Gebärmutter der Göttin, durch die wir in einem ekstatischen Tanz reisen, zurück zu der Quelle unserer Existenz, um dann wieder in die äußere Welt unseres täglichen Lebens zurückzukehren. Die Verzerrung dieses klaren Musters, einer Art von Tanz zu einem Irrgarten, in dem man sich für immer verlieren könnte, veranschaulicht die Geheimnisse und Verwirrungen der griechischen Mythologie selbst. Sie stellt außerdem die Angst davor dar, das Ego in Prozessionstänzen an das Herz der Göttin zu verlieren. Mit dem Garn in der Sage könnte ursprünglich die Nabelschnur und die ewige Verbindung zur Mutter des Lebens gemeint sein, eine andere Version des Knotens, der, wie wir bereits gesehen haben, unser Leben mit der Göttin verbindet. In der Geschichte von Theseus wird der Faden jedoch zur Verbindung zu Vernunft und Kontrolle.

Die Hinweise auf den Ursprung des Labyrinthmusters sind zahlreich. Es könnte von einem erotischen Tanz aus sich entwickelt haben, der im Frühling aufgeführt wurde. In der *Ilias* wird in einer der Szenen über den Schild des

Das Muster des kretischen Labyrinths

Achilles ein Tanzplatz beschrieben, den angeblich Daidalos für Ariadne entwarf. G.R. Levy schreibt über ein kretisches Siegel, das »Ariadne« darstellt, die einem ekstatischen Tanz zusieht (die Gleichsetzung der ungenannten Figur mit Ariadne leitet sich wahrscheinlich von den griechischen Mythen ab). Nor Hall weist darauf hin, daß der Labyrinthtanz die Zickzackbewegungen von Kranichen nachahmen könnte, die sie zur Paarungszeit vollziehen, während Robert von Ranke-Graves schreibt, daß das Labyrinthmuster von einer Falle für Rebhühner herrührt, die zur Paarungszeit einen humpelnden Tanz aufführen.

Obwohl das Labyrinthmuster den Namen »das kretische Labyrinth« erhalten hat, taucht es in der minoischen Kunst nicht sehr häufig auf. Wir wissen von seinem Vorhandensein auf Kreta überwiegend von Münzdarstellungen. Seltsamerweise taucht genau das gleiche Bild in der Felskunst des amerikanischen Südwesten auf. Anders als Symbole wie das Kreuz oder die Spirale scheint das Labyrinth zu kompliziert zu sein, um in verschiedenen Kulturen unabhängig voneinander aufzutreten. Fuhren die Kreter 3500 Jahre vor den Wikingern nach Nordamerika?

Die Idee eines in Windungen verlaufenden Tanzes könnte auf ein wesentliches Element der kretischen Religion hinweisen, und zwar auf die Idee eines Prozessionswegs, der außerhalb eines Palastes seinen Anfang nimmt und in einem sich windenden oder spiralförmigen Muster in das verborgene Geheimnis der Säulenkrypta im Palastzentrum führt.

Die Macht des Landes

Klassische Archäologen schenken Vincent Scullys Theorie über heilige Landschaften sehr wenig Beachtung – obwohl Donald Preziosi in seinem Buch *Minoan Architectural Design* darauf hinweist, daß Scully mehr Achtung verdient, als die meisten ihm zuteil werden lassen. Auch wenn er einigen seiner Ausführungen kritisch gegenübersteht, räumt Preziosi die generelle Wahrscheinlichkeit seiner beiden Hauptargumente ein, daß nämlich die Kreter bewußt ihre Paläste nach einer Nord-Süd-Achse angelegt und sie an besonderen Landschaftsmerkmalen orientiert haben.

Scully selbst bringt im Vorwort zu der 1979 erschienen Ausgabe von *The Earth, the Temple, and the Gods* seine Verärgerung zum Ausdruck, daß für die meisten Autoren, die über heilige griechische Stätten geschrieben haben, »die Landschaft immer noch nicht existiert«. Er weist darauf hin, daß Menschen »selektiv sehen, aber nicht empirisch«, daß ihre Sicht durch »die begriffliche Struktur ihrer Kultur« konditioniert ist.

Wenn professionelle Archäologen sich nicht für Scullys Landschaftsästhetik erwärmen, so hat doch die Bewegung zur Wiedererweckung der Göttinnenreligion viele Anregungen aus seinem Werk bezogen. Dieses Interesse ist teilweise auf die Verbreitung von Scullys Ideen in anderen Schriften zurückzuführen, wie zum Beispiel Mimi Lobells Artikel in der Zeitschrift *Heresies*, Elinor Gadons Buch *The Once and Future Goddess* oder Dolores La Chappelles *Earth Wisdom*. Wie das Werk von Marija Gimbutas liefern Professor Scullys Schriften mehr als nur Informationen. Sie vermitteln ein Gefühl für die Macht und die Schönheit der Göttin, deren Körper im Land nur durch die symbiotischen Handlungen von Menschen voll und ganz ins Leben tritt. Scully bezeichnet die alte Architektur als »ein Wunder des Einklangs« zwischen menschlichen Bedürfnissen und der Natur. Auf dem griechischen Festland verschob sich dieses empfindliche Gleichgewicht zum Menschen hin, so daß der Tempel ein Bild des »Sieges« darstellt. In der frühen kretischen Kultur erstrebte man durch die Errichtung der Paläste die Harmonie mit der Landschaft als dem Göttinnenkörper. Es gab keine Tempel, zum Teil weil die Kreter wie die paläolithischen Maler die Göttin in ihrem Höhlenschoß anbeteten. Der Bau von Tempeln signalisiert eine Religion, in der die Götter angefangen haben, sich vom Land zu trennen. Mit der Errichtung von Tempeln für ihre Anbetung nehmen die Götter Persönlichkeiten an, die sich von der Natur unterscheiden. Obwohl die griechischen Tempel sich in die Landschaft einfügen, beschwören ihre eleganten Säulen und Statuen eine Gottheit, die eher durch die menschliche Kultur inspiriert wurde als durch die Zyklen der Erde. Die Schreine in den kretischen Palästen haben die Kreter jedoch nicht daran gehindert, ihre Aufmerksamkeit weiterhin den Bergen und Höhlen zu widmen.

Natur und Politik

Scully führt an, daß die Eigenschaft des Landes selbst dazu beiträgt, einen Sinn für das Heilige zu wecken, das einer bestimmten Gesellschaft eigen ist. Obwohl Kreta einige rauhe Gegenden aufweist, sind die Berge im allgemeinen sanft und die Hügel rund. Scully bemerkt, daß das »Entsetzen«, das sich manchmal bei anderen Kulturen vor der

Muttergöttin findet – die Erich Neumann als »die Furchtbare Mutter« bezeichnet –, auf Kreta nicht existiert. Anders als beispielsweise die grausame hinduistische Göttin Kali verschlingt die kretische Göttin nicht, sondern erweckt Freude. Der Archäologe Nicholas Platon schreibt über Kreta: »... von überallher scheint man eine Hymne an die Natur als Göttin zu hören, eine Hymne der Freude und des Lebens.« Die kretische Kunst ist niemals statisch, sondern mit anmutiger Bewegung erfüllt.

Wenn wir eine Religion postulieren, die aus den Gegebenheiten der Natur erwächst, dann helfen die besonderen Merkmale eines Ortes sicherlich dabei, die religiöse Erfahrung zu beeinflussen. Gleichzeitig erwächst Religion auch aus politischen Bedingungen – bis zu dem Punkt, daß die Furchtbare Mutter in Mythen existiert und keine Erfindung moderner Psychologen ist; sie kann patriarchale Ängste um die Ersetzung einer früheren Kultur widerspiegeln. In Indien finden wir neben Kali andere kannibalische, bluttrinkende Göttinnen. Moderne Interpretatoren haben diesen Bildern subtile Analysen gewidmet. Aber wir sollten uns bewußt machen, daß Indien wie auch Griechenland und das alte Europa die Invasion und Eroberung von Indoeuropäern erlebte, die ihre himmlischen Kriegergötter mitbrachten, um die erdbezogenen Göttinnen der Drawida – einer vorderindischen Völkergruppe – zu überwinden. Bis auf den heutigen Tag wird die Göttin nach wie vor in vielen Dörfern verehrt, und die Figur der Kali, genau dieses Bild von der Verschlingenden Mutter, behält ihren Ehrenplatz auf Hausaltären.

Tatsächlich läßt Professor Scully die Bedeutung von politischer und sogar militärischer Notwendigkeit nicht unberücksichtigt. Er weist darauf hin, daß die Mykener die kretischen Prinzipien akzeptierten, sie jedoch ihrer Kriegersituation anpaßten (besonders in Mykene selbst), während die Dorer sich weigerten, die »Bedingungen« der kretischen Harmonie anzunehmen, »einschließlich des verborgenen Versprechens der Unsterblichkeit«, und Zeus über die Mutter stellten.

Charakteristische Landschaftsformen

Von 2000 v. Chr. an wiesen Vincent Scully zufolge alle kretischen Paläste dieselben Landschaftselemente auf. Dazu zählten ein umschlossenes Tal, in dem der Palast lag, ein sanft gerundeter oder kegelförmiger Hügel auf einer Achse mit dem nach Norden oder Süden ausgerichteten Palast und auf derselben Achse »ein höherer, gehörnter oder gespaltener Berg«. Dieser Berg kann noch andere charakteristische Merkmale besitzen, aber der Doppelgipfel beziehungsweise die eingeschnittene Spalte bleibt unverändert. Durch diese Form entsteht der Eindruck von Hörnern im Profil, obwohl sie auch an erhobene Arme oder Flügel oder Brüste erinnern kann, was ein wenig von der Größe und der Form des Doppelgipfels abhängt. Der Berg und der Kegel davor springen dem Betrachter als auffälligstes Landschaftsmerkmal ins Auge. Dieses Merkmal hebt der Palast durch seinen langen, ebenen Hof hervor, der uns direkt zu den emporsteigenden Hörnern führt. Scully bezeichnet den Kegel als »die mütterliche Form der Erde« und den gehörnten Berg als »das Symbol ihrer aktiven Kraft«.

An dieser Stelle lohnt es sich, Mimi Lobells Beschreibung der Landschaft als Körper zu wiederholen. »Das Tal entsprach ihren umfassenden Armen, der kegelförmige Hügel ihrer Brust ... der gehörnte Berg war ihr ›Schoß‹ oder ihre gespaltene Vulva ... und das Höhlenheiligtum ihr gebärender Schoß.«

In dem berühmtesten der kretischen Paläste, Knossos, erhebt sich der Berg Jouchtas sehr eindrucksvoll jenseits der Mauer.

Klar zu sehen ist der Jouchtas auch genau südwärts vom alten Hafen von Knossos aus. Ferner zeigt er sich sehr deutlich, ebenfalls genau südwärts, vom Küstenstreifen der modernen Hauptstadt Heraklion aus, eine Tatsache, die ich entdeckte, als ich auf einen kegelförmigen Berg genau westwärts vom modernen Hafen aus zuging.

Der Berg Jouchtas, vom Palast von Knossos/Kreta aus gesehen

Wie die Berge Ida und Dikte enthält der Jouchtas Höhlenheiligtümer, in denen die Kreter die Göttin anbeteten. Später wurden dieselben Höhlen zu Stätten des Zeus, einschließlich dem »Grab« des unsterblichen Gottes. Überall im Nahen Osten konzentrierte sich die Religion auf den heiligen Berg. In berglosen Ländern wie etwa Mesopotamien errichteten die Menschen Zikkurats und Pyramiden, um den Bergkörper der Göttin nachzuahmen. In ihrem Buch *Earth Wisdom* bezeichnet Dolores La Chapelle Berge als einen natürlichen Ort der Offenbarung und beruft sich dabei auf ihre Erfahrung, einen »Glorienschein« gesehen zu haben – ein großartiges optisches Spiel von Licht und Schatten, das nur in hochgelegenen Gegenden sichtbar ist.

Feine Unterschiede

Genaugenommen liegt nur der Palast von Phaistos auf einer präzisen Nord-Süd-Achse mit seinem Berg, dem Ida. In Malia, einem Palast an der Nordküste, zeigt sich der Berg Dikte über der Süd-Ost-Ecke hinweg, während wir in

Knossos den Berg Jouchtas ein paar Grad von der Nord-Süd-Achse entfernt sehen. Da die Erbauer sich mit verschiedenen zusammenspielenden Prinzipien befaßten, wie zum Beispiel der Orientierung an den Himmelsrichtungen und der praktischen Anforderung, ihren Palast an die Konturen des Bodens anzupassen, sind gewisse Abweichungen zu erwarten.

Die Paläste waren von zwei- oder dreistöckigen Fassaden umgeben. Stand man im Hof innerhalb der Mauern, so waren also nur die Berggipfel zu sehen. Dadurch wurde der gehörnte Berg sogar noch betont. Die Gläubigen konnten noch immer die niedrigeren Hügel während religiöser Prozessionen außerhalb der Mauern sehen und wußten um die besonderen Merkmale, selbst wenn sie sie nur außerhalb des Palastes erblickten. Donald Preziosi weist darauf hin, daß Moscheen überall in der Welt mit gewissen Merkmalen ausgestattet sind, die nach Mekka zeigen, auch wenn diese Stadt von praktisch allen Standorten nicht zu sehen ist.

In den drei größeren Palästen konnten die Menschen den Berggipfel von der Mitte des Hofes aus sehen, direkt gegenüber den Hauptschreinen an der Westseite. Die Schreine mögen an die Errichtung der Paläste selbst erinnert haben. Indem sie sich von dem natürlichen Berg ab- und dem von Menschenhand geschaffenen Schrein zuwandten, spielten die Anbeter die symbolischen Anfänge der menschlichen Kultur nach.

Die Weihehörner

Preziosi zufolge besaß Knossos einen großen Eingang, der die südliche Fassade unterbrach. Dieser Eingang befand sich nicht in der Mitte der Mauer, was ungewöhnlich zu sein scheint, sondern öffnete sich dem direkten Blick auf den Berg Jouchtas. Die frühen Ausgräber von Knossos fanden die großen Weihehörner genau vor diesem Eingang. Am First über dem Tor angebracht, mögen sie den gespaltenen Berg eingerahmt haben.

In gewissen Jahreszeiten werden die Hörner außerdem die Sonne in ihrer anmutigen Rundung eingefaßt haben. Diese Verknüpfung gibt ägyptische Bilder von der Sonnenscheibe zwischen zwei Gipfeln wieder; ähnlich kopierte der Vollmond, der zwischen den Hörnern erschien, die ägyptische Krone der Isis.

Haben Kreta und Ägypten sich gegenseitig beeinflußt oder Anregungen aus einer gemeinsamen Quelle bezogen? Mimi Lobell hat die jährliche Bootsprozession den Nil hinunter zwischen zwei Hügeln beschrieben, die sich auf beiden Seiten des Flusses gegenüberstanden. Der Pharao in seiner Barke verkörperte den Sonnengott Amun-Re, der auf dem Weg war, um sich mit der Göttin Nut zu vereinen. In einem Vortrag stellte Lobell einen Zusammenhang zwischen dieser Reise und Kreta her. Sie zeigte ein Dia von einer kretischen Göttin mit erhobenen Armen, Hörnern auf dem Kopf und einem hinter ihr befindlichen Kegel, der zwischen ihren Armen zu sehen war. Wenn wir diese Haltung einnehmen, mit geschlossenen Füßen und aufgerichteten und wie Hörner gebogenen Armen, erfahren wir eine Offenheit im Körper, eine Öffnung zum Universum. Das trifft besonders dann zu, wenn wir in dieser Haltung das Gesicht der Sonne zuwenden – um so mehr, wenn wir dabei den Blick auf die emporragenden Gipfel eines gehörnten Berges richten.

Andere Ausrichtungen

Die Ausrichtung nach gehörnten oder gespaltenen Gipfeln findet sich nicht nur bei den drei wichtigsten Palästen, sondern auch an anderen Orten. In der Stadt Gournia, die an einem Hang an der Nordküste angelegt wurde, entwickeln wir ein Gefühl, als würde die Erde, mit dem nahegelegenen Doppelgipfel, der eher an Brüste als an Hörner erinnert, uns beschützen.

Sowohl in Gournia als auch in Kato Zakros, einem Palast an der östlichen Spitze der Insel, sind die Höfe nach den Bergen hin ausgerichtet. Bei der Ausgrabung eines

Die Ruinen der alten Stadt Gournia/Kreta, ca. 1500 v. Chr.

Schreins auf einer Hügelkuppe in Gournia fanden Archäologen einen dreibeinigen Altar, verschiedene Sockel, ein Modell der Weihehörner und die Tonfigur einer Schlangengöttin.

In Gournia am Strand spazierenzugehen und die Stadt zu betreten läßt sich mit dem Eintritt in den Göttinnenkörper in den Tempeln Maltas vergleichen. Gournia entstand annähernd zur gleichen Zeit wie die maltesischen Tempel in Mnajdra, der einzigen Gruppe von Tempeln, die zum Meer hin lagen (und die einzigen, die nach solaren Gesichtspunkten ausgerichtet waren). Genaugenommen blicken die Mnajdra-Tempel auf die kleine Insel Filfla, die eine gehörnte Seitenansicht aufweist.

Gournia scheint in ihrer Zeit eine blühende Stadt gewesen zu sein. Heute sind die Ruinen mit einer sanften Stille erfüllt (die zum Teil sicher auf das Fehlen von Touristen zurückzuführen ist). An einem steilen, mit Bäumen bewachsenen Hügel angelegt, blicken sie aufs Meer. Gleichzeitig ruft die Stätte rhythmische Kontraste zwischen rauher und sanfter Landschaft hervor. Ein Kamm scheint die Stadt zu umschließen, und weiter entfernt ragen die zerklüfteten Berge von Kretas rauhem Inneren empor. Die runden, brustförmigen Hügel erheben sich genau im Süden, aber vor ihnen liegen schroffe Felsen. Das Meer scheint der einzige Ausweg zu sein.

Selbst private Gebäude folgen dem gleichen Muster. In der Nähe des Strandes von Amnissos, außerhalb der Hauptstadt Heraklion, befindet sich die Ruine einer Villa auf einer Nord-Süd-Achse mit einem Doppelgipfel dahinter, den man eher als einen Hügel als einen Berg bezeichnen könnte, wie es sich eben für ein Haus im Gegensatz zu einem »Palast« geziemt.

Amnissos nahe bei Heraklion ist ein beliebter Touristenstrand geworden. In der klassischen Mythologie wird dieser Strand mit Artemis in Verbindung gebracht: Zeus fragt die dreijährige Artemis, welche Gaben sie als ihre Attribute beanspruchen möchte (der Plan, Zeus die Vormachtstellung einzuräumen, beinhaltete die Verwandlung der archaischen Artemis in ein Kind der jüngeren olympischen Generation). Lachend antwortet die Göttin, daß sie von der Ehe befreit sein, einen Bogen besitzen, das Recht zu jagen und die Herrschaft über die Berge haben sowie die Gesellschaft der Nymphen von Amnissos genießen möchte.

Der Name Artemis ist unbestimmten Ursprungs und nicht griechisch. Er taucht zuerst auf Linear-B-Tafeln aus Pylos auf. Folglich geht Artemis zumindest auf die mykenische Zeit und möglicherweise auf das minoische Kreta oder sogar auf die Steinzeit zurück. Drei kretische Göttinnen wurden mit Artemis in Verbindung gebracht – Diktynna, »die vom Netz«, Britomartis oder »süße Jungfrau« und Eileithyia, die Geburtsgöttin. Anne Baring und Jules Cashford zufolge fanden im Rahmen der Frühlingsfeste im großen Tempel der Artemis im anatolischen Ephesus Stierkämpfe und Opferungen statt.

Prozessionen

Der Gedanke an einen Prozessionsweg in den kretischen Palästen stammt aus mehreren Quellen. Zunächst weisen deutliche, oft mit Fresken gesäumte Wege auf rituelle Bewegung hin. Bilder auf Siegeln und die Fresken selbst zeigen Menschen, die sich in zeremoniellen Kostümen majestätisch zu Opferplätzen bewegen. Die spätere griechische Mythologie berichtet von den Kureten, den Wächtern des Säuglings Zeus, die ihre Schilde gegeneinanderschlugen, um die Schreie des verborgen gehaltenen Gottes zu übertönen, als er in seiner kretischen Höhle lag und von Bienen genährt wurde. Dieses Bild mag seinen Ursprung in kretischen Prozessionen haben, zu denen das Gegeneinanderschlagen von Schilden gehörte, welche wie die Zahl Acht geformt waren. Evans fand solche Schilde und auch Malereien von ihnen bei seiner Ausgrabung von Knossos. Die Zahl Acht erinnert an die runden Brüste und Hüften des weiblichen Körpers, die altsteinzeitlichen »Venus«-Figurinen und den Grundriß der maltesischen Tempel.

Kretische Bilder zeigen eine Göttin, die mit den Gläubigen eine Bootsfahrt unternimmt. Wir wissen außerdem von Reisen zu Höhlenheiligtümern und von Stierspielen, die im Hof vor dem gehörnten Gipfel abgehalten wurden. Schließlich können wir Prozessionsrituale aufgrund von späteren Traditionen in Griechenland voraussetzen, wo die Anbetung von Göttinnen oft mit Prozessionen verbunden war, wie zum Beispiel die der *arktoi* oder »Bärinnen« – etwa neun Jahre alten Mädchen, die von Athen zum Tempel der Artemis in Brauron zogen.

Kreta und die Mysterien von Eleusis

Die berühmteste griechische Prozession war die der *mystale*, der Eingeweihten, die von Athen entlang der attischen Küste nach Eleusis zogen, wo sie die Großen Mysterien der Demeter und der Persephone begingen (siehe auch Kapitel 8). Viele, die die Mysterien feierten oder feiern, ob in alten oder in modernen Zeiten, haben behauptet, daß die Eleusinischen Mysterien und die späteren hellenistischen Mysterien das Überleben und sogar die Rückkehr der kretischen Religion der Großen Göttin repräsentierten. Und tatsächlich blickt der Schauplatz der Mysterien hinüber zu einem gehörnten Gipfel auf der Insel Salamis, während der Prozessionsweg abwechselnd mit und ohne Blick auf einen kegelförmigen Hügel verläuft. G. R. Levy beschreibt ein Bestattungsbild aus Kreta, das die Göttin in einem Boot zeigt, und stellt es als Bindeglied zwischen dem Erblühen der Erde und der Wiedergeburt der Toten dar – einer Vorstellung, die später die grundlegende Idee der Mysterien bildete.

Anne Baring und Jules Cashford weisen auf mehrere kretische Malereien hin, die an einen kretischen Ursprung des Mythos von Demeter und Persephone – jener Geschichte, die im Mittelpunkt der Mysterien steht – denken lassen. Vor allem berufen sie sich auf eine einfache Strichzeichnung auf einer Schale von ca. 2000 v. Chr. Das Bild zeigt zwei Frauen, die sich, als würden sie trauern, zu einer dritten beugen, die eine Narzisse pflücken mag. Im Eleusinischen Mythos wird Persephone durch eine Narzisse zu der Stelle gelockt, an der Hades, der Gott der Unterwelt, sie entführt. Eine zweite Zeichnung in gleichem Stil zeigt, wie sich das Trio erhebt und die mittlere Figur jetzt zwei Blumen in der Hand hält.

Der Prozessionsweg:
Vom Meer zum Palastinneren

Der Prozessionsweg nach Knossos könnte im Hafen begonnen haben. Scully bezeichnet den Weg zum Palast als gewundene »Serpentine« durch die niedrigeren Hügel, bis sie höher werden und sich vom Tal scharf abgrenzen. Der zeremonielle Eingang scheint an der Nordmauer gelegen zu haben, wo wir Doppelstufen finden, die zu einem Bereich führen, der manchmal »Theater« genannt wird (obwohl sich die Schauspielkunst erst sehr viel später auf dem griechischen Festland entwickelt hat). Den Stufen nähert man sich entlang einem erhöhten Gehweg, der so schmal ist, daß die Teilnehmer sich im Gänsemarsch bewegt haben müssen. Professor Scully versteht das als einen Rückblick auf die paläolithischen Höhlen wie zum Beispiel Lascaux, in denen die Menschen hintereinander den Eingangskorridor zu dem größeren Raum passierten, der die Malereien der gewaltigen Stiere enthielt. Wenn der Palast und die Landschaft *zusammen* den Körper der Mutter darstellen, dann hätte das Eintreten nacheinander die Gläubigen daran erinnert, daß wir alle allein aus dem Körper unserer Mutter in die Welt getreten sind.

Jetzt teilt sich der Weg. Eine Abzweigung verläuft nach Osten, wo sie in eine mit Säulen versehene Halle führt, biegt dann nach Süden ab und steigt zu einer Rampe empor, um in den offenen Hof am nördlichen Ende zu münden. Hier senkt sich der Blick den offenen Hof hinunter zu dem mit einem Erdwall umgebenen Hügel, der das Tal »verschließt«. Ein Stück entfernt erhebt sich der Berg Jouchtas. Wir ahnen bereits eine labyrinthische Bewegung, während der Weg sich um sich selbst windet und zum Aussichtspunkt hinaufführt. Eine Prozession von menschlichen Körpern, die einem solchen Weg durch das Tal und dann den Palast folgt, bildet den einzigen Körper einer Schlange. Zusammen mit der Landschaft und dem Gebäude ruft die Prozession die kretische Göttin mit ihren sich um ihren Körper windenden Schlangen ins Leben. Wie in Michael Dames' Vision von Avebury müssen sich menschliche Körper mit der Landschaft und menschlichen Bauwerken verbinden, um eine lebendige Skulptur der Göttin und ihres Schlangengefährten zu bilden.

Der zweite Weg verläuft nach einem labyrinthischeren Muster, was von der Tatsache herrührt, daß der Hof nicht exakt auf einer Achse mit dem Berg liegt. Dieser – wiederum schmale – Weg führt südlich vom »Theater« zur Westseite des Palastes, wo wir erneut den Hügel und den Berg erblicken. An einem offenen Platz, dem »Westhof«, in den ein weiterer Weg aus dem Westen einmündet, finden wir einen Altar und ein Stück entfernt das Westportal des Gebäudes mit einer einzelnen Säule zwischen den Mauern. Wir haben gesehen, daß eine Säule oder ein Pfeiler die Göttin als Symbol für ihre Erdkraft verkörperte und an die Stalagmiten der Höhlen sowie an ihren ewigen Baum des Lebens erinnert.

Jetzt führt uns der Weg durch einen Korridor, der wieder sehr schmal und mit Fresken von Prozessionsdarstellungen gesäumt ist (was erneut an die Höhlenmalereien erinnert), an »einen dunklen Ort« (Scully) und dann wieder ins Licht hinaus, weg von der Südterrasse, wo wieder einmal der sanfte Hügel und die rauhen Hörner des Bergs auf eindrucksvolle Weise sichtbar werden.

Der Weg windet sich weiter durch Licht und Dunkelheit, bis wir in das helle Licht des Hofs treten. Hier fanden die Stierspiele mit den würdevollen jungen Männern und Frauen statt, die über die Hörner des Tieres sprangen, während die ebenso wundervollen Weihehörner stolz über den Mauern über ihnen aufragten.

Der Prozessionsweg schlängelt sich nicht nur unentwegt dahin, um schließlich den Berg Jouchtas in Sicht kommen zu lassen und sich dann wieder von ihm abzuwenden, sondern er wechselt auch zwischen engen und breiten Stellen, sich zusammenziehend und ausdehnend, sowohl die Atmung als auch die Wehen gebärender Frauen simulierend. Zudem verläuft er zwischen Treppen, Rampen und flachem Boden und zwischen Licht und Dunkelheit. Man gewinnt einen wellenförmigen Eindruck von dem Ganzen, einer gestreiften Schlange gleich, verbunden mit einem Gefühl des Wandels, der sowohl geistiger als auch körperlicher Natur ist.

Die Prozession endet nicht im Hof. Professor Scullys Rekonstruktion führt uns jetzt nach rechts von dem offenen Hof hinunter in das »niedrige, dunkle, höhlenartige Heiligtum der Göttin«. Dieser heute als die »Säulenkrypta« bekannte Raum birgt dunkle Säulen, Opfergruben für Darbringungen und ein eingemeißeltes Zeichen der Doppelaxt. Nachdem wir in das freundliche Licht des Stierhofes eingetreten waren, wo die Tänzer ihre Ausgelassenheit zelebrierten, hat uns der Weg jetzt in die Dunkelheit der verborgenen Mysterien geführt, an den mit der Göttin am engsten verbundenen Ort, wo das feierliche Zeremoniell des *Stieropfers* die lebenszentrierte Kultur im gesellschaftlichen Alltag ins Gleichgewicht gebracht haben könnte. Professor Scully schreibt:

Die Bewegung der Prozession vom Licht in die Dunkelheit, von der Dunkelheit ins Licht und wieder in die Dunkelheit – die im innersten Höhlenheiligtum gipfelt, wo man sogleich die ausgehöhlte Erde der Göttin und die Säule fand, die in die Erde eindringt, sie zugleich stützt und daher ebenfalls ihr angehört – macht aus dem minoischen Palast als Ganzes jenes zeremonielle Labyrinth um den geheimen Ort herum, an das die Griechen in ihren Mythen erinnerten.

An das sie erinnerten – und das sie verzerrten, indem sie diesen Ort der Heiligkeit in einen verwandelten, an dem Ungeheuer, Mord und Entsetzen herrschten. War es einfach nur Propaganda, die die Griechen dazu führte, von ihrem Held Theseus zu erzählen, der einen grausamen Mörder in einem Irrgarten besiegte? Oder trugen sie tief in ihrem Inneren ihre eigene Angst vor etwas, das sie sich nicht eingestanden, mit sich herum – *eine Angst vor dem dunklen, feuchten Inneren des weiblichen Körpers?*
In der paläolithischen Höhlenkunst und in anderen Felsbildern taucht die Vulva oft in Form einer Spalte auf, dem Buchstaben V gleich. Dieses grundlegende Bild finden wir in riesenhafter Form im gehörnten Berg wieder. Der Jouchtas ist sowohl kegelförmig als auch gespalten, so daß die Kreter ihn als den *mons Veneris* (Venusberg) der Göttin im Land betrachtet haben könnten. Das Betreten einer Höhle in einem solchen Berg ruft das starke Gefühl hervor, in einen Körper einzudringen. Der Palast könnte diese Eigenschaft auf eine viel subtilere Weise verdoppelt haben.

Die Schönheit von Phaistos

Mein eigenes Gefühl für die Göttinnenformen von Landschaft und Palästen rührte nicht so sehr von Knossos her (das ständig überfüllt von Touristen ist), sondern vom Palast von Phaistos. Phaistos liegt auf einem Hügel im Süden Kretas, in einer Gegend, die zerklüfteter ist als die von Knossos. Am Wasserlauf unterhalb des Palasthügels wird der Berg Ida von einem anderen Hügel verdeckt, aber in Phaistos selbst kommt er imposant in Sicht und wirkt näher und vertrauter als der Jouchtas bei Knossos.

Vincent Scully bezeichnet den Berg Ida als »durch und durch weiblich«, von breiten, symmetrischen Hörnern »in gerundete, sich ausbreitende Hänge, die von dunklen Hörnern durchschritten werden«, übergehend.

Ein zweiter Berg Ida in Phrygien war die Heimat von Kybele, der »Großen Mutter der Götter«. Kybele könnte bis zu Çatal Hüyük zurückreichen, denn einige ihrer Darstellungen weisen eine starke Ähnlichkeit mit jenen auf, die in der 8000 Jahre alten Stadt gefunden wurden. Der ersten Homerischen Hymne an Aphrodite zufolge war der phrygische Ida der Liebesgöttin geweiht. Die Mythen erzählen, daß sie dort Anchises beilag und später Äneas, den Held von Virgils *Aeneis*, gebar.

Weil Phaistos auf einem Hügel liegt, wird uns ein weitreichender Blick auf das Tal und die umgebenden Berge gewährt. Nicht weit entfernt befindet sich ein anderer »Palast«, der eigentlich eher eine große Villa ist und *Agia Triada* genannt wird (der Name, der »Heilige Trinität« bedeutet, leitet sich von einer nahe gelegenen christlichen Kapelle ab). Obwohl die beiden Bauwerke dicht beieinanderliegen, ist der Unterschied zwischen ihnen beachtlich. Agia Triada ist an einen sich wölbenden Hügel angelehnt und verbreitet trotz der Sicht auf den Ida und ein Paar kegelförmiger Hügel ein Gefühl von Ruhe und Frieden.

Die Gelehrten bezeichnen Phaistos oft als »Sommerpalast« der minoischen Herrscher, wo sie dem gesellschaftlichen

Der Berg Ida, vom Hof des Palastes von Phaistos/Kreta, aus gesehen, ca. 1700 v. Chr.

und geschäftigen Treiben in Knossos entkommen konnten. Professor Scully vertritt die Meinung, daß diese Bezeichnung »seine betörende Kraft nicht adäquat beschreibt« und führt weiterhin an, daß Phaistos »bewußt hingebreitet zu sein scheint als ein Akt der Verehrung für das ganze Land ... beherrscht von dem unüberwindlichen Geheimnis der Erde, die Weite des Tals, den Schrecken des Bergs preisend«. Für meinen Teil will ich hinzufügen, daß, wenn man durch die Ruinen von Phaistos geht, im offenen Hof oder »Theater« innehält und über die Hügel und zum Berg Ida blickt, all dies ein Gefühl für die Bindung an dieses Erdgeheimnis bewirkt, ohne daß es nötig wäre, dieses Geheimnis zu lösen oder nach wunderbaren Offenbarungen zu suchen. Phaistos ist wie Delphi auf dem Festland ein Ort, der zur Erde gehört. Wie auch Delphi kann ich Phaistos keine größere Huldigung zuteil werden lassen als zu sagen, daß schon allein das Nachdenken und Schreiben über den Palast und seine Landschaft eine tiefe Sehnsucht nach Rückkehr weckt.

Wie ich bereits im zweiten Kapitel schilderte, betrachtete ich die heiligen Landschaftsformen und wußte, daß ich angekommen war, bevor ich mich tatsächlich im Palast fand. Auf dem Weg nach Phaistos taucht ein kegelförmiger Berg in einer erhabenen Hügelumgebung auf, während ein gehörnter Berg am Horizont sichtbar wird. In dem Augenblick, in dem die zwei Formationen von den kleineren Hügeln freikommen, krümmt sich die moderne Straße, und man sieht das Schild, das Phaistos ankündigt.

Kegel und Berg

Als ich zu ergründen suchte, wie der Prozessionsweg verlaufen sein könnte, fand ich heraus, daß der Kegel einen wichtigen Teil dazu beiträgt, den Bezug zur Landschaft herauszuarbeiten. Vom Hof in Phaistos aus betrachtet, liegt der Ida genau nach Norden und ist somit von allen Palästen am präzisesten ausgerichtet. Der Kegel erhebt sich in nordwestlicher Richtung; der Prozessionsweg beginnt am nordwestlichen Eingang, so daß sich der Kegel direkt hinter dem Betrachter befindet. Der Weg verläuft westlich zum offenen Theater; von dort führt er die Stufen hinunter und kreuzt schräg nach Südosten quer durch das Theater, so daß der Kegel hinter dem Betrachter liegt. Hinter dem Theater biegt der Weg ab, so daß man sich plötzlich dem eindrucksvollen Anblick des gehörnten Berges mit dem Kegel zur Linken gegenübersieht. Der Weg führt nach Osten und macht dann wie in einem Labyrinth kehrt, um Richtung Norden und die Stufen hinaufzulaufen.

Der Weg führt weiter nach oben zu einem Raum mit den Resten einer Säule. Von dort scheint er sich wieder um sich selbst zu winden und verläuft eine Rampe empor, wieder einmal auf den Berg Ida weisend. Der Torbau des Theaters führt zu einer dunklen, schmalen Treppe, die abwärts auf das Licht zu und in den Zentralhof geht. Blickt man vom Süden des Hofes nach Norden, erhebt sich der Ida sowohl über der Mauer als auch über einem Eingang, der zum nördlichen Wohnkomplex des Palastes führt. Gleichzeitig tut sich vom südlichen Ende des Hofes her das Tal auf und gibt den Blick auf sanfte Hügel frei.

Steht man außerhalb des Palastes, so erscheint der Kegel hinter dem Betrachter. Sobald man die eigentliche Anlage betritt, verschwindet er, verdeckt von der Mauer. Zugleich kommt genau nach Westen vom offenen Theater ein kleinerer, behaglicher wirkender und rundlich-kegelförmiger Hügel in Sicht.

Wenn sich der Ida hinter dem Betrachter befindet, taucht ähnlich ein sanfter, doppelgipfliger Hügel vor ihm zur Linken, im Südosten, auf, mehr oder weniger auf einer Achse mit dem steileren, zerklüfteteren Kegel. Vor diesem Hügel erhebt sich ein niedriger Erdwall, so daß der Hügel den Eindruck einer kleineren und zugänglicheren Version des heiligen Berges vermittelt.

Die beiden gehörnten Gipfel, der Berg und der Hügel, sind vom Hof sichtbar, denn während sich der Ida über dem Palast erhebt, gibt der Hof den Blick auf die sanfteren Hügel frei. Auf der obersten Stufe des Theaters, die den höchsten Punkt darstellt, zeigen sich alle vier Landschaftsformen. Wenn man sich jedoch in der Palastanlage bewegt, treten die weicheren Formen in den Vordergrund: Es entsteht der Eindruck, als habe der Mensch der Natur die Schroffheit genommen. Wenn man in den Palast eintritt, herrschen die zerklüfteten Gipfel vor, nur um dann optisch zugunsten ihrer zugänglicheren Entsprechungen zurückzuweichen. Diese kleinen Hügel enthalten noch immer den Göttinnenkörper, aber in einer eher menschlichen Größenordnung, in einer für Ackerbau und Entwicklung empfänglicheren Form. Wie in so vielen Beziehungen bringt die alte kretische Kultur hier das Menschliche und das Göttliche zusammen, wobei keines das andere übertrumpft, sondern beide verschmelzen miteinander in anmutiger Freude und Eleganz – wie die zwei Hälften der Doppelaxt oder die zwei Schlangen, die von der barbusigen Göttin in ihrem langen Rock gehalten werden.

7

Der Körper im Lied

Lebt wohl,
Kinder von Zeus und Leto,
sie mit dem schönen Haar,
jetzt
und in einem anderen Lied
werde ich an euch denken.

Hymne an Artemis

Von allen Göttern und Göttinnen kennen wir die griechischen am besten. Wir haben die anmutigen Statuen und die Tempel mit ihren mathematisch exakten Proportionen gesehen, wir haben die Geschichten von den Liebesaffären und den Schlachten, den Manipulationen hilfloser Sterblicher, den Verwandlungen von Menschen in Bäume, Sterne oder Flüsse gelesen. Und dennoch werden die von einer seltsamen Mischung von Gewalt und Schönheit, Klugheit und Angst durchdrungenen griechischen Mythen um so geheimnisvoller, je intensiver wir uns mit ihnen beschäftigen. Wir fangen an, uns eine klarere Meinung von ihnen zu bilden, wenn wir die Art und Weise verstehen, wie sie die Eroberung einer älteren Ordnung in Szene setzen, einer Ordnung, die um die vielen Großen Göttinnen errichtet war, jede einzelne aus einer anderen Gegend, über welche die Eindringlinge herfielen. Das ist nicht nur eine moderne Interpretation. Die alten Griechen selbst priesen ihre olympischen Himmelsgötter dafür, den »chthonischen« Gottheiten die Welt gewaltsam entrissen zu haben – Wesen, die sie als dunkel, gefährlich, irdisch, monströs – und weiblich – bezeichneten.

Diese Eroberung war zum Teil damit verbunden, die archaischen und komplexen Göttinnen auf Inkarnationen bestimmter Eigenschaften zu reduzieren. Artemis wird zu einer Art Pfadfinderin, die in den Wäldern ein karges Leben führt. Aphrodite wird in endlose Liebesaffären verstrickt, während Hera in ihrer Wut Ränke gegen Zeus schmiedet, der den Frauen nachläuft. Athene, einst eine allmächtige Göttin der Schlange und der Eule, entspringt jetzt dem Haupt des Zeus, als hätte er sie selbst erschaffen. Trotz dieser scheinbaren Trivialität werden die Göttinnen in den griechischen Mythen ebenfalls erhöht, denn tatsächlich wird es ihnen gerade durch diese Individualität möglich, uns Spiegelbilder von uns selbst zu zeigen. Diese Spiegelbilder haben eine grenzenlose Tiefe, denn je tiefer wir in diese Spiegel schauen, desto deutlicher erkennen wir ein Doppelbild: die Figuren, die wir aus den Geschichten kennen, und ihre viel älteren Gegenstücke, jene Göttinnen des Landes, des Himmels, des Wassers, der Vögel, der Schlangen und der menschlichen Leidenschaften, die so alt wie Stein und in all den Jahren der Verzerrung durch die ewige Wahrheit des Körpers mit uns verbunden gewesen sind.

Die unsterblichen Götter

Vincent Scully bezeichnet die Tempelarchitektur des griechischen Festlandes als ein Bild des »Sieges«, in dem das Gleichgewicht zugunsten der menschlichen Herrschaft über den Kosmos umschlägt. Zweifellos haben wenige Kulturen die Götter jemals von einem so menschlichen Standpunkt aus begriffen, wie es die Griechen taten. Wir brauchen nur an den eleganten Realismus der Statuen oder an den häuslichen Zank in den Geschichten von Zeus und Hera zu denken.

In dem Maße, in dem die Götter immer menschlicher wurden, wurden auch die Menschen selbst immer stärker herabgesetzt. Die kretischen Paläste dienten den Menschen sowohl als Häuser, Arbeitsplätze, Regierungssitze als auch als Brennpunkte, an denen die Göttin im Land wahrgenommen wurde. Die griechischen Tempel beherbergen Statuen, keine Menschen.

Auf Kreta finden wir Zeus als sterbenden und sich erneuernden Gott, der das Wunder des Pflanzenlebens verkörpert, der stirbt und hinabsteigt in das unterirdische Reich der Todesgöttin, nur um mit dem Frühlingsanfang als neugeborenes Kind zurückzukehren. Für die Dorer jedoch waren ihre Götter unsterblich, ohne Körper, unabhängig von den Zyklen der Natur. Sie mögen ihre Götter mit sehr menschlichen Begriffen charakterisiert haben, aber sie bezeichneten sie auch als reine Energie.

Das Konzept der Unsterblichkeit rührt von der Todesangst und dem Todesschmerz her. Subtiler betrachtet könnte es dem Bedürfnis entspringen, die Idee *Gott* von der *Göttin* zu trennen, das heißt, die Göttlichkeit von dem im wesentlichen weiblichen Körper der natürlichen Welt loszulösen (selbst unsere monotheistische Kultur spricht von »Mutter Erde« oder »Mutter Natur«). Der Körper der Göttin bezieht uns in die fortwährenden Zyklen von Tod und Wiedergeburt ein. Die Trennung von der Göttin läßt die Möglichkeit der unsterblichen Vollkommenheit zu.

Aber auch wenn diese Gottesauffassung den patriarchalen Wunsch befriedigt, das höchste Wesen als männlich und von der (weiblichen) Natur getrennt zu sehen, ruft sie doch auch eine Kluft zwischen den Göttern und der Menschheit hervor. Wie die übrige Natur auch werden Menschen schwach und sterben. Der bloße Akt, sich Götter frei von Leiden vorzustellen, garantiert, daß Menschen keinen Anteil an der Gottheit haben. Im griechischen Kosmos existieren die Menschen nur auf Gedeih und Verderb den Göttern ausgeliefert, die jeden Augenblick nach ihnen greifen und sie vernichten können.

Die Sehnsucht nach Unsterblichkeit könnte bei stolzen Stammesführern aufgekommen sein, die den Gedanken an den Tod verabscheuten und zugleich fürchteten, daß er sie jederzeit in ihren Schlachten ereilen könnte. Und daher könnten sie sich vorgestellt haben, wie es wäre, ewig zu leben, niemals zu sterben oder gar Schmerzen zu spüren, von der ganzen Welt verehrt zu werden, jeden zu töten, der sich ihnen widersetzte oder sie verärgerte, und jede Frau, die sie begehrten, zu nehmen. Dies sind die Attribute von Zeus, dem Oberhaupt der Götter.

Die Religion der Göttin war eine Religion des *Ortes* und der *Körper*, die beide mit der Landschaft und dem Palast verbunden waren. Die Götter trennen sich vom Land, und auch wenn sie die Gestalt idealisierter Menschen annehmen und an so menschlichen Aktivitäten wie Sex und Krieg teilnehmen können, sind sie in Wirklichkeit doch körperlos. Während die Kreter und Mykener die Göttin darstellten, wie sie die Gläubigen an ihrem Lebensbaum in ihrem Garten empfängt, zeigen die späteren griechischen Mythen die Götter als unnahbar und furchteinflößend, dazu neigend, jeden Sterblichen, der sie zufällig sieht, niederzustrecken oder in Stücke zu reißen. Die Götter wandeln auf Erden und mischen sich in menschliche Angelegenheiten ein, ganz nach Lust und Laune. Sie gehören nicht zur Welt. Sie leben auf ewig in ihrer Pracht auf dem Olymp, dem Morast und den Plagen des menschlichen Lebens entrückt.

In allen Schöpfungsmythen von beispielsweise Sternbildern oder bestimmten Baumarten verbindet sich die griechische Religion mit der Natur (bezeichnenderweise haben viele dieser Geschichten mit Vergewaltigung oder Mord zu tun). Fast wie die australischen Aborigines glauben die Griechen, daß jeder Baum und jeder Fluß von einer Nymphe oder Dryade bewohnt wird. Die Hauptobjekte der Religion jedoch, das olympische Pantheon, sind von der Natur losgelöst.

Wenn Menschen sterben, werden sie nicht wiedergeboren, sondern existieren lediglich als kalte, hohle Schatten. In der *Odyssee* sagt der tote Achilles dem Odysseus, daß er lieber lebendig als Sklave die Felder bestellen würde, als über alle Toten zu herrschen. Nur bei den großen Eleusinischen Mysterien ändert sich diese Haltung mit dem Versprechen der Wiedergeburt, das allen Freude bereitet, die an ihnen teilnehmen – und die Mysterien gehen möglicherweise direkt auf die Feiern zu Ehren der Göttin im minoischen Kreta zurück.

Bedeutungsebenen: Psyche

Die Faszination der griechischen Mythen liegt zum Teil in jener leichtfüßigen Qualität der Geschichten begründet, die tieferliegende Schichten von Bedeutung zu verschleiern scheint. Bei den griechischen Mythen überfällt uns oft das unbestimmte Gefühl, daß eine wichtige Wahrheit offen, aber zugleich verborgen daliegt. Das Rätsel wird ein wenig klarer, wenn wir in Betracht ziehen, daß viele der Mythen entweder einen früheren Mythos verzerren oder als Rechtfertigung für die patriarchale Machtübernahme der Göttinnenreligion dienen. Und dennoch vermittelt uns die Genialität der griechischen Religion das Gefühl, daß ein echtes spirituelles Geheimnis aus diesem entstellenden Konflikt zwischen der Muttergöttin und dem Kriegergott hervorgegangen ist.

Wie bei einigen hebräischen Mythen, beispielsweise der Geschichte vom Garten Eden, müssen wir die Aspekte der Geschichten ergründen, die keinen Sinn zu ergeben scheinen. Ein solcher Aspekt zeigt sich in der Geschichte von einer Frau und dem Gott der Liebe.

Unser modernes Wort *Psyche* leitet sich von dem griechischen Wort für »Seele« ab. Aber Psyche ist außerdem eine Figur in einer Geschichte. Die Geschichte von Psyche erzählt von ihrer Liebe für Eros, den Liebesgott und Sohn der Aphrodite. Um mit ihrem Geliebten vereinigt zu sein, um sein Gesicht sehen und neben ihm stehen zu können, muß Psyche Aufgaben für Aphrodite lösen, unter anderem eine Reise zu Persephone unternehmen, der Königin der Toten und der Göttin, mit deren Entführung und Vergewaltigung der Mythos beginnt, auf den die Eleusinischen Mysterien gründen.

Zu Beginn der Geschichte begegnet Psyche ihrem geheimnisvollen Geliebten nur in der Nacht, denn Eros weiß, daß sie der ganzen Macht seiner Schönheit nicht standhalten könnte. Ihre Schwestern werden eifersüchtig auf sie und verspotten sie, daß mit ihrem Ehemann etwas nicht stimmen könne, wenn sie ihn niemals bei Licht sehen dürfe. Bis hierher scheint alles unkompliziert zu sein. Aber dann erfahren wir, daß Psyches Schwestern ihr einreden, daß ihr Geliebter überhaupt kein Mensch sei – sondern eine Schlange. Warum sagen sie so etwas Merkwürdiges? Und warum schenkt Psyche dieser absonderlichen Idee Gehör? Erst wenn wir von der großen Intimität zwischen der Göttin und den Schlangen hören, fangen wir an, etwas Tiefgründigeres in dieser Geschichte zu erahnen. Statuen der minoischen Göttin stellen sie mit Schlangen dar, die sich um ihre Arme und ihren Körper winden. Athene war ursprünglich die Göttin sowohl der Schlangen als auch der Eule. Die Menschen, die diese Bilder von göttlichen Wesen und Schlangen schufen, taten das nicht willkürlich. Die Mythen und die Statuen drücken diese tiefe und geheimnisvolle Faszination für Schlangen und ihre Fähigkeit aus, eine verborgene Stelle in der Psyche aufzuwühlen. Unter anderen Eigenschaften beschwören Schlangen die elementare sexuelle Energie. In einer älteren Fassung der Geschichte war die Seele – Psyche – tatsächlich die Geliebte der Schlange – Eros. Und wenn die Schlange zum Geliebten sowohl der Frau als auch der Göttin wird, dann werden die Seele, das individuelle Selbst und das größere Selbst des Göttlichen miteinander vermischt.

Psyche wird zu einer Figur der uralten weiblichen Kraft, die ihr Wissen um sich selbst verloren hat und auf ein verängstigtes Mädchen, das sich vor der Dunkelheit fürchtet, reduziert wird. Wie in der biblischen Schöpfungsgeschichte von der verdammten Schlange setzt der Gott Feindschaft zwischen die Frau und die Schlange. Psyches Schwestern, die Symbole für die Gesellschaft, sagen (der) Psyche: Hüte dich, laß dich nicht von deiner Leidenschaft und deinem Wunsch überwältigen, denn du könntest feststellen, daß es dich von dem Rationalen, dem ungefährlich Menschlichen fort zu etwas viel Tieferem – zu der Schlange, der uralten vergessenen Macht des Körpers – hinführt. Ihre Hingabe an die Liebe führt Psyche in die Unterwelt, in die sie sich begeben muß, um dem Reich der Toten die Lebenskraft wiederzubringen.

Wir können unser Gehirn als in Ebenen, die sich im Laufe der Evolution aufgebaut haben, strukturiert betrachten. Die jüngste Ebene, der Neocortex, regiert unsere rationalen Denkprozesse. Die älteste, das limbische System, ist für unsere verborgenen, unwillkürlichen Reaktionen verantwortlich. Entwicklungsgeschichtlich gesehen wird das limbische System den Schlangen zugeordnet. Einige vertreten dementsprechend die Auffassung, daß der Neocortex uns zu Menschen macht und wir die limbische Schlange in uns unterdrücken müssen. Aber soviel von unserer Kraft und Stärke rührt von unseren tiefen, instinktiven Leidenschaften her. Wenn wir sie verleugnen, verleugnen wir uns selbst, unsere Menschlichkeit.

Eine Seereise

Der Abschnitt über Psyche und die Schlange ging aus Notizen hervor, die ich mir nachts auf einer Fähre gemacht hatte, welche mich vom griechischen Festland über das Ägäische Meer nach Kreta brachte. Es war eine Reise, die mich nicht nur zurück in die Vergangenheit führte, sondern auch durch Dunkelheit und über das Wasser unserer ältesten Mutter. Diese Fahrt und die Niederschrift fanden in der fünften Nacht der Eleusinischen Mysterien statt, die insgesamt neun Tage dauern, so daß der fünfte Tag die Hälfte der Reise in die Unterwelt und wieder zurück markiert. In dieser fünften Nacht badeten die *mystae* oder Mysten, die Eingeweihten, im Meer und zogen dann mit Fackeln los, um die Suche nach Persephone, der Göttin, die der Tod raubte und hinunter in die Dunkelheit brachte, nachzuspielen.

Im Streben nach eigener Göttlichkeit sucht Psyche Persephone auf, denn Aphrodite hat ihr ein *pyxis*, eine kleine Dose, gegeben und ihr aufgetragen, sie mit Salbe zu füllen, die Persephones Schönheit enthält. Aber das Wort *pyxis* war wie das Wort für Pandoras Büchse (siehe S. 186) ein umgangssprachlicher Ausdruck für die weiblichen Genitalien (wenn wir die Verbindung auf einer konkreten Ebene herstellen, werden aus der Salbe Scheidensekrete), so daß die wahre Schönheit der Göttin der Kraft des Schoßes angehört – Leben aus dem Tod, Sexualität aus der Dunkelheit.

In den griechischen Mythen fahren die Toten in Fährbooten über den Fluß Styx. Die moderne Fähre nach Kreta, ein großer Liniendampfer mit vielen Decks, Restaurants, Salons und Privatkabinen, folgt noch immer den uralten Spuren. Die Reise führt über das Meer, dessen dunkles, wogendes Wasser dem salzigen Blut in unseren Körpern entspricht. Und diese besondere Seereise nach Kreta stellte für mich eine Rückkehr zur Schlangengöttin dar, Persephones Ahnin, deren Arme sich in beide Richtungen ausstrecken, als würde sie die fließende Bewegung von Leben und Tod verkörpern.

Die Eroberung von Delphi

Die griechischen Mythen schienen es zuzulassen, daß alle Bedeutungsebenen zugleich existierten, die prähistorische Religion des Körpers gerade unterhalb der Oberfläche der sonnenbeschienenen Religion der Abstraktion und Vernunft. Aber dieses Nebeneinander verlief nicht problemlos.

Die Olympier ersetzten die ältere Religion durch Eroberung. Die Tatsache, daß sie sie nicht einfach verbannen konnten, war eine Quelle der Spannung und Angst. Das stellen wir sogar in Delphi fest, vielleicht vor allem in Delphi, dem wichtigsten Heiligtum Apollons, Gott des Sonnenlichts und der maßvollen Vernunft. Denn Delphi war ein Ort der Weissagung, das wichtigste Divinationszentrum in der Alten Welt, ein Ort, den sogar die Feinde Griechenlands aufsuchten, um die Zukunft zu erfahren und den Willen der Götter zu ergründen. Aber Weissagung kann nicht als ein rationaler Akt vonstatten gehen. Wir müssen in diese dunklen Ebenen des Geistes vordringen, dorthin, wo unsere Körper sich mit dem Körper der Erde und dem fließenden Körper der Zeit verschmelzen.

Apollons Eroberung von Delphi war für die olympische Religion ein gewagter Geniestreich. Dadurch setzte er die Herrschaft der Vernunft genau an dem Ort durch, der ihr wohl am zähesten Widerstand geleistet hatte. Aber gleichzeitig konnte die alte Religion nicht so einfach vertrieben werden. Denn wer sollte ohne die *Frauen* und ihre Verbindung zur Erde das Orakel befragen?

Der Apollon-Tempel in Delphi propagierte das Schlagwort »Erkenne dich selbst«. Und doch müssen wir die apollinische Religion als eine Bewegung *weg* von der Selbsterkenntnis, als eine Abwehr der Macht des Körpers, des Körpers der Göttin, bezeichnen. Vincent Scully schreibt, daß die Griechen den rationalen, sonnenbeschienenen Apollon anriefen, »wo auch immer sich die furchteinflößendsten Eigentümlichkeiten der alten Göttin der Erde manifestieren«. Ursprünglich manifestierte sich die Göttin der Weissagung in Delphi in einer dunstigen Höhle, in der mit Hilfe von Nebelschwaden visionäre Trancezustände herbeigeführt wurden. Einen geometrischen Tempel über dieses Loch in der Erde zu bauen, diesen dunklen archaischen Ort der Prophezeiung, der die Quelle unseres Seins verkörpert, bedeutet ja gerade, *nicht* erkennen zu wollen, sondern die Selbsterkenntnis unserer Ursprünge, unserer Realität zu verbergen.

Ein großer Teil der Angst, der sich durch so viele griechische Mythen hindurchzieht, scheint einem unterdrückten Bewußtsein zu entspringen, den Göttinnenkörper (buchstäblich) zugedeckt und den Blicken entzogen zu haben. Die gleiche Aggression gegen das Weibliche fand in der Gesellschaft statt, denn die Griechen sperrten die Frauen in ihren Häusern ein, verweigerten ihnen das Bürgerrecht und nahmen ihnen ihre alten Besitzrechte weg, ebenso wie sie Vergewaltigung als einen göttlichen Akt betrachteten. Auch die Sexualität und die Fortpflanzungsfähigkeit der Frauen wurden sanktioniert; Frauen wurden dafür verachtet, Kinder zu bekommen; selbst Aristoteles bezeichnete den weiblichen Orgasmus als Scheußlichkeit und ordnete zur Abhilfe die Entfernung der Klitoris an.

239

Die Angst des Eroberers

Wo auch immer eine Gruppe von Menschen eine andere unterdrückt, staut sich Wut auf, nicht nur bei der unterdrückten Gruppe, sondern auch bei den Unterdrückern. Die Wut der Unterdrücker entsteht als ein Reflex aus der Verleugnung dessen, was sie getan haben. Ihre Opfer erinnern sie unaufhörlich nicht nur an ihre Verbrechen, sondern auch an die Wirklichkeit, die sie umzustürzen versucht haben. Und darum hassen und fürchten sie die Menschen, die sie besiegt haben. Wenn Männer Frauen unterdrücken, werden Frauenkörper zu einem Ort des Schreckens. Die Menstruation verwandelt sich von etwas Magischem in etwas Böses oder Ekelhaftes. Der Vagina wachsen Zähne, die den Penis des Mannes abbeißen.

Die griechischen Mythen werden von dem Gefühl getragen, daß die patriarchale Religion sich selbst der Mutter entwindet. Als der Sonnengott Apollon die Schlange Python tötet (die die »Tochter der Hera« genannt wird), sagt er zu ihr: »Jetzt verrotte hier auf dem Boden, der die Menschen ernährt.« Die Erde und die Göttin werden als furchteinflößend und verachtenswert angesehen. Der Name des Helden Herakles bedeutet »Heras Ruhm«. In den klassischen Mythen wird er jedoch zu einem weiteren unehelichen Sohn von Zeus, so daß Hera zu seiner Peinigerin wird, die ihn aus Eifersucht wahnsinnig macht. Ödipus folgt der apollinischen Forderung, sich selbst zu erkennen, und findet heraus, daß er seinen Vater getötet und seine Mutter geheiratet hat. Aber mit diesen Taten hat er nur ein archaisches Ritual wiederholt, in dem die Königin die ewige lebenspendende Kraft im Land verkörpert und der alte König die Vegetation, die im Winter sterben muß, damit die jungen Pflanzen, verkörpert im Sohn, im Frühling ihren Platz einnehmen können. Ödipus, der diese Dinge nicht wissen will, der sich nicht sehen will, blendet sich.

Die Erde selbst wird zu einem Ort des Schreckens – naß, triefend, lebendig und monströs. Der Himmel dagegen ist eine Zufluchtsstätte, ein völlig reiner und glänzender Platz im Vergleich zu dem dunklen und schmutzigen Boden unter uns. In den griechischen Mythen werden die vorolympischen Götter als »chthonisch«, der Erde angehörend, und zugleich als dämonisch, wahnsinnig, blutrünstig – und weiblich bezeichnet. Der ganz und gar strahlende und reine Sonnengott Apollon schreitet voran, um diese schmutzigen Göttinnen der Erde zu besiegen und unter seinem Ritualtempel zu begraben.

Ebenso wie in der biblischen Schöpfungsgeschichte wird die Schlange als das Symbol der Göttin und der Ausdruck ihrer starken Energie, sowohl der prophetischen als auch der sexuellen, zum Feind erklärt. Als Gegenprinzip zur instinktgesteuerten Schlange führt Apollon das »Licht« der Vernunft ein, in dem er angeblich die gefährlichen Leidenschaften der älteren Erdgöttinnen bezwingt. Aber wenn wir die Erde als den Körper, als *unseren* kollektiven Körper ansehen, führt Apollon uns von unserem Körper weg zu jener losgelösten Transzendenz des olympischen Himmels. Und das tut er, indem er Python tötet und seinen stillen, abstrakten Tempel mit all seinen Säulen und mathematisch exakten Proportionen über der feuchten delphischen Höhle – der Vulva der Erde – errichtet, wo die Sibyllen aus Nebel und Dämpfen heraus ihre Prophezeiungen sprachen. Buffie Johnson, die über Apollons Tötung des Python schreibt, zitiert Jane Ellen Harrisons ironischen Kommentar: »Was hatte der strahlend schöne Apollon mit der alten Schlange zu schaffen?«[*]

Nach Delphi kommen

Die Pilger der alten Zeit, die das Orakel aufsuchen wollten, konnten Delphi auf dem Landweg oder mit dem Schiff erreichen. Apollon selbst kam auf dem Seeweg und brachte kretische Seeleute als seine Priester mit. Kreta blieb das Land der religiösen Autorität, sogar oder vielleicht beson-

---

[*] Buffie Johnson: *Die Große Mutter in ihren Tieren. Göttinnen alter Kulturen*, Olten und Freiburg: Walter 1990, S. 163.

ders für diejenigen, die seine prähistorischen Traditionen vernichtet hatten. Sowohl Zeus als auch Demeter kamen aus Kreta. Um sein Ansehen zu stärken, entriß Apollon der kretischen Göttin den heiligen Palmbaum und den Hain. Der Gott lockte die Seeleute, indem er die Gestalt eines Delphins annahm. Im Palast von Knossos, der Jahrhunderte vor dem Bau des Apollon-Tempels in Delphi in der Erde verschwand, zeigen die Wandfresken spielende, springende Delphine. Der Name Delphi ist mit zwei griechischen Wörtern verwandt, nämlich *delphis* für Delphin und *delphys*, Schoß.

Für diejenigen, die nach Delphi wanderten, war der Weg rauh und bergig. Heute indes erleichtern moderne Straßen und das Licht der Städte die Reise. Nichts kann jedoch die kahle Schönheit der Hügel trüben. Die Stätte von Delphi liegt unter der tiefen Spalte des Parnaß, des Gebirgszuges dichterischer Inspiration, Heimat der neun Musen (wieder die Neun, das magische Drei-mal-Drei). Über der Tempelgruppe, über der heiligen Kastalischen Quelle erhebt sich eine Felswand, »prachtvoll gekrönt von gewaltigen Hörnern, die sich wuchtig dem Himmel öffnen« (Scully). Das sind die Phaidriaden, die »Glänzenden«. Die Quelle, wo Suchende sich Wasser über den Kopf schütteten, um sich zu reinigen, stürzt von der Felswand unterhalb der Hörner herab. Nachdem wir unseren Blick geschult haben, erkennen wir diese Quelle wieder, auch wenn wir sie noch nie gesehen haben. Es ist das gleiche Wasser, das in Silbury Hill oder in Glastonbury an die Oberfläche kommt oder unter den Spalten des Teaching Rock in Kanada fließt. Die Quelle, die sich aus einem gespaltenen Berg ergießt, ist das Blut der Göttin.

Die gesamte Stätte blickt quer über das Tal zu einer weiteren Kluft in den Bergen. Eine Kluft verkörpert die Vulva der Göttin, sei es in Form einer schmalen Linie an einer Höhlenwand, einer Spalte im Boden oder riesengroßer Hörner eines Berges. Und mit dem fließenden Quellwasser und der ursprünglichen Orakelhöhle erhalten wir eine Reihe von Vulvabildern, die immer vertrauter werden,

Die Phaidriaden in Delphi/Griechenland. Der Gaia-Stein befindet sich im unteren Teil des Bildes links.

während wir uns dem Heiligtum nähern: von der Bergform, die sich gegen den Himmel abzeichnet, über das zum Vorschein kommende Wasser bis hin zu den dunklen Dämpfen, die jetzt vom Tempel bedeckt werden. Die

Dämpfe allein, die aus den geheimen Stellen in der Erde emporstiegen, lösten die Weissagung aus.

In klassischen Zeiten wurde die Erdspalte mit den emporsteigenden Dämpfen selbst nicht von dem Tempel überdeckt, sondern nur von ihnen umgeben. Apollon hatte zwar die Schlange getötet, aber noch immer verkündeten Frauen das Orakel, als ob die neue Religion die Autorität (und die Wirklichkeit) der alten nicht zu vertreiben vermocht hatte. Nach der Python *Pythia* genannt, wusch sich die Prophetin in der Quelle, zerkaute ein Lorbeerblatt (der Lorbeer wuchs aus dem Körper einer Nymphe, die vor Apollons Versuchen, sie zu vergewaltigen, geflohen war) und setzte sich dann auf einen Dreifuß über der Spalte, wo sie die Dämpfe einatmete und ihre Prophezeiung verkündete. Oft erfolgte die Weissagung in wortlosen Tönen, die ein (männlicher) Dichter in zusammenhängenden Versen wiedergab.

Auf der Höhe von Delphis Ruhm gab es drei Pythien, jene Zahl, die die Dreifache Göttin des Mondes und die drei weiblichen Lebensphasen wachruft (Plutarch schrieb, daß die Stimme der Sibylle – der Pythia – auf das Antlitz des Mondes getragen wurde). Der Dreifuß verdreifacht das nochmals, so daß wir erneut auf die heilige Zahl Neun kommen, die Monate der Schwangerschaft. Aber die Pythien setzten sich nicht aus Jungfrau, Mutter und altem Weib zusammen, sondern es waren alles Frauen über 50, alte Weiber, die die Wechseljahre hinter sich gebracht hatten. Zugleich waren sie Bäuerinnen und behielten somit die Verbindung zur Erde, Gaia, bei.

Aus einigen Berichten über Delphi geht hervor, daß das Orakel allen Pilgern zugänglich war, die kamen und sich reinigten. In Wirklichkeit verboten Apollons Vorschriften es den Frauen, Rat zu suchen. Seine Priester waren wohl auf die Kraft des weiblichen Körpers angewiesen, aber das hieß nicht, daß sie zuließen, daß Frauen irgendeinen Vorteil davon hatten.

Aufgrund der phantastischen Lage von Delphi betrachteten seine Anbeter es als den Mittelpunkt der Welt. Selbst nach Apollons Eroberung des Schreins blieb der *omphalos*, der Nabel, das heiligste Objekt. Der Omphalos war in einem kegelförmigen Stein verkörpert, in den eine sich um ihn windende Schlange gemeißelt war, so als ob sie ihn beschützen sollte. Von Kreta wissen wir, daß ein kegelförmiger Stein (oder Berg) die Macht der Göttin überträgt. Der Stein Omphalos gewann zusätzlich an Bedeutung, weil er ein Geschenk des Himmels war – ein Meteorit. Wie bei Kybele und ihrem kegelförmigen schwarzen Meteoriten oder dem riesigen Kaaba-Meteoriten in Mekka veranschaulicht der Omphalos mit seiner Schlange die Einheit von Erde und Himmel, zwei Aspekte desselben Körpers.

Die Steine der Gaia

Die Griechen nannten die Höhle in Delphi manchmal den Eingang zum Reich der Toten. Dieser unterweltliche Aspekt zusammen mit den Landschaftsformen, der Schlange und dem Meteoriten erinnert uns daran, daß das Heiligtum anfangs der Erdgöttin Gaia, auch Themis genannt, gehörte. Gaias ursprüngliches Heiligtum war ein die offene Erdspalte umgebender Steinkreis, der Erinnerungen an die Steinkreise der Steinzeit wachruft. Heute kann man noch immer den großen Stein der Sibylle sehen, auf dem der alten Überlieferung zufolge das Orakel saß und seine Prophezeiungen verkündete. Umgeben von all den klassischen Bauwerken, wirft uns der große, schmucklose Stein auf die Kraft des Landes zurück.

Ein noch größerer Stein beschwört die Erde in einer Tempelstätte nicht weit entfernt von Delphi, den Hügel hinunter in einem Ort namens Marmaria. Hier stehen die Überreste des alten und neuen Tempels der Athena Pronaia, deren Titel »vor dem Schrein« (oder »Wächter des Schreins«) bedeutet. Während Delphi sich am Hang entlang erstreckt und in den Himmel hinaufblickt, befindet sich Marmaria in einem tiefgelegenen Gelände unterhalb des Weges und vermittelt dem Besucher ein Gefühl der Nähe zum Boden. Hinter dem alten Tempel (Ausgrabun-

Der große Menhir im alten Tempel der Athena Pronaia, Marmaria/Griechenland, ca. 700 v. Chr.

gen haben eine mykenische Siedlung an dieser Stelle aufgedeckt) reicht ein großer Menhir, der an eine menschliche Gestalt denken läßt, weit in die Zeit zurück und erinnert uns daran, daß Athene, die Göttin der Weisheit, der Eulen und Schlangen, viel mehr und viel älter war als jene bewaffnete Kriegerin, die angeblich völlig erwachsen dem Haupt des Zeus entsprang.

Auch wenn ich nicht sagen kann, daß ich direkte Orakelbotschaften erhielt, erlebte ich Delphi als einen Ort von großer Schönheit und persönlicher Heilung. Maria Fernandez und ich fuhren mit einer gewissen Beklommenheit nach Delphi, in der Befürchtung, daß wir es wie den Parthenon in Athen von Touristen überlaufen vorfinden würden. Tatsächlich sieht man manchmal nicht weniger als 20 Reisebusse, die am Straßenrand parken. Und trotzdem hält die Macht des Landes jeder Trivialisierung stand. Der Besucher kann Tage, ja Wochen damit verbringen, die Architektur der verschiedenen Monumente zu studieren oder einfach nur dazusitzen und über die Hügel hinzublicken.

Die Göttinnen: Individuen und Kollektiv

Die Aufspaltung der Großen Göttin – wild, uralt, vielseitig, stark wie Stein und Wasser, so vertraut wie unsere eigenen Mütter und so unergründlich wie der Tod – in unzählige Figuren, denen jeweils eine eingeschränkte Funktion zugeschrieben wurde, stellt einen Teil dieser »Gewalt« dar, die »der alten Ordnung der Göttinnen angetan wurde«, wie Jane Ellen Harrison es ausdrückt. Und zugleich bringt gerade diese Zerstückelung den Glanz der griechischen Mythen hervor. Dadurch, daß das Wirkungsfeld jeder einzelnen Figur eingeschränkt ist, ermöglichen die griechischen Geschichten es uns, Attribute wie Freiheit (Artemis), Weisheit und Hingabe (Athene), Mutterschaft (Demeter), Wiedergeburt (Persephone) und sexuelle Leidenschaft (Aphrodite) eingehend zu untersuchen. Weil die Göttinnen zu Einzelwesen werden, laufen sie zwar Gefahr, ihre Größe und ihr Geheimnis zu verlieren, aber sie werden ebenfalls zu Personen, Figuren in Geschichten, und indem wir sie kennenlernen, können wir Spiegelbilder (oder vielleicht Vergrößerungen) von uns selbst entdecken.

Aber auch wenn wir die Verbindungen unter ihnen wiederherstellen, gewinnen wir sehr viel. Das gelingt uns, wenn wir anfangen, ihre Attribute und die mit ihnen assoziierten Bräuche und Symbole genau zu prüfen. Obwohl sie ihre Individualität bewahren, beginnen die Göttinnen miteinander zu verschmelzen, und nehmen uns mit in die Zeit zurück zu der vielseitigen Göttin der Steinzeit. Diejenige von allen olympischen Göttinnen, die am wenigsten in Frage kommt, steht der prähistorischen Göttin der wilden Natur am nächsten – Artemis, Apollons Zwillingsschwester.

Artemis und Mutterschaft

Artemis, die Mondgöttin, Bewohnerin der Bergwälder weit entfernt von der Welt der Menschen, begleitet von Nymphen, Jägerin und zugleich Beschützerin der wilden

Tiere – weist wohl sogar über die Jungsteinzeit hinaus zurück in die Altsteinzeit. Aber erst wenn wir von einem anderen ihrer Attribute erfahren, beginnt das Bild von der Großen Göttin aus der Pfadfinderin der klassischen Mythologie hervorzutreten. Stark und jungfräulich wie sie war, galt Artemis als die Göttin der gebärenden Frauen.

Die klassischen Mythen haben ihre eigene Rechtfertigung für diese ungewöhnliche Situation: Demnach sind Artemis und Apollon Zwillinge, die Kinder von Leto und (natürlich) Zeus. Die Geschichte erzählt, daß Artemis als erste und ohne Komplikationen auf die Welt kam und sich dann um ihre Mutter kümmerte, die neun Tage in den Wehen lag, um Apollon zu gebären. Die Folge war, daß sterbliche Frauen sich an diese Figur wandten, wenn sie in den Wehen lagen. Bei einigen linderte Artemis den Schmerz. Denjenigen jedoch, denen es nicht beschieden war zu überleben, versprachen ihre Pfeile einen schnellen und barmherzigen Tod.

Wieder einmal scheint es, daß die Geschichte ältere Überlieferungen verzerrt, nach denen es natürlich war, daß die Mutter der Berge und die wilden Tiere zu den gebärenden menschlichen Müttern kamen. Einige Geschichten von Leto erzählen, wie Zeus sie für zwölf Tage in einen Wolf verwandelte, während aus anderen hervorgeht, daß Wölfe die Mutter und ihre Zwillingskinder begleiteten.

Die klassische Darstellung liest sich fast wie eine rationale Erklärung. Mächtig, uralt, geliebt vom gemeinen Volk, das die alten Wege bevorzugte, gefährdete die Artemis der Berge die neue Religion von Zeus und Apollon. Indem man sie zu Zeus' Tochter und Apollons Bruder machte, brachte man sie nicht nur auf eine Ebene mit den Olympiern, sondern stahl ihr auch die Autorität beim Volk. Aber die Frauen verehrten sie weiterhin und suchten ihre Hilfe bei der Geburt, wie sie es seit undenklichen Zeiten getan hatten. Um diese besondere Eigenschaft in das Bild einzupassen – und Apollon weiterhin im Mittelpunkt der Geschichte stehen zu lassen –, präsentierten die griechischen Mythen diese Geschichte von Artemis, die Leto pflegt.

248

Artemis und die modernen Frauen

Trotz der gängigen Bücher über die griechische Mythologie, die sie wie eine zweitrangige Gottheit behandeln, ist Artemis für viele zeitgenössische Frauen sehr wichtig geworden. Als Göttin des Neumonds beschwört Artemis (oder Diana, wie die Römer sie später nannten) die spirituelle Macht des Menstruationszyklus. Heutige Verehrer und Autoren, die sich mit Artemis beschäftigen, betonen ihre uralten Wurzeln und bringen sie mit der altsteinzeitlichen Göttin in Verbindung. Dadurch befreien sie Artemis von dem klassischen Bild, das sie als eine Wildfang-Version Apollons darstellt.

Gleichzeitig fühlen sich viele Frauen vom Wesen der Artemis angezogen, wie es in den klassischen Mythen geschildert wird. Sie ist unabhängig, stark, Frauen, Tieren und der Natur zugetan, geschickt und ebenso wild. Sie kehrt Städten und der von Menschenhand geschaffenen Zivilisation den Rücken und zieht statt dessen die Wälder und Berge vor. Vor allem aber bleibt sie frei. Als praktisch einzige der griechischen Göttinnen schließt sich Artemis keinem Mann an, weder durch Heirat noch durch Liebesverhältnisse, wie die meisten Göttinnen, noch durch die Schirmherrschaft über Helden und Städte wie Athene. Und dennoch kümmert sie sich um gebärende Frauen.

Viele Autoren, die über die griechischen Mythen schreiben, haben sich über das scheinbare Paradox der jungfräulichen Göttin, die Müttern in den Wehen beisteht, kritisch geäußert. Für mich war das nie ein Problem, denn ich habe Frauen genau wie sie kennengelernt. In den siebziger Jahren beschloß eine ganze Bewegung von radikalen Lesben, sich völlig von den Männern abzuwenden. Und nicht nur von einzelnen Männern, sondern von der gesamten Struktur der städtischen, technologischen Gesellschaft. Sie gingen daran, mit anderen Frauen in Kommunen zu leben, ihre Nahrung selbst anzubauen und sich Tiere zu halten. Sie kleideten sich einfach in rauhen Gewändern und versuchten, den Mustern und Rhythmen der Natur zu folgen. Sie studierten die Kräutermedizin als Alternative zu den Heilmethoden der Ärzteschaft. Viele von ihnen wurden Heidinnen, Anbeterinnen der Diana, indem sie Frauenrituale schufen, die auf dem Mond, den Jahreszeiten und ihrem eigenen Körper beruhten. Zur gleichen Zeit verschrieben sich viele von ihnen der Gesundheitsfürsorge von Frauen, nicht nur für sich selbst oder andere Lesben, sondern für alle Frauen. Einige von diesen »separatistischen Zurück-zu-den-Wurzeln-Lesben« wurden Hebammen. Sie selbst eiferten als Anbeterinnen von Diana / Artemis ihr nach.

Einsamkeit und Sexualität

Einige Autoren, wie zum Beispiel Ginette Paris, bezeichnen Artemis als eine Göttin (oder als »Archetyp«) der Einsamkeit, immerwährend allein in der Wildnis lebend, eine Art tugendhafte Pfadfinderin, die sich nicht für Sex interessiert. Diese Autoren scheinen zu meinen, daß Artemis sich nicht mit *Männern* einließ. Denn wie können wir sie als einsam bezeichnen, wenn die Mythen von ihren zwanzig Flußnymphen aus Amnissos, den *arktoi* (»Bärinnen«), den neunjährigen Mädchen, die in ihren Dienst eintraten, oder den Gefährten, die sie begleiteten und mit ihr badeten, erzählen?

Was die Sexualität betrifft, so bringt Arthur Evans in *The God of Ecstasy* dieses Thema treffend auf den Punkt: »In Wirklichkeit«, schreibt er, »war Artemis ziemlich berühmt für ihre sexuellen Aktivitäten – mit anderen Frauen.« Evans geht auf die Frauen ein, die »wilde, orgiastische Tänze zu ihren Ehren aufführten und manchmal Masken trugen«. Marija Gimbutas berichtet uns von Vasenmalereien, die tanzende Artemis-Anbeterinnen mit Tiermasken zeigen, als ob sie sich mit diesen wilden Tieren verbinden wollten, die von der Göttin so innig geliebt wurden. Ferner erwähnt Gimbutas die Frauen von Lakedämon, also Sparta, die »orgiastische Tänze, um Artemis zu lobpreisen«, aufführten. Evans zufolge fand der sexuelle Tanzkult der Artemis-Anbeterinnen so weite Verbreitung, daß die Redewendung aufkam:»Wo hat Artemis nicht getanzt?« Das ist zweifellos ein beschönigender Ausdruck für die skandalösen Sexualpraktiken der Anbeterinnen der Göttin. Hiermit und mit der Geschichte von Artemis, die ihren Bogen niederlegt, um gemeinsam mit den Musen vor ihrem Bruder Apollon zu tanzen, als ob sie ihn unterhalten wollten, wollen die klassischen Mythen die Macht der Göttin beschneiden.

Ein interessanter Mythos weist auf Artemis' sexuelle Beziehung zu ihren Anhängerinnen hin. Die Geschichte handelt von ihrem Zorn darüber, daß ihre Gefährtin Kallisto schwanger ist. In einigen Fassungen tötet Artemis sie sofort, und als ihre Wut nachläßt, versetzt sie Kallisto als das Sternbild des Bären an den Himmel, denn sie hatte die Gestalt eines Bären angenommen, als Zeus (wer sonst?) ihr nachgestellt hatte. In einer anderen Version jedoch sagt Kallisto Artemis, bevor sie stirbt, daß ihr nicht bewußt war, daß Zeus über sie hergefallen war, denn der Gott hatte sich verkleidet – als Artemis, woraus folgt, daß Artemis und Kallisto ein Liebespaar waren. Wegen Kallistos Unschuld erhebt Artemis sie an den Himmel. Wie bei so vielen Mythen ereignen sich in dieser Geschichte viele Dinge gleichzeitig. Artemis selbst zeigt sich oft in Bärengestalt, wieder einmal jene Göttinnen heraufbeschwörend, die bis in die Altsteinzeit und sogar zu den Anfängen der Menschheit zurückreichen, als die Neandertaler Rituale mit Bärenknochen vollzogen.

Anne Baring und Jules Cashford verweisen auf Artemis' Beinamen *Keladeine* oder »die Schallende« und bezeichnen die Göttin als aus den Klängen der wilden Natur »entstehend«. Sie betrachten es außerdem als »unvermeidlich«, daß die jungfräuliche Artemis über die Geburt herrscht, denn sie verkörpert sowohl die tierhaften Triebe in uns als auch die Instinkte einer Mutter gegenüber ihrem Kind. Beim Gebären müssen sich Frauen diesem Instinkt hingeben, müssen ihre »kulturelle Identität« aufgeben und »zulassen, daß die tiefere Weisheit des Körpers die Führung übernimmt«.

Teil dieser Hingabe scheint die Aufgabe von Kleidern als Symbole der Kultur und die Annahme neuer Kleider gewesen zu sein. Die Kleidung der Frauen, die bei der Geburt starben, wurden der Artemis in Brauron geopfert, in demselben Tempel, in dem sich die jungen Mädchen in Bärenfelle kleideten, um Artemis als wilde Tiere zu dienen. Mädchen, die heiraten wollten, tanzten auf Festen zu ihren Ehren und weihten vor ihrer Hochzeit Artemis ihre Tuniken, so als ob sie sich dazu bekennen würden, sie aufzugeben, um sich dem patriarchalen System anzuschließen.

Mondgöttinnen

In den griechischen Mythen symbolisierten drei Göttinnen den Mond – Artemis, Selene (manchmal mit Demeter assoziiert) und Hekate. Sie bilden die Dreiheit von Jungfrau (zunehmender Mond), Mutter (Vollmond) und Greisin (abnehmender Mond). Wieder könnten sie eine Göttin gewesen sein, deren verschiedene Aspekte verschiedenen Persönlichkeiten zugeordnet wurden. Sowohl Artemis als auch Hekate werden oft mit Hunden dargestellt. Im Mythos von Persephone pflückt Artemis (sowie Athene) mit Persephone Blumen, als Hades aus der Erde auftaucht und sie entführt. Aus der Homerischen Hymne geht hervor, daß nur Hekate bei diesem Vorfall zugegen war und nur Hekate Demeter erzählt, was ihrer Tochter widerfahren ist. Mit Artemis, Demeter und Hekate tauchen alle drei Aspekte des Mondes in Persephones Geschichte auf.

Die Merkmale der drei Göttinnen evozieren die unterschiedlichen Eigenschaften, die durch den veränderlichen Mond symbolisiert werden. Der junge, sichelförmige Mond, dessen Form dem straffen Bogen der Artemis so sehr ähnelt, bringt die vielen Möglichkeiten der Jugend zum Ausdruck, wenn alle Dinge sich uns öffnen und wir uns danach sehnen, wild und frei loszustürmen und unsere Kraft und unseren Mut auf die Probe zu stellen. Der volle Mond weckt starke Emotionen, aber er vermittelt uns auch ein Bild der Vollständigkeit. Sein Antlitz schaut sanft auf uns herab, wie eine Mutter, die ihre Kinder anblickt. Der alte Mond, der sich in die Dunkelheit bewegt, fordert Verzicht, ebenso wie er uns die Weisheit, durch den Zyklus des Lebens gegangen zu sein, anbietet.

Artemis und Apollon

In der alten griechischen Welt übernahmen die Tempel des Sonnengottes Apollon nach und nach die mit der lunaren Artemis assoziierten Orte. Wie bereits angeführt, könnten die Griechen Apollon mit Artemis verbunden haben, um einen Teil ihrer Autorität zu entlehnen (stehlen). Auf Delos gehört der älteste und größte Tempel Artemis, während der Schrein für Apollon viel kleiner ist und an der Peripherie liegt. Auf Delos befand sich außerdem ein gehörnter Altar, der angeblich von Theseus errichtet wurde, nachdem er den Minotaurus getötet und Ariadne auf der Insel Naxos zurückgelassen hatte (wo sie eine göttliche Ehe mit Dionysos einging, dem Gott, den Kerenyi als den heimlichen Gatten der Persephone betrachtete). Der griechischen Geschichte zufolge stellte Theseus die in kretischem Stil gehaltenen Hörner auf und brachte dann den jungen Männern und Frauen der Insel einen Labyrinthtanz bei. Wahrscheinlich können wir das als eine weitere Aneignung ansehen, denn die Hörner symbolisieren die Göttin aufgrund ihrer Assoziation mit dem Mond und den gehörnten Bergen. Und natürlich gehen sie auch tatsächlich auf Kreta zurück.

Im Gegensatz zu Delos finden wir in Delphi keinen Tempel für Artemis. Trotzdem sprechen die Formen der Hügel und Berge von ihrer uralten Macht. Wenn es zutrifft, daß gehörnte Gipfel, Spalten und dreifache Bergformationen uns auf Artemis und Gaia verweisen, umgibt uns die älteste Göttin in Delphi, der Stätte, die Artemis' siegreichem jüngerem Bruder geweiht war. Am Ort selbst sieht man sowohl die Phaidriaden als auch die tiefen Kluften jenseits der Täler, aber selbst in den nahe gelegenen Städten kann man plötzlich auf die natürliche Landschaftsform der geflügelten Artemis in den Hügeln stoßen.

Löwen und Bienen

Auf vielen der frühen Schmucktafeln und Darstellungen von Artemis ist sie mit Tieren, oft Löwen, dargestellt, eine Assoziation, die überall in Südeuropa und im Nahen Osten zu finden ist. Inanna und Ishtar aus Sumer und Babylon, Isis und Sekhmet in Ägypten und die kretische Göttin erscheinen alle mit Löwen. Löwen zogen Kybeles Streitwagen durch Rom. Aus Çatal Hüyük in Anatolien, Kybeles Heimat, stammte die Statue von der steinzeitlichen Göttin, die gerade gebiert und dabei ruhig und gelassen auf einem Stein sitzt, während ihre Hände auf den Köpfen von zwei Löwen ruhen. Jahrtausende später stellt eine Statue die Jungfrau Maria auf einem Thron sitzend dar, dessen Armlehnen mit Löwenköpfen versehen sind.

Das Löwentor in Mykene/Griechenland, ca. 1350 v. Chr.

Die Mykener beschworen die Göttin in verschiedenen Gestalten in ihrer großen Akropolis von Mykene auf dem griechischen Festland, einer Stätte, die traditionell mit Artemis assoziiert wird. Wir sehen Löwen auf dem berühmten Tor am Fuß des Hügels, das zur Stätte führt.

Die Löwen stehen aufrecht da, ein stolzer Ausdruck der mykenischen Krieger. Und dennoch bringen uns die Pfeiler, die sie tragen, zur Göttin zurück, denn wir wissen von den »Säulenkrypten« in den kretischen Palästen, daß solche Pfähle die Präsenz der Göttin sowohl in Bäumen als auch in Steinsäulen oder Stalagmiten in den Höhlenheiligtümern wachriefen. In Mykene bilden die Löwen und Säulen einen Kegel, eine Göttinnenform, die so bedeutungsbeladen ist wie der gehörnte Berg. Dolores La Chapelle schildert, wie gegenüber dem Tempel der Artemis auf dem Berg Artemision der »Kegel von Mukli« in der Mitte zwischen den Hörnern einer Schlucht erscheint.

Die Kegelform auf dem Löwentor weist außerdem auf die Form eines Bienenkorbes hin. Sowohl die minoische Göttin als auch Artemis wurden als Bienen dargestellt. Eine mykenische Edelsteinarbeit von 1500 v. Chr. zeigt zwei aufgerichtete Löwen, in »Bienenfelle« gekleidet, während auf einer goldenen Schmuckplatte aus Rhodos, die ungefähr 700 Jahre später entstand, eine Göttin mit Artemis-Flügeln und einem Bienenkorb anstelle ihres Unterkörpers dargestellt ist. Die Assoziation mit Bienen rührte von der Bienenkönigin als Göttin des Bienenvolks her. Schwärmende Bienen symbolisierten ein reiches Leben, so daß die Mykener ihre Tholosgräber in Form von Bienenkörben errichteten.

Die frühen Schmucktafeln und Malereien von Artemis mit ihren wilden Tieren zeigen sie mit Flügeln, die bei ihren Schultern beginnen und sich dann an den Enden nach oben winden. Die Landschaft bei Mykene haucht diesem Bild Leben ein, denn die Hügel auf beiden Seiten der Festung ziehen sich weitläufig dahin, bevor sie sich zu ihren steilen Gipfeln emporschrauben.

Verbindungen zwischen den Göttinnen

Durch das Erbe der klassischen griechischen Mythologie sind wir daran gewöhnt, uns die griechischen Göttinnen als einzelne Figuren vorzustellen, die klar voneinander unterschieden sind. Einige moderne Bücher enthalten sogar Tabellen von den Göttinnen und ihren Attributen, so daß die Leser die Göttin auswählen können, die ihrer Persönlichkeit am ehesten entspricht. In Wirklichkeit aber können wir sie nicht so sauber voneinander trennen.

Fast in jedem Aspekt, den wir betrachten, überschneiden sich die Göttinnen. Man denke beispielsweise ans Tanzen. Durch Freudengeschrei, Musik und Tanz beten wir die Göttin mit frohlockenden Körpern an. Artemis-Gläubige nannten sie die Schallende und zelebrierten sie mit lauten Tönen. Anbeter der Kybele und der Demeter schlugen zu ihren Ehren Becken aneinander, so wie es die Kreter in ihren Prozessionen und Ritualen mit Schilden taten. Und wir werden uns an die Steintrommel erinnern, die man in Pêch-Mèrle neben einem offenen Bereich fand, der als Tanzfläche gedient haben könnte. Das Bild der Tänzer führt uns zu Artemis und ihren Tiermasken tragenden Frauen zurück, die in wilder, sexueller Hemmungslosigkeit tanzen, so daß sich der Kreis schließt.

Blumen bringen die Schönheit der Göttin und die Fülle des Lebens zum Ausdruck. Die Römer schmückten sowohl Kybele als auch Venus (Aphrodite) mit Rosen. Auch in Griechenland ehrten Aphrodites Anhänger sie mit Rosen, ein Grund, warum wir heute, Tausende von Jahren später, Rosen als Ausdruck leidenschaftlicher Zuneigung schenken. In christlichen Zeiten wurde mit Maria die Rose assoziiert, die von Kybele, der Mutter der Götter, und Aphrodite, der Königin der Liebe, zu ihr gelangte. In Dantes Vision vom Paradies (dem mittelalterlichen französischen Lehrepos *Le Roman de la Rose* entlehnt) ist Maria inmitten einer großen Rose dargestellt, die von den Engeln gebildet wird, welche in Anbetung sie umschweben.

Tatsächlich sind viele Attribute Marias den früheren Göttinnen, besonders Kybele, Aphrodite und der Artemis von Ephesus, entliehen. Der Name Maria (im Hebräischen Miryam) bedeutet »das Meer«; Aphrodite wiederum bedeutet »schaumgeboren«, denn die Göttin der Liebe entsprang dem Salzwasser und ging auf Zypern an Land, wo die als die Horen bekannten Geister sie mit Rosen schmückten.

Die Große Mutter Kybele gebiert ursprünglich Attis, der wie Jesus stirbt und von den Toten erweckt wird. Ebenso wie die spätere Maria braucht Kybele keinen Mann, um schwanger zu werden. Das frühchristliche Konzil, das Maria offiziell zur Mutter Gottes erklärte, fand in Ephesus statt, Stätte des großen Tempels der Artemis und jener Baumstatue, die mit Brüsten übersät war. Wie Artemis wurde Maria die Schutzpatronin der gebärenden Frauen.

Kybele

Zu Kybele gehörten Granatäpfel ebenso wie Rosen. Eine frühe Statue der Göttin stellt sie mit Granatäpfeln in den Händen dar. Diese Statue stammt aus Syrien, vom östlichen Rand des hethitischen Reiches, das um 1740 v. Chr. Anatolien / Phrygien eroberte. Tausend Jahre später zeigen Statuen von Kybele in Rom sie noch immer mit Granatäpfeln. Der Granatapfel verbindet Kybele am deutlichsten mit Persephone, die alljährlich in das Land der Toten zurückkehren muß, weil sie zwei Granatapfelkerne gegessen hat, die ihr der Todesgott Hades gab. In der römischen Kunst wird Kybele manchmal Seite an Seite mit Demeter, Persephones Mutter, dargestellt. Demeter schenkte den Menschen das Wissen über den Ackerbau, als Ausdruck ihrer Freude über die Rückkehr ihrer Tochter. Dementsprechend bezeichnete der römische Dichter Lukrez die Phrygier als die ersten Menschen, die Getreide anbauten. Kybeles Sohn Attis, der alljährlich starb und wieder zum Leben erweckt wurde, symbolisierte in Phrygien das Getreide, so wie Zeus auf Kreta oder Osiris in Ägypten (Osiris war anfänglich ein Vegetationsgott, aber im Laufe der Zeit änderte sich seine Funktion: Nach seinem Tod und seiner Auferweckung wurde er der Herrscher und Tröster der Toten, und verhieß ihnen Wiedergeburt, ähnlich wie Persephone und später Jesus. Zum Abschluß der Mysterien von Demeter und Persephone hielt der Hierophant vor den Mysten feierlich ein Getreidekorn hoch.

Bei den Hethitern trug Kybele den Namen Kubaba. Dieser Name bedeutet möglicherweise »Kubus« und bezieht sich auf einen würfelförmigen Meteoriten, der in Anatolien als Himmelskörper der Göttin angebetet wurde. Archäologen haben einen würfelförmigen schwarzen Stein in Petra, einer nabatäischen Stadt im heutigen Jordanien, gefunden, und bis auf den heutigen Tag steht die Kaaba, ein riesiger Meteorit in Mekka, im Mittelpunkt der moslemischen Anbetung. Während des großen Frühlingsfestes der Kybele im März / April in Rom wurde ein kegelförmiger schwarzer Stein in dem von Löwen gezogenen Streitwagen Kybeles in die Stadt gebracht.

Aber nicht nur der schwarze Stein, sondern auch andere Objekte verkörperten Kubaba. Dazu zählten die Tür und das Tor, Symbole für die Vagina, die sich den Geheimnissen des Körpers öffnet. Ferner gehörten dazu die Taube, der Vogel, der der Aphrodite am heiligsten ist (und von den Juden mit Noah und von den Christen mit dem Heiligen Geist, der Maria »schwängerte«, assoziiert wird), und die doppelblättrige Axt, jenes Sichelmond-Schmetterlingssymbol der Göttin, das sich über Kreta und Anatolien bis in die Steinzeit zurückverfolgen läßt.

Genitalopfer und Geschlechtsumwandlung

Die stärkste und ungewöhnlichste Beziehung zwischen Artemis, Kybele und Aphrodite besteht in den Mythen und Bräuchen, die mit der Opferung männlicher Genitalien und einer Art ritueller Geschlechtsumwandlung verbunden sind. Solche Bilder und Handlungen reißen die Mauer zwischen den Geschlechtern nieder. Sie erinnern uns daran, daß wir alle zum Körper der Göttin gehören und die beständigsten Dinge unter ihrer Macht und ihrem Einfluß unbeständig werden können. Fast immer wurden die Grenzen zwischen den Geschlechtern während ekstatischer Riten überschritten, die mit lauter Musik und wilden Tanzprozessionen einhergingen.

Obwohl wir geschlechtsverändernde Rituale und Opfer vor allem bei phrygischen Anbetern der Kybele und im Mythos von Aphrodites Ursprung finden, tauchen die gleichen Verbindungen in Geschichten von Artemis auf. Die Frauen, die so ausschweifend bei ihren Riten tanzten, trugen Hirschhörner und andere Merkmale der männlichen Verkörperung, einschließlich großer Phalli. Marija Gimbutas schreibt in *The Goddesses and Gods of Old Europe*: »Opfergaben für Artemis umfassen Phalli und alle Arten von Tieren und Früchten ... Verstümmelte Tiere, denen ›ein Glied abgeschnitten worden war‹, wurden der Artemis in Böotien, auf Euböa und in Attika dargebracht.«

Der umfassendste Ausdruck des Genitalopfers zeigt sich bei den *Gallae*, griechisch »galater«, die der Kybele von Phrygien nach Rom folgten (viele Autoren verwenden die männliche Form des Wortes, also *Galli*. Wie der römische Dichter Catull, eine wichtige Informationsquelle für diese Riten, ziehe ich jedoch die weibliche Endung vor, um kenntlich zu machen, daß die Selbstentmannung der *Gallae* mit einem bewußten Streben nach einem weiblichen Zustand einherging. Ähnlich benutzen die meisten Texte zu diesem Thema den Begriff »Selbstkastrierung« für die *gallae*. Kastration bedeutet jedoch nur die Entfernung der Hoden – die *gallae* entmannten sich aber völlig, als ob sie jede Spur von Männlichkeit aus ihren Körpern beseitigen wollten).

Die *Gallae* brachten ihr Opfer als Teil der langwierigen Riten der Kybele und des Attis am 24. März, dem »Tag des Blutes«, dar. Wieder einmal waren Musik und Tanz Teil des Rituals, wenn die älteren *Gallae* den Neulingen halfen, sich in einen ekstatischen Zustand zu versetzen. Auch Rosen gehörten dazu – wie Randy P. Conner in seinem Buch

Blossom of Bone schreibt: »Anhänger der Kybele und des Attis überhäuften die *Galli* [sic] mit Münzen und weißen Rosen.« Die Entmannung wurde entweder von den *Gallae* selbst oder den Ältesten durchgeführt. In beiden Fällen wurden die entfernten Körperteile zu Objekten magischer Kraft. Aus einigen Darstellungen geht hervor, daß die *Gallae* sie in unterirdischen Kammern aufbewahrten, um sie in Mysterienritualen zu verwenden.

Nach ihrer Selbstentmannung erhielten die *Gallae* in einer Zeremonie weibliche Kleider. Sir James Frazer zufolge trugen sie Brautkleider für ihre Initiation in den Dienst ihrer Göttin.

Ein weitverbreiteter Brauch

Der Kult der *Gallae* entstand in Phrygien wahrscheinlich schon in der Steinzeit. Von dort verbreitete er sich nach Rom und Athen und unter römischer Herrschaft sogar bis nach London. Aber wir wissen, daß er auch in anderen Kulturen praktiziert wurde, unter anderem Nordafrika, Indien, Arabien und Kanaan. Im 5. Buch Mose, Vers 23, finden wir einen Hinweis auf die weite Verbreitung dieses Brauches: »Kein Entmannter oder Verschnittener soll in die Gemeinde des Herrn kommen.« Zu diesem Vers schrieb Rabbi J. H. Hertz: »Die ersten, die ausgeschlossen werden sollen, sind die Selbstverstümmelten oder die Geschlechtslosen, die im Dienst eines Heidenkultes stehen.«

Im heutigen Indien begegnen wir noch immer der Entsprechung zu den *Gallae*, den sogenannten *hijras*. Anne Ogborn zufolge, einer transsexuellen Frau, die eine initiierte *hijra* geworden ist, entfernen die *hijras* ihre männlichen Organe operativ. Dieser Eingriff wird von einem *dai ma*, für gewöhnlich einem Führer in der lokalen *hijra*-Gemeinde, durchgeführt. Bevor die Briten den Brauch im Jahre 1888 offiziell verboten, fand die Operation in Tempeln der Göttin Bahuchera statt, einer Variante der besser bekannten Göttin Durga. Wie die *Gallae* tragen die *hijras* Frauenkleider und bezeichnen sich, besonders wenn sie unter sich sind, als Frauen (obwohl sie von den meisten Indern als geschlechtslos, »weder Mann noch Frau«, betrachtet werden). Ihre rituellen Aufgaben umfassen unter anderem Tänze auf Hochzeiten und die Segnung männlicher Babys. Zur Zeit der Moguln vollzogen die *hijras* das als *solah shringar* bekannte Ritual, bei dem Kurtisanen auf die Begegnung mit ihren Liebhabern vorbereitet wurden.

Selbstbestimmung – Göttinnenbestimmung

Die *Gallae* und die heutigen *hijras* haben nie jemanden gezwungen, sich ihrem Kult anzuschließen. Das römische Gesetz beschränkte sogar die Bräuche auf Phrygier und verbot römischen Bürgern, eine *Galla* zu werden. Sowohl die Griechen als auch die Römer verabscheuten die *Gallae*, deren bloße Existenz sie als eine Gefahr für die Herrschaft des Phallus betrachteten.

Potentielle *Gallae* kamen aus eigenem Antrieb und baten um Aufnahme in den Dienst der Göttin. Aber auch wenn sie sich offensichtlich freiwillig anboten, spürten sie vielleicht außerdem, daß die Göttin sie berührte oder zu sich rief. Auch wenn sich möglicherweise einige Männer den *Gallae* anschlossen, weil sie Frauen mißbraucht hatten und dafür büßen wollten, spürte die große Mehrheit etwas in sich, das sie zu diesem radikalen Schritt, ihren Körper zu verändern, antrieb.

Die *Gallae* ähneln den modernen »Transsexuellen«. Von einem Wunsch getrieben, zum »entgegengesetzten« Geschlecht zu gehören, streben transsexuelle Menschen die Geschlechtsumwandlung durch Operation und andere Methoden an. Der Körper wird somit zum Ausdruck oder Medium für einen großen und leidenschaftlichen Wunsch. Viele transsexuelle Frauen identifizieren sich mit den *Gallae*, errichten sogar moderne Tempel für Kybele und feiern ihre Feste. Andere, wie zum Beispiel Anne Ogborn, sehen eine Verbindung mit den *hijras*. Obwohl die meisten sich nicht direkt auf diese Kulturen beziehen, betrachten sehr viele das Überschreiten von Geschlecht und Sexualität als eine spirituelle Reise. Davina Anne Gabriel, Herausgeberin von *TransSisters: The Journal of Transsexual Feminism*, schreibt, daß wir Transsexualität ohne die Vorstellung von »Transzendenz« nicht verstehen können. Und Dallas Denny, die über die Lektionen schreibt, die wir seit Christine Jorgensens Operation 1952 (die der Welt als der erste moderne Eingriff von »Geschlechtsumwandlung« verkündet wurde) gelernt haben, beginnt mit der Erklärung: »Transsexualität ist eine religiöse / spirituelle Erfahrung.«

Der Mythos von Kybele und Attis

Obwohl die *Gallae* einen radikalen Schritt unternahmen, um ein inneres Bedürfnis zum Ausdruck zu bringen, handelten sie ebenfalls nach dem Muster von Kybele und Attis. In einigen Versionen des Mythos ist Kybele zuerst Agdisthus, ein(e) doppelgeschlechtliche(r), hermaphroditische(r) Gott / Göttin. Der arrogante Agdisthus stellt für die Götter eine Gefahr dar. Um ihn zum Gehorsam zu zwingen, schleicht sich Dionysos an den schlafenden Agdisthus an und bindet sein männliches Organ an einen Baum. Als Agdisthus aufwacht, schwillt der Phallus an und wird durch eine plötzliche Bewegung abgetrennt. Dieser grausame Akt führt nicht dazu, daß sich Agdisthus verkrüppelt zurückzieht oder wütend wird. Statt dessen verwandelt er sich in Kybele, die Große Mutter der Götter (aus einer anderen Version der Geschichte geht hervor, daß Agdisthus und Kybele um die Liebe des Attis rivalisieren).

Randy Conner zufolge erwächst aus Agdisthus' Blut ein Granatapfelbaum; im nächsten Kapitel werden wir auf andere Darstellungen eingehen, in denen der Granatapfel als das Herz des zerstückelten Dionysos beschrieben wird. Eine Flußnymphe namens Nana, die die Frucht ißt, wird schwanger und gebiert Attis, der später Kybeles Geliebter wird; in anderen Versionen des Mythos wird Attis als Kybeles Sohn bezeichnet. Diese Verwirrung könnte von den früheren Mythen herrühren, in denen sich die Göttin ihren Sohn zum Gemahl nimmt.

Anne Baring und Jules Cashford gemäß heißt es in der ältesten Version von Attis' Geschichte, daß aus den abgetrennten männlichen Geschlechtsteilen der androgynen Kybele ein Mandelbaum und kein Granatapfelbaum entsteht und Nana vom Verzehr der Mandeln schwanger wird.

Attis stirbt, als er sich nach dem Vorbild des Agdisthus selbst entmannt, um im Frühling als Vegetationsgott zurückzukehren. In späteren Zeiten steigt er in den Himmel auf, wo er mit Sternen gekrönt wird.

Aphrodites Geburt

Moderne Leser mögen Attis und die *Gallae* obskur, wenn nicht beunruhigend finden. Doch einige derselben Motive begegnen uns in der Umgebung einer Göttin, die nach wie vor eine zentrale Rolle in der griechischen Mythologie spielt: Aphrodite, die Göttin der Liebe.

Aphrodites Ursprung geht auf die grundlegendsten Elemente der Natur, auf Himmel und Erde, zurück. Dem Mythos entnehmen wir, daß etwas in Unordnung geraten ist. Uranos, Gaias erste Kreatur, ist arrogant geworden und trennt sich von der Erde. Er will ihr zwar beiliegen, aber er haßt die Kinder, die aus ihrer Vereinigung hervorgehen, als ob er die Erinnerung an Gaias Macht, aus ihrem Körper heraus zu erschaffen, nicht ertragen könnte. Und so nimmt er der Mutter ihre Kinder weg, sobald sie zur Welt gekommen sind, und versteckt sie.

Gaia bringt eine Steinsichel hervor, ein Werkzeug, dessen Form an den Mond, an Artemis' gespannten Bogen und das Horn erinnert, das die in Laussel gefundene geschnitzte paläolithische Göttin trägt (archäologische Funde lassen darauf schließen, daß Frauen die Sichel als Erntewerkzeug erfunden haben könnten. Bei einer der frühesten Höhlenausgrabungen fanden Archäologen eine gekrümmte Klinge, die sie für die Kriegswaffe eines Häuptlings hielten – bis jemand daran dachte, sie mit dem Mikroskop zu untersuchen, und Spuren von Pflanzen anstatt Blut entdeckte).

Gaia gibt ihrem Sohn Kronos, der mit dem Planeten Saturn gleichgesetzt wird, die Sichel. Kronos schneidet die Geschlechtsteile des Uranos ab und wirft sie ins Meer, wodurch er sie dem uranfänglichen weiblichen Körper übergibt. Wir erfahren nicht, was mit dem Organ selbst geschieht. Statt dessen erzählt der Mythos, daß sich daraufhin Schaum auf dem Wasser sammelt, aus dem die vollendete Frau, nämlich Aphrodite, entsteht.

Einige Feministinnen interpretieren Hesiods Geschichte von Aphrodites Geburt als einen Versuch, die Göttin der Liebe als männliche Schöpfung zu beanspruchen, und vergleichen sie mit der Ursprungsgeschichte von Athene, die aus dem Haupt des Zeus hervortritt. Jedoch scheint Uranos' Schicksal für Männer so angstbeladen, für die meisten so schrecklich zu sein, daß es sie kaum gegen die weibliche Macht gerüstet hätte. Aphrodite behält keine männlichen Eigenschaften wie Athene oder schließt sich in politischen Fragen Männern an, wie Athene es in Aischylos' Drama *Die Eumeniden* tut. Aphrodite ist nicht so sehr Uranos' Tochter als vielmehr sein *Ersatz*. Nachdem er »geschlechtslos« geworden ist, zieht er sich in die Dunkelheit zurück.

Stammt Aphrodite aus der Steinzeit? Aus dem Mythos geht hervor, daß sie eine Generation älter ist als Zeus und die anderen ersten Olympier. Gehörten ihrem Kult ursprünglich Menschen wie die *Gallae* an, die Kybele anbeteten? In der Homerischen Hymne an Aphrodite bezeichnet sich die Göttin als eine Tochter Phrygiens, der Heimat Kybeles. Der Kult um Kybele kam nach Rom durch eine Prophezeiung des Delphischen Orakels, der zufolge die Mutter des Ida die Stadt vor einem feindlichen Einfall retten würde. Den Mythen entnehmen wir, daß Aphrodite Anchises am Hang des Berg Ida in Anatolien beilag; als Anchises die Identität seiner Geliebten herausfand, bat er die Göttin darum, ihn nicht impotent werden zu lassen. Ähnlich glaubt man in Indien, daß die *hijras* die Macht besitzen, einen Mann mit dem Fluch der Impotenz zu belegen.

In der Gegend von Amarthus beschrieben die Anhänger der lokalen Göttin, die der Aphrodite angepaßt wurde, ihre Gottheit als »doppelgeschlechtlich«. Sie nannten sie Aphroditos. Unser Begriff »Hermaphrodit« leitet sich von Hermaphroditos ab, einem Sohn von Hermes und Aphrodite, der mit einer Nymphe namens Salmakis körperlich verschmolz. Und Robert von Ranke-Graves schreibt in seinem Buch *Griechische Mythologie*, daß eine hethitische Göttin die Genitalien des Himmelsgottes Anu abbiß und die Samen auf einem Berg ausspie, um eine Göttin der Liebe zu erschaffen. Die Göttin, die diesen Akt vollzog, ist Kubaba, der hethitische Name für Kybele.

Schamanismus und Geschlechtswechsel

Das als Schamanismus bekannte, weltumspannende religiöse System, das manchmal für die älteste Religion der Welt gehalten wird, schließt oft einen Geschlechtswechsel ein. Der Schamane, ob männlich oder weiblich, trägt die Kleidung des »entgegengesetzten« Geschlechts und übernimmt dessen soziale Rolle. In einigen Kulturen, bemerkenswerterweise bei mehreren eingeborenen Völkern Nordamerikas, verändern Frauen oder Männer ihr Geschlecht als Ausdruck der persönlichen, freien Wahl. Ein solches Handeln reißt die künstlichen Grenzen der Polarität zwischen Männlich und Weiblich nieder. Die betreffenden Menschen statuieren mit dieser Entscheidung jedoch kein philosophisches Exempel, sondern folgen vielmehr, den *Gallae* oder modernen Transsexuellen gleich, einem inneren Bedürfnis oder unwiderstehlichen Drang. Nor Hall, die über die Rituale des Dionysos (eine weitere transsexuelle Figur) schreibt, gibt uns zu verstehen: »Dem Wunsch des Körpers zu entsprechen ist an sich eine Quelle der Offenbarung.«
Von den vielen Elementen, aus denen die griechische Religion hervorgegangen ist, könnte eines sich von den Schamanen herleiten, die die Grenzen des Geschlechts überschritten – Männer durch die Opferung ihrer Geschlechtsteile und Frauen durch das Tragen von Männerkleidern und künstlichen Phalli. In den griechischen Mythen tau-

chen immer wieder Gottheiten und Helden auf, die das Geschlecht wechseln. Niobe spottet über Leto, die Mutter von Apollon und Artemis, daß sie eine männliche Tochter und einen weiblichen Sohn habe. Sowohl Herakles als auch Achilles tragen eine Zeitlang Frauenkleider. Teiresias, der griechische Seher, beginnt seine Reise zur Wahrsagekunst durch Geschlechtsumwandlung; als er zufällig zwei Schlangen sieht, die sich paaren, tötet er das weibliche Tier und wird daraufhin in eine Frau verwandelt, die zu einer »berühmten Hure«[*] wird. Sieben Jahre später findet Teiresias sich in der gleichen Situation wieder, und als er das männliche Tier tötet, wird er wieder zum Mann. Die Geschichte ist philosophischer Natur, denn sie impliziert, daß wir zu dem, was auch immer wir zu töten versuchen, werden können; und ferner weist sie darauf hin, daß Männer und Frauen unvollkommen sind und sich heilige Macht durch das Überwinden dieser Spaltung entfaltet – innerhalb eines Körpers.

Dionysos, »der Weibliche«

Dionysos selbst trug den Beinamen »der Weibliche«, weil er als Mädchen großgezogen wurde. Arthur Evans schreibt in *The God of Ecstasy*, daß seine Anhänger ihn als einen mit Kleid und Bart geschmückten Stab darstellten. Ferner schildert Evans, daß seine weiblichen Anhänger Männerkleidung und große Phalli trugen, während die Männer weibliche Kleider und Rollen überstreiften. Evans zitiert Diodoros Siculus, der Dionysos wie folgt beschreibt: » ... recht weich und zierlich von Statur, in seiner Schönheit andere um vieles übertreffend und dem sexuellen Genuß verschrieben.« Diese Beschreibung bringt Dionysos Aphrodite näher, während sie uns daran erinnert, daß »Ekstase« uns zwar aus uns selbst herausführt, aber nicht aus unserem Körper.

---

[*] Robert von Ranke-Graves: *Griechische Mythologie*, Reinbek: Rowohlt 1994, S. 339.

Es heißt, daß der verkleidete Achilleus sich verrät, als er ein Schwert den anderen, eher femininen Geschenken vorzieht. Dionysos aber entscheidet sich für einen Spiegel, als ihm mehrere Spielsachen angeboten werden. Ein Spiegel aber ist ein weiblicher Gegenstand, nicht nur wegen seiner Beziehung zur Schönheit, sondern auch wegen seiner dem Mond verwandten reflektierenden Eigenschaften. Der Spiegel lockt ihn in eine Falle, dämonische Kräfte zerstückeln ihn und werfen ihn in einen kochenden Kessel. Nun spiegelt diese Geschichte genau die schrecklichen Ängste wider, die viele Schamanen in Trance erfahren, wenn sie in Stücke geschnitten, lebendig gekocht oder auf andere Art zerlegt werden, um eine Wiedergeburt als ein neues Wesen, oft mit einem neuen Geschlecht, zu erfahren. Die Mänaden, Dionysos' Anhängerinnen, sollen wie Phalli starr und gerade dagestanden haben; außerdem erlangten sie schamanische Kräfte. Sie liefen barfuß meilenweit im Schnee und wickelten sich Schlangen ins Haar, ohne von ihnen gebissen zu werden. Die Mänaden veränderten ihren Körper nicht operativ, sondern durch Trance. Sie wurden in gewissem Sinne zu »Trance-Sexuellen«.

Artemis und Aphrodite

Auf den ersten Blick scheinen sich keine zwei Göttinnen so sehr zu unterscheiden wie Artemis und Aphrodite. Artemis ist robust, wild, aufrecht und stark, lebt versteckt im Wald, ist unbarmherzig und geheimnisvoll wie der silberne Mond. Aphrodite ist sinnlich, golden und sanft wie die Morgendämmerung, leidenschaftlich, gefährlich, eigenwillig, ewig verliebt und andere von Vernunft und Verstand abbringend. Artemis ist der Körper der Kraft, Aphrodite ist der Körper des Verlangens.
Und dennoch, je eingehender wir uns mit diesen beiden Göttinnen beschäftigen, um so deutlicher stellen wir fest, daß sie zusammengehören. Sie beide kommen von uralten Wurzeln her und sind klare Überbleibsel der Großen Göttin. Sie beide stammen vielleicht nicht aus Griechenland,

denn der Ursprung und die Bedeutung ihrer Namen sind ungewiß. Aber das sind nur oberflächliche Vergleiche. Eine tiefere Macht verbindet sie miteinander: Beide Göttinnen verkörpern eine Wildheit, einen körperlichen Drang, der uns »jenseits von Vernunft oder Kontrolle« bringt, wie Vincent Scully es ausdrückt. Sie bleiben sich zu jeder Zeit treu.

Wir finden auch einige ganz klare Verbindungen. So gab sich Aphrodite dem Anchises auf dem Berg Ida hin, »auf einem Lager von Bären- und Löwenfellen, während Bienen schläfrig um sie herumsummten«[*]. Alle drei Tierarten werden der Artemis zugeordnet.

Aphrodite und die Sexualität

Im Gegensatz zu manchen anderen Gottheiten wahrt Aphrodite keine Distanz zwischen sich und jenen, die ihrer Macht erliegen. Sie gibt sich der Liebe so wild und unvernünftig hin wie ihre Untertanen und liegt sowohl Sterblichen als auch Göttern bei. »Dann ließ die Liebe mein Herz erzittern wie der Wind, der sich auf Eichen in den Bergen legt«, schreibt Sappho, die vielleicht glühendste Verehrerin der Göttin. Auch Aphrodite läßt durch den Wind ihr Herz erzittern, denn wie kann sie die Macht des Verlangens verstehen und freisetzen, ohne sich hinzugeben?

Trotz aller Versuche in den vergangenen hundert Jahren, unsere Sexualität wieder aufzuwerten, mißtrauen wir noch immer diesem wichtigen Aspekt unseres Lebens. Wir versuchen, die Sexualität als einen Aspekt emotionaler Beziehungen zu bewahren. Wenn wir hören, daß sich jemand Aids aufgrund eines sexuellen Abenteuers zugezogen hat, geben wir ihm die Schuld an dieser schrecklichen Krankheit. Wir bekommen Schuldgefühle, wenn wir jemanden begehren, vor dem wir keine Achtung haben, oder uns

---

[*] Robert von Ranke-Graves: *Griechische Mythologie*, Rowohlt 1994, S. 58.

Handlungen vorstellen, die wir nicht billigen. Wir versuchen, unsere Phantasien zu kontrollieren, selbst in unserem Kopf, damit sie keine unangenehmen oder beängstigenden Seiten von uns verraten. Glücklich greifen wir Bilder von der Göttin als die Nährende, Beschützende, Starke, Lebenspendende, Furchtlose auf – aber wir meiden Darstellungen, die sie unbarmherzig, außer Kontrolle, unersättlich zeigen.

Die Göttin Inanna, oft als sumerische Entsprechung zu Aphrodite / Venus betrachtet, ist zu einem Liebling der modernen Göttinnenanhänger geworden, nicht zuletzt deswegen, weil ihre Lob-Sängerin (um einen afrikanischen Begriff zu benutzen), Enheduanna, Tochter des Königs Sargon, vielleicht die älteste bekannte Dichterin der Welt ist. Wir applaudieren Inannas Geschichte von ihrem Abstieg vom »Großen Oben in das Große Unten«, das heißt vom Himmel in das Land der Toten, wo sie ihrer allmächtigen Schwester, der Todesgöttin Ereshkigal, gegenübertritt. Wir betrachten dies unter einem ganzheitlichen Aspekt, als die Begegnung mit der dunklen Göttin in uns. Aber wir ignorieren Darstellungen von Inanna als gewalttätige, untreue Patronin der Prostituierten, die selbst »Schenken« aufsucht, eine Göttin, die sowohl mit Pferden als auch mit Männern kopuliert. Wir fühlen uns unbehaglich bei sumerischen Schilderungen ihrer Vulva als Himmelsboot oder einem brachliegenden Feld, das darauf wartet, gepflügt zu werden. Und wir erwähnen sie nicht als die Göttin des Kusses, denn solche Dinge scheinen belanglos zu sein, ja sie könnten – schlimmer noch – zur Erkenntnis ihrer Funktion als Göttin der Masturbation führen.

Wir binden kleinen Mädchen nicht mehr die Hände fest, um zu verhindern, daß sie sich »dort unten« berühren, aber uns fällt es noch immer schwer, Masturbation viel wichtiger als einen Scherz oder die Erleichterung von einem Ärgernis einzustufen – ganz so, als würden wir eine Tablette einnehmen. Wir betrachten sie bestenfalls als einen Ersatz für das »einzig Wahre« und nicht als einen Ausdruck der Selbstliebe oder der Macht des Körpers, uns zur

Wahrheit zu führen. Masturbation gehört zu einer ganzen Palette nicht akzeptabler sexueller Ausdrucksformen, wie zum Beispiel sexuelle Freizügigkeit, Fetischismus, Sadomasochismus und orgiastischer Tanz. Wenn Nor Hall darüber schreibt, dem Wunsch des Körpers zu entsprechen, meint sie dies nicht nur in der Sicherheit einer liebevollen Ehe.

Heiligtümer für Aphrodite

Während die Heiligtümer der Artemis die weibliche Kraft der Berge beschwören, bringen die Stätten und Tempel der Aphrodite zuweilen die Schönheit des weiblichen Körpers zum Ausdruck. Dem Archäologen Donald White zufolge nahmen ihre Tempel oft Rundformen an, Brüsten gleich. Scully schreibt über einen Tempel in Segesta/Sizilien, der zwar karthagisch und nicht griechisch ist, aber dennoch an Aphrodite erinnert, denn er liegt auf der Kuppe eines runden, »wie eine Brustwarze« geformten Hügels. Aber sie ist nicht sanft. Ihre Heiligtümer finden sich oft auf Bergspitzen. Wie die Leidenschaft, über die sie regiert, können ihre heiligen Plätze »explosionsartige Erscheinungen« (Scully) hervorrufen. Sie nehmen Gestalt auf Landmassen an, die sich aus dem Meer erheben, ebenso wie Aphrodite dem Schaum entsprang, ebenso wie das Verlangen aus den tiefen und geheimen Wassern unseres Körpers aufsteigt.
Heiligtümer des Asklepios, des Gottes der Heilkunst, enthielten Tempel der Aphrodite. Asklepios heilte mit der Schlange, der uralten Göttinnenenergie, die so stark mit der Sexualität verbunden ist. Sein wichtigstes Zentrum, Epidauros, ist von mit Erdwällen versehenen Hügeln umgeben. Blickt man von Osten über den Tempelbereich entlang der Achse des Stadions, so sieht man einen eleganten runden Berg, während der Blick von höchsten Punkt des berühmten Stadions aus nach Norden eine Reihe niedriger Hügel offenbart. Epidauros liegt nicht weit von Mykene entfernt, aber das Land ändert sein Gesicht drastisch zwischen den beiden Stätten.

Aphrodite gehört zum Ort der Heilkunst, denn während die Liebe das Herz verletzt, heilt die Leidenschaft. Sex vertreibt den Schmerz und befreit den Körper.

Aphrodite und die Natur

Aphrodite gehört zur Erde, den Bergen und dem Meer, wo sie am Anfang nackt dem Wasser entstieg. Wir sehen sie mit Ziegen und Delphinen, mit Früchten, Blumen, Rosen und Hyazinthen, Mohn und Granatäpfeln. Ihr Geliebter Adonis, der einem Myrrhebaum entsprang, stirbt in einem Feld mit Salat – eine Pflanze, die aufgrund ihres schnellen Wachstums, ihrer vielblättrigen Fruchtbarkeit oft in Göttinnenmythen auftaucht. Salatblätter sollen das Schamhaar der Inanna bilden. Zumindest eine Salatsorte, der Feldsalat, trägt eine fünffache Blüte, eine Verbindung zum Planeten Venus (Aphrodites römischer Name) mit seiner fünfblättrigen Bahn durch den Himmel (Märchenlesern ist wohlbekannt, daß der zweite Name für Feldsalat *Rapunzel* lautet). Am häufigsten sehen wir Aphrodite mit einem Apfel in der Hand, was sie mit Eva und jenen Göttinnen verbindet, die Eingeweihten mit dem Apfel der Unsterblichkeit gezeigt werden. Auch der Apfel verbindet uns mit Venus, denn wenn wir den Apfel quer durchschneiden, erhalten wir einen vollkommenen, fünfzackigen Stern.
Der Himmel ist ihr Platz, ihre Heimat, ihr Ursprung. Der Himmelsgott Uranos muß sogar sein Geschlecht opfern, damit sie erschaffen werden kann. Aphrodite geht auf die alten Vogelgöttinnen zurück, denn Tauben begleiten sie, und ihr Wagen, mit dem sie durch die Lüfte fährt, wird von Schwänen und Gänsen gezogen – Vögel, die sowohl für ihre Wildheit als auch für ihre Schönheit bekannt sind. Wenn sie Zeit hat, sich auszuruhen, sitzt sie auf einem Schwanenthron.

Sexualität und Mutterschaft

Die griechischen Mythen sprechen von den vier Himmels-
königinnen Artemis, Athene, Hera und Aphrodite. Vom
sexuellen Standpunkt aus können wir sie jeweils als Les-
bierin, keusche Jungfrau, Gattin und Geliebte charakteri-
sieren. Auch wenn Homer zufolge Aphrodite mit Hephaistos verheiratet ist, spielt diese Ehe in ihren Geschichten
keine große Rolle. Wir sehen sie nie als Jungfrau, denn
während ein posthomerischer Mythos von Hera berichtet,
daß sie alljährlich ihr Jungfernhäutchen wiedergewinnt,
berichtet kein Mythos, daß Aphrodite ihre Jungfräulichkeit »verliert«. Es kommt auch nicht vor, daß irgendein
Gott oder Sterblicher sie vergewaltigt, verführt oder gegen
ihren Willen nimmt. Sie gibt sich ihrer eigenen Leidenschaft hin, ihrer eigenen Kraft, den Körper zu erregen, und
nicht Gewalt oder Geboten.

Die Königinnen wecken keine Bilder der Mutterschaft, obwohl viele Menschen annehmen, daß »Göttin« immer
»Große Mutter« bedeutet. Sowohl Hera als auch Aphrodite gebiert Kinder, aber wir sehen diese Göttinnen nicht als
Mutter beschrieben. Artemis wacht über gebärende Frau-
en, aber sie selbst wird nicht schwanger. Für das Bild der
Mutterschaft müssen wir uns den Erdgöttinnen zuwenden, vor allem Demeter in ihrer Beziehung zu ihrer Tochter
Persephone.

Die griechische Spaltung zwischen sexueller Leidenschaft
und Mutterschaft wirkt bis in unsere heutige Gesellschaft
fort, wo viele Menschen es fast peinlich finden, sich ihre
Mütter überhaupt als sexuelle Wesen vorzustellen, und
Frauen mit Familien glauben, sie müßten in ihren Rollen
als Mutter und Geliebte wie zwei verschiedene Personen
handeln.

Wir versuchen zu vergessen, daß Gebären und Verlangen
mit denselben Körperbereichen zu tun haben oder viele
Frauen das Stillen ihrer Kinder als sinnlich und erotisch erleben. Frauen, die einen »Geburtsorgasmus« erleben,
während sie das Kind aus ihrer Vagina freigeben, können

sich aufgrund einer Erfahrung schuldig oder beunruhigt fühlen, von der ihnen niemand gesagt hat, daß sie »normal« ist.

In ihrem Buch *The Meaning of Aphrodite* lenken Paul und Deborah Friedrich die Aufmerksamkeit auf die vielen Übereinstimmungen zwischen sexueller Erregung und dem Geburtsvorgang. Dazu zählen: tiefes Atmen, gefolgt von kurzen Atemzügen, das Ausstoßen von Lauten und Keuchen, ein angespannter Gesichtsausdruck, rhythmische Kontraktionen, das Lösen des Schleimpfropfens am Gebärmutterhals, regelmäßig wiederkehrende Kontraktionen des Unterleibs, der Verlust von Hemmungen und konventionellem Verhalten, großer Kraftaufwand, eine natürliche Betäubung der Vulva, Gleichgültigkeit gegenüber der Umgebung und eine Flut freudiger Emotion. Der klare Unterschied liegt im starken Gebärschmerz im Gegensatz zum sexuellen Genuß.

Den Friedrichs zufolge haben Aphrodite und Demeter ihren Ursprung in einer einzigen früheren Göttin (wir sind auf Verbindungen mit Kybele und Artemis im Hinblick auf sie beide bereits eingegangen). In der patriarchalen Zeit wird die Einheit von Sexualität und Mutterschaft zu einer Bedrohung, denn sie verleiht Frauen eine enorme Macht. Was am deutlichsten verbunden zu sein scheint, wird getrennt – wie in dem christlichen Mythos von den zwei Marien: die eine eine geschlechtslose, jungfräuliche Mutter, die andere eine Hure – und immer unter der Voraussetzung, daß eine Hure ein verachtenswertes Geschöpf ist.

Aphrodite, Adonis und Persephone

Wenn die griechischen Mythen keinen deutlichen Zusammenhang zwischen Aphrodite und Demeter aufzeigen, so stellen sie doch eine Verbindung zwischen Aphrodite und Demeters Tochter Persephone her. Diese Verbindung zeigt sich im Mythos von Aphrodites sterblichem Geliebten, Adonis (dessen Name »Herr« bedeutet und mit *Adonai* verwandt ist, einem hebräischen Titel für Gott). Zum Teil wegen Adonis glauben einige Mythographen, daß Aphrodite asiatischen Ursprungs ist, denn ihre Geschichte entspricht den Geschichten über Inanna und Dumuzi in Sumer, Ishtar und Tammuz in Babylon (»Adonis« war ursprünglich ein Name, der Tammuz verliehen wurde) sowie Kybele und Attis in Anatolien.

Die Geschichte von Aphrodite enthält eine indirekte Anspielung auf Demeter. Sie beginnt mit einer Königin, die Aphrodite beleidigt hat. Zur Strafe entfacht die Göttin der Liebe in Smyrna, der Tochter der Königin, Leidenschaft für ihren eigenen Vater. Smyrna verführt ihn im Dunkeln während der Thesmophorien, einem Frauenritual, das im Namen der Demeter (siehe Kapitel 8) begangen wurde. Dieses Frauenfest schloß die Opferung eines Schweins in einer mit Schlangen gefüllten Grube ein, und in dieser Zeit war den Frauen der Kontakt mit Männern verboten. Indem sie ihren *Vater* während des Festes körperlich liebte, zog Smyrna ihn, ein Symbol des Patriarchats, in die prähistorische Welt des weiblichen Körpers hinein.

Smyrnas Vater konstituiert seine Herrschaft wieder, als er herausfindet, daß seine Tochter von ihm schwanger ist. Er nimmt ein Schwert (den harten Phallus) und jagt sie aus dem Palast. Unmittelbar bevor das Schwert Smyrna trifft, verwandelt Aphrodite sie in einen Myrrhebaum. Das Schwert spaltet den Baum, und Adonis fällt heraus; anderen Fassungen zufolge kommt er neun Monate später hervor.

Aphrodite legt Adonis in eine Truhe (wie eine Schachtel ein Symbol des Schoßes) und vertraut sie Persephone an, die sie im dunklen Land der Toten verbergen soll, ebenso wie sich die Pflanzen im Schoß der Erde bis zum Frühling verstecken. Persephone öffnet jedoch die Truhe. Hingerissen von Adonis' Schönheit, beansprucht Persephone ihn für sich selbst. Als Aphrodite sich beklagt, entscheidet Zeus, daß Adonis bei jeder Göttin ein Drittel des Jahres verbringen muß, wobei das letzte Drittel seiner Wahl überlassen bleibt. Robert von Ranke-Graves berichtet, daß in

Syrien, Kleinasien und Griechenland das »heilige Jahr der Göttin« in drei Teile geteilt und dem Löwen, der Ziege und der Schlange zugeordnet war. Das erste Drittel war der Geburtsgöttin heilig (eine Variante der Artemis), »die keinen Anspruch auf Adonis hatte«, das zweite Drittel war Aphrodite geweiht (die Ziege symbolisierte bis in die christliche Zeit hinein weiterhin die Sexualität), und das letzte Drittel, die Schlange, unterstand Persephone.

Dem Mythos zufolge wurde die Todesgöttin wütend, als Aphrodite ihren Zauber einsetzte, um Adonis' Liebe für den dritten Teil des Jahres einzufordern, der von der Geburtsgöttin freigelassen wurde. Persephone stiftete Ares dazu an (in einigen Versionen ist es Apollon und in anderen Artemis), einen wilden Eber zu schicken, der Adonis mit seinen Hauern durchbohren und töten sollte. Der Mythos könnte übrigens die Erinnerung an den Brauch in Syrien, Ägypten und Griechenland bewahrt haben, mit Hilfe von Schweinen Getreide zu dreschen. Adonis stirbt im Frühling, zur Zeit der Erneuerung der Pflanzen und der Brunst, der weiblichen sexuellen Erregung; Anemonen wachsen aus dem Blut des Adonis.

Mit Adonis' Tod durch ein Schwein, schließt sich der Kreis und führt uns zum Opferschwein der Thesmophorien zurück. Obwohl die Alten Adonis als einen sterbenden und wiederauferstehenden Gott betrachteten und seine Riten alljährlich zelebrierten, geht aus der Geschichte eigentlich nicht hervor, daß Aphrodite ihn ins Leben zurückruft. Darin unterscheidet die Sage sich von Mythen wie dem ägyptischen von Isis und Osiris, in dem die Göttin ihren Geliebten wieder zum Leben erweckt. Im Hinblick auf den vollendetsten Ausdruck des heiligen Wesens, das stirbt und zurückkehrt, das genaugenommen ein umfassendes Gefühl für das Leben durch ein genaues Wissen um den Tod erlangt, müssen wir uns der Tochter, der Königin der Toten selbst, Persephone, zuwenden – und nicht dem Sohn.

8

Der Körper bei den Toten

Das Geheimnis handelt immer von einem Körper
Das Geheimnis handelt immer von einem
Körper einer Frau
... Das Geheimnis des Geheimnisses ist Frausein
... Das Geheimnis handelt
immer vom Körper im Körper einer Frau.

Hélène Cixous

Sie kamen buchstäblich zu Tausenden, zogen in einer Prozession am Meeresufer entlang zu dem berühmtesten religiösen Heiligtum der Alten Welt. Es waren die Mysten, die Zelebranten eines neuntägigen Rituals zu Ehren der Getreidemutter und ihrer Tochter, dem hilflosen Mädchen, das Königin der Toten wurde und dabei die Bedeutung des Todes selbst veränderte.

Bis auf den heutigen Tag kennt niemand die letzten Geheimnisse, die am Ende der neun Tage der Eleusinischen Mysterien offenbart wurden. Wir wissen um viele Einzelheiten; was die Gläubigen trugen, welche Handlungen sie an den einzelnen Tagen vollzogen, welche besonderen Worte sie sprachen, welche Speisen sie zu sich nahmen. Aber die allerletzte Offenbarung bleibt verborgen.

Und dennoch wissen wir etwas, das ebenso wichtig ist. Wir kennen die Geschichte. Wir kennen sie als eine Schilderung von Inzest und Vergewaltigung, von Schrecken und Transformation. Und wir kennen sie als eine Schilderung der Liebe und Entschlossenheit einer Mutter, einer Göttin, einer *Frau*, die auf der Wahrheit bestand und eine gütliche Einigung ablehnte, die der ganzen Welt Einhalt gebot, bis die Götter ihre Tochter zurückgaben.

Das ist die eigentliche Geschichte, die Entwicklung von Figuren und Handlung. Aber je gründlicher wir sie betrachten, desto mehr entdecken wir. Wir entdecken die Entstehung des Ackerbaus, die Anfänge des menschlichen Gesetzes und der menschlichen Gesellschaft, das Überleben und die subtile Rückkehr der Göttinnenreligion in der patriarchalen Welt und schließlich den wahren Ursprung von Sexualität und Tod.

Eleusis – damals und heute

Die kleine Stadt Eleusis lag nicht weit von Athen entfernt, eine Tagesreise für die Mysten, die Eingeweihten, die morgens in Athen aufbrachen und abends den heiligen Bezirk erreichten. Heute umgibt der moderne Industrievorort Elefsina den Bezirk, der seit 400 n. Chr. in Trümmern liegt, als Alarich und seine Goten die Tempel plünderten, offenbar um dem christlichen Bischof einen Gefallen zu tun. Viele archäologische und touristische Führer bezeichnen Eleusis als zerstörte Stätte, eine Ansammlung von Steinen, die von den nahe gelegenen Werften und Fabriken an den Rand gedrängt wird. Folglich wagen nur wenige Touristen den Abstecher von der Hauptstadt; das ist bedauerlich und zugleich ein kleiner Segen – bedauerlich für die vielen Menschen, die sich ein intensives Erlebnis mit der Vergangenheit entgehen lassen, und ein Segen für jene, die den schnatternden Menschenmassen, die das Parthenon füllen, ausweichen möchten. Denn auch wenn die Anlage zerstört ist, so stattet doch die bloße Größe des Bezirks – fast ein kleines Dorf an sich – und die Mauer, die ihn von der modernen Stadt trennt, sie mit einer ganz besonderen Macht aus. Auf den ersten Blick mag das heilige Eleusis erscheinen, als wäre es gestorben und kehrte nicht mehr zurück. Aber wenn man etwas davon weiß, was sich hier einst zugetragen hat, etwas weiß von den 2000 Jahren, in denen die Mutter und die Tochter zelebriert wurden, samt dem ganzen Geheimnis der Mysterien (denn die den Höhepunkt bildende Offenbarung bleibt ein Geheimnis), dann werden die zerstörten Ruinen von Eleusis zu einem Ort der Hoffnung und Verbindung.

Als Maria Fernandez und ich an der Stätte ankamen, fanden wir nur vier andere Besucher vor, ein Touristenehepaar, das nicht lange blieb, und eine Mutter aus England mit ihrer Tochter, einer in Griechenland lebenden Studentin. Obwohl ich nicht mit der Tochter sprach, vermute ich, daß sie auf Wallfahrt war, denn sie verhielt sich wie so viele Göttinnenanhänger an solchen Orten; sie saß einfach da und schaute und lauschte der Erde. Ich sprach mit ihrer Mutter, die mir von ihrer Faszination für die Idee des wiederkehrenden Lebens erzählte (wie es eine Touristengruppe in Ggantija auf Malta tat) – das heißt die Idee vom Sterben und von der Wiedergeburt.

In der hellenistischen und römischen Zeit verbreiteten sich Mysterienreligionen und -kulte überall in der Alten Welt. Eleusis jedoch behielt seinen einzigartigen Status, denn es war der tatsächliche Ort, an dem die Mutter der Welt ihre zwei großen Gaben geschenkt hatte: den Ackerbau und die geheimen Riten der Mysterien selbst. Einige alte Schriften weisen darauf hin, daß die Göttin selbst am Ende der Zeremonie erschien. Und in der Homerischen Hymne an Demeter wartet Demeter auf ihre Tochter in dem Tempel, der für sie von den Eleusinern errichtet worden war.

Mythen und Rituale der menschlichen Entwicklung

Die Eleusinischen Mysterien haben sich vielleicht aus einem anderen Ritual entwickelt, einem Ritual, das in erster Linie Demeter zu Ehren begangen wurde, nämlich den Thesmophorien. *Thesmoi* bedeutet »Gesetze« (nach *thesmos:* »was niedergelegt ist«) und bezieht sich auf Demeter als die Gesetzesgeberin nicht nur der Bürger- und Menschenrechte, sondern auch der Gesetze der Natur, des vergehenden und wachsenden Lebens.

Aufgrund Demeters Macht über das Naturgesetz assoziierten die Griechen sie tatsächlich auch mit dem Bürgerrecht. Die Athener bewahrten die schriftlichen Aufzeichnungen ihrer Gesetze in einem der Demeter geweihten

Tempel auf, dem sogenannten Metroon. Wir finden eine ähnliche Verbindung – eine lebenspendende Göttin und das Gesetz – bei der sumerischen Inanna, der ägyptischen Isis und der phrygischen Kybele. Kybeles *Gallae* in Athen vollzogen ihre Selbstopferung vor dem Metroon. Gesetze und Ackerbau passen zusammen, denn beide sind »unnatürlich«. Sie stellen ein Fortschreiten der menschlichen Kultur weg von den unmittelbaren Zyklen der Natur und auf menschliche Institutionen zu dar.

Der Name Demeter bedeutet entweder Erdmutter nach *De*, einer Schreibvariante von *Ge* oder *Gaia*, oder Getreidemutter nach dem kretischen Wort für Gerstenkörner, *dyai*. Gaia verkörpert die archaische Erde von ihren frühesten Augenblicken an durch die Zeit der Jäger-Sammler hindurch. Demeter, die Göttin des Ackerbaus, übernimmt in gewissem Sinne dann die Macht und verbreitet eine komplexere menschliche Zivilisation, die tatsächlich auf die Jungsteinzeit zurückverweist. Der Wechsel von Gaia zu Demeter geht den Weg von der Altsteinzeit zur Jungsteinzeit nach. Trotzdem bestehen die Gesetze von Tod, Zerfall und Wiedergeburt fort: Es sind die Gesetze der Mutter. Durch das Eingreifen der Tochter, Persephone, wird der menschliche Geist über diese Gesetze der Zerstörung und des neuen Lebens hinauswirken. Auf diese Weise schenkt Demeter der Welt die anscheinend unversöhnlichen Gesetze der Natur, aber sie und Persephone zusammen bringen auch die umgestaltenden Gesetze der menschlichen Kultur und Spiritualität mit ein. Wir werden auch sehen, daß der Mythos von der Tochter, die von der Mutter durch einen eindringenden Mann getrennt wird, den Wechsel von der getrenntgeschlechtlichen zur bisexuellen Fortpflanzung beschreibt, während die Wiedervereinigung von Mutter und Tochter uns zu verstehen gibt, daß der Körper des Lebens unversehrt und ein Ganzes bleibt, trotz der scheinbaren Trennung in einzelne Geschlechter. Während die Thesmophorien ausschließlich den Frauen gehörten und Apollon das Delphische Orakel allein auf Männer beschränkte, nahmen in Eleusis Männer und Frauen gemeinsam an den Riten teil. Aber sie verschmolzen auch miteinander, denn alle Zelebranten, sowohl Männer als auch Frauen, nahmen die Rolle der Göttin an – nicht der Tochter, sondern der Urmutter, die Verlust erleidet, doch zu der man zurückkehrt.

Die Thesmophorien

Die Thesmophorien dauerten drei Tage und schlossen die Vorbereitung der Erde auf die Getreidesaat für das winterliche Wachstum ein (wie die Mysterien). In der Religion des Körpers sehen die Menschen nicht passiv zu, wie die Natur ihren Lauf nimmt oder Gott ohne Rücksicht auf den menschlichen Willen handelt. Vielmehr sind menschliche Handlungen, menschliche Körper mit der Welt verbunden.

Der erste Tag trug den Namen »Kathodos und Anodos«, das heißt »Weg nach unten und Weg nach oben«. Die Frauen schafften Schweine herbei und ließen sie in eine Schlangengrube fallen (es sei hier an den prophetischen Python in der Grube zu Delphi erinnert). Dann brachten sie die verwesten Überreste der Schweine herauf, die im vorhergehenden Jahr geopfert worden waren.

Am zweiten Tag, »Nestia«, wurde gefastet, weil die Frauen des Landes in der unfruchtbaren Zeit, wenn die Saat verborgen unter der Erde liegt, Demeters Trauer um ihre Tochter, die von den Lebenden gegangen war, gedachten. Der Same und die Tochter waren eins, denn der Name der Tochter am Anfang der Homerischen Hymne, *Kore* oder »Jungfrau«, bedeutet auch »Sproß«.

Der dritte Tag brachte ein Festessen mit Fleisch mit sich, da die Frauen Kalligeneia, »die Göttin der schönen Geburt« (Baring und Cashford), anriefen und die Reste der zerfallenen Schweine über die Felder streuten, wo sie sich mit dem Getreide wiedervereinigten.

Während der Thesmophorien enthielten sich die Frauen des Geschlechtsverkehrs. In unserer Kultur stellen wir uns sexuelle Enthaltsamkeit als einen Weg vor, »rein« zu bleiben oder die Energie des Körpers im Selbst zu bewahren. Ich vermute jedoch, daß bei solchen Ritualen wie den Thesmophorien Enthaltsamkeit eine andere Bedeutung gehabt haben könnte, und zwar die Trennung vom Männlichen und die Rückkehr der weiblichen Vorherrschaft. Sie könnte auch einem politischen Zweck gedient haben, denn in einer männerbestimmten Kultur wie zum Beispiel Griechenland hätten die Frauen sich von den Männern trennen müssen, um ihre Macht erfahren und ausdrücken zu können.

Die Mysterien und ihre Jahreszeiten

In Eleusis fanden zwei Arten von Mysterien statt, und zwar die Kleinen und die Großen. Die Kleinen Mysterien, die im Winter begangen wurden, bereiteten die Eingeweihten auf die Teilnahme an den Großen Mysterien im darauffolgenden Herbst vor. Sie konzentrierten sich in erster Linie auf den *anodos*, »den Weg nach oben« der Persephone. Wie bei den Thesmophorien und den Großen Mysterien wurde während der Kleinen Mysterien ein Schwein geopfert, vielleicht als Ersatz für den eigenen Tod der Eingeweihten.

In vielen modernen Erörterungen über den Mythos der Persephone wird vorausgesetzt, daß sie im Winter in die Erde hinabsteigt und im Frühling wieder zum Vorschein kommt. Dies würde in einer nördlichen Gegend zutreffen. In Griechenland aber liegt ein Großteil des Landes im Sommer, in der Dürrezeit, brach. Folglich finden die Großen Mysterien um die Zeit der Herbst- und nicht der Frühlingstagundnachtgleiche statt, und sie enden damit, daß Wasser in Erdspalten geschüttet wird, während die Zelebranten ausrufen: »*Hye! Kye!*«, das heißt »Regne! Empfange!« Im Sommer lagerte man das Getreide in Silos unter der Erde.

Der Mitteilung des Archäologen Donald White zufolge ist es nicht klar, in welcher Jahreszeit und wie lange Persephone sich unter der Erde aufhält. Einige Quellen legen sich sogar auf den Winter fest, was auf eine Verbindung mit sowohl solaren als auch agrarischen Ereignissen hinweisen würde. Die angegebenen Zeiträume schwanken von drei Monaten (die Sommerzeit) über ein Jahresdrittel bis zu sechs Monaten. Wir haben bei der Geschichte von Adonis gesehen, daß die Griechen das Jahr in drei Teile teilten und ein Drittel davon als die Zeit galt, die Persephone bei den Toten zubrachte. Karl Kerenyi weist darauf hin, daß sich gerade dadurch die Verbindung zum Getreide verbietet, da kein Same vier Monate in der Erde bleibt. Persephones Jahresdrittel trug den Namen der »Schlange«, eines Tiers, das in dunkle Bereiche hinabgleitet, aber auch seine Haut in einer Art Wiedergeburt ablegt.

Persephone bedeutet »die in der Dunkelheit leuchtet«. Kleins *Comprehensive Etymological Dictionary of the English Language* zufolge leitet sich *persona* von Persephone in ihrer Rolle als Führerin zu den toten Seelen (Psychen) her. Obwohl das Wort Person, in unserer Bedeutung des individuellen Selbst, aus *persona* hervorgeht, neigen wir dazu, uns *persona* als eine Nachahmung, eine Maske vorzustellen. Mit dem Wort war tatsächlich eine Maske gemeint, die von den Darstellern im römischen Schauspiel getragen wurde, aber nicht zu dem Zweck, ihre Identität zu verbergen. Vielmehr verstärkten die *personae* ihre Stimmen, während sie den Schauspielern die Identitäten der Götter oder Helden verliehen, die sie darstellten.

Die Prozession

Eine mit Industrieansiedlungen gesäumte moderne Autobahn folgt heute dem größten Teil des alten Prozessionsweges von Athen nach Eleusis (im modernen Griechisch Elefsina genannt). Trotzdem ist es nach wie vor möglich, den Weg nachzugehen und die gleichen Landschaftsformen zu betrachten, die die Zelebranten auf ihrer heiligen Reise gesehen haben. Die ganze Strecke entlang tauchen Göttinnenformen auf und verschwinden wieder.

Der Weg beginnt mit einem Anstieg zum Paß von Dafni. Ein kegelförmiger Hügel bewacht den Paß auf der athenischen Seite. Auf dem Paß kommt der gehörnte Gipfel des Berges Kerata in Sicht. Der Name Kerata selbst bedeutet »gehörnt«. Vincent Scully bezeichnet den Berg Kerata als »verblüffend weiblich«. Diese zwei Formen, der Kegel und der gehörnte Gipfel, führen uns nach Kreta und zu den Landschaften entlang der nach Knossos und Phaistos führenden Prozessionswege zurück. Die alten Mythen über Demeter stimmen alle darin überein, daß sie Griechenland über Kreta erreichte, wie so viele der anderen Figuren, einschließlich Zeus selbst. Zur Zeit Homers trugen die Frauen, die an den Kleinen Mysterien teilnahmen, Doppeläxte, das bedeutende Symbol der kretischen Religion. Die innere Natur der Mysterien, so wie die Bergformen auch deuten auf eine direkte Linie zur kretischen Göttin hin – auch wenn sie ihre eigene Prägung dadurch erlangt haben, daß sie die Gewalt der patriarchalen Kultur erlebten, symbolisiert durch die Entführung und Vergewaltigung der Tochter der Göttin, die dennoch besonders an Macht gewinnt, eben weil sie diese Reise in den Tod gemacht hat.

Geht man weiter, ist der Kerata nicht mehr zu sehen, und der Weg wird kahl und mühsam – für die Wanderer eine Nachahmung von Persephones Reise in die Unterwelt, außer Sichtweite ihrer Mutter. Wie Scully es ausdrückt: »Es ist weder eine Öffnung zu sehen noch rückt irgendein Ziel in Sicht.« Aber dann »sind die Hügel zur Linken auseinandergebrochen« und enthüllen eine Anhäufung von Felsen, die Art von schroffer Form, die Aphrodite signalisiert, und tatsächlich taucht direkt gegenüber ein Heiligtum für die Göttin der Liebe auf. Auch wenn die griechischen Mythen Mutterliebe und körperliche Leidenschaft zu trennen scheinen, bringt die konkrete Reise nach Eleusis die zwei Göttinnen, Demeter und Aphrodite, wieder zusammen. Von Aphrodites Heiligtum aus bekommt man die Insel Salamis vor der Küste von Eleusis flüchtig zu sehen (die griechischen Schiffe verbuchten einen entscheidenden Sieg gegen die persische Flotte im Golf von Salamis). Eine einzelne Spalte zeigt sich in den Hügeln der Insel, an die Vulva-

Der heilige Bezirk von Eleusis/Griechenland, ca. 400 v. Chr. Der gespalte-
ne Gipfel des Bergs Kerata ist im Hintergrund zu sehen.

bilder erinnernd, die in jene Höhlenwände als das älteste
Zeugnis der Menschheit für die Lebenskraft der Göttin
eingeritzt wurden.

Der heilige Weg führt auf den gespaltenen Hügel und einen Paß zu, der nach Eleusis selbst führt. Wenn die Insel
Salamis deutlicher in Sicht kommt, erinnert sie an einen
auf dem Rücken liegenden Körper, eine Form, die man
ebenfalls in den Bergen nahe Aphrodites Heiligtum in Tro-
izen findet. Eleusis erscheint zuerst als ein von Erdwällen
umgebener Hügel unterhalb des Berges Kerata, der Anlage
von Knossos und Phaistos genau entsprechend. Im heiligen Bezirk selbst zeigt sich der Doppelgipfel des Kerata
sehr eindrucksvoll, eine Anmutung von Lippen fast ebenso wie von Hörnern vermittelnd.

Der Name Eleusis bedeutet entweder »Tor« oder »Ort der
glücklichen Ankunft«. Gertrude Rachel Levy identifizierte
Eleusis als das Tor des Horns, Vergils Tor der wahren Träume in der *Aeneis*.

284

Die Narzisse und der Granatapfel

Wir kennen die Geschichte von Demeter und Persephone in erster Linie aus der Homerischen Hymne an Demeter. Andere Mythen geben uns wichtige Hinweise auf Hintergründe der zentralen Geschichte, doch die Überlieferung verbindet die Mysterien selbst mit der Homerischen Version (obwohl die Überlieferung das Epos auf »Homer« zurückführt, entstand es tatsächlich etwa 700 Jahre nach der *Ilias* und der *Odyssee*).

Am Anfang der Geschichte trägt Persephone keinen anderen Namen als Kore, »Jungfrau« oder »Mädchen«. Das Epos beginnt damit, daß sie, unschuldig wie sie ist, mit den Töchtern des Okeanos Blumen pflückt. Anderen Versionen zufolge wird Kore von Artemis und Athene, jungfräulichen Göttinnen wie Kore selbst, begleitet; ein der Artemis und dem Poseidon geweihter Tempel befand sich außerhalb des geheimen Bezirks der Demeter (Poseidon könnte Demeters Gatte gewesen sein, denn der Name bedeutet »Ehemann der De [Erde]«).

Während Kore Blumen pflückt, erkennt sie nicht, daß eine Falle auf sie wartet. Der Gott Hades hat beschlossen, sie zur Frau zu nehmen, und seinen Bruder Zeus überredet, ihm zu helfen, diese »Ehe« zu arrangieren. Zeus wiederum erhält Unterstützung von Gaia, der Erde, die eine herrliche Narzisse als Köder wachsen läßt, um das Mädchen von ihren Freundinnen, ihrer Mutter und allen anderen, die sie hören könnten, wegzulocken.

Dem *Cambridge Illustrated Dictionary of Natural History* entnehmen wir, daß die Narzisse eine Lilienart ist, eine Blume, die in vielen Ländern der Göttin geweiht war, zum Teil auch aufgrund ihrer Ähnlichkeit mit der Vulva. Barbara G. Walker bringt die Lilie mit Lilith und Astarte und durch Astarte mit Eostre in Zusammenhang. Sie berichtet außerdem, daß Maria mit Hilfe einer Lilie Jesus empfangen haben soll. Aus dem *Cambridge Dictionary* erfahren wir, daß Lilien das Merkmal besitzen, »jedes Jahr von oben zum Boden hin abzusterben«, und »einen zusammengesetzten

Fruchtknoten mit vielen Samen« enthalten – Eigenschaften, die mit Persephone und ihrer sexuellen Initiation im Land der Toten in Zusammenhang stehen.

Die Narzisse ist eine der zwei Pflanzen, um die sich diese Geschichte dreht. Die leuchtende Narzisse mit ihrer der Luft ausgesetzten Blüte stellt einen Fokus für die Oberwelt dar. Und trotzdem ist ihre Schönheit trügerisch oder vielmehr ein Trick, denn sie führt in die dunkle Unterwelt. In der Unterwelt wird Persephone zwei Kerne eines Granatapfels essen, einer Pflanze, die ihre Fülle in einer dunkelroten Schale verbirgt. Weil sie dort gegessen hat, kann sie nicht für immer weggehen. Folglich gehören beide Pflanzen zum Tod; eine Pflanze kann erst Leben geben, wenn sie stirbt. Ebenso wie die Lilie einen »zusammengesetzten Fruchtknoten« enthält, enthält der Granatapfel einen chemischen Stoff, der in der Molekularstruktur dem für die Säugetiere charakteristischen weiblichen Sexualhormon, dem Östrogen (ein Wort, das sich von der Göttin Eostre herleitet), sehr ähnlich ist.

Die Entführung

Die Narzisse bringt allen, die sie erblicken, Freude, selbst dem Himmel und der Erde und dem Meer. Aber als Kore nach unten greift, um sie zu pflücken, öffnet sich der Boden, und Hades taucht in seinem goldenen Wagen auf. Der Gott ergreift sie trotz ihrer Schreie und zerrt sie hinab in die Unterwelt. Kore schreit nach ihrem Vater Zeus, daß er ihr helfen möge, »aber niemand, keiner der unsterblichen Götter, keiner der sterblichen Menschen, hört ihre Stimme«. Da Zeus die Entführung in die Wege geleitet hat, können wir sagen, daß er seine Tochter nicht hören *wollte*, daß die ganze Welt den Schmerz und den Schrecken ihres Raubs nicht hören wollte. Nur Hekate, die Göttin des dunklen Mondes, und Helios, der Gott der hellen Sonne, »hören« Kore (die Athener hielten Hekate für eine Tochter der Demeter und somit für ein Alter ego der Persephone). Sie beide gehören nicht zu den anderen Göttern. Als das

Licht der Sonne und die Dunkelheit des Mondes bilden sie eine in sich abgeschlossene Dualität.

Auch Demeter hört. Sie hört die Angst ihrer Tochter, entdeckt ihr Verschwinden, und obwohl sie Land und Meer durchstreift, sagt ihr niemand etwas. Neun Tage lang wandert Demeter herum, verstört vor Kummer, in beiden Händen Fackeln tragend. In Anlehnung daran dauern auch die Mysterien neun Tage und gehen mit nächtlichen Fackelzügen einher. Die Zahl Neun ist, wie wir wissen, nicht willkürlich. Das Drei-mal-Drei beschwört die Göttinnenmacht des Mondes. Und die Neun ist natürlich die Zahl der Schwangerschaftsmonate (ursprünglich war ein Monat keine willkürliche festgelegte Einheit, sondern entsprach der Länge eines Mondzyklus von 29,5 Tagen). Die Mysterien fanden in der zweiten Hälfte des Mondmonats statt, wenn sich der Mond in der Dunkelheit verlor, ebenso wie Demeter (die manchmal mit dem Vollmond gleichgesetzt wird) Persephone verlor.

Am zehnten Morgen schließlich begegnet Demeter Hekate, die ihre eigene Fackel trägt und ihr berichtet, daß sie Persephones Entführung (hier taucht der Name der Göttin zum ersten Mal auf) gehört, aber nicht gesehen habe. Zusammen gehen sie zu Helios, der Zeus die Schuld gibt; Zeus, der »sie Hades gab, seinem eigenen Bruder, damit sie seine Frau genannt werde.« Helios rät Demeter, keinen Einspruch zu erheben, denn Hades wird ein guter Ehemann sein, »nicht unwürdig als Schwiegersohn«.

Demeter aber will sich damit nicht abfinden. Doch sie versucht auch nicht, zumindest in diesem Augenblick, sich ihrem allmächtigen Bruder zu widersetzen. Wir könnten uns vorstellen, daß sie die Welt zerstören will, weil sie ihre Tochter verloren hat, aber das geschieht nicht. Statt dessen zieht sie sich in ihren Kummer zurück und wandert als alte Frau verkleidet um die Welt. Und so kommt sie nach Eleusis.

Die verkleidete Demeter

Die Königsfamilie nimmt Demeter auf und beschäftigt sie als Amme. Man bietet ihr Wein an, aber sie lehnt ab und trinkt statt dessen ein selbsthergestelltes Getränk aus Gerste. Ein ähnlicher Trank, *kykeon* genannt, spielte bei den Mysterien eine besondere Rolle. R. Gordon Wasson und andere vertreten die Auffassung, daß *kykeon* Mutterkorn, ein aus Getreide gewonnenes Halluzinogen, enthielt, das die Offenbarungen auf dem Höhepunkt der Rituale verstärkte. Karl Kerenyi sieht die Ablehnung des Weins anders: Er betrachtet sie als einen Hinweis auf ein Geheimnis – daß nämlich Dionysos, der Gott des Weins, Persephones Gatte war.

Die Göttin lehnt, aus welchem Grund auch immer, den Wein ab. An dieser Stelle kommt Unbeschwertheit in der Geschichte auf, denn eine Frau erscheint, um die alte Amme aufzuheitern. In einigen Versionen heißt sie Iambe, die Tochter des Königs, in anderen Baubo, die Frau eines Schweinehirten, der einer Fassung zufolge seine Schweine verlor, als Hades Persephone in die Unterwelt verschleppte und sie dabei in die Erdspalte fielen. Ob Iambe oder Baubeo, sie tanzt und erzählt unanständige Witze. Wenn die Mysten in der Prozession von Athen her über eine Brücke kamen, führten Personen, die Baubo imitierten, obszöne Tänze vor ihnen auf. In einigen Darstellungen werden sie als Frauen und in anderen als Männer in Frauenkleidung gezeigt (sie könnten auch beides gewesen sein, denn sowohl Frauen als auch Männer trugen bei der Zeremonie einfache Roben, um ihre Identifikation mit Demeter zu signalisieren).

Abgesehen von der möglichen mystischen Ehe von Persephone und Dionysos, stellt der Tanz das einzige unmittelbar sexuelle Element im Mythos dar. Er weist auf die Macht der Sexualität und des Lebens hin, sich auch im Kummer zu behaupten.

G.R. Levy zufolge setzten die Griechen zuweilen den *anodos* der Persephone mit dem Emporsteigen der Aphrodite aus dem Meer gleich. Bilder von beiden zeigen Frauen, die der Göttin helfen, den Tiefen zu entsteigen – psychologisch gesehen sie von der formlosen Quelle des Seins zu trennen, entweder vom Meer oder von der Unterwelt. Nor Hall schreibt:»Mutterschaft ist eine Vorbereitung auf die Jungmädchenzeit. Schwangerschaft ist eine Vorbereitung auf die Jungfräulichkeit.« Wir könnten hinzufügen:»Der Tod ist eine Vorbereitung auf die Geburt.« Der Name Baubo bedeutet»Bauch« und läßt auf einen Zusammenhang nicht nur mit der Schwangerschaft schließen, sondern auch mit den alten magischen Bewegungen, die uns als Bauchtanz überliefert wurden.

Um der Familie eine Gunst zu erweisen, beschließt Demeter, Demophon, den Sohn der Königin, unsterblich und zu einem Gott zu machen. Jede Nacht legt sie das Kind in ein Feuer, das durch ihre Macht in ein Mittel gegen den Tod verwandelt wurde. In gewissem Sinne bietet sie Zeus buchstäblich und zugleich symbolisch die Stirn. Buchstäblich, weil wir aus anderen Mythen wissen, daß es Zeus wie dem hebräischen Gott mißfällt, wenn Sterbliche in den Stand der Göttlichkeit versetzt werden. Und symbolisch, weil Zeus ein unsterbliches Kind weggenommen hat, das Demeter jetzt durch ein anderes ersetzen will. Die Bemühung ist kaum mehr als eine beinahe verzweifelte Geste, denn selbst wenn sie erfolgreich gewesen wäre, hätte es nichts an den Beziehungen zwischen Leben und Tod geändert. Demeter hat noch nicht das Stadium erreicht, in dem sie sich daran wagen wird.

Der Plan, das Kind unsterblich zu machen, scheitert, denn Demophons Mutter spioniert der Amme eines Nachts nach. Als sie ihren Sohn im Feuer sieht, schreit sie auf und stürzt los, um ihn zu retten. Endlich explodiert Demeters Wut – nicht gegen die Götter, gegen die sie sich noch immer machtlos fühlt, sondern gegen die erbärmliche Menschheit. Die Göttin gibt sich zu erkennen und verurteilt die menschliche Unwissenheit, die es uns nicht gestattet, den Unterschied zwischen Gut und Böse zu beurteilen. »Zu wissen, daß man nicht weiß, ist erhaben«, schrieb Lao

Tse, der alte chinesische Weise. »Nicht zu wissen, daß man weiß, ist krank.«[*]

Die leblose Erde

Demeter verlangt, daß die Eleusiner ihr einen Tempel oberhalb des Brunnens der schönen Tänze errichten, dort, wo die Mädchen sie anfangs gefunden und mitgenommen hatten. In diesen Tempel zieht sie sich zurück und zerstört dadurch die Welt, denn ohne die Mutter können keine Pflanzen wachsen. In Demeters Handeln liegt eine gewisse subtile Ironie. Auch sie muß ihre Unwissenheit zugeben, denn erst als Hekate und Helios an sie herantreten, erfährt Demeter von dem Schicksal ihrer Tochter. Und obwohl ihre Wut von dem Verlust Kores an den Tod herrührt, reagiert Demeter darauf, indem sie der ganzen Welt den Tod androht. Oder aber das Leben liegt nicht ganz und gar in Demeters Hand. Denn wenn *kore* »Sproß« bedeutet und die sprießenden Pflanzen eingeschlossen unter der Erde bleiben, was kann dann schon die Getreidemutter aus eigener Kraft vollbringen? Kerenyi zufolge schildern einige Versionen des Mythos, daß Demeter selbst in die Unterwelt hinabsteigt, um ihr Kind zurückzuholen, um der Welt das Leben zurückzugeben; bei Homer bleibt sie in ihrem Tempel verborgen. Obwohl sie gegen die Menschheit handelt, trifft sie damit auch die Götter: Sie hat das natürliche Gleichgewicht der Welt, einschließlich der Ökologie von Erde und Himmel, durcheinandergebracht. So wie die Menschen auf Pflanzen angewiesen sind, um zu leben, sind die Götter auf menschliche Opfer angewiesen, als eine Art Nahrung. Sterbliche Körper dienen als Brücke zwischen dem rohen Körper der Natur und dem ätherischen Körper des Geistes.

Demeters Qual und Wut ändern nichts an Zeus' Verfügung. Ihre Hartnäckigkeit jedoch und ihre schlichte Weige-

---

[*] Lao Tse: *Tao Te King*, Neubearbeitung von Giafu Feng und Jane English, München: Diederichs 1994, Kapitel 71.

rung, nachzugeben und den Tod zu akzeptieren, brechen schließlich den Willen des Himmels: Die Götter können ohne die Opfergaben der Menschen nicht existieren. Zeus schickt also Hermes in die Unterwelt, um Persephone zurückzubringen. Aber der Tod läßt sich nicht so leicht besiegen. Hades täuscht zwar vor zu gehorchen, aber er gibt Persephone zwei Granatapfelkerne mit, die sie verzehrt, bevor sie ans Licht zurückkehrt. Wegen dieser Tat, weil sie die Frucht des Totenreichs gegessen hat, kann Persephone nicht ständig im Licht bleiben, sondern muß alljährlich für eine Weile an ihren Platz neben Hades als Königin der Unterwelt zurückkehren.

Der Granatapfel

Dem Granatapfel kommt nicht nur in Persephones Geschichte eine bedeutsame Rolle zu, sondern auch in anderen Mythen. Aufgrund seiner zahlreichen Samen, seiner roten Farbe und seines natürlichen Östrogens symbolisiert er die Wiedergeburt. Und dennoch muß Persephone beim Tod bleiben, weil sie ihn gegessen hat, ganz so als ob sie es sich erlaubt hätte, im Tod geboren zu werden. Während des Fastentages der Thesmophorien nehmen die Frauen eine Speise zu sich, Granatapfelkerne, aber nur von den Früchten, die den Boden nicht berührt haben. Als Maria Fernandez und ich nach Eleusis kamen, hatte ein früherer Besucher schadhafte Granatäpfel auf dem Boden einer flachen Höhle ausgelegt, die zuweilen als die Stelle bezeichnet wird, an der Hades Persephone in die Dunkelheit hinunterführte. Bewußt die Funktion des Hades übernehmend, zerquetschte Maria eine Frucht, um die Kerne hinauszuschieben. Der Einschnitt und die aussickernden weißen Samen ähnelten dem mit Würmern gefüllten Mund eines Leichnams.

In den Mythen wird der Granatapfel auch mit Dionysos verbunden. Als die Geister aus dem Spiegel stürzten, um den jungen Gott zu zerstückeln, entsprang der Granatapfel seinem Herzen. Als Persephone die Samen ißt, nimmt sie

Dionysos' Samen zu sich, das heißt sein Sperma. In dieser Version des Mythos wird sie schwanger und gebiert Iakchos, dessen Namen die Mysten bei ihrem Fackelzug während der Mysterien rufen.

Einige Versionen bezeichnen Iakchos als den Sohn der Demeter, ein Zeichen dafür, daß Demeter und Persephone ein und dieselbe sind. Am Ende der Mysterien erschallt der Ruf, daß die Göttin einen Sohn zur Welt gebracht hat, daß »Brimo Brimos geboren hat«. *Brimo* und ihre männliche Entsprechung *Brimos* bedeuten »die« oder »der Starke«. Hier sind die Identitäten, die Mutter und die Tochter (da der Ruf nicht erkennen läßt, welche Göttin Brimo ist) und die Mutter und der Sohn, durch den gleichen Namen für beide verschmolzen. Wir können die Mysterien ebenso als ein solches Verschmelzen von Einzelwesen, Göttin und Sterblichem, Mutter und Kind, Frau und Mann, Leben und Tod beschreiben. Gleichzeitig führt der Verzehr der Samen des Todes weg von der Verschmelzung hin zur Individualität. Persephone kehrt durchaus nicht in ihrem unwissenden Zustand als das namenlose Mädchen, als die Tochter ihrer Mutter zurück. Statt dessen kommt sie zu ihrer eigenen Macht als Königin der Unterwelt.

Demeters Geschenke

Nachdem sie Königin mit eigenem Recht geworden ist, fährt Persephone in Hades' goldenem Wagen zurück ans Licht und zu ihrer Mutter. Bei ihrer Mutter angekommen, verlangt diese, daß Persephone die Wahrheit sagt, alles erzählt, was mit ihr geschehen ist. Als sie von den Granatapfelkernen erfährt, erkennt Demeter sofort die Bindung ihrer Tochter an die Unterwelt. Trotzdem freut sie sich über die Rückkehr ihres Kindes.

Jetzt belohnt sie Eleusis und die ganze Menschheit. Sie gibt nicht nur das Pflanzenwachstum wieder zurück, sondern lehrt sogar die Geheimnisse des Ackerbaus und gibt den Menschen somit die Kontrolle über ihre Nahrungsmittelversorgung. Dieses Wissen gibt sie Triptolemos weiter und weist ihn an, die Botschaft in der ganzen Welt zu verbreiten. Einige Historiker setzen Triptolemos mit einem realen König von Eleusis gleich. Der Name bedeutet entweder »dreifacher Krieger« oder »dreifacher Pflüger« und impliziert eine Verwandlung von dem einen in den anderen (Christen und Juden werden sich an die biblische Prophezeiung erinnern, daß Menschen ihre Schwerter zu Pflugscharen machen werden). Zusammen mit jenem Wissen übermittelte Triptolemos drei Gebote: Ehre deine Eltern, ehre die Götter mit Früchten der Erde und verschone die Tiere.

Demeter macht der ganzen Welt den Ackerbau zum Geschenk. Und sie macht der Stadt Eleusis nach ein anderes Geschenk, das ebenfalls etwas Besonderes ist – die Mysterien. In der Alten Welt konnte jeder an den Mysterien teilnehmen, vorausgesetzt, er sprach griechisch und hatte kein Blut vergossen. Jeder konnte teilnehmen, aber man mußte dazu nach Eleusis kommen.

Vergewaltigung und Inzest

Ein Mythos, der so viele Aspekte unseres Lebens berührt – unsere spirituellen Sehnsüchte, unser Selbstgefühl, schon die Nahrung, die uns am Leben erhält –, führt uns vielleicht nur zu subtilen Interpretationen. Lassen Sie uns für einen Augenblick die Geschichte von einer anderen Seite betrachten, als eine Geschichte von Vergewaltigung, Inzest und Widerstand.

Es wird schwierig, die Bedeutung des Inzest in den Mythen zu beurteilen, wenn wir uns daran erinnern, daß die Götter und Göttinnen in den meisten Mythologien eine Familie bilden. Göttliche Energie ist eine Einheit und wird nur durch die verschiedenen Persönlichkeiten *(personae)* der Götter voneinander abgegrenzt. Demgemäß schildern die Geschichten sie als miteinander verwandt. Wenn ein Bruder und eine Schwester heiraten oder miteinander schlafen, wie Isis und Osiris, Izanami und Izanagi oder Adam und Eva (aus demselben Körper herstammend, stellen sie »Bruder« und »Schwester« dar), können wir dies als die Wiedervereinigung der abgespaltenen Aspekte des Göttlichen verstehen. Aber wenn eine Geschichte erzählt, daß ein Vater, Bruder oder Onkel eine Göttin *vergewaltigt*, betrachten wir das Ereignis wahrscheinlich ebenso, wie wir es bei Inzest in der menschlichen Gesellschaft tun würden.

Die Bedeutung der Vergewaltigung in unserer Geschichte wächst, wenn wir feststellen, wie beharrlich die Gewaltanwendung in den verschiedenen Fassungen auftaucht. Auch Demeter wird vergewaltigt. In der arkadischen Version der Geschichte nimmt Poseidon seine Schwester mit Gewalt, nachdem sie sich in eine Stute und er sich in einen Hengst verwandelt hat. Die Göttin wird zu Demeter Erinnys, Demeter die Zornige, bis sie, ausgesöhnt, in einem Fluß badet und Demeter Louisa wird. Sie gebiert eine Tochter, die Hauptfigur im arkadischen Mythos, die aber namenlos bleibt und nur als *Despoina*, Herrin, bezeichnet wird.

In anderen Versionen vergewaltigt Zeus Demeter und zeugt Persephone. Der Gott kommt zu ihr in Stiergestalt, was dieselbe Umkehrung der neolithischen Kuhgöttin und ihres Stiergemahls impliziert, die wir bei Zeus und Europa gesehen haben. In der Religion des Göttinnenkörpers dient der Stier der Kuh, indem er sie begattet, damit sie Leben hervorbringen kann. Durch die gewaltsame Abspaltung der männlichen Kraft von der Natur wird Vergewaltigung zu einem politischen Werkzeug. Zeus macht seine Fähigkeit, sich alles zu nehmen, was auch immer er will, im Dienst von nichts als seinem gewalttätigen Willen geltend. Nachdem er als Stier seine Schwester Demeter vergewaltigt hat, macht Zeus sich an seine Tochter / Nichte heran, denn eine orphische Geschichte erzählt, wie Zeus sich Persephone in Gestalt einer Schlange nähert. Es sei an Psyche erinnert, deren Schwestern ihr sagen, daß ihr Gatte in Wirklichkeit eine Schlange sei und die Persephone auf Aphrodites Geheiß aufsucht; und es sei außerdem daran erinnert, daß Persephones Jahresdrittel den Namen »Schlange« trug.

Aus dieser Verbindung gebiert Persephone keinen anderen als Dionysos. Wie bereits erwähnt, bezeichnen Kerenyi und andere Dionysos als Persephones heimlichen Geliebten. Dionysos erscheint auch als Stier und als Schlange, die zwei wichtigsten Tiere der Göttin von Kreta (um die Beziehungen noch mehr zu komplizieren, identifiziert Ovid Demeters Liebhaber und Persephones Vater als Zagreus, einen kretischen Jägergott. Zagreus wurde sowohl mit Dionysos als auch mit Hades gleichgesetzt).

Von Roberto Calasso erfahren wir, daß Demeter manchmal als identisch mit Rhea – Zeus' Mutter – betrachtet wurde. Wenn wir die Geschichten miteinander verbinden, vergewaltigt Zeus seine Mutter und gibt dann seinem Bruder Hades ihre gemeinsame Tochter. Hier geraten wir allmählich in den Bereich des Absurden angesichts dessen, daß Persephone gleichzeitig die Schwester, Schwägerin, Tochter und Nichte von Zeus ist: Eigentlich können wir all diese Geschichten nicht in eine packen. Was jedoch wichtig ist, ist das Kaleidoskop der Vergewaltigungsbilder. Zeus dehnt das Gesetz der Gewaltanwendung zeitlich sowohl rückwärts als auch vorwärts auf seine eigene Mutter und seine eigene Tochter aus.

Poseidon oder Zeus vergewaltigt Demeter; Zeus oder Hades vergewaltigt Persephone. Viele Mythographen halten Poseidon und Hades für verschiedene Varianten von Zeus. Und die Homerische Hymne läßt durchblicken, daß Zeus und Hades ein und derselbe sind, denn hier werden sie beide als »dieser Sohn des Kronos mit so vielen Namen« bezeichnet. Demnach vergewaltigt Zeus erst seine Schwester und entführt und vergewaltigt dann seine Tochter / Nichte. Wenn wir einen Augenblick lang an Demeter denken, so als wäre sie eine menschliche Frau, dann können wir uns sehr wohl ihren heftigen Zorn und Schmerz vorstellen.

Wenn wir die Homerische Version wörtlich nehmen, wird der Schmerz in der Geschichte kaum geringer. Denn in dem Falle vergewaltigt einer ihrer Brüder, Zeus, Demeter, und ein anderer, Hades, vergewaltigt Demeters Tochter. Und überdies handelt Hades nicht als einzelner: Das gesamte Patriarchat vergewaltigt Persephone, denn Hades leitet sein Vorhaben mit Zeus' Hilfe in die Wege, dem Großen Vater, der die Welt regiert. In der Geschichte geht Hades zu Zeus und erzählt ihm von seinem Verlangen nach Persephone. Daraufhin ordnet Zeus die Entführung an. Die zwei männlichen Götter entscheiden, wer Persephone *besitzen* wird. Man übertrage diese Situation wieder auf eine Familie: Das Familienoberhaupt vergewaltigt seine Schwester; wenn das Kind zum jungen Mädchen herangewachsen ist, geht dessen jüngerer Bruder zum Oberhaupt und sagt, daß er das Mädchen haben wolle. Die beiden setzen sich zusammen und finden einen Weg, um diese zweite Vergewaltigung zu arrangieren, natürlich im geheimen, damit keiner von ihnen gefaßt wird.

Die Verschwörung der Frauen

Die Art und Weise, wie die Götter Kore in die Falle locken wollen, erfordert Gaias Hilfe. Die Erde läßt die herrliche Narzisse aufschießen und führt damit Kore an den Platz, wo Hades in seinem Wagen aus dem Boden hervorkommt. Das mag uns seltsam erscheinen, bis wir uns daran erinnern, daß Mütter und Großmütter ihre Töchter immer wieder im Namen der Tradition verraten. Vor einigen Jahren las ich ein Interview mit einer ägyptischen Feministin. Sie schilderte das Entsetzen, das sie als Kind erfuhr, als die Frauen ohne Vorwarnung (und bestimmt ohne ihre Einwilligung) zu ihr kamen und ihre Klitoris operativ entfernten. Die Frau beschrieb, wie sie nach ihrer Mutter um Hilfe schrie, nur um aufzublicken und ihre Mutter mit dem Messer in der Hand entdecken zu müssen. Das ist ein extremes Beispiel, so wie die Situationen von Frauen, die in Zwangsehen, in die Prostitution oder Sklaverei verkauft werden. Aber auch in unserer »modernen« Gesellschaft inszenieren Frauen Gaias Verrat neu, wann immer sie ihre Töchter dazu drängen, Rollen anzunehmen, an denen den Töchtern nichts liegt, bei einem Ehemann zu bleiben, der sie mißbraucht, über Inzest oder eheliche Vergewaltigung zu schweigen oder, im Fall von Lesbierinnen, ihre natürlichen Wünsche zu unterdrücken, um sich nach der »Norm« zu verhalten. Aber wenn auch Gaia ihre Urenkelin verrät, so verrät doch Demeter ihre Tochter nicht. Sie jagt durch die Welt, auf der Suche nach Neuigkeiten über den Verbleib ihrer Tochter. In einem Artikel über die Mysterien weist Pam Wright darauf hin, daß allein Hekate sich weigert, an der Verschwörung teilzunehmen. Hekate, der dunkle Aspekt der Göttin, tritt mutig sowohl der Bedrohung durch Zeus als auch dem schrecklichen Zorn und Kummer der Demeter entgegen. Sie allein berichtet der Mutter, was mit ihrer Tochter geschehen ist. Erst als Hekate »das Schweigen gebrochen« hat (um einen modernen Ausdruck zu verwenden), kann Demeter zu Helios gehen, um die Einzelheiten zu erfahren. Wright, eine Pädagogin, die sich mißbrauchter und verwahrloster Kinder annimmt, weist auf die Bedeutung von Wahrheit in der Geschichte hin. Als Persephone zurückkehrt, verlangt Demeter von ihr als allererstes, die Wahrheit zu sagen, alles zu erzählen, was ihr widerfahren ist. Demeters absolute Bindung an ihre Tochter und die offen vorgebrachte Wahrheit verleihen ihr die Macht, die im geheimen erlassenen Verfügungen von Zeus umzustoßen. Wie Frauen in patriarchalen Gesellschaften hat Demeter nicht die Macht einen Krieg gegen den Olymp zu führen. Am Ende jedoch erweist sich ihr Wille, ihre schlichte Weigerung, ihr Kind aufzugeben, als stärker als Zeus' Donnerkeil.

Die Macht des Wissens

Weil die Geschichte von Demeter und Persephone ein Mythos ist, reicht sie über die moralischen Lektionen des Familiendramas hinaus. Mythen umfassen sowohl historische als auch psychologische Wahrheiten. Demeters Weigerung, den Verlust ihrer Tochter zu akzeptieren, symbolisiert die Weigerung der matrifokalen Kultur, zu verschwinden oder ihre Weisheit aufzugeben. Persephones Überleben und Rückkehr spricht so viele Frauen und Männer in der heutigen Zeit auch aus dem Grund an, weil es die dramatische Rückkehr der Göttinnenreligion beschreibt. In unserem Nichtwissen über die Vergangenheit inszenieren wir den Mythos der Ona, deren Männer alle wissenden Frauen töteten (so wie bei den europäischen Hexenverbrennungen Hunderttausende, vielleicht Millionen Frauen umkamen) und dafür sorgten, daß die Mädchen nichts von ihrer Macht erfuhren. Und wir inszenieren den biblischen Schöpfungsmythos neu, indem wir es einem »eifersüchtigen« Gott (sein Ausdruck für sich) erlauben, Feindschaft zu setzen zwischen uns und der Schlange, der Überbringerin des Wissens. Das Patriarchat hat nicht einfach die Göttinnenreligion angegriffen, sondern es hat sie *entführt*, geraubt und versteckt durch sein Beharren darauf, daß die menschliche Geschichte und Zivilisation vor 5 000 Jahren in Mesopotamien begann. Doch wie Demeter hören wir schließlich auf, das hinzunehmen. Wir bestehen auf der Wahrheit. Und wie Persephone werden wir zurückkehren, zu uns selbst und zu unseren angestammten Anfängen. Wir werden nicht mehr unschuldig oder naiv zurückkehren, sondern mit dem Wissen um den Tod und die schrecklichen Folgen von unbarmherziger Gewalt, besonders wie sie sich so mannigfaltig im letzten Jahrhundert gezeigt hat. Aber das Wissen selbst – sowohl das Wissen um die Gefahren, denen wir entgegentreten, als auch das Wissen um andere Kulturen und andere Zeiten – hilft uns dabei, der Gefahr unseres Untergangs und eines leblosen Planeten entgegenzutreten.

Mutter und Tochter

Der Körper der Göttin kann nicht zerstört werden. Paul Friedrich führt die vielen Beispiele auf, in denen der Vergewaltigung einer Göttin eine Tochter entspringt, so als ob sie ihre Macht auf die nächste Generation übertragen würde, wenn der patriarchale Gott danach strebt, sie zu zerbrechen. Zeus vergewaltigt Leto, die Artemis gebiert (zwar auch Apollon, aber zuerst Artemis). Zeus vergewaltigt Demeter, die Persephone gebiert. Poseidon (Zeus der Meere) vergewaltigt Demeter Erinys, die »die Herrin« gebiert. In einer anderen Version vergewaltigt Poseidon die Gorgone Medusa, die Persephone gebiert. Aber als Hades Persephone vergewaltigt, geschieht etwas anderes. Es wird kein Kind geboren. Die Mysten rufen zwar während der Mysterien den Namen »Iakchos«, aber im Mythos selbst ist keine Rede von einer Geburt in der Unterwelt. Erst am Ende, wenn die Göttin zurückgekehrt ist, gebiert Brimo Brimos. Es klingt plausibel, daß im Land der Toten kein neues Leben entstehen soll. Aber wir können auch sagen, daß die Übertragung aufgehört hat: Persephone übergibt ihre Macht keiner Tochter. Statt dessen findet sie zu eigener Kraft und wird Herrscherin aus eigenem Recht, denn Hades beherrscht zwar die toten Seelen, aber er gibt ihnen nichts. Persephone spendet ihnen Trost und mehr, denn die Teilnahme an den Mysterien versprach Freude und Erlösung.

Als Zeus Demeter vergewaltigt, ist die Göttin machtlos und sucht statt dessen Trost bei ihrer Tochter. Aber als Hades mit Zeus' Hilfe Kore etwas guttun will, leistet Demeter schließlich Widerstand. Indem sie also diese weitere Vergewaltigung nicht hinnehmen, finden sowohl die Mutter als auch die Tochter zu ihrer Kraft. Und die übrige Welt zieht Nutzen daraus: Während Persephone uns das Leben nach dem Tod bringt, bringt Demeter uns das Leben in Form von Wissen und einer intensiveren Beteiligung an der Produktion von Getreide, das uns ernährt.

In ihrem Buch *The Laughter of Aphrodite* schildert Carol Christ, wie sie und eine Gruppe Frauen die vielleicht ersten organisierten Rituale, die von 400 n. Chr. an in Eleusis stattfanden, nachvollzogen. Die Frauen versuchten nicht, etwas zu kopieren, was sich im alten Griechenland ereignet haben könnte, sondern sie schufen ihr eigenes Ritual, das das Band zwischen Müttern und Töchtern feierte und Zeit für jede einzelne Frau einschloß, ihre eigenen Geschichten von Trennung und Heilung zu erzählen. Als Teil dieser Heilung verwarfen sie die patriarchalen Mythen, die uns überliefert wurden, und griffen statt dessen auf einen von Charlene Spretnak ersonnenen Mythos zurück. In dieser Geschichte wird Persephone nicht entführt, sondern sie wächst heran und wird eine Frau. Sie weiß, daß sie »ihren eigenen Weg finden« muß. Sie beginnt zu wandern, immer weiter und weiter, und erfährt von Freude und Schmerz, bis sie eines Tages zu einem Abgrund gelangt und die Schreie der Toten vernimmt. Sie ergreift eine Fackel und steigt langsam hinab. Die Schreie der Toten verstummen, als sie das Licht sehen, das sie ihnen gebracht hat. Aber Demeter ist traurig, und so stimmt Persephone zu, einen Teil des Jahres in der Oberwelt und einen Teil in der Unterwelt zu verbringen.

Diese Version des Mythos hilft Frauen, sich selbst als stark zu sehen und Beziehungen zwischen Frauen nach ihren eigenen Begriffen zu definieren, ohne Männer als Vermittler. Aber auch die klassischen Fassungen können uns wirkungsvolle Lektionen erteilen. Auf einer soziologischen Ebene können sie uns helfen, der Wirklichkeit der Vergewaltigung in unserer Gesellschaft gegenüberzutreten. Besonders in den Vereinigten Staaten ist Vergewaltigung erstaunlich weit verbreitet – so wie Inzest und Kindesmißbrauch.

Persephones Kraft: In der Dunkelheit leuchtendes Bewußtsein

Bisher haben wir Persephones Begegnungen ausschließlich als schreckliche und zerstörerische Ereignisse und ihre Rückkehr als einen Triumph über die Gewalt betrachtet. In gewisser Hinsicht übernimmt dieser Ansatz, wie es auch die Mysterien selbst tun, Demeters Standpunkt. Aber der Gott, der Persephone entführt, ist der Tod selbst, und sie entkommt ihm nicht so einfach. Sie wird mit ihm intim, seine Geliebte, den Tod buchstäblich in ihren unsterblichen Körper einlassend. In gewisser Hinsicht entführt der Tod uns alle, denn niemand ist wirklich darauf gefaßt zu sterben, trotz unseres Bewußtseins, daß wir ihm keineswegs entgehen können. Und wegen dieses hartnäckigen Glaubens an unsere Unempfänglichkeit vergewaltigt der Tod jeden von uns und dringt in unsere Körper, einen nach dem anderen, ein.

Aber Persephone unterliegt nicht einfach dem Tod. Und sie besiegt ihn auch nicht nach der Art eines patriarchalen Helden, der den Drachen tötet. Statt dessen vereinigt sie sich mit dem Tod und wird dadurch zur Königin der Unterwelt. Indem sie Trost spendet und neues Leben verheißt, wird Hades verdrängt, obwohl sie offiziell neben ihm herrscht.

Wir haben gesehen, wie trostlos und pessimistisch die griechische Vorstellung vom Jenseits wurde, als die olympische Religion sich von den sich selbst erneuernden Zyklen der Natur abwandte. Die Mysterien überwanden den Schrecken des Todes, denn sie stellten die Identifikation der Menschen mit der Saat wieder her, die von der sterbenden Pflanze fällt, um in der Erde zu liegen, verborgen vor dem Leben, nur um – wie durch ein Wunder wiederbelebt – aufzuschießen. Am Ende des letzten Rituals zeigte der Hierophant den Zelebranten ein Getreidekorn. Einige sagen, daß das Korn wie durch ein Wunder vor ihren Augen zu wachsen begann oder daß frisches Getreide nach der Sommerdürre nicht hätte vorhanden sein können. Die Vision versprach zweierlei: die Wiedergeburt der Pflanzen und ebenso das Leben nach dem Tod.

Gewöhnlich wird in der Geschichte der Verzehr der Granatapfelkerne durch Persephone als ein Fehler, sogar als eine Tragödie bezeichnet, denn dadurch gewinnt der Tod Macht über sie. Wir könnten den Mythos umschreiben und sagen, daß sie sich dafür *entscheidet*, die Wirklichkeit des Todes bereitwillig anzunehmen, den Tod zu ihrem Geliebten zu machen, so daß sie die toten Seelen nicht verlassen wird, die auf sie angewiesen sind.

Wenn wir uns Kore / Persephone als eine Figur in einer Geschichte vorstellen und nicht nur als ein manipuliertes Symbol, dann drängt sich uns eine Frage auf: Wie kommt

Persephone zu ihrer Kraft? Wir wissen, was Demeter Kraft gibt. Wir wissen, daß ihr Zorn und ihre Liebe zu ihrer Tochter sie von einem sich grämenden Opfer in Brimo, die Starke, verwandeln. Aber wie gewinnt Persephone *ihre* Kraft? Was verwandelt sie von einem namenlosen »Mädchen« in die Königin der Toten?

Calasso berichtet uns, daß *kore* nicht nur »Mädchen« bedeutet, sondern auch »Pupille«, und weist darauf hin, daß Kore sich ihrer selbst bewußt wird, als sie sich in den Augen des Hades gespiegelt sieht. Lassen Sie uns kurz über Sehen und Bewußtsein nachdenken. Der mythische Narziß stirbt, weil er von seinem Spiegelbild im Wasser gefesselt ist. Kore trennt sich von ihren Freundinnen, als der Anblick der Narzisse sie fortlockt. Folglich führt das Sehen beide Figuren weg vom Bewußtsein und in den Tod.

Und dann tritt eine Veränderung ein: Im Tod wird sich Kore ihrer selbst bewußt, weil sie sich *nicht* abwendet. Tod und Sehen sind Feinde. Wenn jemand stirbt, schließt er die Augenlider; aber Persephone sieht. Bewußtheit ist nicht etwas, das uns einfach widerfährt. Es ist eine Entscheidung, die wir treffen müssen. Kore kommt zu ihrer Macht, sie wird zu Persephone, zu der, die im Dunkeln leuchtet, als sie sich im Land der Toten für Bewußtheit entscheidet. Der Tod nimmt sie, so wie er alle Sterblichen nimmt, aber anders als Sterbliche läßt die Göttin es nicht zu, vernichtet zu werden. Durch ihren Schritt in die Selbst-Bewußtheit verändert sie die Bedingungen des Todes für uns alle – aber nur, wenn auch wir uns unserer selbst bewußt werden.

Sophokles schrieb: »Dreimal gesegnet sind jene Sterblichen, die diese Riten erlebt haben und so den Hades betreten; nur für sie gibt es Leben, für die anderen ist alles Elend« (Fragment, zitiert nach Burkert: *Griechische Religion der archaischen und klassischen Epoche*). Jene, die nicht die Mysterien erlebten, erfuhren den Tod weiterhin auf die alte Weise, nämlich als leere Schatten. Weil die Eingeweihten den Tod auf eine ganz andere Weise wahrnah-

302

men, wurden sie erlöst. Nicht nach der Art Christi, der uns alle erlöst, vorausgesetzt, wir geben ihm die Erlaubnis, indem wir ihn »akzeptieren«. Persephone verlangt etwas mehr von ihren Anhängern, nämlich daß sie sich ihrer durch die neun Tage ihrer Mysterien voll und ganz bewußt werden. Auch wenn die Großen Mysterien seit langem aus der Welt verschwunden sind, kann Persephone in unserer Zeit zu einem Bild unserer eigenen Bewußtheit werden. Wir können hier besonders an Vergewaltigung und Inzest denken: Persephone ist die Göttin all jener, die Schändungen erfahren haben. Die Botschaft, die sie ihnen vermittelt, ist einfach: Werde nicht unbewußt, werde nicht blind. Begib dich in diesen Tod, und du wirst ihn verwandeln. Du wirst aus dir etwas Größeres machen als die Zerstörung deiner Unschuld. Persephone kehrt durch die Treue und den Zorn ihrer Mutter zurück. Aber sie kehrt nicht einfach für immer zurück und läßt ihre Erfahrung hinter sich. Auch hier kommt sie zu ihrer Macht, zu ihrem Namen. Denn wie kann sie im Dunkeln leuchten, wenn sie nur zum Licht zurückkehrt? Jedes Jahr geht sie eine Zeitlang zu Hades hinunter – zur Zeit der Schlange.

Persephone und Dionysos: Ekstase und Bewußtsein

Ich möchte nicht, daß wir zu einer Ansicht über diese Geschichte gelangen, die mit der Rechtfertigung von Vergewaltigung endet. Einige moderne Autorinnen und Autoren scheinen anzudeuten, daß Persephone Hades braucht, damit er sie vergewaltigt, so daß sie sich von ihrer Mutter lösen und zu einer eigenen Person werden kann. Besteht noch eine andere Möglichkeit, diese Geschichte zu betrachten, gibt es eine andere Version? Wir haben bereits versucht, den entscheidenden Punkt in der Geschichte – den Verzehr der Granatapfelkerne durch Persephone – in dem Sinne umzuschreiben, daß sie bewußt diese Entscheidung trifft, um dadurch den Tod von ihrem Peiniger zu ihrem Gatten werden zu lassen. Können wir diese Verwandlung weiterführen?

An dieser Stelle wird Karl Kerenyis Idee (die von Friedrich Schelling, Jane Ellen Harrison und anderen vertieft wurde) wirklich bedeutsam, daß Persephone sich tatsächlich nicht mit der schattenhaften Figur des Hades, sondern mit dem sehr viel lebendigeren Wesen des Dionysos verbindet. Denn Dionysos ist der Gott der Ekstase, und es ist ein erheblicher Unterschied, von Ekstase hingerissen oder mit Gewalt genommen zu werden. Das Wort Ekstase bedeutet »außerhalb stehen«, das heißt außerhalb unserer selbst, herausgehoben aus dem engen Gehäuse der gewöhnlichen Wahrnehmung. Aber wenn Ekstase uns aus unserem Selbst herausführt, führt sie uns *in* unseren Körper hinein zu den Offenbarungen, die sich einstellen, wenn wir unser Selbst dem Verlangen des Körpers hingeben.

Der Homerischen Hymne entnehmen wir, daß sich die Erde in der Ebene von Nysa auftut, »benannt nach dem dionysischen Berg Nysa« (Kerenyi). Dort heißt es ferner, daß Hades Kore in seinem Wagen durch die Welt fährt, bevor er sie zurück in die Unterwelt am Fluß Kephisos bei Eleusis bringt. Der Name für den Ort, an dem sich das ereignet, lautet Erineos, das Wort für einen wilden Feigenbaum, der dort wächst. Der wilde Feigenbaum war dem Dionysos geweiht: Auf Naxos wurde aus seinem Holz eine Maske des Gottes geschnitzt. Und zugleich kündigen wilde Feigenbäume in Griechenland oft einen Eingang zur Unterwelt an. Sogar noch heute fürchtet mancher Grieche, daß das Schlafen unter einem Feigenbaum Unglück – oder den Tod – bringen kann.

Der Philosoph Heraklit schrieb: »Hades ist mit Dionysos identisch.« Sowohl der Tod als auch die Ekstase führen uns über die Grenzen des Ego hinaus. Kerenyi vertritt die Meinung, daß Demeters Weigerung, Wein zu trinken, von ihrem Zorn auf den Weingott herrührt, der ihre Tochter entführt hat. Von größerer Bedeutung ist, daß eine archai-

sche Vasenmalerei Persephone mit Dionysos in einer Pose
zeigt, die auf eine eheliche Verbindung schließen läßt
(Dionysos hält ihr einen Becher hin), während Demeter
und Hermes von der Seite aus zusehen. Ähnlich finden
wir auf Vasen, die Triptolemos zeigen, Dionysos auf der
anderen Seite dargestellt.

Wir haben gesehen, daß in der arkadischen Version des
Mythos Dionysos als Persephones *Sohn* bezeichnet wird.
Es besteht ein großer Unterschied zwischen einem Vatergott, der seine Tochter vergewaltigt, und einer Muttergöttin, die sich ihren Sohn als willigen Geliebten nimmt. Der
erste Fall begründet das Gesetz der Gewalt. Der zweite
wiederholt das prähistorische Drama von der Einheit zwischen der Mutter und dem Kind, das in ihrem Körper
wuchs, zwischen der ewigen Erde und den Pflanzen, die
wachsen und sterben und zurückkehren.

Demeters Gemahl auf Kreta, Zagreus, wurde ebenfalls mit
Dionysos gleichgesetzt. Demnach werden Demeter und
Persephone eins, während Zagreus / Hades / Dionysos
zum Geliebten wird, der stirbt, in die Erde geht und sich
selbst ersetzt. Wieder einmal erinnern wir uns an Dionysos' Zerstückelung. Das Zerteilen des Gatten machte den
Gott dem geernteten Weizen und der Rückkehr des Samens in die Erde gleich. Wir können Brimos, den Sohn der
Göttin, als den wiedergeborenen Dionysos mit Persephone
als Brimo, seiner Mutter, erkennen, so daß sich am Ende
der Mysterien der Kreis lückenlos schließt. Es sei an den
Weizen oder die Gerste im letzten Ritual erinnert, der wie
durch ein Wunder wächst.

War die wahre Identität von Persephones »Entführer« Teil
des Geheimnisses am Ende der Mysterien? Das, was nicht
ausgesprochen werden kann, könnte eine Manifestation
von Persephone selbst enthalten haben, entweder durch
eine Priesterin dargestellt oder in Form einer Vision, her-
vorgerufen durch Gebete und die Intensität einer neuntägigen mystischen Feier (Eine Vision ist nicht dasselbe wie
eine Halluzination; ein Unterschied besteht darin, daß bei
einer echten Vision alle Anwesenden dasselbe sehen.).

Könnte diese Offenbarung das Wissen um eine heilige Ehe im Reich der Toten zwischen der Göttin des Lebens und dem Gott der Ekstase eingeschlossen haben?

Das Geschenk des Ackerbaus

Politisch betrachtet symbolisiert der Mythos von Demeter und Persephone den Einfall der patriarchalen Stämme in die alte matrifokale Ordnung. Wo sich zuvor die heilige Welt zwischen der Mutter, ihrer Tochter und ihrem Sohn / Gemahl bewegte, reißt nun der herrschende Mann, Zeus / Poseidon / Hades, die Macht an sich. Demeter widersetzt sich dieser Veränderung und macht deutlich, daß, wenn ihre Tochter sterben muß, auch die Welt sterben wird. Als Persephone zurückkehrt, stellt sie den Status quo nicht wieder her; die matrifokale Welt ist verschwunden. Statt dessen erringt sie einen Sieg über die simple Gewalttätigkeit der Eindringlinge. Das Leben – das Leben des Samens, der bereitwillig in den Boden zurückkehrt – wird stärker als der Tod. Gewalt kann den Körper der Göttin nicht zerstören, denn ihr Körper ist die Welt selbst. Menschen, die die Macht des Lebens erkennen und seinen Zwilling, den Tod, bereitwillig annehmen, überwinden ihre Angst, ihr Entsetzen und ihren Zorn. Sie sind »dreimal gesegnet« und frei von Angst, frei von Zorn, frei, sich mit der Erde zu vereinigen.

Demeter erkennt, daß sie die alten Wege nicht wiederherstellen kann. Dafür macht sie der Welt zwei große Geschenke, die Mysterien und den Ackerbau. Zusammen versetzen sie die menschliche Kultur auf eine neue Ebene. Kore und ihre Gefährtinnen, die Wildblumen pflücken, verkörpern den alten Weg der Jäger-Sammler; Demeters Gemahl, Zagreus, galt nicht nur als Jäger, sondern auch als Herrscher über die Unterwelt. Aber jetzt bewegt sich die Menschheit hin zum Ackerbau. Der Kreis schließt sich nicht wirklich, sondern öffnet sich zu einer Spirale.

Demeter überwindet den Widerstand, um ein neues Wissen ins Leben zu rufen. Am Anfang der Geschichte taucht Hades plötzlich in seinem Wagen auf, um Kore zu rauben; später fährt Persephone in dem Wagen ohne ihn zurück. Vasenmalereien zeigten Triptolemos in seinem Wagen um die Welt reisend, um den Menschen den Ackerbau beizubringen. Als aus dem »dreifachen Krieger« der »dreifache Pflüger« wird, hat die ewige Wahrheit der Mutter die Aggression der ursprünglichen männlichen Eindringlinge transformiert. Der Mythos und die Mysterien zeigen uns einen Weg, die Schuld daran, die Erde durch Ackerbau zu verletzen, zu überwinden. Denn sowohl der Pflug als auch das Schwert stellen eine Aggression dar, die jetzt gegen den Körper der Mutter gerichtet ist. Wir haben erfahren, daß die Indianer und andere Naturvölker das Pflügen als eine Sünde betrachten, als ein Aufschneiden der Brust ihrer Mutter. Weil Persephone sich dem Tod stellt, kann Demeter den Ackerbau zum Geschenk machen, das den Menschen alle Schuld nimmt.

Sexualität, Verlust und Versöhnung

In einem engen kulturellen Sinn erzählt die Geschichte auch von den indoeuropäischen Stämmen mit ihren Kriegergöttern, die die Jahrtausende während Göttinnenherrschaft im alten Europa stürzten. Jedoch handelt der Mythos ebenfalls von der weiterreichenden Geschichte der Entwicklung der Sexualität. Für den größten Teil der Geschichte des Lebens auf der Erde vollzog sich die Fortpflanzung durch die »Teilung« der Zellen. Die »Mutter« spaltete sich in zwei »Töchter«, die genaue Kopien des Originals darstellten. In der griechischen und römischen Kunst sind Demeter und Persephone identisch dargestellt. An einem gewissen Punkt kam es zu einer Mutation, die etwas Neues entstehen ließ, nämlich den Mann. Der Mann drängte sich in die vollkommene Einheit von Mutter und Tochter. Von diesem Augenblick an waren die Kinder nicht länger Kopien ihrer Mutter.

Die Entwicklung von Sexualität bringt den Tod mit sich. Einzellige Organismen sterben eigentlich nicht, sondern sie teilen sich, und die zwei Töchter führen das Leben der Mutter direkt weiter. Wenn Töchter und Söhne aus der

Vereinigung eines männlichen und eines weiblichen Elternteils hervorgehen, werden sie etwas Neues, ein einmaliges Kind, das nicht das gleiche wie beide Elternteile und mehr als eine Kombination von ihnen ist. Aber jetzt stirbt die Mutter, anstatt Kopien von sich selbst zu erzeugen. Persephones Entführung symbolisiert diesen Verlust der zellularen Unsterblichkeit. Ihre Rückkehr bedeutet die Möglichkeit der Aussöhnung, jedoch nicht die Wiederherstellung des vorherigen Zustandes. Denn sie kehrt nicht zu ihrer Unschuld zurück. Sie hat die Samen des Todes und des Wissens gegessen. Sie ist zu mehr geworden, als sie war, durch Bewußtsein und Existenz in der Welt der Lebenden und zugleich in der Welt der Toten.

»Der Mythos von Mutter und Tochter«, schreibt die Dichterin Diane di Prima, »ist kein Mythos, der vom Besiegen handelt (wie in Mythen von Sohn und Vater), ... sondern einer von Verlust und Wiederfinden.« Als solcher spricht er uns alle an, sowohl Männer als auch Frauen, denn wir alle haben die Einheit verloren, die wir als Föten kannten, als wir im Universum des Bauchs unserer Mutter lebten.

In Eleusis wurden alle Zelebranten mit Demeter gleichgesetzt. Männer, die teilnahmen, erhielten Namen mit weiblichen Endungen. Alle Mysten trugen die gleiche Kleidung, einfache Kittel, die später als Windeln für Babys benutzt wurden. Ein römischer Kaiser, der in Eleusis eingeweiht wurde, trug den Titel »Göttin« auf Münzen, die sein Gesicht zeigten. In den Anfangsstadien der Mysterien saßen alle Eingeweihten auf Hockern und betrauerten den Verlust Kores, so wie Demeter am Brunnen in Eleusis gesessen hatte. Dadurch, daß sie zu Demeter wurden, konnten sie alle den Verlust des Kindes und die Freude über seine Rückkehr erleben.

In unserer Gesellschaft ist es üblich geworden, daß Frauen den männlichen Mythos vom Sturz des Vaters erleben, besonders am Arbeitsplatz oder in anderen Bereichen, in denen sich Frauen Aufgaben und Problemen in der Außenwelt gegenübersehen. Weniger üblich ist es, daß Männer und sogar bis zu einem gewissen Grade Frauen den Mythos von Verlust und Rückgewinnung, der den Mysterien innewohnt, durchleben. Die Identifikation mit Demeter würde es Männern und Frauen ermöglichen, den Schmerz darüber zu erfahren, was auch immer sie verloren haben. Frauen brauchen das ebensosehr wie Männer, denn die »Weiblichkeit« eines Mythos bedeutet nicht, daß alle Frauen sie zwangsläufig erfahren. Vielmehr benötigen wir alle Wege, um Mythen in unser Leben einzubringen. Angesichts der Tatsache, daß mehrere tausend Menschen, die neun Tage lang als eine Gemeinschaft lebten und die gleichen Dinge taten, die Mysterien zelebrierten, müssen die letzten Augenblicke von einer überwältigenden Intensität durchdrungen gewesen sein.

Bei den Mysterien wurden alle Teilnehmer zur Mutter. Vielleicht haben sie sich auch stark mit Persephone identifiziert, wenn sie am Ende zurückkehrt, besonders wenn sie ihnen in einer Vision erschien. Und vielleicht haben sie sich in dem Sohn gesehen, der am Ende verkündet wurde, in Brimos, der der Brimo geboren wurde.

Das Wunder der Fortpflanzung kann als das Eine bezeichnet werden, das Zwei wird, die viele werden. Der einzellige Organismus teilt sich und verdoppelt sich, aber eigentlich bleibt er einer, denn sie sind identisch. Mit der Einführung des Mannes wird eine andere Art von Zwei möglich. Aus ihrer Verbindung entstehen die vielen, die ganze Vielfalt des Lebens. Und zugleich tragen wir in uns das Gefühl, etwas verloren zu haben. Der Tod bringt uns zu dem Einen zurück, denn unser Körper fällt zurück in den Körper der Erde. Die Mysterien gaben den Zelebranten die Möglichkeit, durch eine andere Wahrheit als den Tod zurückzukehren. Durch das kollektive Ritual verbanden sich die vielen und machten die Erfahrung der Zwei, der Mutter und der Tochter, durch, um schließlich zum Wissen um das Eine zurückzukehren – zur Einheit und zum fortdauernden Leben, das sich im Körper der Göttin findet.

Hye! Kye!
Regne. Empfange.

9

Der lebendige Körper

Alles lebt, alles tanzt und alles tönt.
Lied der Pygmäen Gabons

Im alten Griechenland wurde die Göttin durch Geschichtenerzählen, Rituale, Prozessionen, den Bau von Tempeln und Opferungen lebendig. Heute kehrt sie zu uns zurück durch die Archäologie, intuitive Offenbarungen, Geschichtenerzählen, Rituale, Kunst und eine Art von Wissen, die viele Menschen für das Gegenteil von Religion halten – die Naturwissenschaft. In der Gaia-Theorie von James Lovelock, Lynn Margolis und ihren Mitarbeitern wird die Erde als ein lebender Organismus bezeichnet, als ein einziges Wesen, das sich teilweise aus den vielen kleineren Organismen zusammensetzt, die auf seiner Oberfläche leben. Sie schlagen das nicht als Metapher vor, sondern als tatsächliche Beschreibung der Welt. Wir haben uns so sehr daran gewöhnt, Mythen, Götter und Göttinnen für *Symbole* zu halten, daß wir vielleicht einen Augenblick brauchen, um uns die Radikalität der Beschreibung des Planeten als ein reales Lebewesen bewußt zu machen. Das Konzept ermöglicht es uns, die ganze Kraft des Mythos als eine Geschichte, die sowohl physisch, als auch metaphorisch wahr ist, zurückzugewinnen. Die Gaia-Theorie gibt den Mythos der Wissenschaft zurück und die Wissenschaft dem Mythos.

Wenn wir über die Gaia-Theorie nachdenken, können wir feststellen, daß sie sogar mehr bewirkt, als uns ein nüchternes Bild von einer lebendigen Göttin zurückzugeben. Sobald wir lernen, den Planeten als ein Lebewesen zu betrachten, können wir dieses Bewußtsein in verschiedene Richtungen ausdehnen. Ist das Sonnensystem lebendig? Und die Galaxien? Und wenn wir und die anderen Geschöpfe, die auf der Erde leben, sowohl unabhängige Wesen als auch Bestandteil eines größeren Seins sind, was ist dann mit der unermeßlichen Anzahl der unsichtbaren Mikroorganismen, die von und in unseren Körpern leben? Welche Rolle spielen sie im Bauplan unseres Körpers? Und wenn wir von dem gewaltigen Organismus Gaia lernen können, was könnten wir dann von Bakterien lernen?

Die Gaia-Theorie

Heutzutage sind den meisten Menschen Fotos von der Erde vertraut, die Astronauten im Weltraum aufgenommen haben. Die elegante Kugel aus Blau und wirbelndem Weiß hat viele Menschen durch ein Gefühl für die Einzigartigkeit des Planeten und manchmal durch ein Gefühl für seine Zerbrechlichkeit berührt. Eine Gruppe von Wissenschaftlern unter der Leitung von James Lovelock und Lynn Margolis beflügelten die Bilder zu einer revolutionäreren Idee – daß die Erde ein einziger lebender Organismus sein könnte. In seinem Buch *Gaia: A New Look at Life on Earth* bezeichnet Lovelock dieses Konzept als die »Gaia-Hypothese«, ein von dem Romanschriftsteller William Golding (der in seinen Büchern oft die psychologische Wahrheit von Mythen erforscht) vorgeschlagener Begriff. In jüngeren Schriften hat Lovelock erklärt, daß er und seine Kollegen genügend Beweise gesammelt hätten, um die »Gaia-Hypothese« zur »Gaia-Theorie« zu machen.

Auf den ersten Blick sieht die Gaia-Theorie wie eine Weiterführung des ökologischen Gedankens aus. Elisabet Sahtouris weist in ihrem Buch *Gaia: Vergangenheit und Zukunft der Erde* jedoch auf den grundlegenden Unterschied hin. Die Ökologie befaßt sich mit der Einheit des Lebens *auf* der Erde. Nach der Gaia-Theorie ist die Erde aber selbst lebendig. Der Unterschied entspricht etwa dem zwischen der Beschreibung aller Mikroorganismen, die auf der Haut und dem Panzer einer Schildkröte leben – und dem Erkennen der Schildkröte selbst als einzelnes Tier.

Die Ursprünge der Gaia-Idee reichen eigentlich einige Jahre vor die berühmten Astronautenfotos zurück. 1965 trat die NASA an Lovelock und Dian Hitchcock mit der Bitte heran, geplante Experimente zu prüfen, mit denen festgestellt werden sollte, ob auf dem Mars Leben existiere. In ihrem Bemühen, sich von der Annahme freizumachen, das Leben auf dem Mars müsse genauso aussehen wie auf der Erde, beschlossen die zwei Wissenschaftler, die Marsatmosphäre auf Prozesse hin zu untersuchen, die nicht allein durch anorganische chemische Zusammensetzungen zu rechtfertigen wären. Tatsächlich fanden sie heraus, daß die Marsatmosphäre chemisch immer stabil bleibt.

Als sie jedoch die Erde untersuchten, stießen sie auf Methan, ein instabiles Gas, als »Beweis« für das Leben (das heißt ein Beweis, der unabhängig von der Beobachtung der in Reichweite befindlichen konkreten Lebewesen ist). Methan ist ein Nebenprodukt lebender Organismen. Dies führte sie zu der Frage, wie es der Erde gelungen war, trotz des Vorhandenseins äußerst instabiler Gase eine gleichbleibende atmosphärische Zusammensetzung beizubehalten. Es kam ihnen in den Sinn, daß die Luft nicht einfach eine leblose Umgebung ist, sondern vielmehr einen grundlegenden Bestandteil des Lebens darstellen könnte. Lovelock vergleicht die Luft mit dem Fell einer Katze oder dem Papier eines Hornissennestes – nicht tatsächlich lebendig an sich, sondern »von lebenden Wesen geschaffen, um eine Umwelt zu erhalten«.

Lovelock und seine Kollegen betonen nachdrücklich, daß sie nicht behaupten, die Erde habe ein Bewußtsein, ganz zu schweigen von einem göttlichen Bewußtsein. Sie vertreten nicht die Ansicht, daß der Planet dasselbe ist wie die griechische Göttin. Für viele jedoch ist es genau diese Möglichkeit, die die Idee neue Denkweisen erschließen läßt. William Irwin Thompson weist in seinem Buch *Imaginary Landscapes* darauf hin, daß Lovelock und seine Mitarbeiter den Namen zum Teil wegen seiner dramatischen Wirkung gewählt haben. Wenn sie die Hypothese als »Homöorrhetische Mechanismen der planetarischen Dynamik« bezeichnet hätten, so Thompson, hätte sie niemals dieselbe öffentliche Aufmerksamkeit erfahren.

Thompson gibt zu verstehen, daß der Name die Öffentlichkeit angeregt hat anzunehmen, daß »Gaia« sowohl bewußt als auch lebendig ist. Aber Thompson empfindet das nicht als einen Fehler. Als Forscher, der sich mit der in der Steinzeit noch existierenden Einheit von Mythos und Wissenschaft beschäftigt, schreibt er über die »uralte Kosmologie, die hinter den Felsen und Strömen der Gaia-Hypothese schlummert«.

Körperwärme

Wenn Wissenschaftler die Erde *nicht* als ein bewußtes Wesen betrachten, was bedeutet es dann, sie lebendig zu nennen? Ein Hauptpunkt in der Gaia-Theorie ist mit der Idee der Selbstregulierung verbunden. Lebende Organismen verändern beispielsweise die Körpertemperatur als Reaktion auf Veränderungen in der Umgebung. Lovelock zufolge verhält sich die Erde nicht anders; seit Millionen von Jahren hält sie die Umgebungstemperatur annähernd konstant, trotz der Tatsache, daß die Sonne über diesen langen Zeitraum hinweg stetig wärmer geworden ist. Lovelock vermutet, daß die Leistung der Sonne in dieser Zeitspanne seit dem Ursprung des Lebens zwischen 30 und 50 Prozent angestiegen ist. Und trotzdem ist die Erdtemperatur allen Belegen zufolge unverändert geblieben.
Eine Erklärungsmöglichkeit dafür wäre, daß eine Gashülle aus Ammoniak oder Kohlendioxid die Erde in der Frühzeit warm gehalten hat, als die Sonne noch nicht diese starke Wärme erzeugte. Als die Sonne wärmer wurde, schwand die Hülle allmählich, um die Temperatur auf dem Planeten konstant zu halten. Nun klingt das zwar simpel, aber es wäre in der Tat ein bemerkenswerter Vorgang. Es setzt voraus, daß die Erde irgendwie ihre überschüssigen wärmenden Gase im genau richtigen Tempo über Milliarden von Jahren hinweg umwandeln könnte, nicht zu schnell und nicht zu langsam, um die Temperatur konstant zu halten.
Wir könnten annehmen, daß die Zunahme der Wärme selbst die Schwundrate des Gases regulierte. Lovelock zu-

folge ist das nicht so einfach. Er weist darauf hin, daß die Temperatur der Erde von einer Seite des Planeten zur anderen nicht gleichbleibend ist; sie ändert sich von den eiskalten Polen zur Hitze des Äquators. Der Grund dafür liegt darin, daß das Licht nicht überall in der gleichen Intensität auf den Planeten fällt. Eine solche Komplexität macht es schwer, einen starren chemischen Vorgang anzunehmen, der die konstante Durchschnittstemperatur der Erde angesichts der immer stärker werdenden Wärme der Sonne erklären würde. Statt dessen behauptet die Gaia-Theorie, daß der Planet seine Wärme selbst reguliert.

Kulturelle Annahmen

Es fällt uns schwer, die Erde als ein Lebewesen zu erkennen, zum Teil, weil wir selbst auf ihr leben, zum Teil, weil die Erde so viel größer ist als wir – und zum Teil, weil wir gelernt haben, uns den Planeten als einen leblosen Felsbrocken vorzustellen, der die Pflanzen und Tiere birgt, welche wir für lebendig halten. Andere Kulturen finden die Idee weniger merkwürdig, denn viele Menschen begreifen den Planeten als organisch, als die uralte Mutter, die Göttin. Amadou Hampote Ba schreibt, daß man sich im Sudan »die Erde als ein Lebewesen vorstellt. Sie wächst, sie nimmt ab, sie stirbt.«

Auch unsere Körper enthalten riesige Mengen Lebewesen. Wir können uns denken, daß Bakterien uns wegen unserer ungeheuren Größe nicht als lebendig erkennen. Ein Lebewesen setzt sich aus anderen Lebewesen zusammen, von denen jedes einen unabhängigen Organismus darstellt. Zur gleichen Zeit funktioniert es als ein Ganzes und hat eine Grenze, die Form verleiht und es von seiner Umgebung unterscheidet. Ein Katzenfell, die menschliche Haut und die Atmosphäre der Erde haben ähnliche Funktionen. Doch zugleich ist die Begrenzung niemals absolut, niemals eine Barriere für uns oder die Erde. Lebewesen können nicht gänzlich von der Umgebung getrennt leben. Das Leben verlangt, daß wir Energie mit der Welt außerhalb unserer

314

selbst austauschen. Menschen verzehren andere Wesen, ob Pflanzen oder Tiere. Wir formen ihre Substanz und Energie zu Bestandteilen unseres eigenen Körpers um. Wir scheiden Abfälle zurück in die Umgebung aus, wo sie dann als Dünger dienen, das heißt als Nährstoffe für Lebewesen außerhalb von uns. Mit jedem Atemzug, den wir tun, empfangen wir das Geschenk des Sauerstoffs von den Pflanzen um uns herum und geben Kohlendioxid zurück. Die Erde als ein Ganzes empfängt Licht von der Sonne und den anderen Sternen und gibt Wärme und Gase in den Raum ab. Unsere Erziehung hat uns gelehrt, daß wir, die Pflanzen und die Tiere lebendig sind, aber andere Aspekte unserer Welt nicht. Viele andere Kulturen jedoch betrachten alle Teile der Welt als lebendig. Wir neigen dazu, diese Ansicht für primitiv oder naiv zu halten – aber vielleicht sind *wir* diejenigen mit dem zu stark vereinfachenden Verständnis vom Leben.

Die Definition von Leben erweitern

Der Unterschied zwischen lebendig und nicht lebendig beginnt sich aufzulösen, wenn wir unsere eigenen Körper und die anderer Lebewesen betrachten. Knochen, Haare, Panzer und Schuppen können allesamt als anorganisch bezeichnet werden. Sahtouris zufolge bestehen 95 Prozent eines Mammutbaums tatsächlich aus totem Holz, und trotzdem lebt der Baum. Sie schreibt außerdem, daß Gestein sich über unermeßliche Zeiträume hinweg in Lebewesen verwandelt, die sich dann schließlich wieder zurück in Gestein verwandeln. Fast alle Steine auf der Oberfläche des Planeten bestehen aus Atomen, die einst zu Lebewesen gehörten. Und diese Atome kamen ursprünglich von den Steinen früherer Zeitalter. Ein großer Teil des Staubes in unseren Häusern rührt von Haut her, die sich von unseren Körpern im Laufe des Tages gelöst hat. Und die Erde selbst und alles auf ihr rührt vom Sternenlicht her, denn der Staub, der ursprünglich die Planeten bildete, entstand als die Überreste explodierender Sterne.

Wenn wir anfangen, den Planeten als lebendig zu betrachten, erweitern wir unsere Definition des Lebens immer mehr. Trotz fortwährender Ausdehnung und Bewegung durch den Raum behalten Galaxien eine festumrissene Form und festumrissene Grenzen. Können wir uns Galaxien als organisch vorstellen? Auf unserem Planeten bringt die Natur viel mehr Zellen und Samen hervor, als genaugenommen notwendig wären. Der Überfluß läßt eine große Menge wegsterben, während ein kleiner Prozentsatz lebendig wird und Organismen bildet. Vielleicht stellen tote Planeten die überschüssigen Zellen von Galaxien dar. Die Gaia-Theorie führt uns zu der mächtigen Ahnung zurück, daß das Leben – und sogar das Bewußtsein – auf allen Ebenen des Seins existiert.»Alles lebt, alles tanzt und alles tönt.« So viele Mythen von der Göttin als Kuh bezeichnen die Milchstraße, unsere Galaxis, als die Milch aus ihrem Körper. Doch zugleich bleiben diese Mythen für die meisten von uns nette Geschichten, psychologische Metaphern vielleicht, aber keine Beschreibungen der realen Welt. Die Gaia-Theorie erschließt den Weg zu einer neuen Einheit von Wissenschaft, Mythos und Intuition.

In dieser Einheit wird die Wissenschaft der Biologie wichtig und aufregend – lebendig. Als ich heranwuchs und naturwissenschaftlichen Unterricht in der Schule hatte, schien die Biologie noch nicht so aufregend zu sein. Dort umfaßte sie überwiegend Systematik, lange Listen von Klassifizierungen. Zu der Zeit erwarteten wir von der Physik Poesie, Geheimnisse. Mit dem plötzlichen Erscheinen von Gaia dort, wo wir es am wenigsten erwartet hätten, wird die Biologie zu einem neuen Brennpunkt des Staunens. So wie die Rückkehr der Göttin die Rückkehr der Geschichte bedeutet, so bedeutet die Rückkehr Gaias die Rückkehr des Körpers und des Wissens, daß der Körper – unser Körper, der Körper der Erde – in der Welt der Objekte und gleichzeitig in der Welt der Geschichten existiert.

Der zerstückelte Körper

Die vielen Mythen vom zerstückelten Körper der Göttin entstehen aus dem Gefühl heraus, daß alles lebendig und zugleich in Stücken ist. Das ist keine intellektuelle Deutung, sondern vielmehr eine tiefe Intuition. Und so rufen wir Geschichten von einer Göttin ins Leben, die ihren Körper opfert, um die Welt zu erschaffen. Nach der Urknalltheorie der modernen Wissenschaft entstand die ganze Existenz als eine Einheit, zusammengebunden in einer Art vollkommenem Ei, dem sogenannten *Urstoff*. Der Urstoff explodierte in Licht und Energie, von denen sich ein Teil in die Masseteilchen umwandelte. Die Umwandlung von Lichtenergie in Materie entspricht Einsteins Gleichung $E=mc^2$. Sie erfordert eine Bindung von enormen Energiemengen, denn die Gleichung bedeutet »Energie ist gleich Masse multipliziert mit dem Quadrat der Lichtgeschwindigkeit«. Die Lichtgeschwindigkeit ist so groß, daß eine kleine Menge Materie enorme Energie enthält. Atombomben beweisen diese Tatsache auf eine schreckliche Weise, aber wenn wir von dieser zerstörerischen Anwendungsmöglichkeit einmal absehen, gibt uns die Beziehung von Materie und Energie viel Stoff zum Nachdenken. Wir könnten unsere Körper zusammen mit der übrigen Materie *als langsamer gewordenes Licht* bezeichnen.

In der Kabbala-Tradition des jüdischen Mystizismus finden wir eine der Urknalltheorie verblüffend ähnliche Idee. Hier erfahren wir, daß Gott sein Licht von einem einzelnen, unkennbaren Punkt aussendete. Gott lenkte das Licht in »Gefäße« hinein, die sich als zu schwach herausstellten, um die Kraft aufzunehmen. Sie zerbrachen, um unser Universum zu bilden. Wir leben also in einem Universum aus zerbrochenen Teilen. Davon rühren unser Schmerz und unsere Angst her, unsere nicht verwirklichten Hoffnungen, unsere Feigheit und unser Haß, unsere gescheiterten Liebesbeziehungen und all die Schwächen, die uns voneinander und von unserem wahren Selbst trennen. Und zugleich bleibt das Licht des vollkommenen Seins erhalten, eingebettet in die Scherben.

So viele (auch wissenschaftliche) Mythen betrachten das Universum als bruchstückhafte, endlose Teile, die nicht länger zusammenpassen, nicht länger ein vollständiges und lebendes Wesen bilden. Die Gaia-Theorie führt uns zu der Möglichkeit, daß der Körper der Göttin ganz bleibt, während er zur gleichen Zeit die unendlichen Bestandteile der Schöpfung enthält.

Die Theorie antwortet auf etwas tief in uns, auf ein Bewußtsein, das darauf besteht, daß, wenn ich lebe, auch alles andere lebt. Bakterien leben ihr eigenes Leben und bilden zugleich einen Teil unseres Körpers. Unser Körper nimmt am Leben des Planeten teil, der wiederum seinen Platz im Körper des Sonnensystems einnimmt. Obwohl eine Einheit in sich, hilft das Sonnensystem trotzdem, die Galaxis zu bilden. Die Galaxien nehmen an einem komplexen Tanz von »Sternclustern« und »Supersternclustern« teil, die schließlich das Universum bilden, dessen bloßer Name seine Ganzheit beschreibt. Können wir diesem inneren Gefühl für das Universum als riesigem, physisch und spirituell lebendigem Organismus vertrauen?

Der Name Gaia für das planetarische Sein paßt sehr gut, trotz seines Ursprungs aus einer bestimmten europäischen Kultur. Denn Gaia verkörperte die Erde in der grundlegendsten Form des Planeten. Gaia war das erste Wesen, selbsterschaffen, vor allen späteren Stufen der Evolution und der menschlichen Entwicklung. Wir könnten ebenfalls an den indianischen Ausdruck »Großmutter« für die früheste Schöpfung denken. Aus der Wissenschaft ist uns bekannt, daß unser Planet nicht aus dem Nichts heraus entstand, sondern sich aus Staub in einem bereits Milliarden Jahre alten Universum bildete. Aber mythologisch betrachtet können wir Gaia für den Kosmos, sogar den Urstoff halten und diesen Namen ebenso für den planetarischen Organismus verwenden.

Ein selbsterschaffenes Universum

Anhänger von transzendenter Religion lehnen oft die Idee eines selbsterschaffenen Universums ab. Woher kam das Universum, wenden sie ein: Etwas – jemand – muß es erschaffen haben. Aber wir können das gleiche über Gott sagen. Woher kam Gott? Gott entstand nicht einfach aus dem Nichts, jemand muß ihn erschaffen haben. An irgendeiner Stelle müssen wir die Streitfrage hinter uns lassen. In dem Beharren darauf, daß Gott die Natur erschaffen haben muß, liegt die Annahme, daß die Natur zu unvollkommen ist, zu unordentlich, zu lebendig, um die »wahre« Welt darzustellen. Wir sterben in der Natur. Unsere Körper begehren unmögliche Dinge, zu fliegen, ewig zu leben, vollkommen mit anderen Wesen zu verschmelzen. Wir können unsere Wünsche oder unsere Körper nicht kontrollieren. Sie werden krank und nutzlos. Sie bringen uns mit ihren Sehnsüchten und ihrem Schmerz in Verlegenheit. Und so sehnen wir uns nach etwas, das vollkommener ist, das losgelöst vom Schmutz der Körper ist. Und *das* akzeptieren wir dann als wahr, als selbsterschaffen.

Aber für diese Transzendenz zahlen wir einen Preis. Wir geben unsere eigene Wirklichkeit auf. Wir werden mit dem Leben, so wie es existiert, aufs tiefste unzufrieden. Wenn wir uns Gott als vollkommen und losgelöst vorstellen, dann werden wir versuchen, uns auch vollkommen zu machen, losgelöst vom Körper, unveränderlich. Im klassischen Griechenland bezeichneten Pythagoras und Platon die wahre Existenz als Geometrie, als durch »reine« Vernunft zugängliche Idealformen.

In vielen modernen Wissenschaften streben wir nach einer anderen Art von Vollkommenheit, der einer Maschine, die immer dieselbe Form behält und die gleiche Tätigkeit immer wieder verrichtet. Wir versuchen, den Körper und vornehmlich das Gehirn als eine Art Mechanismus zu beschreiben – als ein Pumpsystem, eine Uhr, eine Telefonzentrale, einen Computer – was immer die aktuelle Mode auch gebietet. Aber es besteht ein wichtiger Unterschied zwischen Maschinen und Organismen. Organismen funktionieren nicht jederzeit auf dieselbe Weise. Durch die Gaia-Theorie fangen wir an, ein Gefühl für uns selbst und das Universum als dynamisches Wesen wiederzuerlangen, verfaulend und wachsend, sich ewig verändernd. Lebendig.

Leben in Zusammenarbeit

Die Idee, daß zwischen Leben und Nicht-Leben keine echten Grenzen existieren, führt uns zu einer Vision von der Welt, die nicht auf Wettbewerb beruht, sondern auf Zusammenarbeit. William Irwin Thompson weist auf zwei konkurrierende Theorien über den Ursprung der menschlichen Kultur hin. In der einen Theorie beginnt die Menschheit mit der Herstellung von Werkzeugen und vornehmlich Waffen. Die Technologie des Tötens wird zur grundlegenden menschlichen Handlung, die uns von anderen Spezies unterscheidet. In der anderen jedoch entsteht die menschliche Kultur durch das Teilen von Nahrungsmitteln. Obwohl die erste Theorie noch immer großen Einfluß in unserer technologischen und militärischen Welt hat, weist immer mehr auf die zweite hin. Tatsächlich erfordern sowohl das Jagen als auch das Sammeln Zusammenarbeit und Informationsaustausch. Thompson zufolge hat Glynn Isaac Hinweise darauf gefunden, daß die frühesten Vormenschen, die Protohominiden, kollektive Anstrengungen unternahmen, um Nahrungsmittel von gefährlichen Orten dorthin zu bringen, wo sie sie alle in Sicherheit miteinander teilen konnten. Und es sei an Alexander Marshacks Idee erinnert, daß die menschliche Kultur ihren Anfang mit »Geschichten« nahm. Auch Geschichten implizieren das Miteinander-Teilen, denn eine Geschichte verlangt eine Zuhörerschaft. Lynn Margolis hat im Rahmen ihrer Forschung über Bakterien eine Theorie zur Zusammenarbeit auf der grundlegendsten Lebensbasis selbst entwickelt. Während Lovelock sich in seiner Konzentration auf »planetarische Dynamik« hauptsächlich in gigantischen Dimensionen bewegt, hat Margolis die andere Richtung eingeschlagen und beschäftigt sich mit den Organismen, die in den größeren, von uns normalerweise als Lebewesen erkannten Geschöpfen leben. Margolis hält Bakterien für die Urlebensform auf Gaia. Vom Standpunkt der Bakterien aus könnten wir Menschen als Transport- und Versorgungsmechanismen bezeichnet werden.

Im naturwissenschaftlichen Schulunterricht haben viele von uns gelernt, Bakterien als Feinde, als Krankheitsüberträger zu betrachten. An dieser Ansicht ist natürlich etwas Wahres. Zudem stammt diese Idee teilweise von dem Wunsch her, unsere Körper als völlig getrennt von der Welt zu sehen: als in unzugängliche Festungen eingeschlossene Egos. Margolis erinnert uns daran, daß wir ohne die Bakterien, die uns bei der Verdauung unserer Nahrung helfen, nicht leben können.

Noch bedeutsamer ist Margolis' Nachweis, daß Bakterien genetische Informationen auszutauschen vermögen. In ihrer Forschungsarbeit hat sie Situationen festgestellt, in denen Bakterien ihre Zellwände öffnen und genetisches Material aus ihren Zellkernen austauschen. Denjenigen von uns, die wissenschaftlich nicht geschult sind, mag diese Entdeckung unverständlich oder geheimnisvoll vorkommen. Tatsächlich ist sie aber auch revolutionär.

Zum einen führt sie zu einer Evolutionstheorie, die eher auf Zusammenarbeit basiert und nicht auf Wettbewerb, mit all den Konsequenzen für unsere Ansicht über die Welt und unsere Rolle in ihr. Das darwinistische Konzept der natürlichen Auslese behauptet, daß genetische Veränderung nur durch zufällige Mutation der DNS geschehen kann. Organismen rufen verschiedene Mutationen von sich hervor, und nur diejenigen, die sich am besten an ihre Umgebung anpassen können, überleben, während die anderen aussterben. Margolis' Arbeit zeigt die Möglichkeit auf, daß Bakterien ihre DNS in direkter Reaktion auf umgebungsbedingte Zwänge neu zusammensetzen. Als Beispiel für eine schnelle und komplexe Veränderung können wir daran denken, wie Bakterien sich an Antibiotika anpassen. Margolis zufolge setzen solche Anpassungen ein gewisses Maß an kollektiver Überlegung voraus.

Der Sitz des Geistes

Können wir uns vorstellen, daß dieser bakterielle Informationsaustausch etwas mit »Geist« zu tun hat? Als Wissenschaftler würde Margolis wahrscheinlich vor einer solchen These zurückschrecken, so wie Lovelock und andere jeden Hinweis auf ein Bewußtsein der planetarischen Gaia in Abrede stellen. Aber vielleicht können Bakterien – und Gaia – uns helfen, eine umfassendere Definition von Geist zu finden. Wenn die Arbeit dieser Biologen uns zu der »primitiven« oder »mystischen« Erkenntnis der gesamten Existenz als lebendiges Wesen führt, sollten wir vielleicht auch die zweite Hälfte dieser Erkenntnis würdigen, daß nämlich die ganze Existenz ein Bewußtsein hat. Sahtouris schreibt: »Diejenigen, die glauben, daß das Leben sich eher in einem dynamisch lebendigen Universum selbst erschafft anstatt in einem mechanischen, glauben ebenfalls, daß das Leben seine eigene Bedeutung und seinen eigenen Zweck erschaffen kann.« Seit ihrem Buch über Gaia arbeitet Dr. Sahtouris am Aufbau eines weltweiten Netzwerks, das für die Bewahrung des wissenschaftlichen Wissens eingeborener Völker eintritt.

Ebenso wie bei den Jäger-Sammlern muß die menschliche Gesellschaft in der heutigen Zeit kooperieren, um erfolgreich zu sein. Wir müssen Wissen, Bedürfnisse, Fertigkeiten und Informationen austauschen. So wie schon die Urhominiden es taten, müssen auch wir Nahrungsmittel transportieren. Kurzum, wir müssen einen kooperierenden *sozialen* Körper ins Leben rufen. Die Bedürfnisse bleiben die gleichen, nur in einem viel größeren Umfang. Die Vision des ganzen Planeten als ein Organismus, der sich aus kleineren Organismen zusammensetzt, hilft uns, auch die menschliche Gesellschaft als einen Organismus zu sehen – nicht als Ungeheuer, das den einzelnen verschlingt, sondern als Ganzes, in dem die einzelnen Erfahrung und Wissen austauschen, um den größeren Organismus zu erschaffen. Und dieser Schöpfungsprozeß dauert an, er findet nicht nur ein einziges Mal statt. Während Organismen eine äußere Form und fortwährende Lebensprozesse aufrechterhalten, verändern sie sich ständig, nehmen Energie in sich auf und geben sie ab. Eine Gesellschaft, die auf dem Körper basiert, würde sich auch unaufhörlich verändern, während sie ein inneres Gefühl für ihre Form, ihre Grenzen und ihre Werte behält. Und eine Gesellschaft, die auf dem *göttlichen* Körper basiert, würde ein Bewußtsein der Einheit von Alltagsleben, Wissenschaft und Religion – sowohl für einzelne Organismen als auch für den größeren Organismus der Kultur – bewahren.

Unser Platz

Diskussionen über Gaia als Organismus, der sich aus kleineren Organismen zusammensetzt, scheinen zwangsläufig zu einer Diskussion über die Funktion der Menschheit in diesem größeren Körper zu führen. Oft entspringt die Diskussion der Annahme, daß der Mensch eine grundlegend wichtige Position in Gaias Existenz einnimmt. Einige Autoren betrachten den Menschen als eine Gefahr, andere betrachten uns als einen Segen für das planetarische Leben – aber für die meisten spielen wir eine zentrale Rolle. Einer Theorie zufolge wird die Menschheit als ein Bewußtseinsexperiment betrachtet. Mit dem menschlichen Gehirn testet Gaia Selbstbewußtheit. Elisabet Sahtouris bezeichnet uns als ein Experiment mit freier Entscheidungsmöglichkeit und nimmt optimistischerweise an, daß unsere Eigenschaften wie etwa Egoismus, Ängstlichkeit, Kurzsichtigkeit, Furcht und Aggression Anzeichen des Jugendalters sind. Als natürliche Folge werden wir diesen Beschränkungen entwachsen und uns im Vergleich zu unserer Geschichte bessern.

Peter Russel vertritt die Meinung, daß die Menschen Gaias zentrales Nervensystem darstellen. Bald, so schreibt Russel, wird die Welt so viele Menschen enthalten, wie ein einzelnes Gehirn Neuronen enthält. In dem Augenblick können sich Menschen zu einer planetarischen Intelligenz organisieren (diese Idee erlaubt uns einen völlig neuen Blick auf die »Bevölkerungsexplosion« der letzten Jahrzehnte). Andere Autoren sind der konventionelleren Ansicht, daß die Menschheit das Leben auf dem Planeten gefährdet, und lassen dies in die Gaia-Theorie einfließen. A.I.W. Summers stellt die Intelligenz-Idee auf den Kopf. Er vergleicht unsere Zerstörung der Natur mit einer psychosomatischen Krankheit. Mit »psychosomatisch« ist keine eingebildete oder erfundene Krankheit gemeint; der Begriff bezieht sich vielmehr auf Situationen, in denen die Psyche den Körper wahrhaftig krank macht. Wenn die Menschen wirklich Gaias Gehirn darstellen, dann hat das Gehirn seine Verbindung zum übrigen Körper verloren und bewirkt, daß der Körper krank wird.

Ein weiteres Konzept beschreibt das Verhalten der Menschen von außen. Anders als die meisten anderen Lebewesen verbreiten sich Menschen auf dem ganzen Planeten. Wo immer wir auch hingehen, wir vermehren uns außerhalb jeder Kontrolle. Wegen unseres unkontrollierbaren Bevölkerungswachstums verschlingen wir alle Ressourcen jedes Ortes, den wir bewohnen. Die Folge ist, daß die Tiere, die zu diesen Orten gehören, wegsterben, und die Örtlichkeiten selbst großen Schaden davontragen und sich manchmal in Wüsten oder tote Gewässer verwandeln. Wenn wir nun die gleiche Beschreibung auf die Zellen in einem Tier anwenden, so stellen wir fest, daß wir über Krebs sprechen. Demnach bilden Menschen eine Art Krebs im planetarischen Körper, der das ganze Leben zu ersticken droht.

Nehmen die Menschen wirklich eine so zentrale Rolle in Gaias Leben und Schicksal ein? Sind wir überhaupt die einzigen Lebewesen mit Bewußtsein? Experimente zur Kommunikation zwischen den Arten zeigen die große Wahrscheinlichkeit eines Selbstbewußtseins bei Tieren wie Schimpansen und Delphinen. Und jeder, der mit einem

Hund lebt und ihn beim Schlafen beobachtet, weiß, daß auch andere Lebewesen als Menschen träumen.

Für viele Menschen, die an der Gaia-Theorie arbeiten, stellt die Vorstellung, daß die Menschen das ganze Leben auf dem Planeten zerstören könnten, ein weiteres Beispiel für die menschliche Arroganz dar. Lovelock vergleicht die »Zerbrechlichkeit« oder »Fragilität« Gaias (»unsere fragile Ökosphäre«) mit der Zerbrechlichkeit als Begriff, der auf seine Großmutter und andere Frauen der Viktorianischen Zeit angewandt wurde. Er weist darauf hin, daß damals die Männer Frauen als zerbrechlich bezeichneten, um damit ihre totale Kontrolle über die Gesellschaft und sogar über den Körper der Frauen zu rechtfertigen. Wenn wir die Erde zerbrechlich nennen, rechtfertigen wir in ähnlicher Weise unsere Macht über die Umwelt und unseren Umgang mit ihr. Tatsächlich war, wie Lovelock bemerkt, seine Großmutter sehr zäh. Und das ist auch Gaia. Wenn die Erde wirklich einen Organismus mit der Fähigkeit darstellt, seinen Zustand zu regulieren, um nicht zu sterben, dann wird sie vielleicht auch Maßnahmen vornehmen, um mit den aktuellen Bedrohungen ihrer äußeren Umgebung fertig zu werden. Einige Menschen sehen dies als eine gefährliche Aufforderung zur Selbstzufriedenheit. Für sie klingt es so, als ob die Gaia-Anhänger damit sagen würden, daß wir die Erde verschmutzen können, soviel wir wollen, weil Gaia sich darum schon kümmern wird. Die Vorstellung, daß Gaia sich selbst reguliert, sollte uns tatsächlich überhaupt nicht zur Selbstzufriedenheit verleiten. Gaias Handlungen, so heißt es in der Theorie, sind nicht von einem bestimmten Wohlwollen gegenüber einer einzelnen Spezies getragen. Sie verfolgt ihre Interessen, nicht unsere. Wenn wir krank werden, unternehmen wir alles Nötige, um wieder gesund zu werden, auch wenn damit der Tod unzähliger Mikroben verbunden ist, die in unseren Körpern leben. Wenn wir Gaia weiterhin so in die Enge treiben, könnte sie sich tatsächlich regulieren – und uns damit das Leben sehr schwer machen.

Eine frühere Krise

Gaia ist in der Vergangenheit Umweltkrisen begegnet. Die frühen Organismen erzeugten Energie durch Gärung. Als ihr Bestand explosionsartig zunahm, begann die Energie knapp zu werden, und so entwickelten sie die Fähigkeit, mit Hilfe von Sonnenlicht Moleküle in Atome zu spalten, die sie verwendeten, um weitere Moleküle zu bilden. So entwickelten sie die Photosynthese. Jedoch rief die Photosynthese ein tödliches Gift hervor: Sauerstoff. Das Auftreten von Sauerstoff in der Erdatmosphäre verursachte eine viel größere Gefahr für die Umgebung als unsere heutige Verschmutzung. Ohne die Möglichkeit, den Sauerstoff zu zerstören, erhöhte er sich in der Atmosphäre bis zur spontanen Verbrennung – und steckte sich selbst in Brand. Die Bakterien, die ihn erzeugt hatten, begannen zu verbrennen. Die Folge jedoch war, daß sie lernten, Kolonien zu bilden. Die äußeren Schichten verbrannten zwar, aber andererseits beschützte die tote Substanz ihrer »Leichen« die inneren Schichten. Das Leben wurde vielschichtiger. Im Laufe von zwei Milliarden Jahren entwickelte Gaia Lebewesen, wie beispielsweise uns, die Sauerstoff zur Energiegewinnung verbrennen können. Seitdem ist die Atmosphäre stabil geblieben. Wenn es uns tatsächlich gelingt, diese Stabilität zu gefährden, wissen wir nicht, welche Anpassungsmaßnahmen Gaia vornehmen wird, um das Problem zu lösen. Anstatt zu versuchen, mit der Erde umzugehen, könnten wir ihre Prozesse studieren und hoffen, daß wir lernen, mit uns selbst umzugehen.

Eine andere Ansicht

Die feministische indianische Gelehrte Paula Gunn Allen hat eine visionäre, mythische Interpretation der planetarischen Krise vorgelegt. Sie bezeichnet sie als die sich selbst gebärende Großmutter Erde (die Großmutter-Theorie). Die Erde macht eine Initiation in einen neuen Bewußtseinszustand durch. Diese bedeutende Veränderung bringt den Schmerz der Wehen mit sich, so wie der Schmerz und die Unruhe einer Frau zunehmen, je näher der Zeitpunkt der Geburt ihres Kindes rückt. Allens Vorahnung veranschaulicht mehrere Aspekte der auf der Göttin beruhenden Interpretation der Welt: Erstens erlaubt sie sowohl der Intuition als auch heiligen Traditionen, Ideen zu offenbaren. Diese Ideen und Visionen können der gegenwärtigen wissenschaftlichen Analyse entsprechen oder auch nicht, aber sie werden nicht im Widerspruch zu den aktuellen Informationen stehen, die wir von der Wissenschaft erhalten. Sie fügen eine andere Art von Wissen hinzu; und sehr oft rührt dieses Wissen vom Körperbewußtsein der Frauen her. Allen benutzt die Erfahrung der Wehen, um die Umwälzungen unseres Planeten zu verstehen. Und schließlich zeigt sie, wie Göttinnenanhänger bewußt und optimistisch Erfahrungen als neues Leben und nicht als Zerstörung deuten können.

Geteiltheit und Einheit

Vor allem anderen gibt uns die Gaia-Theorie eine Vision von der Ganzheit der Erde. Kehren wir wieder zu jenen Mythen vom zerstückelten Körper der Göttin zurück. Man spürt, daß alles in der Welt zusammengehört, aber zerbrochen ist. Wir können die Verbindungen *fühlen*, aber wir *sehen* die Bruchteile. Und so gelangen wir zu dem Glauben, daß die Welt nur existieren kann, daß *wir* nur existieren können, weil die Göttin ihren Körper geopfert hat. Entweder hat sie sich aus freien Stücken hingegeben, um die Erde, den Himmel und alles in ihnen zu erschaffen, oder irgendeine Kraft hat sie zerbrochen oder in Stücke gerissen. An einigen Orten vermischt sich diese innere Wahrnehmung mit der Kulturgeschichte der männlichen Machtübernahme. In Babylon wird Tiamat zu einem Ungeheuer, und Marduk reißt sie entzwei in einer Art Gültigkeitserklärung der männerzentrierten Zivilisation, die die frühere, matriarchale gestürzt hat. In Mexiko wurde die Göttin Coyolxauhqui brutal von ihren zwei Brüdern zerrissen;

hier haben wir es mit einer ähnlichen kulturellen Botschaft zu tun: Wenn wir lesen, daß in dem Mythos die Brüder als Schlangen beschrieben werden, finden wir uns vor den Toren Edens wieder, wo das Patriarchat Feindschaft setzte zwischen der Frau und der Schlange.

Die mexikanische Geschichte schildert außerdem den Tod und die Rückkehr des Mondes am Ende jedes Monats, denn die Brüder schneiden Coyolxauhqui in 14 Teile, was ungefähr dem halben Mondzyklus entspricht; in Ägypten schneidet der Gott Seth seinen Bruder Osiris in 14 Teile. Mythen enthalten immer vieles gleichzeitig – politische Botschaften, wissenschaftliche Beschreibungen, spirituelle Erkenntnisse.

Wir können hier etwas Tiefsinnigeres finden als Sexualpolitik oder sogar Naturerklärungen. Diese Mythen der Zerstückelung führen ein Gefühl der Sorge um unsere ureigene Existenz mit sich. Wir leben nur, indem wir andere Lebewesen essen, ob Tiere oder Pflanzen (und indem wir verhindern, daß sie uns essen). Wir leben, weil unsere Mutter ihre vollkommene Einheit geopfert hat.

Die zerstückelte Göttin wird zerstreut, das heißt, in so vielen Teilen verteilt, daß sie überall und nirgendwo ist, sichtbar in allen Dingen und gleichzeitig unsichtbar. Die Notwendigkeit der Schöpfung hat die Unversehrtheit ihrer Gestalt zerstört.

In der Gaia-Theorie erkennen wir einen möglichen Ausweg aus dieser Angst. Hier entsteht Gaia nicht als eine Einheit und teilt sich in Bruchstücke. Statt dessen kommt die Einheit aus dem Zusammenspiel all der verschiedenen Teile hervor, und nicht nur der »lebenden« Teile. Die Berge, der Regen und die Meere, der Wind, das Licht der Sonne und der Sterne, die Anziehungskraft des Mondes, der Staub und die Knochen der seit Millionen von Jahren toten Geschöpfe, sie alle und wir erwecken Gaias Körper zum Leben.

Ein Ritual und ein Traum

Ich werde dieses Buch mit einer letzten Geschichte abschließen, einem Traum von Gaia. Im Oktober 1990 zog ich in mein Haus in der Nähe des Hudson im amerikanischen Bundesstaat New York. Kurze Zeit nach meinem Einzug entdeckte ich einen bemerkenswerten Steinhügel im Wald, direkt gegenüber meiner Auffahrt.

Zweifellos hatten irgendwann Menschen diese Steine aufgehäuft, aber wann und zu welchem Zweck wußte ich nicht. Die Öffnung liegt nach Osten, zum Sonnenaufgang hin. Die kristallartigen weißen Steine lagen verstreut davor, als ich sie zufällig fand. Diese Steine sind in der Gegend nicht ungewöhnlich, aber man sieht niemals so viele an einer Stelle.

Welchen Ursprung oder Zweck dieser Steinhügel auch immer hatte, ich empfand ihn als eine wunderbare Überraschung, nachdem ich in so vielen Ländern Steinhügel, Steinkreise und Tempelruinen aufgesucht hatte. Als sich die Wintersonnenwende näherte, beschloß ich, ein Ritual in meinem neuen Haus zu vollziehen und mich dabei auf den Steinhügel zu konzentrieren, um mich bei der Göttin dafür zu bedanken, daß sie mich an diesen Ort gebracht hatte.

Am Tag der Wintersonnenwende schlossen sich mir zwei Freundinnen an. Zusammen führten wir eine einfache Zeremonie durch. Ich bat jede von ihnen, etwas mitzubringen, das sie der Erde opfern wollte. Ich steuerte einen selbstgebackenen flachen Kuchen in Gestalt einer Göttin bei und brachte ihn zusammen mit Samen und Steinen, die ich auf Reisen zu heiligen Stätten in anderen Ländern gefunden hatte, nach draußen. Dann machten wir einen Umzug, bei dem wir verschiedene Bäume und andere besondere Stellen um mein Haus herum aufsuchten, während wir Lieder sangen, Göttinnenstatuen trugen und Instrumente spielten. Als wir den Steinhügel erreichten, sprach jede von uns von Dingen in unserem Leben, die wir der Erde schenken wollten. Wir sprachen ein Gebet, in dem wir die Zunahme des Lichts an diesem Wendepunkt des Jahres

Der bemerkenswerte Steinhügel, den ich im Wald in der Nähe meines Hauses im Bundesstaat New York gefunden habe.

ehrten, wenn die Sonne anfängt, ihre Kraft zurückzugewinnen. Als wir unsere Opfergaben in den Hügel legten, brach ich Stücke von dem Kuchen – dem Körper der »Göttin« – ab und verteilte sie zum Essen unter uns. Den Kopf des Kuchens legten wir auf den Boden für die Tiere.

In der Nacht vor diesem Ritual, der längsten Nacht des Jahres, kam Gaia zu mir in einem Traum. Sie erschien nicht in irgendeiner bestimmten Gestalt, aber sie sprach zu mir, und ich erkannte ihre Stimme. Gaia erzählte mir, daß es stimmte: Sie haben ihren Körper in Millionen Teile zerlegt, um die Welt zu erschaffen; doch ihr Selbst sei vollständig, unzerstört in jedem Bruchstück erhalten geblieben. Und somit bleibt auch ihr Körper vollständig und vollkommen in jedem Stein oder Haar, jedem Stern oder Kuß, jeder Motte oder jedem Elefant. Sie wird in jedem Augenblick zu dem, was sie immer gewesen ist, dem Körper der Göttin – in jedem Lichtstrahl, in jedem Traum und Raunen.

Hudson Valley, New York,
vollendet am 145. Geburtstag von
Sir Arthur Evans, dem Ausgräber von Knossos

Literatur

Adler, Margot: *Drawing Down the Moon*, Boston: Beacon 1987
Alexiou, Stylianos: *Minoische Kultur. Sternstunden der Archäologie*, Göttingen: Muster-Schmidt 1976
Allen, Paula Gunn: *The Sacred Hoop: Recovering the Feminine in American Indian Traditions*, Boston: Beacon 1986
Allen, Paula Gunn: *Spider Woman's Granddaughters*, Boston: Beacon 1989
Allman, William F.: »The Dawn of Creativity«, in: *U.S. News and World Report*, 10. Mai 1996
Austen, Hallie Inglehart: *The Heart of the Goddess*, Berkeley: Wingbow Press 1990
Baring, Anne / Jules Cashford: *The Myth of the Goddess*, London: Viking 1991
Beach, Edward A.: *The Ecole Initiative: The Eleusinian Mysteries* (auf dem World Wide Web veröffentlichter Artikel), 1995
Bell, Diane: *Daughters of the Dreaming*, Sydney: McPhee Gribble / George Allen and Unwin 1983
Biaggi, Christina: *The Goddess Mound* (Broschüre)
Biaggi, Christina: *Megalithic Sculptures that Symbolize the Great Goddess*, (Dissertation) New York: New York University 1982
Black Elk: *Die heilige Pfeife*, Bornheim: Lamuv 1983
Boer, Charles: *The Homeric Hymns*, Chicago: Swallow Press 1970
Bolin, Anne: *In Search of Eve: Transsexual Rites of Passage*, Massachusetts: Bergin and Garvey South Hadley 1988
Brennan, Martin: *The Boyne Valley Vision*, Dublin: o. O. 1980
Brennan, Martin: *The Stars and the Stones: Ancient Art and Astronomy in Ireland*, London: Thames and Hudson 1983
Bridges, Marilyn: *Für die Götter. Luftaufnahmen heiliger Landschaften*, Frankfurt a. M.: Zweitausendeins 1990
Briffault, Robert: *The Mothers*, London: George Allen and Unwin 1959
Brodsky, Anne Trueblood / Rose Daneswich / Nick Johnson (Hrsg.): *Stones, Bones, and Skin: Ritual and Shamanic Art*, Toronto: Society for Art Publications 1977
Buckley, Thomas / Alma Gottlieb: *Blood Magic*, Berkeley: University of California 1988
Budapest, Zsuzsanna E.: *Das magische Jahr. Mythen, Mondaspekte, Rituale. Ein immerwährender Frauenkalender*, München: Hugendubel 1996

Budapest, Zsuzsanna E.: *Mond-Magie*, München: Goldmann 1997

Burkert, Walter: *Griechische Religion der archaischen und klassischen Epoche*, Stuttgart: Kohlhammer 1977

Calasso, Roberto: *Die Hochzeit von Kadmos und Harmonia*, Frankfurt a. M.: Insel 1993

Cameron, Dorothy: *Symbols of Birth and Death in the Neolithic Era*, London: Kenyon-Deane 1981

Campbell, Joseph: *Der Flug der Wildgans. Mythologische Streifzüge*, Basel: Sphinx 1990

Campbell, Joseph: *Der Heros in tausend Gestalten*, Frankfurt a. M.: Suhrkamp 1989

Campbell, Joseph: *Die Mitte ist überall. Die Sprache von Mythos, Religion und Kunst*, München: Kösel 1992

Campbell, Joseph: *Die Masken Gottes*, Bd. 1: *Mythologie der Urvölker*, Bd. 2: *Mythologie des Ostens*, Bd. 3: *Mythologie des Westens*, Bd. 4: *Schöpferische Mythologie*, Basel: Sphinx 1991–1992

Campbell, Joseph: *Historical Atlas of World Mythology*, Bd. 1: *The Way of the Animal Powers*, London: Times Books 1983

Campbell, Joseph: *Historical Atlas of World Mythology*, Bd. 2; *The way of the Seeded Earth*, New York: Harper and Row 1988

Campbell, Joseph, mit Charles Muses (Hrsg.): *In All Her Names*, San Francisco: HarperSanFrancisco 1991

Campbell, Joseph (Hrsg.): *The Mysteries: Papers from the Eranos Yearbooks*, Bd. 30 / Nr. 2 / Princeton, New Jersey: Bollingen 1955

Canan, Janine: *She Rises Like the Sun*, o. O.: Crossing Freedom 1989

Chatwin, Bruce: *Traumpfade*, Frankfurt a. M.: Fischer 1990

Chippindale, Christopher: *Stonehenge Complete*, London: Thames and Hudson 1983

Christ, Carol P.: *Diving Deep and Surfacing*, Boston: Beacon 1980

Christ, Carol P.: *The Laughter of Aphrodite*, San Francisco: Harper and Row 1987

Christ, Carol P., mit Judith Plaskow (Hrsg.): *Womanspirit Rising*, San Francisco: Harper and Row 1979

Colegrave, Sukie: *Yin und Yang. Die Kräfte des Weiblichen und des Männlichen*, Frankfurt a. M.: Fischer 141998

Conner, Randy P.: *Blossom of Bone*, San Francisco: HarperCollins 1993

Cook, Roger: *The Tree of Life: Image for the Cosmos*, London: Thames and Hudson 1974

Cowan, James: *Geheimnisse der Traumzeit. Das spirituelle Leben der australischen Aborigines*, Basel: Sphinx 1994

Craighead, Meinrad: *The Mother's Songs*, New York: Paulist Press 1986

Crawford, O. G. S.: *The Eye Goddess*, London: Phoenix House 1957

Critchlow, Keith: *Time Stands Still: New Light on Megalithic Science*, New York: St. Martin's 1980

Crumlin, Rosemary / Anthony Knight: *Aboriginal Art and Spirituality*, Victoria / Australia: HarperCollins 1991

Dames, Michael: *The Avebury Cycle*, London: Thames and Hudson 1983

Dames, Michael: *The Silbury Treasure*, London: Thames and Hudson 1976

Delluc, Brigitte und Gilles: *Die Höhle von Lascaux*, Bordeaux: Éditions Sud-Ouest 1991

Denny, Dallas: »Transsexualism At Forty«, in: *Chrysalis Quarterly*, Bd. 1 / Nr. 6, 1993

Dexter, Miriam Robbins: *Whence the Goddesses: A Source Book*, New York: Pergamon 1990

di Prima, Diane: *Loba*, Berkeley: Wingbow 1973

Dingus, Rick: *Marks in Place: Contemporary Responses to Rock Art*, Albuquerque: University of New Mexico Press 1988

Dove, Rita: *Mother Love*, New York / London: W. W. Norton 1995

Downing, Christine: *The Goddess: Mythical Images of the Divine*, New York: Crossroad 1987

Durdin-Robertson, L.: *The Year of the Goddess*, Wellingborough / Northamptonshire: Thorsons 1990

Eisler, Riane: *Kelch und Schwert. Von der Herrschaft zur Partnerschaft*, München: Goldmann 1993

Eliade, Mircea: *Geschichte der religiösen Ideen. Quellentexte*, Freiburg u. a.: Herder 1992

Eliade, Mircea: *Geschichte der religiösen Ideen*, Freiburg u. a.: Herder 1994

Eliade, Mircea: *Mythen, Träume und Mysterien*, Salzburg: Müller 1961

Eliade, Mircea: *Das Mysterium der Wiedergeburt: Versuch über einige Initiationstypen*, Frankfurt a. M.: Insel 1988

Eliade, Mircea: *Schamanismus und archaische Ekstasetechnik*, Frankfurt a. M.: Suhrkamp 1991

Erasmus, Udo: *Fats That Heal, Fats That Kill*, Burnaby / British Columbia: Alive Books 1986

Estrada, Alvaro: *Maria Sabina, Her Life and Chants*, Santa Barbara / California: Ross-Erikson 1981

Evan, J. D.: *The Prehistoric Antiquities of the Maltese Islands*, London: Athlone Press 1971

Evans, Arthur: *The God of Ecstasy: Sex Roles and the Madness of Dionysos*, New York: St. Martin's 1988

Fanlac, Pierre (Hrsg.): *The Font-de-Gaume Cave*, Périgueux: Imprimerie Reymondie 1984

Francia, Luisa: *Drachenzeit*, München: Frauenoffensive 1996

Friedrich, Paul und Deborah: *The Meaning of Aphrodite*, Chicago: University of Chicago Press 1978

Frick, Thomas: *The Sacred Theory of the Earth*, Berkeley: North Atlantic Books 1986

Gabriel, Davina Anne (Hrsg.): *TransSisters: The Journal of Transsexual Feminism*, Kansas City o. J.

Gadon, Elinor W.: *The Once and Future Goddess: A Symbol for our Time*, San Francisco: Harper and Row 1989

Gimbutas, Marija: *Die Zivilisation der Göttin*, Frankfurt a. M.: Zweitausendeins 1996

Gimbutas, Marija: *The Goddesses and Gods of Old Europe*, London: Thames and Hudson 1974 / 1982

Gimbutas, Marija: *Die Sprache der Göttin*, Frankfurt a. M.: Zweitausendeins 1996

Gleason, Judith: *Oya: In Praise of the Goddess*, Boston: Shambala 1987

Goodman, Felicitas D.: *Wo die Geister auf den Winden reiten*, Freiburg: Bauer 1989

Grahn, Judith: *Blood, Bread, and Roses: How Menstruation Created the World*, Boston: Beacon 1993

Grahn, Judith: *The Queen of Swords*, Boston: Beacon 1987

Grant, Campbell: *The Rock Art of the North American Indians*, Cambridge: Cambridge University Press 1983

Gray, Miranda: *Roter Mond. Von der Kraft des weiblichen Zyklus*, München: 1996

Great Goddess Collective: *Heresies*, Bd. 2 / Nr. 1, New York 1982

Green, Marian: *The Path Through the Labyrinth*, Shaftesbury: Element 1988

Griffin, Susan: *Frau und Natur. Das Brüllen in ihr*, Frankfurt a. M.: Suhrkamp 1987

Grimal, Pierre (Hrsg.): *Larousse World Mythology*, Secaucus / New Jersey: Chartwell 1965

Halevi, Z'ev ben Shimon: *Kabbalah: Tradition of Hidden Knowledge*, London: Thames and Hudson 1979

Halifax, Joan: *Schamanen. Zauberer, Medizinmänner, Heiler*, Frankfurt a. M.: Insel. 1983

Halifax, Joan: *Die andere Wirklichkeit der Schamanen*, München u. a.: Scherz 1983

Hall, Nor: *The Moon and the Virgin*, New York: Harper and Row 1980

Hall, Nor: *Those Women*, Dallas: Spring 1988

Harding, M. Esther: *Woman's Mysteries, Ancient and Modern*, New York: Harper and Row 1971

Harjo, Joy: *In Mad Love and War*, Middletown / Connectitut: Wesleyan University Press 1990

Harjo, Joy: *She Had Some Horses*, New York: Thunder's Mouth Press 1983

Harrison, Jane Ellen: *Prolegomena to the Study of Greek Religion*, Princeton / New Jersey: Princeton University Press 1991 (Neuauflage)

Hawkins, G.: *Beyond Stonehenge*, New York: Harper and Row 1973

Hawkins, G.: *Stonehenge Decoded*, New York: Dell 1965

Herrmann-Lisi, Christiane: *Mondmacht. Lunare Einflüsse auf das irdische Leben*, München: Hugendubel 1996

Hertz, J. H. (Hrsg.): *The Pentateuch and Haftorah*, London: Soncino 1960

Highwater, Jamake: *Sexualität und Mythos*, München: Deutscher Taschenbuch Verlag 1995

Highwater, Jamake: *The Primal Mind*, New York: Harper and Row 1981

Homer: *Ilias*, deutsch von Johann Heinrich Voß, München: Goldmann 1989

Homer: *Odyssee*, deutsch von Johann Heinrich Voß, München: Goldmann 1991

Huet, Michel: *The Dance, Art, and Ritual of Africa*, New York: Pantheon 1978

Johnson, Buffie: *Die Große Mutter in ihren Tieren. Göttinnen alter Kulturen*, Olten und Freiburg: Walter 1990

Kerenyi, Karl: *Die Mysterien von Eleusis*, Zürich: Rhein Verlag 1962

Kerenyi, Karl: *Die Mythologie der Griechen. Die Göttergeschichten und Menschheitsgeschichten*, München: Deutscher Taschenbuch Verlag 1992

Klein, Dr. Ernest: *A Comprehensive Etymological Dictionary of the English Language*, Amsterdam: Elsevier Publishing Company 1971

Koltuv, Barbara: *Das Geheimnis Lilith oder die verteufelte Göttin. Auf den Spuren eines Mythos*, München: Goldmann 1988

La Chapelle, Dolores: *Earth Wisdom*, Silverton / Colorado: Finn Hill Arts 1978

La Chapelle, Dolores: *Sacred Land, Sacred Sex*, Silverton / Colorado: Finn Hill Arts 1988

Labowitz, Shoni: *Zehn Tore zum Glück. Mit der Kabbala in ein erfülltes Leben*, München: Hugendubel 1998

Laming-Emperaire, Annette: *La Signification de l'Art Rupeste Paléolithique*, Paris: Presses Universitaires de France 1964

Lao Tse: *Tao-te-king*, neu bearb. von Giafu Feng und Jane English, München: Diederichs 1994

Lehrman, Frederic: *The Sacred Landscape*, Berkeley: Celestial Arts 1988

Lerner, Gerda: *Die Entstehung des Patriarchats*, München: Deutscher Taschenbuch Verlag 1997

Leroi-Gourhan, André: *The Dawn of European Art*, Cambridge: Cambridge University Press 1982

Lewis-Williams, J. D.: *Believing and Seeing*, London: Academic Press 1981

Levy, Gertrude Rachel: *The Gate of Horn*, London: Faber and Faber 1946

Lhote, Henri: *Die Felsbilder der Sahara: Entdeckung einer 8000jährigen Kultur*, Würzburg u. a.: Zettner 1963

Lippard, Lucy: *Overlay: Contemporary Art and the Art of Prehistory*, New York: Pantheon 1983

Lobell, Mimi: »The Goddess Temple« in: *Journal of Architectural Education*, Bd. XXIX / Nr. 1

Lobell, Mimi: »Temples of the Great Goddess«, in: *Heresies*, Bd. 5, New York 1978

Lobell, Mimi: »Spatial Archetypes«, in: *ReVISION*, Bd. 6 / Nr. 2, Boston: Winter 1983-84

Lockyer, N. J.: *Stonehenge and other British Stone Monuments Astronomically Considered*, London: o. O. 1909

Lovelock, James E.: *Gaia: A New Look at Life on Earth*, London: Oxford University Press 1979

Lubell, Winifred Milius: *The Metamorphosis of Baubo: Myths of Woman's Sexual Energy*, Nashville / Tennessee: Vanderbilt University Press 1994

Lubsen-Admiraal, Stella / Joost Crouwel: *Cyprus and Aphrodite*, 's Gravenhage / Netherlands: SDU o. J.

Maclagen, David: *Creation Myths: Man's introduction to the world*, London: Thames and Hudson 1979

Marshack, Alexander: *The Roots of Cizilization*, New York: McGraw-Hill 1972

Matthews, Caitlín: *Die Göttin*, Braunschweig: Aurum 1992

Matthews, Caitlín: *Sophia. Göttin der Weisheit*, Solothurn / Düsseldorf: Walter 1993

Mazonowicz, Douglas: *Voices From The Stone Age*, New York: Gallery of Prehistoric Paintings 1974

Mellaart, James: *Çatal Hüyük: Stadt aus der Steinzeit*, Bergisch Gladbach: Lübbe 1967

Micallef, Paul I.: *Mnajdra Prehistoric Temple: A Calendar in Stone*, Malta 1989

Mitchell, John: *Die vergessene Kraft der Erde. Ihre Zentren, Strömungen und Wirkungsweisen*, Frauenberg: Mutter-Erde-Verlag 1982

Miller, Sherrill: *The Pilgrim's Guide to the Sacred Earth*, Saskatoon / Saskatchewan: Western Producer Prairie Books, 1991

Milne, Courtney: *The Sacred Earth*, Saskatoon / Saskatchewan: Western Producer Prairie Books 1991

Monaghan, Patricia: *Lexikon der Göttinnen. Ein Standardwerk der Mythologie*, München: Barth 1997

Neruda, Pablo: *Stones of the Sky*, Port Townsend, Washington: Copper Canyon Press 1970

Neumann, Erich: *Die Große Mutter*, Düsseldorf: Walter 1997

New English Bible, London: Oxford University Press and Cambridge University Press 1970

Nicholson, Shirley: *Shamanism*, Wheaton / Illinois: Theosophical Publishing House 1987

Noble, Vicki: »Female Blood Roots of Shamanism«, in: *Shaman's Drum*, Nr. 4, Spring, 1986

Noble, Vicki: *Mythen, Musen und Tarot*. *Motherpeace, ein Weg zur Göttin*, München: Frauenoffensive 1987

Noble, Vicki: *Shakti. Die heilende Energie der Frau*, Düsseldorf: Walter 1994

Noble, Vicki (Hrsg.): *Snake Power: A Journal of Contemporary Female Shamanism*, Berkeley o. J.

Noble, Vicki (Hrsg.): *Uncoiling the Snake*, San Francisco: Harper San Francisco 1993

Oda, Mayumi: *Goddesses*, Volcano / California: Volcano Press 1981

O'Flaherty, Wendy: *Hindu Myths*, London: Penguin 1975

O'Kelly, Claire: *A Concise Guide to Newgrange*, Cork: C. O'Kelly 1989

O'Kelly, Claire: *Guide to Newgrange*, Wexford: John English 1967

O'Kelly, Michael J.: *Newgrange: Archaeology, art, and legend*, London: Thames and Hudson 1982

Orenstein, Gloria Feman: *The Reflowering of the Goddess*, Elmsford / New York: Pergamon 1990

Ovid: *Metamorphosen. Das Buch der Mythen und Verwandlungen*, neu übers. v. Gerhard Fink, Frankfurt a. M.: Fischer 1992

Pagels, Elaine: *Adam, Eva und die Schlange*, Reinbek bei Hamburg: Rowohlt 1994

Parabola: »Androgyny«, Bd. 3 / Nr. 4, New York 1978

Parabola: »The Body«, Bd. 10 / Nr. 3, New York 1985

Parabola: »The Mountain«, Bd. 13 / Nr. 4, New York 1988

Parabola: »The Tree of Life«, Bd. 14 / Nr. 3, New York 1989

Paris, Ginette: *Pagan Grace*, Dallas: Spring 1990

Paris, Ginette: *Pagan Meditations*, Dallas: Spring 1986

Patai, Raphael: *The Hebrew Goddess*, New York: Avon 1967

Pennick, Nigel: *Spiele der Götter. Ursprünge der Weissagung*, Olten / Freiburg: Walter 1992

Perera, Sylvia Brinton: *Der Weg zur Göttin der Tiefe. Die Erlösung der dunklen Schwester. Eine Initiation für Frauen*, Interlaken: Ansata 1993

Peterson, Natasha: *Nordamerika. Heilige Orte der Kraft*, München: Goldmann 1991

Pfeiffer, John E.: *The Creative Explosion*, New York: Harper and Row 1982

Plaskow, Judith / Carol Christ (Hrsg.): *Weaving the Visions*, San Francisco: Harper and Row 1989

Platon, Nicholas: *Zakros: The Discovery of a Lost Palace of Ancient Crete*, New York: Charles Scribner's Sons 1971

Pollack, Rachel: *Der Haindl Tarot*, München: Droemer Knaur 1988 (Buch und Set)

Pollack, Rachel: *The New Tarot*, London: HarperCollins 1989

Pollack, Rachel: *Shining Woman Tarot*, London: HarperCollins 1994 (Buch mit Karten)

Pollack, Rachel: *Tarot. 78 Stufen der Weisheit*, München: Droemer Knaur 1998

Powell, Jim (Übers.): *Sappho: A Garland*, New York: Farrar / Straus / Giroux 1993

Preziosi, Donald: *Minoan Architectural Design*, New York: Mouton 1983

Rafferty, Andrew / Kevin Crossley-Holland: *The Stones Remain*, London: Rider 1989

Ranke-Graves, Robert von: *Griechische Mythologie*, Reinbek bei Hamburg: Rowohlt 1984

Redmond, Layne: *FrauenTrommeln. Eine spirituelle Geschichte des Rhythmus*, München: Hugendubel 1999

Renfrew, Colin: *Before Civilization*, London: Penguin 1976

Renfrew, Colin (Hrsg.): *The Megalithic Monuments of Western Europe*, London: Thames and Hudson 1991

Ridley, Michael: *The Megalithic Art of the Maltese Islands*, Poole / Dorset: Dolphin House 1971

Ritchie, Carson I. A.: *A Rock Art of Africa*, Cranbury / New Jersey: A. S. Barnes 1979

Roscoe, Will: *We'what: The Zuni-Man-Woman*, Albuquerque: University of New Mexico Press 1991

Ross, Charles: *Sunlight Convergence, Solar Burn: The Year Shape*, o. O. 1992

Rothenberg, Diane / Jerome Rothenberg (Hrsg.): *Symposium of the Whole*, Berkeley: University of California Press 1983

Rothenberg, Jerome (Hrsg.): *Technicians of the Sacred*, Berkeley: University of California Press 1985

Rufus, Anneli S. / Kristan Lawson: *Goddess Sites: Europe*, San Francisco: Harper San Francisco 1991

Ruspoli, Mario: *Lascaux: The Final Photographs*, New York: Harry F. Abrams 1986

Ryan, Judith: *Mythscapes: Aboriginal Art of the Desert*, National Heart Foundation of Australia o. J.

Sahlins, Marshall: *Stone Age Economics*, Hawthorne, New York: Aldine de Gruyter 1972

Sahtouris, Elisabet: *Gaia. Vergangenheit und Zukunft der Erde*, Frankfurt a. M.: Insel 1993

Sanday, Peggy Reeves: *Female Power and Male Dominance: On the Origins of Sexual Inequality*, New York: Cambridge University Press 1981

Scholem, Gershom: *Die jüdische Mystik in ihren Hauptströmungen*, Frankfurt a. M.: Suhrkamp 1980

338

Scully, Vincent: *The Earth, the Temple, and the Gods*, New Haven / Connecticut: Yale University Press 1962

Scully, Vincent: *Architecture: the Natural and the Manmade*, New York: St. Martin's 1991

Sieveking, Ann: *The Cave Artists*, London: Thames and Hudson 1979

Sjöö, Monica / Barbara Mor: *The Great Cosmic Mother*, San Francisco: Harper and Row 1987

Spretnak, Charlene: *Lost Goddesses of Ancient Greece*, Boston: Beacon 1978

Spretnak, Charlene (Hrsg.): *The Politics of Women's Spirituality*, Garden City / New York: Anchor Press 1982

Sproul, Barbara C.: *Schöpfungsmythen der westlichen Welt*, München: Diederichs 1994

Sproul, Barbara C.: *Schöpfungsmythen der östlichen Welt*, München: Diederichs 1993

Starhawk: *Wilde Kräfte. Sex und Magie für eine erfüllte Welt*, München: Goldmann 1993

Starhawk: *Der Hexenkult als Ur-Religion der Großen Göttin*, München: Goldmann 1992

Starhawk: *Truth or Dare*, San Francisco: Harper and Row 1979

Stein, Charles: *Horse Sacrifice*, Barrytown, New York: Station Hill 1980

Stein, Diane: *The Goddess Book of Days*, St. Paul / Minnesota: Llewellyn 1988

Stevens, Wallace: *Selected Poems*, London: Faber and Faber 1953

Stone, Merlin: *Ancient Mirrors of Womanhood*, Boston: Beacon 1979

Stone, Merlin: *Als Gott eine Frau war*, München: Goldmann 1989

Streep, Peg: *Sanctuaries of the Goddess*, Boston: Bullfinch 1994

Stuart, Gene: *America's Ancient Cities*, Washington: National Geographic Society 1988

Stuart, George E.: »Maya Art Treasures Discovered in Cave«, in: *National Geographic*, Bd. 160 / Nr. 2, Washington 1981

Sutton, Peter: *Dreamings: The Art of Aboriginal Australia*, New York: George Braziller 1988

Thom, Alexander: *Megalithic Sites in Britain*, London: Oxford University Press 1967

Thompson, Robert Farris: *Flash of the Spirit: Afro-American Art and Philosophy*, New York: St. Martin's 1984

Thompson, Robert Farris: *Face of the Gods. Art and Altars of Africa and the African Americans*, Katalog zur Ausstellung im Museum for African Art / New York, München: Prestel 1993

Thompson, William Irwin (Hrsg.): *Gaia: A Way of Knowing*, Hudson / New York: Lindisfarne 1987

Thompson, William Irwin: *Imaginary Landscapes*, New York: St. Martin's 1989

Thompson, William Irwin: *The Time Falling Bodies Take to Light*, New York: St. Martin's 1981

Trump, David H.: *Malta: An Archaeological Guide*, London: Faber and Faber 1972

Vastokas, Joan M. / Romas K. Vastokas: *Sacred Art of the Algonkins*, Peterborough / Ontario: Mansard Press 1973

Vermaseren, Maarten J.: *Cybele and Attis: The Myth and the Cult*, London: Thames and Hudson 1977

Vernant, Jean-Pierre: *Mortals and Immortals*, Princeton: Princeton University Press 1991

von Cles-Reden, Sibylle: *The Realm of the Great Goddess: The Story of the Megalith Builders*, Englewood Cliffs / New Jersey: Prentice-Hall 1962

Walker, Barbara G.: *Die geheimen Symbole der Frauen. Lexikon der weiblichen Spiritualität*, München: Hugendubel 1997

Walker, Barbara G.: *Das geheime Wissen der Frauen*, München: Deutscher Taschenbuch Verlag, 1995

Walker, Barbara G.: *Die spirituellen Rituale der Frauen. Zeremonien und Meditationen für eine neue Weiblichkeit*, München: Hugendubel 1998

Wasson, R. Gordon / Stella Kramrisch / Jonathan Ott / Carl A. P. Ruck: *Entheogens and the Origins of Religion*, New Haven and London: Yale University Press 1986

Weed, Susan S.: *HeilWeise*, München: Frauenoffensive 1990

West, K. C. (Hrsg.): *The Inspired Dream*, South Brisbane: Queensland Art Gallery 1988

Wittig, Monique: *Der lesbische Körper. Wider das straighte Denken*, Hamburg: Argument 1997

Wolkstein, Diane / Samuel Kramer: *Innana: Queen of Heaven and Earth*, New York: Harper and Row 1983

Woodward, Susan L. / Jerry N. McDonald: *Indian Mounds of the Middle Ohio Valley*, Blacksburg / Virginia: McDonald and Woodward 1986

Wright, Pam: unbetitelter Artikel, veröffentlicht in: *Fireheart* o. J.

Wynne, Patrice: *The Womanspirit Sourcebook*, San Francisco: Harper and Row 1988

Young, Dudley: *Origins of the Sacred*, New York: St. Martin's 1991

Zammit, T.: *The Copper Age Temples of Hagar Qim and Mnajdra*, Malta o. J.

Zammit, T.: *The Copper Age Temple of Tarxien, Malta*, Malta 1980

Zammit, Vincent: *Die prähistorischen Tempel von Tarxien*, Malta: V. Zammit 1986

Register

341